ACCESO GRATIS **a la Lectura en la Nube**

Para visualizar el libro electrónico en la nube de lectura envíe junto a su nombre y apellidos una fotografía del código de barras situado en la contraportada del libro y otra del ticket de compra a la dirección:

ebooktirant@tirant.com

En un máximo de 72 horas laborables le enviaremos el código de acceso con sus instrucciones.

La visualización del libro en **NUBE DE LECTURA** excluye los usos bibliotecarios y públicos que puedan poner el archivo electrónico a disposición de unacomunidad de lectores. Se permite tan solo un uso individual y privado.

LA EMERGENCIA DE LA DEMOCRACIA COMUNAL

LA EMERGENCIA DE LA DEMOCRACIA COMUNAL

Editor
SAÚL CURTO LÓPEZ

tirant lo blanch
Valencia, 2025

En caso de erratas y actualizaciones, la Editorial Tirant lo Blanch publicará la pertinente corrección en la página web www.tirant.com.

La presente obra ha sido sometida a la revisión de pares ciegos según el protocolo de publicación de la editorial a efectos de ofrecer el rigor y calidad correspondiente tanto en su contenido como en su forma, aplicándose los criterios específicos aprobados por la Comisión Nacional E 016 (BOE num. 286, de 26 de noviembre de 2016).

EDITA: TIRANT LO BLANCH
C/ Artes Gráficas, 14 - 46010 - Valencia
TELFS.: 96/361 00 48 - 50
FAX: 96/369 41 51
Email: tlb@tirant.com
www.tirant.com
Librería virtual: www.tirant.es
DEPÓSITO LEGAL: V-4599-2024
ISBN: 978-84-1169-843-6

Si tiene alguna queja o sugerencia, envíenos un mail a: *atencioncliente@tirant.com*. En caso de no ser atendida su sugerencia, por favor, lea en *www.tirant.net/index.php/empresa/politicas-de-empresa* nuestro procedimiento de quejas.

Responsabilidad Social Corporativa: http://www.tirant.net/Docs/RSCTirant.pdf

Índice

Agradecimientos

Gracias a todas las personas, grupos, colectivos e instituciones que de alguna manera u otra han colaborado y aportado para que este libro y el I. Congreso Internacional sobre Democracia Comunal realizado en octubre de 2021 en Donostia-San Sebastian y Hernani (País Vasco) se hayan podido realizar.

Al Comité Organizador, compuesto por Juliana Hernández, Lidia Montesinos, Xabier Albisu, Xabier Renteria, Alberto Gastón, Julián Márquez, Iker Iraola, Adrián López, Jonathan Montilla y Saúl Curto.

Al Comité Científico, compuesto por Maite Arraiza (Pays Basque), Lenin Romero (Venezuela), Angélica Montes (Francia), Iker Arranz (EEUU), Berivan Sarikaya (Kurdistan-Canada), Cesar Candiotto (Brasil), Mercé Cortina (UK-Catalonia), Richard Pithouse (Sud Afrique), Dario Azzellini (EEUU), Candela de la Vega (Argentina), Luismi Uharte (Pays Basque) y Mario Hernández Trejo (México).

Al grupo de apoyo compuesto por estudiantes de Antropología, por su dedicación y trabajo incombustible en diferentes facetas del Congreso, tanto previamente, durante como posterior; Ingeborg Irati Díez Elizalde, Onintza Garmendia Carrera, Alisha Pejenaute Gutierrez, Nerea Echevarria Echeita, Saioa Oneka Mugica, Lorea Oliden Landaluze y Maialen Jimenez Garaialde.

Al grupo de coordinación en los días del Congreso, sin el que no se habría podría haber desarrollado todo bien, Juliana Hernández, Urtzi Etxebarria, Nahikari Bilbao, Iñigo Sancho y Saúl Curto.

Al Equipo de Paz con Dignidad, Ricardo, Gonzalo, Gorka, Juliá y Eneko, por la generosa ayuda incondicional en todos los temas administrativos.

Al Grupo de Investigación Parte Hartuz, especialmente a sus coordinadores Julen Zabalo e Igor Ahedo por haber ayudado en aspectos organizativos, financieros y de gestión.

Igualmente, al Grupo de Investigación Ekopol, especialmente a Iñaki Barcena por su ayuda con temas adiminstrativos, financieros y de gestión.

Al CESYC (Centro de Estudios Sociales y Culturales) de la Universidad Bolivariana de Venezuela (UBV), especialmente a María Figueredo Burgos por su participación e implicación en la coordinación y organización del Congreso.

Al Grupo de Investigación El Llano en Llamas (Córdoba, Argentina) por haberse comprometido con la convocatoria, gestión y publicación de un Monográfico sobre la Democracia comunal en su revista académica *Crítica y Resistencias.*

A la Red Nosotr( )s, red internacional de teoría crítica, por su implicación en la difusión y participación en el acto, especialmente a su grupo de coordinación, Ricardo Espinoza, Angélica Montes,

A José Iglesias Fernández por sus aportaciones y textos publicados en su libro planificado para el propio Congreso.

A las gentes de Baladre por su gran apoyo y participación en diferentes aspectos del Congreso, especialmente a Manolo y Ruth.

A las personas de Ttanttaka TV, especialmente a Eneko de la Calle por su dedicación desinteresada en la realización de los diferentes vídeos.

A Mikel de Amara, por su colaboración desinteresada con la realización de los videos de promoción del Congreso.

A Iker Rodríguez por su trabajo y dedicación en todo lo relacionado con el diseño y la proyección de difusión estética del Congreso.

Al Seminario de Taifa, concretamente a su grupo de Municipalismo Comunalista y especialmente a Ferran, María, Mireia y María Luisa, por haberse implicado en la difusión y coordinación de una mesa de discusión.

A las y los coordinadores de las mesas redondas que se realizaron.

A todos los movimientos sociales y proyectos populares que participaron en las mesas redondas exponiendo sus respectivas experiencias y saberes.

A los moderadores de los Diálogos por la Democracia comunal del Congreso.

A los moderadores de todas las mesas de comunicaciones que se celebraron.

A las y los participantes en las mesas de comunicaciones con sus aportaciones escritas y presentaciones. [1]

---

[1] Coordindores, movimientos sociales, moderadores y participantes de las mesas se pueden ver en el programa del Congreso, aquí: https://www.ehu.eus/es/web/demokrazia-komunala/programa

A Pamela Soto, Francisco Verardi, Gerardo Avalle y Julen Zabalo por su participación y trabajo desinteresado.

A Su[calde, proyecto de comedor popular, por haberse comprometido con el diseño y desarrollo de un comedor comunal para los días del Congreso; Aitor y Unax

A Errekaleor, Zirika Gunea, Zabaldi, Itsaso Lekuona, Andoni Egia, Atenea Jiménez y Mikel Angulo por haber colaborado con la organización de las actividades previas al Congreso.

A las Editoriales de libros Traficantes de Sueños, Bellaterra y Zambra, por haberse implicado para estar presentes en las fechas del Congreso.

A la Red Internacional por la Democracia Comunal, especialmente a las personas que han participado en su grupo promotor apoyando la realización del Congreso desde sus respectivos países; Josep Manel Busqueta, Andrés Ruggeri, Cira Pascual, Iván Miró, Daniella, Janaina Stronzanke, Tamara, Cosimo Pica, Faruk Doru, Candela de la Vega y Hernán Ouviña.

A las instituciones y grupos que han apoyado en la finaciación de este Congreso Internacional; Ayuntamiento de Hernani, el CESYC (Centro de Estudios Sociales y Culturales de Venezuela), al Grupo de Investigación Parte Hartuz, al Grupo de Investigación Ekopol y al Gobierno Vasco.

Y claro está, a las personas investigadoras que han participado tanto en los capítulos del marco teórico, así como en los estudios de caso, ya que sin ellas no habría sido posible desarrollar estas investigaciones y estos materiales.

Introducción

Las aportaciones que se recogen en este volumen son parte de un proceso de investigación colectivo que se realizó desde finales de 2019 hasta 2022 sobre la idea de la democracia comunal como elemento de transformación democrática, impulsado inicialmente por investigadores del *Grupo de Investigación* ***Parte Hartuz***[1] de la Universidad del País Vasco (UPV-EHU). Este proyecto de investigación constaba de varias partes, por un lado, el desarrollo de una investigación internacional sobre estudios de caso relacionados con la idea de democracia comunal llevada a cabo en tres continentes y doce países, por otro lado, la realización de un congreso internacional donde poder socializar unos avances de las investigaciones, además de ponerlo en relación con otras muchas aportaciones y, finalmente, la publicación de las investigaciones académicas sobre las experiencias estudiadas. La presente publicación es la tercera parte de ese proyecto de investigación.

Respecto a la investigación internacional, los equipos que han realizado los estudios de las experiencias concretas se empezaron a contactar a lo largo de la segunda mitad del 2019. Junto con la conformación de los equipos, se fue realizando la elección de los estudios de caso que se veían interesantes para esta investigación. Los estudios de caso se situaron en tres continentes diferentes abarcando un abanico de experiencias interesantes en los siguientes países: Brasil, Italia, Chile, Salvador, Kurdistán, Argentina, País Vasco, Venezuela, Estados Unidos, Catalunya, Colombia y Líbano. Con la llegada de la pandemia del covid-19 la viabilidad de los estudios de caso tal y como se habían pensado inicialmente se ponía en cuestión, ya que la presencialidad se dificultaba mucho. Una opción fue la de postergar el proyecto y su financiación para más adelante, pero colectivamente se vio necesario continuar y demostrar que incluso en situación de pandemia el compromiso por investigar las realidades sociales se seguiría desarrollando adaptándose a las diferentes circunstancias. Se adaptaron las formas de investigación a esta situación: se suspendieron los viajes transatlánticos, se ampliaron los contactos y entrevistas online, y en la medida que las restricciones fueron menguando se intensificaron los contactos presenciales. Pero, finalmente, las investigaciones se fueron desarrollando aunque en

---

1 https://www.ehu.eus/es/web/partehartuz/home

tiempos diferentes a los que estaban previstos ya que toda la planificación inicial del proyecto tuvo que retrasarse.

Respecto al *I. Congreso Internacional sobre Democracia Comunal*[2], que estaba previsto para la primavera del 2021 se tuvo también que retrasar a otoño del mismo año. Finalmente se celebró del 13 al 16 de octubre del 2021 en las localidades de Donostia-San Sebastián y Hernani del País Vasco. Bajo el lema de "Democracia Comunal. Comunidad, poder popular y autogobierno: prácticas para la transformación de la democracia", se hizo un llamado público a diferentes personas investigadoras, colectivos y movimientos sociales a reflexionar sobre las prácticas y dinámicas populares relacionadas, potencial o directamente, con las ideas de lo comunal y la democracia. En ese Congreso, que duró cuatro días y se realizó el primer día en Donostia-San Sebastián en la sede de la UPV-EHU, y los otros tres días en la localidad de Hernani, en tres espacios sociales simultáneamente, participaron más de 350 personas, donde 120 ponentes se repartieron en 12 mesas de comunicaciones, 12 exposiciones de investigaciones internacionales, 6 diálogos sobre la democracia comunal con 2 ponentes invitados y moderadores, y 10 mesas redondas donde se presentaron 30 experiencias de organizaciones populares locales, regionales e internacionales. Fue un espacio de generación de debate, para compartir conocimiento, analizar experiencias, intercambiar lecciones, crear redes y ampliar las miradas colectivas. Participaron ponentes y personas invitadas provenientes de Uruguay, Estados Unidos, Argentina, Brasil, Turquía, Marruecos, Inglaterra, Venezuela, Kurdistán y Guatemala. En ese espacio se presentaron y expusieron los resultados que hasta el momento se tenían de las 12 investigaciones que se presentan ahora en este volumen. El I. Congreso Internacional sobre Democracia Comunal terminó en su último día con la presentación de la *Red Internacional por la Democracia Comunal*[3] que tal y como se recoge en su documento fundacional se propone "la generación y profundización de marcos comunes para un proyecto emancipador renovado, ofreciendo espacios para generar conocimiento compartido, redes, articulación, aprendizajes y nuevas ideas para el impulso de una praxis colectiva en favor de la construcción de la democracia comunal. Aspira a ser un espacio de reflexión, diálogo, estudio, debate y sistematización de experiencias prácticas y de propuestas teóricas para el potenciamiento, el desarrollo y la generalización de la democracia comunal". Esta Red se propuso también

---

2 https://www.ehu.eus/es/web/demokrazia-komunala/aurkezpena

3 https://demokraziakomunala.wordpress.com/red-internacional/

impulsar una dinámica de investigación, generación de contenidos y organización de congresos anuales (o bianuales) para seguir profundizando el estudio de la democracia comunal.

Así, gracias al trabajo realizado por esta Red Internacional en los primeros meses del 2022, a partir de primavera y hasta otoño de ese mismo año se celebraron tres instancias de participación que tomaron en consideración la idea de la democracia comunal.

La primera instancia, a cargo de la misma Red Internacional por la Democracia Comunal, fue un seminario internacional bajo el título "La construcción comunal del poder popular". El Seminario Internacional de Democracia Comunal se realizó y transcurrió de manera online, con transmisión abierta. Simultáneamente, se convocó un encuentro presencial en dos nodos. El primero, el barrio de Sants, Barcelona, Catalunya, fue organizado conjuntamente con la Universidad Popular Autogestionada, un espacio de investigación y aprendizaje autónomo para creación colectiva de pensamiento crítico, y con el apoyo también de la comunidad de los barrios de Sants, Barcelona, Catalunya. El segundo nodo, en Córdoba, Argentina, convocado por la Zonal Sur del Encuentro de Organizaciones, una organización territorial y urbana, compuesta por distintas asambleas en toda la ciudad. En este seminario participaron cinco experiencias desde las cuales se están desarrollando prácticas de transformación para la democracia comunal. Participaron Felipe Venegaz, de la comuna Che Guevara, del Estado de Mérida, Venezuela; Mariana Barrios, de las Asambleas del Valle de Famatina, Provincia de La Rioja, Argentina; Faruk Doru, Municipalismo comunalista, del movimiento kurdo; Nora Miralles, de la Xarxa d'Estructures Populars i Comunitàries de Manresa, Catalunya; Kali Akuno, de Cooperation Jackson, Estado de Mississippi, Estados Unidos. El espacio de encuentro virtual y presencial estuvo orientado a generar reflexiones sobre la práctica actual de la democracia comunal en diversos procesos de organización y lucha. En este camino, se constituye como un peldaño hacia el Segundo Congreso Internacional de la Democracia Comunal que se celebró meses después.

La segunda instancia, a cargo de la *Red Nosotr( )s*[4] – red internacional de teoría crítica-, fue el V. Congreso Internacional de la Red Nosotr( )s que se celebró entre el 13 y 15 de octubre de 2022 en la ciudad de Barcelona en Catalunya. Este congreso se desarrolló en varios espacios de la ciudad

---

4 https://rednosotros.com/

como el Club Cronopios, la Librería La central del Raval, el Ateneu Barcelonés y la Universitat Autónoma de Barcelona. Bajo el título de "Nuevas categorías y conceptos para repensar lo humano hoy" se realizaron diferentes mesas redondas, conferencias, presentaciones de comunicaciones o actos culturales. Se trabajaron grandes campos o categorías para repensar lo humano, como el propio sujeto, la persona y no el hombre, lo social, lo cultural, la opresión de género y el feminismo, los procesos sociales actuales y la profunda crisis política. Desde esa perspectiva se acercaban también a la idea de democracia comunal tal y como se puede leer en su página web relacionada con el congreso:

> Recientemente, han surgido nuevos paradigmas políticos, como la democracia comunal, que incide en la crisis de la democracia liberal capitalista y se nutre de tradiciones teóricas y prácticas como las comunes, el comunismo, el anarquismo, el socialismo, el municipalismo libertario (Bookchin y Biehl, 2009; Collado y Vilaregut, 2015), los comunes (Federici, 2004, 2018; Negri y Hardt, 2009, 2017; Ostrom, 1990), la democracia directa y participativa (Dieterich, 17, 2002; 1999; Villasante, 1995), el cooperativismo o el confederalismo democrático (Öcalan, 2005; 2011). La democracia comunal emerge como realidad material, así como concepto paraguas que abarca múltiples luchas y prácticas políticas emancipatorias. La organización política, militar y comunal de las mujeres kurdas de Kongreya Star en Rojava, la construcción de las autonomías indígenas como la zapatista, las comunidades indígenas del Cauca o las comunas socialistas de Venezuela ejemplifican articulaciones políticas comunales[5].

La tercera instancia, a cargo de la Red Internacional por la Democracia Comunal, en colaboración con la Fundación Miguel Enríquez, fue el II. Congreso Internacional sobre Democracia Comunal celebrado del 21 al 23 de octubre de 2022 en Santiago de Chile. En este Congreso bajo el título de "poder popular: problemas programáticos, estratégicos, experiencias y perspectivas de lucha" se organizaron diferentes conferencias, mesas redondas y presentaciones de trabajo con los que hubo opción tanto de profundizar en el debate teórico como de conocer experiencias prácticas. Con la participación de personas invitadas desde Argentina, Perú, País Vasco y Cuba, este espacio sirvió también para asentar el trabajo de la Red y proyectar los pasos para el año siguiente.

Este volumen, además de ser una compilación de estudios sobre realidades comunitarias, también es una primera aportación tanto teórica como

---

5 https://rednosotros.com/2022/10/10/v-congres-internacional-red-nosotros-barcelona-2022-del-12-al-15-octubre/

práctico-empírica para situar la democracia comunal como un posible campo de trabajo e investigación en las próximas décadas. Pensamos que esta posibilidad, no sólo existe, sino que, además, tiene sentido y pertinencia en la situación social que vive el mundo. En estos meses desde que se celebró el I. Congreso Internacional sobre Democracia Comunal donde se expusieron los resultados preliminares de las investigaciones que se publican hoy, se han generado nuevas sinergias e interés colectivo sobre la propuesta o paradigma que se presenta en esta publicación. Además, este volumen puede valer para propiciar e incentivar nuevos debates, investigaciones y publicaciones habremos conseguido algo interesante.

Este volumen se estructura en dos grandes partes. La primera parte recoge cuatro capítulos donde se establece el marco teórico utilizado para abordar la investigación desarrollada. Así, se exponen algunos alcances teóricos y metodológicos que aportan a la elaboración de una teoría y praxis política para las democracias comunales. La segunda parte recoge doce capítulos de los estudios de caso sobre democracia comunal realizados en tres continentes. En estos capítulos se analizan experiencias diversas para buscar qué elementos y cómo pueden aportar a la construcción de modelos de democracia comunal, permitiendo una reflexión acerca del tipo de ejercicio político que construyen.

En los capítulos I, II y III, Saúl Curto-López, en "*La democracia comunal (I) y su emergencia, ¿posible alternativa sistémica?*", "*La democracia comunal (II) como proyecto y sujeto*" y "*La democracia comunal (III) como proceso de emancipación*" presenta una unidad analítica divida en tres capítulos, donde se expone de manera extensa la idea o noción de democracia comunal como una perspectiva antagónica al modelo liberal y como una nueva propuesta de horizonte emancipador desde la cual poder aglutinar diferentes aportaciones emancipadoras. Para ello, realiza un camino desde las fuentes teóricas, históricas y generales en las que puede basarse la idea de democracia comunal, pasando posteriormente a desarrollar la noción de democracia comunal a partir en tres aspectos generales dialécticamente relacionados como son la idea de proyecto, sujeto y procesos. Desde esas ideas del proyecto, sujeto y proceso se pone en diálogo con diferentes autores y aportaciones teóricas que se han realizado en las últimas décadas y años, para ir definiendo aspectos y elementos que caracterizan esa noción-matriz como horizonte emancipador. Finalmente, nos plantea un diagrama para estructurar las diferentes ideas y unas dimensiones de análisis para aplicar a estudios de caso. Las cuales se han podido utilizar posteriormente en las investigaciones realizadas de diferentes maneras. Cierra el III. capítulo con unas conclusiones que afectan a toda la unidad analítica.

En el capítulo IV, Dario Azzellini, en "*La democracia consejista, comunera y comunal en contra del Estado-nación*", se plantea analizar los puntos en común que tiene las prácticas de democracia comunal de hoy con las ideas de la democracia de consejos desde la Comuna de París a los movimientos consejeros de principios del siglo XX. Para hacer la comparación se resumen primero los fundamentos de la democracia consejera, incluyendo sus límites y contradicciones conceptuales, para luego comparar los resultados con las prácticas comunes en experiencias contemporáneas. Mientras se reconoce que los contextos y las circunstancias son hoy en día muy diferentes a las de hace un siglo, la investigación plantea que las prácticas contemporáneas de democracia comunal reviven, actualizan y llevan adelante el legado de la democracia consejera. Eso no significa en absoluto que los diferentes modelos de democracia comunal sean derivados de la democracia consejera. Más bien indica una cuestión de fondo común: el cuestionamiento del modelo de Estado nación centralista y homogeneizador. Se apoya finalmente en las rápidas menciones a las experiencias comunales y comunitarias de Rojava y de México, lo cual nos abre la puerta a los análisis de las demás experiencias prácticas.

Después del marco teórico, se abordan las doce investigaciones de caso que se expusieron en el I. Congreso Internacional realizado en el País Vasco.

En el capítulo V, Candela de la Vega, Victoria Fernández, Juliana Hernández y Júlia Martí, en "*La comunidad en la discusión feminista en Argentina. aportes para la democracia comunal en el presente*", se plantean mostrar que las formas de democracia comunal que hoy existen dentro del movimiento feminista están atravesadas contantemente por un sentido defensivo y antagónico alrededor del cual se debaten sus alcances y limitaciones. Además, esta dimensión de autodefensa es lo que vincula a las luchas feministas a un campo de enfrentamiento mucho más amplio y compartido con otras luchas o resistencias de los sectores subalternos, habilitando la posibilidad de coordinaciones y solidaridades entre ellas. Para ello, el artículo se detiene en analizar los sentidos, relaciones y herramientas de autodefensa que, de manera constante, subyacen a las decisiones y prácticas sobre la producción y reproducción de una forma de vida otra. Así, se basa en el análisis de caso de una experiencia de organización feminista en Córdoba, Argentina. La Provincia de Córdoba, que cuenta con uno de los centros urbanos más grandes del país, se colocó en 2020 como una de las provincias con más femicidios registrados. En este escenario, la experiencia de organización analizada nace en 2016 como una respuesta urgente para abordar las violencias hacia dentro de la propia organización. Tras esta experiencia inicial, y en medio de un proceso organizativo más amplio entre sectores populares, surge la necesidad de expandir el abordaje territorial y comunitario con herramientas para combatir la cultura patriarcal, para garantizar el sostén económico-productivo y la asistencia comunitaria frente a las violencias machistas.

En el capítulo VI, Aitor Bikandi, en "*Emergencia del poder popular palestino en Líbano: desposesión, exclusión y supervivencia*", se plantea analizar algunas de las experiencias en relación a la democracia comunal presente en los campos de refugiados palestinos en Líbano, en sus diferentes formas, ámbitos, alcances e intensidades, con el objetivo de mostrar algunas de las posibilidades y capacidades de esta comunidad, así como apuntar riesgos y oportunidades presentes en el proceso de una posible heterotopía, mediante la revisión de la literatura, los resultados de la observación directa recogidos en diarios etnográficos durante las estancias en los campos, así como lo recogido en las entrevistas a las protagonistas. Para la comunidad palestina en Líbano la autoorganización no es opción sino necesidad, lo cual ha dado como resultado una configuración material y sociopolítica singular en proceso de reconstrucción constante, sometida a los efectos de la incertidumbre sociopolítica que, no obstante, delinea algunos de los elementos característicos de la posible emergencia de la democracia comunal, un proceso no exento de dificultades, tensiones y contradicciones, que pueden resultar tanto ilustrativas como representativas de su desarrollo.

En el capítulo VII, Luis Miguel Uharte, en "*Democracia comunal en Venezuela: una experiencia en el barrio 23 de enero*", se plantea reflexionar en torno a la democracia comunal desde el fenómeno de las Comunas en Venezuela como experiencia histórica concreta contemporánea. El proyecto de las comunas surge en el curso de la llamada revolución bolivariana en el ensayo práctico continuado de diferentes instancias de participación para profundizar la democracia protagónica y participativa. Los consejos comunales son la experimentación previa que desde 2006 pusieron la base para que la idea de las comunas a partir de 2009 pudiera tomar centralidad. Las comunas son espacios de autoorganización popular que busca desarrollar y profundizar el autogobierno político y económico de una comunidad concreta. Uharte analiza en este caso la experiencia concreta de una comuna urbana,, la Comuna 'El Panal 2021', situada en un barrio popular de la capital del país, Caracas, desde donde realiza una serie de reflexiones sobre la potencialidad de promover la democracia comunal en este tipo de experiencias.

En el capítulo VIII, Atenea Jiménez, Kevin A. Young y Mikel Angulo, en " *"Serán sus propios dueños" Dos proyectos de democracia económica en Estados Unidos*", se plantean analizar experiencias de autoorganización de trabajadores migrantes alrededor de proyectos cooperativos o de mutualismo obrero. Estas son experiencias que partiendo de la organización colectiva para responder a necesidades materiales concretas, también aumentan la conciencia de creación de comunidad y organización para la generación de alternativas sociales con proyectos más a largo plazo. Así se centran en el estudio de la experiencia del Centro Obrero del Valle Pionero en Massachusetts, por un lado, y de el proyecto Cooperation Jackson en Mississippi, a partir de los cuales se desarrollan prácticas de gestión colectiva y de empoderamiento comunitario sentando las bases para desplegar prácticas y conciencia en el camino del poder popular y la democracia comunal. La solidaridad, la implicación, el apoyo mutuo y la cooperación son elementos importantes a tener en cuenta en este tipo de experiencias.

En el capítulo IX, Raúl Zibechi, en "*La Guardia Indígena: motor de los cuidados y de las transformaciones*", se plantea el análisis de la experiencia de autoorganización comunitaria del Consejo Regional Indígena del Cauca (CRIC) en Colombia. Tras hacer una reflexión sobre la radical ambigüedad que se puede encontrar en el mundo indígena nasa frente a diferentes sitauciones, el autor profundiza en la historia de construcción del CRIC y de su Guardia Indígena, y el trabajo comunitario y de autoorganización que se desarrollan a partir de los cabildos. Después se adentra en los diferentes "mundos" que coexisten en el mundo indígena hablando sobre la producción, la educación, las experiencias de trueque o los análisis "hacia adentro" que se plantean desde estos espacios comunitarios. Tras ello, Zibechi traza cinco momentos de la historia de la construcción de la Guardia Indígena y analiza su estructura de funcionamiento, entendiendo este espacio organizativo como un motor de cambios dentro del mundo indígena y apuntando algunos elementos actuales. Finalmente se concluye proponiendo algunos elementos para entender el papel de la Guardia Indígena en la revuelta y la función que juega y puede jugar en el futuro como catalizador de cambios.

En el capítulo X, Özgür Günes Öztürk y Berivan Sarıkaya, en "*El municipalismo democrático en Bakur como una experiencia de la democracia comunal: contexto, fundamentos y actualidad*", se plantean abordar la experiencia del municipalismo popular de las ciudades kurdas desde principios de la década del 2000 ubicadas en Turquía y sus logros en términos de poder popular, democracia directa y política feminista. Esta investigación de estudio de caso también se centra en cómo todos estos logros alcanzados por los municipios kurdos son eliminadas por el estado turco a través de administradores gubernamentales designados desde 2016. La política del municipalismo popular, en otras palabras, el municipalismo libertario del territorio kurdo, ha de entenderse tanto como una praxis de autodeterminación que va mucho más allá del gobierno de la ciudad, como la posibilidad única de ejercer el derecho de participación política del pueblo kurdo en Turquía. Asimismo, coincidiendo con el relato histórico del conflicto kurdo y el Estado turco, la mayoría de las personas entrevistadas afirmaron que la destitución de los cargos electos y la asignación de tutelas gubernamentales, lo que se conoce como operaciones *kayyum*, deben entenderse como una nueva fase de la violencia estatal contra el pueblo kurdo desde hace décadas en Turquía y contra la lógica del municipalismo popular.

En el capítulo XI, Felipe Araos Sáez, Ignacio Abarca Lizana y Unai Vazquez Puente, en "*Asambleas territoriales a partir de la Revuelta Popular de 2019 en Chile: una aproximación exploratoria en torno a la Democracia Comunal*", se plantean presentar un conjunto de experiencias de asambleas territoriales, en Chile a partir de la Revuelta Popular de 2019. Es una investigación cualitativa y exploratoria, el muestreo es no probabilístico, accidental o casual, se realizan entrevistas individuales, semi-estructuradas y los resultados se analizan mediante análisis de contenido. Las y los participantes pertenecen a la Asamblea Territorial del Marga-Marga (V Región de Valparaíso), Asamblea Territorial Villa Portales (Región Metropolitana) y Asamblea Territorial Pudahuel Sur (Región Metropolitana). Las principales coincidencias en los resultados se asocian a características de las asambleas territoriales, tales como la horizontalidad, apertura a la participación popular, autogestión en el territorio e independencia o autonomía. Las principales divergencias apuntan la relación con el uso del voto como método de toma de decisiones al interior de la asamblea territorial y los métodos para abordar las problemáticas en torno a violencias machistas u otro tipo de violencias. Las principales discusiones planteadas a partir del estudio señalan la ausencia o debilidad de discusiones y posicionamientos comunes acerca de distintos ejes políticos consultados, así como una especie de carácter dual vinculado a la dimensión local de las asambleas territoriales. Abre y cierra el estudio con reflexiones y debates alrededor del concepto en desarrollo de Democracia Comunal, en relación con la experiencia de las asambleas territoriales.

En el capítulo XII, Matteo Giardiello y Cosimo Pica, en "*Mutualismo, investigación y control popular en la Italia de la crisis. El ejemplo del bien común 'Ex Opg Je So' Pazzo' en la construcción de la democracia comunal*", se plantean reflexionar sobre las opciones de construir formas de democracia comunal en contextos occidentales marcados por el capitalismo, como es el caso de Italia. En las últimas décadas se han desarrollado muchas experiencias de luchas comunitarias y de autoorganización, pero los autores han optado por analizar un ejemplo bastante reciente anclado en Nápoles y que toma la idea de los bienes comunes y el apoyo mutuo como base de la experiencia. La Ex Opg Je So' Pazzo, tal y como nos dicen sus autores, "con su práctica y forma organizativa, ha sido en los últimos años el motor de la construcción de una red de bienes comunes y casas del pueblo en toda Italia". Así, tras analizar el contexto histórico en el que surgen y se desarrolla este caso, plantean a su parecer las características concretas que se desarrollan desde este espacio para la construcción de la democracia comunal. Analizan la experiencia a través de entrevistas desarrolladas con las protagonistas de la experiencias y de donde obtienen la base para su análisis. Finalmente, reflexionan sobre la pertinencia y las aportaciones que una experiencia con características de democracia comunal puede hacer en el contexto italiano y qué relación puede tener para impulsar la construcción de espacios de poder popular.

En el capítulo XIII, Janaina Strozake, Samuel Ortiz-Pérez y Judite Stronzake, en "*La democracia comunal y cooperativa en la COPAVI: Gestión comunitaria en una cooperativa del Movimiento Sin Tierra de Brasil*", plantean la construcción de una democracia comunal, de participación directa y con niveles representativos como un desafío de los movimientos sociales anticapitalistas, como el Movimiento Sin Tierra de Brasil. Concretamente, en el artículo presentan las dinámicas de formación política y técnica, las herramientas de incentivo a la participación popular, y los retos en la lucha antipatriarcal y opresiones diversas que se desarrollan dentro de la Cooperativa Vitoria, en el sur de Brasil, con el objetivo de construir formas democráticas transformadoras y caminos para la emancipación humana. Como en la mayoría de los capítulos, en esta investigación utilizan primordialmente metodología cualitativa recogiendo los datos desde el trabajo de campo con informantes directos y la observación participante, además de bibliografía documental generada por el propio proyecto investigado. La experiencia de Copavi es de interés por su largo recorrido (casi 30 años), por los aspectos de organización interna y por la capacidad de incidir en las comunidades que le rodean.

En el capítulo XIV, Saúl Curto-López e Iñaki Barcena Hinojal, en "*El barrio libre de Errekaleor (País Vasco): la cultura heredada en la prácticas urbanas para la democracia comunal*", se plantean analizar las prácticas de la comunidad autogestionada en los entornos urbanos. Para ello centran su estudio en la experiencia del Barrio Libre de Errekaleor, en la ciudad de Vitoria-Gasteiz en el País Vasco. Errekaleor fue ocupado en septiembre de 2013 por varios estudiantes y hoy en día, con más de cien personas, se ha convertido en el barrio ocupado más grande de la península ibérica. Tras casi diez años de recorrido, Errekaleor se ha convertido en un experimento social donde ensayan nuevas formas de habitar la ciudad poniendo en marcha proyectos sociales y dinámicas para repensar el modelo de desarrollo y el modelo de relaciones sociales. La reapropiación y el control del espacio es vital para idear nuevas formas de uso colectivo del mismo. Este laboratorio social conjuga, la recuperación de aspectos comunales ancestrales venidos, entre otros, de los consejos vitorianos como la democracia directa y el trabajo comunitario (auzolan), y la reinvención de nuevas prácticas comunales adaptadas a contextos urbanos y actuales. Estas dinámicas colectivas pueden aportar elementos interesantes a la emergencia de la democracia comunal desde el ensayo de estas prácticas en el territorio urbano.

En el capítulo XV, Roberto Deras, en "*Los Poderes Populares Locales en El Salvador: Una experiencia de organización comunitaria sin reconocimiento político*", se plantea analizar la relación de la democracia comuna con los Poderes Populares Locales (PPL) como una figura bajo la cual se organizó población civil no combatiente durante el pasado conflicto armado de El Salvador (1980 – 1992). Deras considera que estudiar a los PPL como expresión de autoorganización proporcionará elementos para entender dos dinámicas. Por un lado, cómo la guerrilla del FMLN tejió relaciones de poder con la población civil no combatiente. Una población a la que desde la perspectiva del marxismo más militante fue vista como masa a la cual conducir hacia la revolución, pero que, a su vez, desarrolló su propia capacidad de agencia y autogobierno comunitario. Por el otro, cómo esa relación establecida, en el marco del conflicto, contribuyó u obstaculizó el desenvolvimiento de esta experiencia comunitaria tras la firma de la paz. Para ello toma en cuenta aspectos que van más allá de la reproducción de la vida. Se trata de otras áreas o aspectos como la identidad, la construcción de memoria y el tratamiento al sufrimiento por la violencia padecida. El estudio, situado desde una reflexión histórica y ética, pretende retomar la propuesta teórica de democracia comunal y dirimir aquellas características de las relaciones de poder que existieron en la base de esta organización comunitaria.

En el capítulo XVI, Mercè Cortina Oriol, Mario Hernández Trejo, Mariona Lladonosa Latorre y Manel López Esteve, en "*El cooperativismo como agente articulador de desarrollo multiescalar. El caso de L'Olivera, Lleida*", plantean a través del análisis del caso de la cooperativa L'Olivera (Lleida), analizar la articulación concreta en el ámbito rural entre la tradición y la práctica cooperativista, el desarrollo local y la democracia social y económica. El argumento principal propone que, desde una experiencia específica de cooperativismo se pueden desarrollar transformaciones a nivel relacional, cultural y productivo en el entorno que facilitan procesos de desarrollo local en los que se pueden identificar rasgos definitorios de la democracia comunal. El artículo se basará en un análisis histórico del papel del cooperativismo en la tradición comunitaria de la Catalunya rural i la recopilación de datos a través de documentación reciente y entrevistas a hasta 15 agentes, incluyendo miembros de la cooperativa, representantes institucionales locales y comarcales y representantes de otras entidades sociales que operan en la zona. Las experiencias de democracia social y económica han sido una constante estructural en la formación de la Catalunya contemporánea. En este sentido, el conjunto de prácticas y formulaciones propias de la democracia social y económica han tenido como común denominador la voluntad de rebasar los límites de la democracia formal representativa de matriz liberal y convertirse en un modelo propio de desarrollo local no focalizado única y exclusivamente en la lógica del crecimiento y la acumulación.

Finalmente, se cierra el volumen con una consideraciones a modo de conclusiones generales respecto a la pertinencia de la propuesta de la noción matriz de democracia comunal y se remarcan algunos aspectos derivados de los estudios de casos analizados en el volumen.

I. PARTE

Capitulo I

La democracia comunal (I) y su emergencia, ¿posible alternativa sistemica?[1]

SAÚL CURTO-LÓPEZ

> La Comuna era, esencialmente, un gobierno de la clase obrera, fruto de la lucha de la clase productora contra la clase apropiadora, la forma política al fin descubierta para llevar a cabo dentro de ella la emancipación económica del trabajo.
>
> *(Marx, 2003, p. 71)*

> La comuna no sólo no está muerta, sino que vuelve. Y no vuelve por azar o en un momento cualquiera. Vuelve en el momento mismo en el que el Estado y la burguesía se borran como fuerzas históricas (...). La comuna es pues el pacto de enfrentarse juntos al mundo. Es contar con las propias fuerzas como fuente de la propia libertad. No es una entidad lo que se pretende lograr en ella: es una cualidad del vínculo y una manera de estar en el mundo.
>
> *(Comité Invisible, 2015, pp. 215-216)*

> El sistema comunal que se propone como un *proyecto societal* alternativo al sistema liberal significa entonces que, en la gestión económica y política, la colectividad es la que va ejerciendo su soberanía plena. Niega todas las posibilidades de que los beneficios económicos, políticos y culturales se reduzcan a una élite o un individuo como es la sociedad capitalista. Por eso el sistema comunal es la negación a la forma liberal.
>
> *(Patzi, 2009, pp. 190)*

LA EMERGENCIA DE LA DEMOCRACIA COMUNAL FRENTE A LA CRISIS DE LA DEMOCRACIA LIBERAL

En la primavera del 2022 se hablaba de la superación de la crisis sanitaria generada por la pandemia, sin embargo, comenzaban a llegar las con-

---

1 Este capítulo es la primera parte de una unidad analítica que se presenta en los tres primeros capítulos de este volumen relacionadas entre sí, finalizando con unas conclusiones generales en el tercer capítulo.

secuencias económicas generadas por los confinamientos de 2020 y 2021, y las consecuencias económicas derivadas de la llamada guerra de Ucrania. Respecto a la gobernanza mundial, mientras que el G7 cerraba filas en la apuesta por un mundo unipolar, la reunión del BRICS apostaba por un mundo multipolar. Sucesos globales como la pandemia o la guerra de Ucrania son usados para no ver la situación real de crisis sistémica y decadente de un sistema de producción que atraviesa las mayores dificultades de su historia (Zibechi, 2020; Ezkurdia y Kortazar-Billelabeita, 2022). La segunda década del siglo XXI ha comenzado con un aceleración de la crisis estructural del capitalismo que comenzaba a manifestarse en 2008. Como ya anunciara Wallerstein (1998) hace más de 20 años, o Arrighi en su largo siglo XX (1999), el siglo XXI va a ser testigo de una crisis decadente diferente a las que ha vivido el capitalismo en los últimos siglos.

Uno de los elementos que marca la situación en este siglo es y será la lucha por la hegemonía global entre EEUU y China, en un contexto de crisis sistémica. No es una crisis de desarrollo del capitalismo, sino una crisis de estancamiento y decadencia (Wallerstein, 2001; 2007). Esta crisis histórica es estructural y múltiple, caracterizada a su vez por diferentes crisis: crisis energética y de recursos fósiles, llegando al final de una época y lógica energética (Fernández Durán y González Reyes, 2018, pp.143-199; Taibó, 2017); crisis climática, tomando en cuenta los cambios climatológicos y la deuda ecológica (Herrero et al, 2017, p.44; FAO, 2018, p.31) y las repercusiones que se están generando para las generaciones futuras (Klein, 2015; WWF, 2016; Fernández Durán, 2011, p.522); crisis cultural poniendo en peligro la supervivencia de lenguas, costumbres y pueblos (Fernández Buey, 2009, p.50); crisis de desigualdad social, siendo el momento de la historia con más capacidades productivas y más desigualdades sociales que nunca (Sagobal, 2015. pp.82-83; Oxfam, 2018, pp.20-26); crisis de cuidados, ya que aumentan las necesidades de cuidados en grandes capas de la población pero el trabajo realizado en su mayoría por mujeres es desigual y precario siendo ese colectivo el más afectado (Pérez Orozco, 2004, pp.60-66; Ezquerra, 2012; Oxfam, 2018, p.24); crisis del pensamiento positivista y lineal occidental que ha sido hegemónico en la modernidad (Santos, 2006, 2014, 2017; Wallerstein, 2001, pp.213-217); crisis de consumo, ya que hay menor capacidad de consumo cuando el mercado necesita incentivarlo para sobrevivir (Lao-Montes, 2011, p.151; Márquez, 2010, p.443); crisis alimentaria que afecta a grandes grupos de población mundial, tanto en la alimentación como en la producción (FAO, 2018b, p.4; Huaylupo, 2009, p.21; Gambina, 2013, p.49-52); crisis migratoria, cuando están aumentando las migraciones cada vez más se ponen políticas migratorias más restrictivas (Roll Vélez y Andrea Gómez, 2010; IOM, 2017; WBG, 2018, p.24-38); crisis de hegemonía mundial y agotamiento de las referencias económicas, políticas y culturales de EEUU y el surgimiento de otros actores que pujan por esa hegemonía (Martins, 2007, p.40; Hernández, 2007, p.118; Lao-Montes, 2011, p.162; Wallerstein, 2007, pp.100-101); crisis de valores o civilizacional, la sociedad mercantilista basada en el desarrollo lineal y la acumulación está creando situaciones muy críticas (Riechmann et at, 2015; Fernández Buey, 2009, pp.45-46).

En este contexto de multi-crisis, la crisis del modelo de democracia liberal también se acentúa. Diferentes informes sobre el estado de la democracia (Idea, 2021), derechos humanos o la libertad (FH, 2022) afirman que la democracia está en retroceso, asegurando entre otras cosas que "actualmente las democracias no tienen precisamente un historial ejemplar en lo que respecta a abordar los males que aquejan a la sociedad" (HRW, 2022). La falta de confianza en los políticos profesionales, la falta de participación, la falta de representatividad y la falta de identificación con el sistema parlamentario son algunos de los rasgos de esta crisis política y de gobernanza mundial estudiados en los últimos años (Crouch, 2004; Rosanvallon, 2007; Hermet, 2008; Wolin, 2008; Posner, 2012; Harvey, 2012; Mair, 2013; Ortí, 2015; Castells, 2017; Laval y Dardot, 2017; Gentile, 2018). Pero en este contexto donde las propuestas populistas de extrema derecha se están haciendo cada vez más presentes, también se plantean otras alternativas que apuntan en otra dirección para repensar o tranformar la democracia desde visiones emancipadoras.

Así, frente a esta crisis estructural del sistema capitalista y de su modelo liberal de democracia, en diferentes partes del mundo se vienen experimentando dinámicas y procesos que proyectan nuevos modelos sociales y democráticos desde aspectos como la comunidad, lo comunal, la ayuda mutua, la cooperación, la ocupación de espacios, la autogestión, etc. (Ayboga, Flach y Knapp, 2017; Iglesias, 2017; Akuno y Nangwaya, 2021; Ruggeri; 2017; Códigos Libres, 2016; Öcalan, 2012). Este estudio tiene como objeto las experiencias de democracia alternativa al modelo liberal que se están desarrollando desde estas prácticas comunales y comunitarias. En el caso que nos concierne, queremos estudiar y acercarnos a esas realidades comunitarias desde una perspectiva alternativa a las lógicas del capital (Torres C., 2013). Para ello, proponemos el término de Democracia comunal como noción que podría aglutinar o cobijar este tipo de prácticas de transformación democrática. Esto implica rescatar los planteamientos de las corrientes de pensamiento históricas antisistémicas (comunismo, anarquismo, etc.) y, a su vez, tomar en consideración las aportaciones que en los últimos años se están haciendo desde perspectivas más actuales. Entre dichas corrientes, aunque no son las únicas, se pueden destacar, las propuestas del municipalismo libertario (Bookchin y Biehl, 2009; Collado y Vilaregut, 2015), de lo común (Negri y Hardt, 2011; 2019; Laval y Dardot, 2015) de lo comunitario (Gutiérrez, 2017; Zibechi, 2021), de la democracia directa y participativa (Dieterich, 2002; Villasante, 1995), del feminismo (Federici, 2010; 2018; 2020), del cooperativismo transformador (Akuno y Nangwaya, 2021), de los comunes en las ciudades (Miró, 2018; Méndez, Hanou y Aparicio, 2021) y del confederalismo democrático (Öcalan, 2012).

Queremos, por una parte, analizar algunos aspectos de forma y contenido que atraviesan este tipo de prácticas y ver si pueden formar parte de una lógica social común, y por otra parte, si el término propuesto de democracia comunal puede ser válido como concepto aglutinador de estos tipos de prácticas.

Nuestra hipótesis es que existen a lo largo del globo diferentes prácticas comunales y comunitarias de transformación democrática (algunas más desarrolladas, otras menos y otras con potencia para ello) que guardan una lógica común que pueden estar prefigurando nuevas realidades y otros modelos emergentes y experimentales de organización social democrática.

¿Es la democracia comunal una realidad emergente?

El recorrido que nos planteamos en esta investigación en las próximas líneas es el siguiente. Por una parte, (1) haremos unas aclaraciones previas sobre el concepto que se propone de democracia comunal, (2) seguido hablaremos sobre el acercamiento a la investigación de la emergencia de realidades prefigurativas y apuntaremos nuestra perspectiva de análisis; (3) haremos un breve repaso sobre los antecedentes históricos donde buscar rasgos o aspectos estructurales de la democracia comunal, así como de las fuentes teórico-prácticas que apuntan a dinámicas susceptibles de potenciar la democracia comunal; (4) esbozaremos algunas características generales de la idea de democracia comunal como proyecto, sujeto y proceso, adentrándonos en algunas discusiones o aportaciones de autores relevantes; y propondremos un diagrama para organizar los elementos que se vayan comentando; (5) plantearemos algunos elementos sobre la diversidad de prácticas y la riqueza emergente para el estudio de la democracia comunal, así como unas posibles dimensiones de análisis; (6) finalmente se expondrán algunas reflexiones a modo de conclusiones.

1.1. Sobre el concepto de Democracia comunal

Uno de los elementos centrales de esta investigación es la propuesta de la noción de Democracia comunal como un concepto amplio que pueda aglutinar diferentes prácticas comunitarias y comunales de transformación democrática para superar el liberalismo. Nos parece interesante hacer unos apuntes previos para delimitar y concretar la perspectiva con la que se propone esta noción. Estas consideraciones las exponemos como punto de partida más que como punto de llegada, es decir, como elementos iniciales hipotéticos que deberán validarse y/o contrastarse a lo largo de la investigación; desde la teoría fundamentada nos dicen: "las hipótesis provisionales que se plantean al principio del análisis de manera tosca como una primera indicación para ser perfeccionadas en el transcurso de la investigación" (Abela et al. 2007, p.58). ¿Por qué Democracia comunal? ¿De dónde viene? ¿Qué antecedentes tiene? ¿En qué sentido se utiliza?

- Se propone la idea de Democracia comunal como una noción que plantea otras formas democráticas posibles al modelo liberal. La noción de comunal se propone como concepto-raíz que alberga una lógica de construcción social diferente a la liberal, no basándose en lo privado, lo mercantil y en el individualismo, sino en la idea de lo común, lo comunal, lo comunitario y la comunidad. Es decir, que no se habla de lo comunal como algo estrictamente ligado a la organización territorial municipal, compatible con el modelo liberal (Black, 1997)[2] como puede ser en Colombia (Valencia, 2010), Suiza (Elazar, 1993), Israel (Licht, 1993) o Francia (Caillosse, 1999; Loubet, 2016).
- Es un concepto que no está muy utilizado ni en el ámbito académico ni en el político. Desde la perspectiva no liberal que estamos planteando, en lo académico, encontramos pocas referencias ligadas a las realidades de Kurdistán (Knapp y Jongerden, 2016; Uzun, 2020). En lo político, lo encontramos solamente en algunos discursos realizados por dirigentes como Hugo Chávez (2006; 2007a; 2007b; 2009a; 2009b; 2010b), Evo Morales (2017) o Nicolás Maduro (2020), pero no así en documentos políticos, sociales o culturales de los procesos de esos países.

---

2 Según Black, "las comunas y el pensamiento comunal son parte esencial de la historia de la democracia. Al reconocer esto, podemos redescubrir la conexión entre la democracia y el autogobierno local a pequeña escala, y ver que la democracia tiene una base tanto comunitaria como liberal" (1997, p. 5).

- No se propone como "un modelo" sino como "modelos posibles". No como "un modelo acabado" sino como unos modelos "en construcción" (RIDC, 2021). Por lo tanto, hay que hacer referencia tanto a la idea de la prefiguración, como realidades posibles y emergentes que proyectan posibles futuros desde las prácticas actuales, así como a la diversidad de formas y contenidos en las diferentes experiencias que se generan adaptándose a cada realidad social, territorial y cultural.
- Sin duda, la idea de la diversidad es un aspecto fundamental en la Democracia comunal, pero también lo debieran ser una serie de elementos estructurales que le den sentido a una lógica comunal transformadora común. El análisis de las diferentes prácticas y procesos comunales que se están desarrollando a la largo del mundo deberá decirnos hasta qué punto hay elementos constitutivos de lógicas de transformación comunales conjuntas susceptibles de albergarse dentro o debajo de una noción como la Democracia comunal.
- Frente a las lógicas de opresión del capitalismo, y por consiguiente albergadas en democracia liberal, como perspectivas capitalistas, patriarcales, coloniales y racistas, las lógicas de liberación de la democracia comunal parece que debieran oponerse a ellas desde perspectivas no-capitalistas, no-patriarcales, no-coloniales y no-racistas.
- La idea de Democracia comunal que se propone, no trata de mejorar el modelo liberal, sino que se plantea como superación del mismo, tanto en formas como en contenidos. Mientras que la idea de democracia liberal hace referencia formalmente a los métodos de elección, gestión y gobierno de una sociedad de mercado (la forma política que necesita el capital), la democracia comunal desde un punto de vista más holístico, haría referencia al metabolismo social, político, económico y espacial para la organización de la sociedad.
- Se propone la Democracia comunal como una forma de repensar las propuestas de emancipación que se han desarrollado en los dos últimos siglos, y por lo tanto, como un espacio-noción que pueda aglutinar diferentes aportaciones de emancipación actuales y futuras que se complementen. Tanto aportaciones y procesos que hablen y practiquen lo comunal de manera explícita, como aquellas dinámicas y procesos de emancipación que guarden una potencia para el desarrollo de lo comunal.
- Por lo tanto, la Democracia comunal no se presenta como algo totalmente nuevo, sino como una manera de repensar y de adaptar propuestas y prácticas comunitarias y comunales pasadas a contextos

y realidades actuales. Una forma de actualización y reinvención. La emergencia y la reaparición de lo común y comunal puede ser una constante histórica latente, más aún en periodos de crisis y transformación. Ese hilo comunal histórico que atraviesa la existencia humana es parte constitutiva de lo que se concibe como Democracia comunal.

- La noción de Democracia comunal que se propone no hace referencia estricta y solamente a proyectos locales, sino con realidades de organización social que se puedan desarrollar en todas las escalas territoriales posibles (local, comarcal, provincial, nacional, regional o mundial). Una perspectiva adaptada a la realidad de cada territorio y por ello diversa, pero con visión universal y, por ello, realizable en todas la realidades.

2. INVESTIGAR LA EMERGENCIA: LA DIVERSIDAD EN LA LATENCIA DE LO NUEVO

Es diferente investigar las realidades dadas, establecidas y hegemónicas, o investigar realidades nuevas que emergen de las prácticas que se están generando. Muchas de las prácticas que situamos o encuadramos en la idea de Democracia Comunal se desarrollan fuera de las dinámicas sociales, políticas, económicas y culturales hegemónicas del mundo actual, y, por tanto, fuera de los círculos de estudios convencionales que sirven para la reproducción del sistema actual. Para la investigación de dichas realidades emergentes hemos seleccionado diferentes elementos que consideramos no sólo válidos sino también muy interesantes por la perspectiva que aportan en el estudio de nuevas realidades. Estas herramientas aportan aspectos con y desde los cuales analizar, interpretar, investigar y valorar las prácticas emergentes. La interrelación de estos elementos nos ofrece una perspectiva interesante para nuestra investigación. Por una parte, la sociología de las emergencias de las Epistemologías del Sur. Por otra, y derivada de la anterior, la perspectiva del aprendizaje de la teoría que surge de las luchas. Finalmente, la teoría emergente o fundamentada, como método de investigación que busca generar teoría desde los procesos vivos.

El *primer* elemento es la sociología de las emergencias, desde el pensamiento de Sousa de Santos donde encontramos elementos muy interesantes para "repensar la emancipación" (Santos, 1999). El pensador portugués plantea que dentro del pensamiento hegemónico occidental es difícil idear planteamientos emancipadores, ya que "no es posible concebir estrategias emancipadoras genuinas en ese ámbito, pues todas terminan transformándose en estrategias reguladoras dictadas por el propio sistema y, en definitiva, al servicio del paradigma dominante, que tiene más de excluyente que de acogedor" (Tamayo, 2019, p.18). Y por ello plantea que es necesaria "la imaginación utópica, un horizonte nuevo donde se anuncia el paradigma emergente" (Tamayo, 2019, p.18).

Santos nos habla de una línea abismal de pensamiento que el pensamiento hegemónico occidental dicta y a partir de la cual se delimita aquel conocimiento que existe y cuenta, y aquel conocimiento que no existe, queda excluido y por lo tanto no cuenta (2014). Esta línea abismal es la que hace que podamos hablar de las ausencias como aquel conocimiento excluido. Desde esa línea, Santos nos habla de la Sociología de las Ausencias y de la Sociología de las Emergencias.

Aquí recuperamos la idea de Bloch sobre la utopía concreta que oponía a la utopía abstracta en su crítica a los utópicos no transformadores. Bloch plantea que la utopía abstracta no vale para transformar el mundo sino para postergar la acción entendiendo la esperanza como forma de espera pasiva a que llegue algo mejor. Sin embargo, él reivindica una forma de esperanza activa y transformadora que acerca el futuro desde la construcción de las utopías concretas que se construyen desde la práctica del hoy. Así, según Bloch "el único concepto aparentemente paradójico, es decir utopía concreta, es el apropiado: es decir la utopía de tipo anticipatoria que de ninguna manera coincide con la utopía abstracta soñadora ni con la inmadurez del socialismo abstracto" (1959/1986, p.146, en Dinerstein, 2016, p.355). Así, la utopía concreta,

> desafía los parámetros de legibilidad de la realidad dada, convirtiéndose en una forma compleja de la resistencia, que simultáneamente niega, crea, entra en contradicción con, contra, y más allá del Estado, la ley, el capital, para producir un 'excedente' intraducible en el lenguaje capitalista, patriarcal y colonial. La utopía concreta es una práctica autónoma 'en clave esperanza', a partir de la cual están surgiendo experiencias alternativas de tiempo, espacio y cooperación como política afectiva (Dinerstein, 2016, p.355).

Estas prácticas emergentes como utopías concretas anticipan el futuro en la medida de que prefiguran realidades posibles, visibilizan posibilidades de futuro concretas desde prácticas actuales. Desde esa perspectiva, se pueden concebir las prácticas de democracia comunal como "algo que no existe pero está emergiendo, una señal de futuro" (Santos, 2006, p. 30).

La democracia comunal en cuanto realidad emergente no se puede investigar como una cosa acabada y dada, definida y concretada; no es un objeto de estudio estático ni una realidad pasada sobre la cual estudiar lo que pasó. Al contrario, hablamos de un objeto de estudio como proceso dinámico y en movimiento, una dinámica viva y en construcción constante. Por ello, investigar la emergencia es mirar a esa multiplicidad de realidades en ebullición que hablan tanto desde sus desarrollos concretos como desde sus posibilidades de desarrollo.

> La sociología de las emergencias consiste en la investigación de las alternativas que caben en el horizonte de las posibilidades concretas. En tanto que la sociología de las ausencias amplía el presente uniendo a lo real existente lo que de él fue sustraído por la razón eurocéntrica dominante, la sociología de las emergencias amplía el presente uniendo a lo real amplio las posibilidades y expectativas futuras que conlleva (...). La sociología de las emergencias consiste en sustituir el vacío del futuro según el tiempo lineal (un vacío que tanto es todo como es nada) por un futuro de posibilidades plurales y concretas, simultáneamente utópicas y realistas, que se va construyendo en el presente a partir de las actividades de cuidado. Llamar la atención acerca de las emergencias es, por naturaleza, algo especulativo y requiere alguna elaboración filosófica (...). La sociología de las emergencias actúa tanto sobre las posibilidades (potencialidad) como sobre las capacidades (potencia), pero no tiene dirección, ya que tanto puede acabar en esperanza como en desastre (Santos, 2010, pp.24-26).

La sociología de las emergencias también se ocupa de las experiencias de innovación, renovación o reinvención democrática que se desarrollan desde las experiencias. Así, no se puede entender la democracia como "algo exclusivamente pensado por y para las élites" sino que a partir de "las luchas locales y globales surgen otras concepciones no eurocéntricas de democracia y arraigan en el imaginario popular" (Santos y Mendes, 2017, p.20).

El *segundo* elemento importante a tomar en cuenta es justamente ese, el conocimiento generado a partir de las luchas. Para ello, también es necesario profundizar en la idea del Sur Global que se traza en las Epistemologías del Sur. Desde esa perspectiva "el Sur global, lejos de mostrar un espacio geográfico, nos presenta un Sur heredero de luchas por otros conocimientos y formas de existir, en un desafío abierto a las formas de dominación que distinguen nuestros tiempos: el capitalismo, el colonialismo y el patriarcado" (Santos y Meneses, 2020, p.5). Así, las Epistemologías del Sur es un planteamiento que busca impulsar la generación y la validación de conocimiento a partir de experiencias de lucha y resistencia en diferentes contextos desarrolladas por grupos sociales que han padecido y padecen diferentes situaciones de exclusión, opresión o explotación (Santos, 2018, p.2). Por lo tanto,

> que integra múltiples epistemologías producidas donde y cuando se dan estas luchas, tanto en el norte geográfico como en el sur geográfico, en varios contextos culturales, históricos, políticos, sociales e incluso circunstanciales (...). Este retorno no es sólo epistemológico, también es ontológico. Al ocupar la epistemología, los grupos sociales oprimidos, los que no cuentan (...) reivindican su humanidad al representar el mundo como suyo, en sus propios términos (Santos y Meneses, 2020, p.11).

Esta perspectiva aumenta las posibilidades de concebir a muchos sujetos activos y protagonistas que desarrollan prácticas relacionadas con la Democracia comunal y su potencia, como sujetos generadores de teoría mediante sus prácticas, las cuales muchas veces quedan al margen del conocimiento realmente existente y validado por el pensamiento hegemónico. Es por ello que las epistemologías del Sur "dan por supuesto que ni la ciencia moderna ni ninguna otra forma de conocimiento logran captar la experiencia y la diversidad inagotables del mundo" (Santos y Meneses, 2020, p.12). Entonces,

> es un Sur epistemológico, no geográfico, compuesto de muchos Sures epistemológicos que tiene en común el hecho de ser todos conocimientos nacidos de las luchas contra el capitalismo, el colonialismo y el patriarcado. Estos conocimientos se producen donde quiera que ocurran estas luchas, tanto en el norte como en el sur geográficos. El objetivo de las epistemologías del Sur es permitir a los grupos sociales oprimidos representar el mundo como suyo y en sus términos, ya que sólo así podrán cambiarlo de acuerdo con sus propias aspiraciones (Santos y Mendes, 2017, p.14).

Estos procesos sociales reinventan la realidad en la medida que intentan funcionar con otras lógicas en la construcción de la sociedad. Estos procesos se desarrollan en diferentes espacios territoriales y en diferentes ámbitos sociales, culturales, políticos y económicos, también en la reconfiguración práctica y teórica de la democracia. Santos apela desde esa perspectiva a "democratizar la democracia" (2004a; 2004b) en todos lo ámbitos de la vida, y desde esa perspectiva plantea "el reconocimiento de la rica diversidad de las experiencias que surgen en diferentes partes de mundo" entendiendo esta "demodiversidad" como un "paso clave hacia la necesaria renovación o reinvención de la democracia en contextos de creciente diversidad" (Santos y Mendes, 2017, p.83). Sin duda, los posibles modelos de democracia comunal forman parte de esa demodiversidad y de esa necesaria transformación y reinvención de la democracia actual.

El *tercer* elemento está relacionado con las metodologías de investigación. Para la investigación de realidades que quedan al margen del conocimiento hegemónico, también será necesario unas metodologías de investigación que no formen parte de la forma hegemónica de investigación, y que nos puedan facilitar captar los elementos que laten en esas realidades emergentes. Además de metodologías como la Investigación Acción Participativa (Ander-Egg, 2003), o la Investigación Militante (Rojas Soriano, 1999; Malo, 2004; Jaramillo, 2020) que se basan en una participación activa e implicación de la persona investigadora con la realidad social investigada, nos parece interesante acercarnos a la perspectiva que ofrece la Teoría fundamentada o Teoría emergente.

La teoría fundamentada tiene el propósito de proveer herramientas de investigación y análisis a los investigadores sociales. Busca generar teoría que emerja de los casos estudiados atendiendo al análisis de datos continuo y construyendo categorías cada vez más abstractas aplicables a casos cada vez más amplios. Fue desarrollada desde las aportaciones de dos investigadores de la Escuela de Chicago, Barney Glaser y Alsem Strauss, los cuales establecieron sus bases en 1967 en su libro *The discovery of Grounded Theory* (Hernández, Fernández y Baptista, 2010, p.492). Es una metodología de investigación cualitativa que transforma la visión hegemónica convencional para darle otra perspectiva más dinámica y holística. Más que priorizar un enfoque deductivo basado en hipótesis y supuestos teóricos establecidos anteriormente (metodología clásica), la teoría fundamentada prioriza el estudio de campo, la interacción con los sujetos y procesos estudiados y el análisis de datos dinámico que va saliendo de la investigación. De esta manera, se basa en un enfoque inductivo donde los datos y su emergencia orientan el desarrollo de la perspectiva teórica en la medida que se desarrolla el proceso de investigación (Charmaz, 1990, 2006). Desde esta metodología se diferencia entre la teoría formal y la teoría sustantiva, priorizando esta última para la generación y construcción de la primera. Ya que,

> La teoría sustantiva tiene la posibilidad de dar cuenta de realidades humanas singulares porque se alimenta con los procesos de recolección de datos de la investigación en curso, de una manera dinámica y abierta, diferente a la de los procedimientos deductivos de la llamada teoría formal o general cuya preocupación por la verificación le lleva a mantener una perspectiva relativamente estática y cerrada por su apego a la generalidad. Sin embargo, la teoría sustantiva es solo un eslabón estratégico en la formulación y generación de la teoría formal o teoría general. Aunque la teoría formal puede ser generada directamente desde los datos, es más deseable y usualmente necesario, arrancar la teoría formal desde una teoría sustantiva (De la Torre et al, s.f., p.5).

El estudio con la Teoría fundamentada comienza con preguntas generales, y no con marcos teóricos previamente concebidos. Por ejemplo, ¿desde estas prácticas comunitarias y comunales se están planteando modelos democráticos diferentes? ¿es válida la noción de Democracia comunal para aglutinar algunas experiencias transformadoras? ¿qué caracteriza estas prácticas y procesos? Las características de los procesos y sujetos que se están estudiando, "los atributos de lo que está en estudio, lo que se llamaría variables", no deben imponerse anteriormente y deben surgir del análisis, entonces, "a través del proceso de investigación se siguen intereses, pistas o corazonadas que se identifican en los datos", en el estudio, en la investigación (Cuesta, 2006, p.138). Por eso es interesante no empezar la investigación con una teoría en mente ya definida, dado que la idea de la teoría fundamentada es desarrollar una disciplina que sea novedosa y relevante, es decir, "la idea es descubrir conceptos nuevos y si uno llega a la investigación con un marco predefinido, se puede limitar este descubrimiento. No estamos poniendo hipótesis a prueba" (Corbin, 2016, p.17). Así, la Teoría Fundamentada

> puede partir de teorías donde se extraen una serie de hipótesis, las cuales buscan ser demostradas mediante la comparación constante con la realidad cultural. En ese proceso de comparación entre las teorías llamadas formales y las teorías sustantivas se va construyendo la teoría sobre el fenómeno estudiado. Existe, sin embargo, la posibilidad de iniciar la investigación con un marco bibliográfico poco estructurado, en cuyo caso, a medida que se avanza en la comprensión de los datos y la construcción de la teoría sustantiva, se va estableciendo la comparación con la teoría formal (Hammersley y Atkinson, 1994, en Lúquez y Fernández, 2016, p.106).

De hecho, que no se deba partir de un marco teóricamente preestablecido y acabado, no quiere decir que no se pueda comenzar con una base sobre planteamientos ya existentes. Glaser y Strauss recomiendan "que para comenzar a construir una teoría sustantiva se apliquen ya teorías existentes" a los datos y procesos que se están estudiando y a partir de ese punto poder "formular nuevas teorías sustantivas específicas, cimentadas en los datos del caso estudiado". Por ello, "la Teoría fundamentada no niega que se puedan iniciar las investigaciones aplicando elementos de teorías ya formuladas" (Abela et al., 2007, p.56).

Se debe plantear una forma de investigación dinámica que se va construyendo en un proceso de investigación que está vivo y en constante movimiento, construyéndose así mismo en ese camino, por ello, en el análisis cualitativo, especialmente en la Teoría Fundamentada, hay que tener disposición para cambiar la dirección si la investigación apunta hacia otro camino. Así que cuando se habla del muestreo teórico se está haciendo un muestreo basado en nuestros conceptos, y a veces se tienen que redefinir las ideas a medida que se avanza en el proceso (Corbin, 2016, p.20). Pero ello no quiere decir que no se puedan funcionar con algún supuesto teórico o con cuestiones que se van derivando del análisis de datos y de la observación. Glaser defiende que la teoría simplemente debe emerger de los datos, mientras que Strauss plantea que la teoría se debe ir construyendo en el proceso emergente de análisis e interpretación de los datos (p.24), en esa misma línea Corbin defiende que "las teorías se construyen, no sólo emergen" y así "el análisis construye la teoría a partir de los datos" (p.24).

En nuestro caso, sugerir la noción de la Democracia comunal se deriva de una investigación que toma la teoría fundamentada como metodología del estudio iniciado en 2018 y actualmente en curso[3]. Esta investigación versa sobre la transformación democrática, la comunidad y los sujetos políticos en el siglo XXI. Tras realizar las primeras entrevistas en 2018 en Venezuela y en 2019 en el País Vasco, e ir analizando los datos y haciendo análisis documental, orientamos nuestro concepto clave hacia la idea de la Democracia comunal.

> El concepto que la persona elija debe incorporar todo lo demás sin descartar mucho del material que obtuvo. Aunque al final el desarrollo de la teoría tenga cosas que no encajen, no hay que descartarlas. El concepto que se elija debe tener el poder de integrar a los demás, por lo tanto debe ser un concepto de alto nivel que permita contar la historia acerca de los demás datos (Corbin, 2016, p.50).

Nos parece que la noción o el concepto de Democracia comunal es lo suficiente amplio, abierto y a la vez concreto para aglutinar las diferentes categorías que fueron emergiendo y generando tanto en las entrevistas como en el análisis de la bibliografía y documentación desarrollada en los procesos sociales analizados y/o similares. Desde la Teoría fundamentada se defiende que "la integración es el proceso de entretejer todas las categorías para lograr un marco teórico, es el paso final del análisis y aquel que da lugar a la teoría" (Corbin, 2016, p.49). En ese sentido, la construcción de este marco teórico se ha desarrollado de manera muy dinámica: los conceptos y categorías que se han propuesto y trabajdo han ido apareciendo en la medida que se iban investigando las experiencias sociales en un proceso de construcción dialéctico, los conceptos que aparecían en el estudio de la realidad social influyeron en el análisis de la teoría escrita, y el trabajo de esos conceptos desde la base teórica revertía otra vez para contrastarlos en los procesos sociales estudiados. Damos forma a este marco teórico en la recta final del estudio iniciado en 2018, como investigación preliminar

---

3 Esta investigación forma parte de un proyecto de investigación doctoral financiado por una beca FPU 2017 del Ministerio de Educación español.

sobre la Democracia comunal y proponemos unas dimensiones de análisis para la investigación de nuevas realidades.

3. ANTECEDENTES HISTÓRICOS Y FUENTES TEÓRICO-PRÁCTICAS

Antes de buscar unos elementos generales sobre la Democracia comunal, trataremos, de manera muy genérica, de buscar *sus antecedentes y fuentes teórico-prácticas.* Para ello hemos puesto el foco en características, procesos o aspectos generales relacionados con esa lógica política comunal, comunitaria y emancipadora, con la idea de semi estructurar un abanico que nos ofrezca un recorrido de los planteambientos existentes. Tomando en cuenta, desde aspectos relacionados con elementos culturales o sociales de la sociabilidad humana, hasta aportaciones políticas o económicas de movimientos o colectivos.

La existencia social del ser humano y la ayuda mutua: la lógica política comunitaria es tan antigua como el ser humano. La persona es un ser social y construye su existencia en la dialéctica subordinación-independencia con la naturaleza y con el resto de las personas. Está suficientemente probado que la supervivencia y permanencia del ser humano está basada en el trabajo conjunto y la cooperación con otros seres humanos. Las personas se han asociado a la solidaridad, altruismo y generosidad de algunas razas de monos (De Wall, 2007). Se ha defendido que la evolución se ha basado en la lucha por la supervivencia del ser humano, lo que se asoció al desarrollo socio-político del ser humano, pero también se ha defendido que el eje central de la ayuda mutua y la cooperación (Kropotkin, 2006; Tomasello, 2010). Algunas experiencias históricas son un ejemplo de ello. Además, la ayuda mutua, para un desarrollo equilibrado y sensato, ha sido propuesta como la opción más avanzada y mejor.

La actitud de emancipación frente a la opresión: además de la ayuda mutua, el desarrollo de la persona se ha dado en la dialéctica "opresión – emancipación". El ser humano ha mostrado una actitud dominante frente a la opresión y la rebelión (Marx y Engels, 2001; Negri y Hardt, 2011, pp.241-250). La solidaridad colectiva frente a la opresión y la construcción de alternativas colectivas ha sido una causa constante. Espartaco ha sido tomado como ejemplo de lucha por la libertad y como punto de partida simbólico de la lucha por la emancipación desarrollada a lo largo de la historia (Garrido, 1972; Vigueras, 2017). Por lo tanto, muchas de las revueltas que han habido a lo largo de los últimos siglos se han tomado como parte del hilo rojo que recorre la Historia: de diferentes épocas (esclavismo, feudalismo, capitalismo), de diferentes lugares y de diferentes grupos humanos (esclavos, indígenas, trabajadores, mujeres, pueblos ocupados).

Concepción comunitaria del mundo desarrollada por los pueblos originarios: a menudo, los pueblos originarios conservan en su cultura y costumbres una concepción del mundo diferenciada que la modernidad no ha contaminado ni suprimido totalmente. En esta concepción del mundo se guardan algunos aspectos para revitalizar los modelos democráticos. Por ejemplo, una filosofía comunitaria y comunal para la organización y gestión de la vida (Pati Paco, 2012), o una forma de ver la naturaleza más holística y completa, considerando la Madre Tierra no como simple "entorno natural", y sintiéndose más parte de ella que como un mero objeto (Naberan, 2001). Estos enfoques, más que cuestiones del pasado, son criterios y perspectivas útiles que tenemos para la conservación y el futuro de la especie humana, adaptándolos y actualizándolos a los nuevos tiempos. Estos conocimientos acumulados en la actividad colectiva ofrecen una concepción y un modelo mucho más equilibrado para el desarrollo del mundo, convirtiéndose en parte de una cierta contraepistemología global (Santos, 2014, p.43).

Organización y gestión comunal de lo común y de la propiedad comunal: antes de la modernidad se desarrollaron experiencias comunales en tiempos desiguales y en algunas zonas del mundo (Kropotkin, 2006; Romero, 2012; Vargas y Sanoja, 2017). Estas tuvieron formas, prácticas y modelos de desarrollo variados y diferenciados según época y sujeto (García Linera, 2015; Marx, 2015a). Son experiencias que han ido acompañadas a lo largo de la historia de múltiples formas de organización y gestión de bienes y propiedades comunales (Marx, 2015a). En manos de los ciudadanos de un espacio geográfico se desarrollaba la gestión colectiva de determinados territorios y bienes. Es significativo que desde la Edad Media, muchos territorios a lo largo de Europa siguen existiendo bajo propiedad comunal (Esquiroz, 1977; Zubiri, 2003). La propiedad privada y la acumulación capitalista básica, además de la invasión y los saqueos de América, se dieron como consecuencia de este proceso de expropiación de las tierras comunales (Federici, 2010). Euskal Herria es un claro ejemplo de la existencia de la propiedad comunal y de ese proceso de expropiación (De la Cueva, 1994).

Cooperación, trabajos comunes y trabajo en común: la gestión de los territorios comunales se organizaba y desarrollaba de forma colectiva. Esto exigía generar actitudes y hábitos de organización política basados en la colectividad. Así, se ha desarrollado un trabajo conjunto y una actitud de cooperación para la realización de trabajos comunes en zonas y comunidades basadas en la propiedad comunal (Escalante, 2013). Eso no quiere decir que esos trabajos comunes no fueran a veces conflictivos. Estos hábitos de gestión y trabajo colectivo favorecían el conocimiento, el contacto y las relaciones entre ellos, contribuyendo a generar una visión social y colectiva. En este contexto surgió la costumbre de organizar trabajos comunitarios de forma colectiva en algunos pueblos. La cultura del auzolan es un ejemplo de ello en nuestro país (Mitxeltorena, 2011).

El comunismo y las propuestas y prácticas políticas del anarquismo: en el siglo XIX con la consolidación de la burguesía se compactaron la organización y las propuestas políticas de los trabajadores. Con el desarrollo del capitalismo aumentó la madurez política de los gremios, asociaciones y sindicatos obreros. El cambio de mentalidad que se inició con la revolución de 1789 se continuó profundizando con la revoluciónes obreras de 1848. La difusión de las ideas comunistas y anarquistas fueron herramientas y pautas imprescindibles para profundizar en la organización y práctica política de los trabajadores, ejemplos claros de ello fueron la creación de la Asociación Internacional de Trabajadores y la experiencia práctica de la Comuna de París. Los planteamientos políticos del comunismo y el anarquismo, además de vertebrar severas críticas al capitalismo y al liberalismo, formularon propuestas para superarlos (Marx y Engels, 2001; Marx, 2015b, 2017; Bakunin, 1998, 2008), y pusieron como base la acción colectiva y comunitaria de los trabajadores y oprimidos. La sombra y el impacto de las ideas políticas difundidas por Marx-Engels y Bakunin se prolonga hasta hoy. De hecho, en la raíz de muchas propuestas comunales liberadoras está el origen de ideas comunistas o anarquistas, tales como la autooganización de la clase trabajadora y clases oprimidas, la crítica de la religión, la teoría del valor, la crítica al Estado, la crítica de la propiedad privada o la superación de las clases sociales y los sistemas de opresión.

Aportaciones de diferentes movimientos emancipadores: junto a las luchas de liberación de los trabajadores, en los últimos siglos también se han dado dinámicas y luchas de liberación de otros grupos y colectivos humanos. Ante las diferentes formas de opresión y dominación (Valdés, 2001, 2019) han surgido también diversas prácticas liberadoras. Como consecuencia de ellos, se han creado y desarrollado múltiples y ricos enfoques, propuestas y aportaciones: liberaciones nacionales, feminismo, liberación sexual, ecologismo, antimilitarismo, inclusión, etc. Además, desde esas prácticas y teorías emancipadoras, también se han desarrollado epistemologías para la emancipación, desarrollando un enfoque y unos saberes concretos que normalmente no han sido hegemónicos. Estos saberes y visiones no han sido recogidos desde la historiografía hegemónica y muchas veces han sido olvidado, ocultos o negados. Del mismo modo que todas las prácticas liberadoras son la fuente de esta nueva lógica comunitaria, el conocimiento que ha surgido con ellas debe ser una fuente imprescindible. Este conocimiento liberador debe ser no patriacal, no colonial y no capitalista, no racista, no excluyente, no desarrollista y no xenófobo (Santos, 2006, 2014, 2017).

Muchas de las prácticas comunitarias y comunales en marcha en la actualidad tienen vínculos con la raíz de estos aspectos mencionados. Teniendo en cuenta estos antecedentes, en la situación actual tomaremos en consideración las propuestas que teóricamente están apoyando e impulsando estas experiencias y creaciones comunitarias. Posteriormente, en el marco y contenido teórico que ofrecen estas aportaciones, buscaremos criterios y características para la lógica comunal emergente.

Estas *fuentes teóricas* no tienen porqué compartir una misma visión, sino que hemos tenido en cuenta un amplio abanico teórico que ofrece diversidad. En este sentido, se abordarán enfoques que pueden tener diferente profundidad. Como se ha comentado con las experiencias prácticas, no todas estas fuentes teóricas comparten una visión rigurosa igual. También puede haber diferencias y contradicciones entre ellas. Algunas más radicales, otras menos. Es más, alguna de ellas quizá no ponga en duda directamente el marco de la democracia liberal, pero eso no quiere decir que no haga aportaciones interesantes y útiles para una perspectiva emancipadora. Nuestro objetivo es tener en cuenta las diversas prespectivas que pueden alimentar la lógica comunal emancipadora en general. Por ello, no es necesario tener en cuenta todas las propuestas que se hacen desde estas fuentes teóricas. Además, no son fuentes teóricas homogéneas o claramente definidas, pero creemos que pueden estar contribuyendo de forma diversa a la emergencia de esa lógica comunal emancipadora de la que estamos hablando.

Municipalismo libertario: esta fuente teórica relaciona la raíz anarquista, el ecologismo social, el poder popular y la democracia directa. Sitúa la base de la práctica política en el marco local o municipal. Muestra un rechazo a la democracia representativa y una actitud crítica y muy exigente con el Estado, con una clara visión de superación de ambos. La base de la democracia es la ciudadanía auto-organizada y el principal ámbito de participación política son las asambleas populares. El municipalismo libertario busca conseguir un funcionamiento propio y autónomo en el ámbito local. Es una propuesta de representación del poder estatal desde el marco local en las sociedades de hoy. Junto con la construcción de estos poderes locales, la relación y confederación entre ellos sería una forma de unir fuerzas. La propuesta contemporánea de estas ideas fue sintetizada y difundida de la mano de Bookchin (Bookchin, 1991; Bookchin y Biehl, 2009). En la década de 1980 se extendió por EEUU, pero en los últimos años la visión transformadora del municipalismo se está extendiendo a algunas zonas de Europa y se están realizando propuestas al respecto (Collado y Vilaregut, 2015). La influencia de estos ideales también ha llegado al Kurdistán de la mano del PKK y su propuesta política: el Confederalismo Democrático (Öcalan, 2012).

Organización y desarrollo de consejos y/o comunas: fuente teórica en cuyo origen la liberación de los trabajadores está relacionada con las aportaciones de ideales socialistas, comunistas y anarquistas. Los trabajadores y oprimidos, para superar la situación de opresión, además de luchar contra el capitalismo y el Estado, es fundamental que construyan un proyecto liberador. En este sentido, se pone como base imprescindible la solidaridad, el apoyo mutuo, la auto-organización y la acción común entre los trabajadores. Tomando como punto de partida la Comuna de París, en la URSS se intentó posteriormente desarrollar la democracia directa a partir de los soviet (Lenin, 1997; Shafir, 1979; Nin, 1987). El consejo de los trabajadores fue tomado como base para un nuevo modelo de democracia (Pannekoek, 1976; Cardan, 1976). El grito de "todo el poder para las asambleas" representaba la idea de que la democracia se depositara en manos del pueblo organizado. Desde entonces hasta hoy se han desarrollado experiencias de diferentes formas y escalas de democracia de consejos a lo largo del mundo (Azzelini, 2018a, 2018b; Azzellini y Ressler, 2006; Azzellini y Ness, 2017). En torno a este enfoque se han desarrollado varias líneas de trabajo. Por ejemplo, la idea de autogestión se extendió como propuesta teórica, productiva y política en el siglo XX y tuvo una amplia influencia en algunos ámbitos (Rosanvallon, 1979). En este sentido, las enseñanzas de colectividades libertarias durante la guerra en el Estado español (Ovejero, 2017) o las experiencias de talleres recuperados en los últimos años (Ruggeri, 2010, 2012, 2015) son muy interesantes.

Visiones sobre lo común: esta fuente teórica es muy amplia. En las dos últimas décadas las lecturas, propuestas y reflexiones en torno a lo común se están extendiendo cada vez más. Lo común está tomando una gran referencia y desde los ámbitos cultural, económico, social y político se van asumiendo estas perspectivas. Estas ideas comenzaron a extenderse en la década de 1990 con el debate económico sobre el gobierno de los bienes comunes (Ostrom, 2015) y posteriormente se extendieron a diversos ámbitos. Los enfoques sobre la propiedad común en torno al conocimiento y la cultura tuvieron gran difusión en la década de 2000 con las licencias Creative Commons y la idea copyleft (Ostrom y Hess, 2007). Desde el punto de vista territorial y espacial, se analizaron conjuntamente los procesos de socialización y exclusión que se dan en la metrópoli y en la ciudad, la influencia de los poderes y el derecho de la ciudad, desarrollando la idea de la creación de las ciudades comunes (Harvey, 2013). La construcción del poder propio y la acción directa han sido ámbitos importantes para la práctica. A través de las luchas desarrolladas en las fábricas, talleres y cooperativas se generaron experiencias de autonomía, autosuficiencia y auto-organización de los trabajadores. La creación y defensa de los comunes para la puesta en marcha de procesos transformadores en el ámbito político se considera un aspecto importante de la unión y organización de la ciudadanía (Negri y Hardt, 2011; Laval y Dardot, 2015; Subirats y Rendueles, 2016; Iglesias Fernández, 2017).

Modelo comunal de autonomía y vida: esta fuente teórica se basa en la conjunción de marxismo y visión libertaria (marxismo autónomo), autonomía de los trabajadores, auto-organización y participación política directa. Esta visión teórica partió de los movimientos obreros desarrollados en Italia en la década de 1970 y de sus prácticas combativas y en la actualidad se pueden encontrar estas ideas en diversos procesos de lucha en el mundo (Tari, 2016). La autonomía se extendió desde el campo de las luchas obreras a las luchas de los movimientos sociales. Con la autogestión de los enfoques de autonomía de los trabajadores, se ha buscado una organización autónoma, no centralizada y horizontal (Asociación Auzolan, 2011; Taibo, 2015; Encina, Ezeiza y Sánchez, 2017). En Europa se desarrollaron prácticas autónomas en muchos países por parte de trabajadores, jóvenes y estudiantes. Se han creado diferentes discursos y prácticas en torno a la autonomía. En Europa, Antonio Negri ha sido uno de sus grandes referentes (Negri y Hardt, 2011, 2019). En Latinoamérica, el EZLN desarrolló una visión y práctica propia de la autonomía en las zonas liberadas, relacionando la idea de autonomía con el modelo de vida; creando aportaciones teóricas propias en el país (López y Rivas, 2004; Zibechi, 2014, 2016). En los últimos años están apareciendo nuevos colectivos de militantes que difunden ideas de autonomía (Comité Invisible, 2007, 2015, 2017; Consejo Nocturno, 2018).

Democracia de las comunidades indígenas: esta fuente teórica se basa en las costumbres, concepciones y actividades de los pueblos indígenas para organizar la vida. Este enfoque no busca que la sociedad actual haga un "viaje de vuelta" a los modelos de vida de los pueblos indígenas. En cambio, algunos aspectos que guardan los pueblos indígenas en sus prácticas se consideran muy interesantes y se ven útiles para repensar y organizar de otro modo las sociedades modernas actuales (Villoro, 2006). En este sentido, se ha trabajado sobre la importancia de la comunidad y los valores que genera en ella (García Linera, 2015a, 2015b), la filosofía que desarrolla la comunidad para organizar la vida (Pati Paco, 2012) o los criterios que dan para crear otro sistema político y económico (Patzi, 2009, 2013). En los procesos de transformación que se están desarrollando en América Latina en los últimos años se han reforzado las prácticas y aportaciones teóricas en torno a este enfoque (El Apantle, 2016; Gutierréz, 2017).

Visiones emancipadoras de la democracia participativa: esta fuente teórica es diversa y se nutre de diferentes experiencias y aportaciones. Como se ha mencionado anteriormente, las prácticas que comenzaron a extenderse a partir de la década de 1990 tenían enfoques más transformadores. Además de las experiencias puestas en marcha en los procesos de transformación que se han desarrollado en América Latina (Dieterich, 2002; Uharte, 2008, 2009; Harnecker, 2000, 2013), a nivel europeo también existieron aportaciones que han contribuido a una visión emancipadora de la participación (Santos, 1999, 2004; Villasante, 1984, 1995, 2017; Ibarra, 2011).

Junto a estos enfoques que ponen como base la comunidad y/o la visión comunal, también hay que tener en cuenta los enfoques liberadores que hay que trabajar de forma transversal. Estos, en muchas ocasiones, han sido rechazados y han recorrido el camino hacia la importancia estratégica a través de las prácticas y experiencias de los movimientos liberadores. Entre ellas, las aportaciones del feminismo y la ecología se convierten en importantes e imprescindibles.

El feminismo reflexiona sobre el patriarcado que condiciona y domina a toda la sociedad, sobre la dominación y opresión que sufren de una manera directa las mujeres que son la mitad de la sociedad y sobre la estrategia para conseguir una sociedad paritaria y libre para superarla. El desarrollo del feminismo está siendo intenso y en los últimos años se están realizando aportaciones que inciden directamente en el enfoque democrático en materia de participación política (Young, 2000; Martínez Palacios, 2017; Hill Collins, 2017) y económica (Pérez Orozco, 2014; Carrasco y Díaz, 2017; Federici, 2018). El feminismo comunitario se sitúa también en esta línea (Cabnal, 2010; Paredes, 2013; Paredes y Guzmán, 2014).

El ecologismo reflexiona sobre el modelo de desarrollo que tenemos los seres humanos, sobre las graves matanzas y consecuencias que provocamos sobre la naturaleza, y sobre la estrategia para desarrollar una relación equilibrada con la naturaleza. Al igual que en el feminismo, el ecologismo ha tenido un amplio desarrollo en los últimos años y las reflexiones sobre el cuidado del mundo y la transición energética hacia adelante son una labor de concienciación creciente. Desde el ecologismo también se están realizando aportaciones que afectan al modelo de democracia (Barcena y Encina, 2006) o a la organización del sistema social (Löwy, 2012).

En su afán por mantener en su seno los sistemas políticos, con el fin de difuminar el carácter transformador del feminismo y el ecologismo y adquirir estas visiones, en los últimos años se está integrando el discurso feminista y ecologista. El discurso feminista y las ideas sobre el capitalismo verde que se ha presentado en Davos son claros ejemplos de ello. Frente a ello, las aportaciones teóricas que reivindican una visión crítica y radical del feminismo y el ecologismo y ponen en diálogo su carácter transformador se están extendiendo con el impulso de la idea de ecofeminismo socialista o ecosocialismo feminista; aportando a la renovación democrática (Barcena, 2015). La contribución de estos enfoques será importante para la construcción de la Democracia comunal.

Bibliografía

Abela, J. A.; Carcía-Nieto, A. y Pérez, A. M., (2007). Evolución de la Teoría Fundamentada como técnica de análisis cualitativo. Madrid: CIS.

Arrighi, G. (1999). El largo siglo XX. Madrid: Akal.

Akuno, K y Nangwaya, A. (2021). Jackson en revuelta. Barcelona: Descontrol.

Asociación Auzolan (2011). *Euskal Herria ante un cambio de Época.* (9), Usurbil. Recuperado de: http://anarkherria.com/pdf/EH%20cambio%20epoca.pdf. 2 de noviembre de 2021.

Ayboga, E.; Flach, A. y Knapp, M. (2017). Revolución en Rojava. Liberación de la mujer y comunalismo. Barcelona: Descontrol. Recorridos historiográficos. Buenos Aires: UBA.

Azzellini, D. y Ness, I. (2017). Poder obrero. Control y autogestión obrera desde La Comuna hasta el presente. Madrid: La oveja roja.

Azzellini, Dario (2018a). Construyendo utopías concretas: el movimiento comunero en Venezuela. Convergencia, (76), pp. 119-214.

Azzellini, D. (2018b). The Legacy of Workers' Councils in Contemporary Social Movements, en Muldoon, J. Council Democracy, pp. 228-248. Ofxord: Routledge.

Bakunin, M. (1998). Esclavismo y anarquía. Madrid: Espasa.

Bakunin, M. (2008). Dios y el Estado. Madrid: Intervención Cultural.

Barcena, I. (2015): "El eco-socialismo-feminista frente a la crisis civilizatoria", en M. Engelken-Jorge, M. Cortina Oriol y N. Bergantiños (ed.) Contextos y perspectivas de la democracia: ensayos en honor a Pedro Ibarra *Güel.* 38-61. Iruñea: Pamiela.

Black, A. (1997). Communal Democracy and its History. Political Studies, 45(1), pp. 5–20. https://doi.org/10.1111/1467-9248.00066

Bookchin, M. (1991). La ecología de la libertad. El surgimiento y la disolución de la jerarquía. Madrid: Nosa y Jara.

Bookchin, M. y Biehl, J. (2009). Las políticas de la ecología social: municipalismo libertario. Batzelona: Virus.

Caillosse, J. (1999). Éléments pour un bilan juridique de la démocratie locale en France. Loïc Blondiaux et al., La démocratie locale. Représentation, participation et espace public. Paris: PUF, pp. 63-78.

Cardan, P (1976). Los consejos obreros y la economía en una sociedad autogestionaria. Madrid: Zero Zyx.

Carrasco, C. y Díaz, C. (ed.) (2017): Economía feminista. Desafíos, propuestas y alianzas. Madrid: Entrepueblos.

Castells, M. (2017). Ruptura. La crisis de la democracia liberal. Madrid: Alianza.

Charmaz, K. (1990). Discovering chronic illness: using grounded theory, Social Science and Medicine, 30

Charmaz, K. (2006). Constructing Grounded Theory A Practical Guide Through Qualitative Analysis. California: SAGE Publications Inc.

Crouch, C. (2004). La posdemocracia. Madril: Taurus.

Códigos Libres (2016). Comunalizar el poder. Caracas: Tiuna el fuerte.

Collado, A. y Vilaregut, R. (ed.) (2015). Territorios en democracia. El municipalismo adebate. Barcelona: Icaria.

Comité Invisible (2009): La insurrección que viene. Madrid: Melusina.

Comité Invisible (2015): A nuestros amigos. Logroño: Pepitas de calabaza.

Comité Invisible (2017): Ahora. Logroño: Pepitas de calabaza.

Consejo nocturno (2018): Un habitar más fuerte que la metrópoli. Logroño: Pepitas de calabaza.

Corbin, J. (2016). La investigación en la Teoría Fundamentada como un medio para generar conocimiento profesional, en Bernard, S. La Teoría fundamentada: una metodología cualitativa. Aguascalientes, México: Universidad Autónomoa de Aguascalientes. pp. 13-54.

Cuesta de la, C. (2006). La teoría fundamentada como herramienta de análisis, en Cultura de los cuidados, 2°. Semestre 2006, Año X–N.° 2 , pp. 136-140.

De la Cueva, J. (1994). Negación vasca radical del capitalismo mundial. Madrid: Vosa.

De la Torre, G.; Di Carlo, E.; Florido, H.; Ramírez, Ch.; Rodríguez, P.; Sánchez, A. y Tirado. J. (2016). Teoría Fundamentada o Grounded Theory. Madrid, España: UAM.

Dieterich, H. (2002). La democracia participativa. El socialismo del siglo XXI. Donostia: Gara.

Dinerstein, A. C. (2016). Organizando la esperanza: utopías concretas pluriversales contra y más allá de la forma valor. En Educação & Sociedade. Num. (135) Vol. (37). (pp. 351-369). Campinas: Cedes.

El Apantle (2016). ¿Común cómo? Lógica y situciones. Revista sobre estudios comunitarios, 2. znbkia. Mexiko: SOCEE.

Elazar, D. J. (1993). Communal democracy and liberal democracy in the jewish political tradition. Jewish Political Studies Review, 5(1/2), 5–31. http://www.jstor.org/stable/25834253

Encina, J.; Ezeiza, A. y Sánchez, S. V. (2017). Autogestión, autonomía e interdependencia: construyendo colectivamente lo común en el disenso. Guadalajara: Volapük.

Escalante, A. (2013). Pasado y futuro de las vecindades vitorianas: una experiencia de comunidad vecinal Relectura apasionada y sugerencias de futuro para una forma de autoorganización popular. Gasteiz: Egin Ayllu.

Esquiroz, F. (1977). Historia de la propiedad comunal en Navarra. Pamplona: E. Merindad.

Ezkurdia, G. y Kortazar-Billelabeitia, J. (2022). Quiebras y pugnas del tablero político mundial. Barcelona: El Viejo Topo.

Ezquerra, S. (2011). Crisis de los cuidados y crisis sistémica: la reproducción como pilar de la economía llamada real. Investigaciones Feministas, Madrid, 2, pp. 175-194.

FAO (2018a). El estado del Planeta. Los grandes desafíos. ¿Estamos a tiempo de salvar el planeta?. Madril: FAO, El País.

FAO (2018b). Global Report on Food Crises 2018 -FSIN. Hemendik hartuta: http: //vam.wfp.org/sites/data/GRFC_2018_Full_Report_EN.pdf.

Federici, S. (2010). El Calibán y la Bruja. Mujeres, cuerpo y acumulación originaria. Madrid: Traficantes de sueños.

Federici, S. (2018). El salario del patriarcado. Madrid, España: Traficantes de Sueños.

Federici, S. (2020). Reencantar el mundo. El feminismo y la teoría de los comunes. Madrid, España: Traficantes de Sueños.

FH, Freedom House (2022). Freedom in de World 2022. https://freedomhouse.org/sites/default/files/2022-02/FIW_2022_PDF_Booklet_Digital_Final_Web.pdf

Fernández Buey, F. (2009). Crisis de civilización. Papeles. 105. znbkia. pp. 41-51. https://www.upf.edu/materials/polietica/_pdf/globcrisisdecivilizacion.pdf.

Fernández, J. (Coord). (2015). Cuando el pueblo se organiza. Madrid: Cisma.

Fernández Durán, R. (2011). El Antropoceno. La expansión del capitalismo global choca con la biosfera. Bartzelona: Virus, Libros en Acción.

Fernández Durán, R. y González Reyes, L. (2018). En la espiral de la energía (vol.I) Historia de la humanidad desde el papel de la energía (pero no sólo). Madrid: Libros en acción.

García Linera, A. (2015a). Socialismo comunitario. Un horizonte de época. La paz:

Vicepresidencia del Estado.

García Linera, A. (2015b). Forma valor y forma comunidad. Madrid: Traficantes de sueños.

García Linera, A. (2016). Democracia, Estado, Revolución. Tafalla: Txalaparta.

García Linera, A. (2020). ¿Qué es una revolución? Y otros ensayos reunidos. Buenos Aires: Clacso.

Garrido, F. (1972/1880). Historia de las clases trabajadoras. Vol 1, El esclavo. Bilbao: Zero.

Gentile, E. (2018). La mentira del pueblo soberano. Madrid: Alianza.

Gutiérrez, R. (2017). Horizontes comunitario-populares. Madrid: Traficantes de sueños.

Harvey, D. (2012). El enigma del capital y las crisis del capitalismo. Madrid: Akal.

Harvey, D. (2013). Ciudades rebeldes. Del derecho de la ciudad a la revolución urbana. Madrid: Akal.

Harvey, D. (2014). Diecisiete contradicciones del capital y el fin del neorliberalismo. Madrid: Traficantes de Sueños.

Hermet, G.. (2008). El invierno de la democracia. Auge y decadencia del gobierno del pueblo. Barcelona: Los libros del Lince.

Hernández, J. (2007). Estado Unidos: cultura política y hegemonía, in Marco A. Crisis de Hegemonía de Estados Unidos, pp. 105-118, México DF: Clacso.

Hernández, R., Fernández, C., y Baptista, P. (2010). Metodología de la Investigación. México, D.F. Editorial McGRAW-HILL.

Herrero, Y.; Torrego, A. y Prats, F. (2017). La gran encrucijada. Sobre la crisis ecosocial y el cambio de ciclo histórico. Madrid: Libros en acción.

Hill Collins, P. (2017). La diferencia que crea el poder: interseccionalidad y profundización democrática. Investigaciones Feministas. Madrid. Num (1) 8. pp. 19-39.

HRW (2022). Informe mundial 2022. Recuperado de https://www.hrw.org/es/informe-mundial/2022/autocratas-a-la-defensiva-estaran-los-lideres-democraticos-a-la-altura-de-las-circunstancias#b1278c

Ibarra, P. (2011). Democracia relacional. Madrid: Centro de Estudios Políticos y Constitucionales.

Idea (2021). El estado de la democracia en el mundo 2021. Recuperado de https://www.idea.int/gsod/sites/default/files/2021-12/estado-de-la-democracia-en-el-mundo-2021-resumen.pdf

Iglesias Fernández, J. (2017). Explotación y transformación. Análisis crítico del capitalismo y de sus alternativas en el siglo XXI. Carcaixent: Baladre.

IOM, International Organization for Migration (2017): World migration report 2018. Geneva: International Organization. Hemendik hartuta: http: //www.iom.int/wmr/world-migrationreport-2018.

Klein, N. (2015). Esto lo cambia todo. El capitalismo contra el clima. Barcelona: Paidos.

Kropotkin, P. A. (2006/1989). El apoyo mutuo: un factor de la evolución. Madrid: Madre Tierra.

Lao-Montes, A. (2011). Crisis de la civilización occidental capitalista y movimientos antisistémicos. Revista Nexus Comunicación. doi:10.25100/nc.v0i9.902.

Laval, C. y Dardot, P. (2015). Común. Ensayo sobre la revolución del siglo XXI. Barcelona: Gedisa.

Laval, C. y Dardot, P. (2017). La pesadilla que nunca acaba. El neoliberalismo contra la democracia. Bartzelona: Gedisa.

Lenin, V. I. (1997). El Estado y la revolución. Madrid: Fundación Federico Engels.

Licht, R. A. (1993). Communal democracy, modernity, and the jewish political tradition. Jewish Political Studies Review, 5, pp. 95–127. http://www.jstor.org/stable/25834257

López y Rivas, G. (2004). Autonomías: democracia o contrainsurgencia. Mexiko D.F.: Era.

Loubet, L. (2016). III. Démocratie locale et citoyenneté élargie. Dans : Armand Frémont éd., La région, de l'identité à la citoyenneté (pp. 249-260). Paris: Hermann. https://doi.org/10.3917/herm.fremo.2016.01.0249

Löwy, M (2011). Ecosocialismo. La alternativa radical a la catástrofe capitalista. Buenos Aires: Herramienta.

Lúquez, P. y Fernández, O. (2016). La teoría fundamentada: precisiones epistemológicas, teórico-conceptuales, metodológicas y aportes a las ciencias. Cumbres. Num (2) Vol (1). pp. 101 – 114.

Maduro, N. (2020). Discurso en el Congreso Nacional de Comunas 2.0, recuperado de https://www.vtv.gob.ve/maduro-democracia-comunal-soluciones-colectivas-defensa-patria/

Mair, P. (2013). Gobernando el vacío. Madrid: Alianza.

Márquez, H. (2010). Crisis del sistema capitalista mundial: paradojas y respuestas. Polis, Santiago, Chile. 9(7), pp. 431-465.

Martínez Palacios, J. (2017). Reflexionar sobre la dominación. El uso de teorías generales para el diseño de los procedimientos de profundización democrática, en Jone Martínez Palacios (coord.) Participar desde los feminismos. Ausencias, expulsiones y resistencias. Barcelona: Icaria.

Martins, C. E. (2007). Los impasses de la economía de los Estados Unidos. Perspectivas para el siglo XXI, en Marco A. Gandásegui (coord.) Crisis de hegemonía de Estados Unidos. 39-56. México D.F.: Siglo XXI, Clacso.

Marx, K. y Engels, F. (2001/1848). El Manifiesto Comunista. Barcelona: El Roure.

Marx, K. (2003). La guerra civil en Francia. Madrid: Fundación Federico Engels.

Marx, K. (2015a). Karl Marx. Escritos sobre la comunidad ancestral. La paz: Vicepresidencia del Estado Plurinacional de Bolivia.

Marx, K. (2015b). La lucha de clases en Francia 1848-1850. Madrid: Fundación Federico Engels.

Marx, K. (2017). La guerra civil en Francia. Madrid: Fundación Federico Engels.

Méndez, A., Hanou, D. y Aparicio, M. (2021). *Códigos comunes urbanos.* Barcelona: Icaria.

Miró, I. (2018). Ciutats cooperatives. Barcelona: Icaria.

Mitxeltorena, J. (2011). Auzolanaren kultura. Iraganaren ondarea, orainaren lanabes, etorkizunaren giltza. Tafalla: Txalaparta.

Morales, E. (2017). Discurso en la sesión de honor a la Asamblea Legislativa de Potosí. Noticia recuperada de https://www.lostiempos.com/actualidad/pais/20171110/evo-morales-habla-democracia-comunal-bolivia

Naberan, J. (2001). La vuelta de Sugaar. Un proyecto de futuro, para un pueblo con pasado. Donostia: Basandere.

Negri, A. (1994). El poder constituyente. Madrid: Libertarias/Prodhufi.

Negri, A. y Hardt, M. (2011): Commonwealth. El proyecto de una revolución del común. Madrid: Akal.

Negri, A. y Hardt, M. (2019). Asamblea. Madrid: Akal.

Nin, A. (1987). Los soviets. Su origen, desarrollo y funciones. Madrid: Revolución.

Öcalan, A. (2012). Confederalismo Democrático. Cologne: International initiative. Tomado: http: //www.freeocalan.org/wp-content/uploads/2012/09/Confederalismo-Democrático.pdf. Acceso el 20 de julio de 2020.

Ortí, J. M. (2015). Desafección, posdemocracia, antipolítica. Madrid: Encuentro.

Ostrom, E. (2015/1990). El gobierno de los bienes comunes. México D.F.: FCE.

Ostrom, E. y Hess, C. (2007). Los bienes comunes del conocimiento. Madrid: Traficantes de sueños.

Ovejero, A. (2017). Autogestión para tiempos de crisis. Utilidad de las colectividades libertarias. Madrid: Biblioteca nueva.

Oxfam (2018). Premiar el trabajo, no la riqueza. Para poner fin a la crisis de desigualdad, debemos construir una economía para los trabajadores, no para los ricos y poderosos (Informe). Oxford: Oxfam GB.

Pannekoek, A. (1976). Los consejos obreros. Buenos Aires: Proyección.

Paredes, J. (2013): Hilando fino. Desde el feminismo comunitario. La Paz: Comunidad mujeres creando comunidad.

Paredes, J. y Guzmán, A. (2014): El tejido de la rebeldía. *¿Qué* es el feminismo comunitario?. La Paz: Comunidad mujeres creando comunidad.

Pati Paco, P. (2012). Filosofía política comunal en la nación Aymara. La Paz: Universidad indigena boliviana aymara.

Patzi, F. (2009). Sistema Comunal. Una propuesta alternativa al sistema liberal. La Paz: Vicuña.

Patzi Paco, F. (2013). Tercer Sistema. Modelo comunal: propuesta alternativa para salir del capitalismo y del socialismo. La Paz: All Press.

Pérez Orozco, A. (2014). Subersión feminista de la economía. Aportes para un debate sobre el conflicto capital-vida. Madrid: Traficantes de sueños.

Posner, R. A. (2012). La crisis de la democracia capitalista. Madrid: Marcial Pons.

RIDC (2021). Documento de presentación de la Red Internacional por la Democracia Comunal, en https://demokraziakomunala.wordpress.com/red-internacional/

Riechmann, J.; et al (2015). Última Llamada (Manifiesto). Recuperado de https://ultimallamadamanifiesto.wordpress.com/el-manifiesto/

Roll Vélez, D. y Andrea Gómez, D. (2010). Migraciones internacionales. Crisis mundial, nuevas realidades, nuevas perspectivas. Bogotá: Universidad Nacional del Colombia.

Romero, J. E. (2012). Breve historia y experiencias de las comunas mundiales. Expectativas en Venezuela. *Anuario*, (35), 84-120. Caracas. Recuperado el 07-12-2021 en http: //servicio.bc.uc.edu.ve/derecho/revista/idc35/art04.pdf

Rosanvallon, P. (1979). La Autogestión. Mardril: Fundamentos.

Rosanvallon, Pierre (2007): La contrademocracia: la política en la era de la desconfianza. Buenos Aires: Manantial.

Ruggeri, A. (2010). Informe del Tercer Relevamiento de Empresas Recuperadas por sus trabajadores. Las empresas recuperadas en la Argentina. 2010. Buenos Aires: Programa Facultad Abierta, en https://autogestion.asso.fr/app/uploads/2012/10/Informe-Relevamiento-2010.pdf.

Ruggeri, A. (Dir.) (2012): Autogestión y cooperativismo. Cuadernos para la autogestión, 1.bol. Buenos Aires: Ediciones Cooperativa Chilavert.

Ruggeri, A. (2015). 310 empresas okupadas. Suma y sigue: Las empresas y fábricas recuperadas entre 2010 y 2015. Mardid: Libros terribles. Hemendik hartuta: http://www.redautogestion.com/wp-content/uploads/2015/03/ruggeri_pdf_web-1.pdf.

Ruggeri, A. (2017). ¿Qué son las empresas recuperadas?. Autogestión de la clase trabajadora. Barcelona: Descontrol.

Sagobal, J. (2015). El modo de producción capitalista, su actual crisis sistémica y una alternativa posible Sociedad y economía, (28), 75-94. Cali, Colombia.

Santos, B. de S. (1999). Reinventar la democracia. Reinventar el estado. Madril: Sequitur.

Santos, B. de Sousa (2004a). Democratizar la democracia. Los caminos de la democracia participativa. Mexiko D.F.: FCE.

Santos, B. de S. (2004b). Democracia y participación. El ejemplo del presupuesto participativo de Porto Alegre. Quito: Abya-Yala.

Santos, B. de S. (2006). Renovar la teoría crítica y reinventar la emancipación social. Buenos Aires: Clacso.

Santos, B. de S. (2010). Descolonizar el saber, reinventar el poder. Montevideo: Trilce.

Santos, B. de S. y Mendes, J. M. (2017). Introducción, en Santos, B. de S. y Mendes, J. M., Demodiversidad. pp. 13-56. Madrid: Akal.

Santos, B. de S. y Meneses, M. P. (2014). Epistemologías del Sur. Madrid: Akal.

Santos, B. de S. y Mendes, J. M (2017). La demodiversidad. Imaginar nuevas posibilidades democráticas. Madrid: Akal.

Santos, B. de S. y Meneses, M. P. (2020). Conocimientos nacidos en las luchas. Madrid: Akal.

Santos y Meneses, M. P. (2020). Las epistemologías del Sur: dar voz a la diversidad del Sur, en Santos, B. de S., y Meneses, M. P., en Conocimientos nacidos en las luchas. pp. 9-50. Madrid: Akal.

Shafir, M. (1979). Los soviets, órganos del poder popular. Moscú: Progreso.

Subirats, J. y Rendueles, C, (2016). Los (bienes) comunes ¿Oportunidad o espejismo?. Bartzelona: Icaria.

Taibo, C. (2015). ¿Tomar el poder o construir la sociedad desde abajo? Un manual para asaltar los infiernos. Madrid: Catarata.

Taibo, C. (2017). Colapso. Capitalismo terminal, transición ecosocial, ecofascismo. Buenos Aires: Libros de Anarres.

Tamayo,

Tamayo, J. J. (2019). Boaventura de Sousa Santos: sociología de las ausencias y de las emergencias desde las epistemologías del Sur, *Utopía y Praxis Latinoamericana*, 24 (86), pp. 16-30.

Tari, M. (2016). Un comunismo más fuerte que la metrópoli. La autonomía italiana en la década de 1970. Madrid: Traficantes de sueños.

Torres C., A. (2013. El retorno a la comunidad. Bogotá: El búho.

Valdés, G. (2001). Hacia un nuevo paradigma de articulación (no tramposo) de las demandas emancipatorias. Utopía y Praxis Latinoamericana (6), 14, pp. 48-57.

Valdés, G. (2019). Globalización imperialista y sistema de dominación múltiple, en https://culturayresistenciablog.wordpress.com/2019/01/17/globalizacion-imperialista-y-sistema-de-dominacion-multiple-por-gilberto-valdes-gutierrez/

Valencia, L. E. (2010). Hacia la modernización orgánica y el fortalecimiento democrático de la acción comunal en Colombia. *Administración & Desarrollo*. 38(52): pp. 201-210.

Vargas Arenas, I. y Sanoja Obediente, M. (2017). La larga marcha hacia la sociedad comunal. Tesis sobre el socialismo bolivariano. Caracas: El perro y la rana.

Vigueras, R. (2017). Espartaco, un fantasma recorre el mundo. Tebeosfera, III.ep, (5). Sevilla. Sarean publikatuta 2018-05-06, hemendik hartuta: https: //www.tebeosfera.com/documentos/espartaco_un_fantasma_recorre_el_mundo.html.

Uharte, L. M. (2008). Política social en Venezuela: ¿un nuevo paradigma? Madrid: UCM.

Uzun, A (2020). Communal Democracy as a Way out of the Crisis, en Komun Academy, recuperado de https://komun-academy.com/2020/05/22/communal-democracy-as-a-way-out-of-the-crisis/

Villasante, T.s R. (1984). Comunidades locales: análisis, movimientos sociales y alternativas. Madrid: Instituto de Estudios de Administración Local.

Villasante, T. R. (1995). Las democracias participativas: de la participación ciudadana a las alternativas de sociedad. Madrid: HOAC.

Villasante, T. R. (2017). Democracias transformadoras: experiencias emergentes y alternativas desde los comunes. Barcelona: El Viejo Topo.

Villoro, L. (2006). Democracia comunitaria. Artículo de la conferencia en el Auditorio Raúl Bailléres del ITAM. Estudios, pp. 7-18. México: Ed. M. A. Porrua.

WBG, World Bank Group (2018). Groundswell: Preparing for Internal Climate Migration. Washington: International Bank for Reconstruction and Development. Hemendik hartuta: https: //openknowledge.worldbank.org/handle/10986/29461.

Wallerstein, I. (1998). Utopística o las opciones históricas del siglo XXI. México DF: Siglo XXI.

Wallerstein, I. (2001). Conocer el mundo, saber el mundo. El fin de lo aprendido. México D.F.: Siglo XXI.

Wallerstein, I. (2007). La situación mundial frente al declive de Estado Unidos, en Marco A. Gandásegui (koord.), Crisis de hegemonía de Estados Unidos. pp. 95-104. México D.F.: Siglo XXI, CLACSO.

WWF (2016). Planeta Vivo. Informe 2016. Riesgo y resiliencia en una nueva era. Suiza: WWF International. http: //awsassets.panda.org/downloads/informe_planeta_vivo_2016.pdf.

Young, I. (2000). La justicia y la política de la diferencia. Madrid: Cátedra.

Zibechi, R. (2014). Descolonizar la rebeldía. (Des)colonialismo del pensamiento crítico y de las prácticas emancipatorias. Carcaixent, País Valencia: Baladre.

Zibechi, R. (2016). Latiendo resistencia. Mundos nuevos y guerras de despojo. Carcaixent, País Valencia: Baladre.

Zibechi, R. (2020). A las puertas de un nuevo orden mundial, en Pablo Amadeo (Ed.) Sopa de Wuhan, pp. 113-118. ASPO

Zibechi, R. (2021). La comunidad autónoma urbana. El mundo nuevo en el corazón del viejo, en Hopkins, A. y Pineda, C. E. Pensar las autonomías, pp. 9-23. México D. F.: Bajo tierra.

Zubiri, A. (2003). La propiedad comunal y derechos anejos de aprovechamiento. Los helechales en el noroeste del Pirineo navarro: de los repartos y ventas. Iruñea: Gobierno de Navarra.

Capítulo II

La democracia comunal (II) como proyecto y como sujeto de emancipación[1]

SAÚL CURTO-LÓPEZ

1. ASPECTOS GENERALES PARA LA LÓGICA DE LA DEMOCRACIA COMUNAL

La noción de Democracia comunal puede ser válida para aglutinar diferentes prácticas bajo su paraguas teórico-práctico. En el capítulo anterior hemos sugerido que la Democracia comunal nos hablaría de modelos posibles y, por lo tanto, pueden existir diferentes formas y concrecciones. Pero asumiendo la diversidad en sus posibles formas, si hablamos de una posible noción de dimensión universal y con características aglutinadoras, también será necesario buscar una serie de elementos que caractericen, acoten, expliquen y desarrollen la noción de Democracia comunal. Si hablamos de un modelo no definido y acabado, tampoco podemos aspirar a buscar una definición y características que la definan de manera absoluta. Como realidad emergente y posibilidad en construcción, los elementos que definan la Democracia comunal tienen que permitir una apertura y dinamismo de transformación y adaptación. Será interesante, por lo tanto, buscar unas bases fuertes pero a la vez dinámicas y abiertas.

En ese camino, serán necesarias más investigaciones, más propuestas y discusiones vivas alrededor de las prácticas y las teorías existentes y futuras. En este estudio preliminar, vamos a apuntar y sugerir algunos elementos que puedan valer como base para empezar a construir una lógica holística para la noción de Democracia comunal que posteriormente pueda ser contrastada con las realidades emergentes y se pueda analizar su validez, su coherencia, su pertinencia y su posible aporte.

---

1 Tras las reflexiones del primer capítulo sobre la noción de Democracia comunal, sobre la perspectiva metodológica de la investigación de las realidades emegentes y tras apuntar las posibles fuentes teórica y antecedentes, en esta segunda parte de la unidad analítica, se profundiza en la búsqueda de aspectos para una lógica de la democracia comunal a través las ideas del proyecto y el sujeto.

Para ello, nos vamos a valer de diferentes aportaciones teóricas y prácticas. Tanto aportaciones teóricas de autores que se puedan enmarcar en los antecedentes y fuentes teóricas antes comentadas, así como en aportaciones teóricas que se derivan de las luchas por la Democracia comunal y de sus protagonistas (sean publicaciones, documentos internos, entrevistas, discursos, etc.). Con esa idea, estructuramos estos elementos a partir de tres campos clave que hemos observado a lo largo de la investigación al estudiar procesos sociales vivos: el proyecto que se defiende o se desarrolla, el sujeto protagonista de ese proyecto, y el proceso de gestación y desarrollo del propio proyecto-sujeto. Hemos seleccionado tres elementos que coinciden y aparecen en la brújula matriz-comunal (en su versión extensa) elaborada por José Iglesias Fernández (2006, 2017, 2021) y adoptada posteriormente por el Seminario Taifa (2013) como herramienta de valoración de alternativas al sistema. Estos elementos son la idea de proyecto, sujeto y proceso[2]. Abordamos ahora los dos primeros, dejando el último para el siguiente capítulo.

2. LA DEMOCRACIA COMUNAL COMO PROYECTO

Para hablar del proyecto, la Democracia comunal desde la perspectiva que se plantea aquí (como alternativa antagónica al modelo liberal), nos parece interesante ir a los conceptos políticos que se albergan es su raíz semántica, tales como común, comunidad, comunitario, comunalismo, comunismo, comunal. Partir de esos elementos para abordar la democracia comunal desde aspectos más generales unidos a una perspectiva de emancipación como: la ética de la liberación; las estructuras psicológicas (subjetivas) y materiales (objetivas); las formas posibles de gestión y organización política y económica de lo común/comunal/comunitario; la producción de lo común y su reprodución social; o la concepción de la democracia como sistema holístico como alternativa al modelo liberal.

Nos parece adecuado el planteamiento de Escobar quien señala que "cuando se habla de comunidad se usan varios sentidos: comunalidad, lo comunal, lo popular-comunal, las luchas por los comunes, comunitismo

---

2 Es verdad que en sus reflexiones Taifa y Fernández utilizan la idea de proyecto como las dinámicas o proyectos que se desarrollan desde diferentes sujetos hacia la sociedad alternativa. Nosotros tratamos aquí el concepto de proyecto "con mayúsculas" como el contenido del proyecto se sociedad alternativa que se propone.

(activismo comunitario)" y por ello utiliza "'lo comunal' o lógicas comunales para abarcar esta gama de conceptos" (2016, p.202). No obstante, en los últimos años existen amplias lecturas de "lo común" que pueden valer para una cosa o casi para su contraria. Las lecturas de los comunes derivadas de Omstron apuntan a una coexistencia con la esfera privada y pública. Nuevas propuestas teóricas enfatizan esa idea, apuntando que "el objetivo general tiene que ser la reconceptualización del mercado y el Estado neoliberales, para dar lugar a un 'triarquía' con los comunes: Estado-mercado-comunes, para redirigir la autoridad y conseguir sustento de nuevas formas más beneficiosas" (Bollier y Weston, 2012, p.350). Aunque con diferentes objetivos, tanto desde el mercado como sectores socialdemócratas, pasando por organizaciones supranacionales como el FMI o el BM, se viene hablando de los comunes como un "tercer espacio" que no se plantea una incompatibilidad con el capitalismo (Caffentzis y Federici, 2017, p.58). Lejos de esa visión, la democracia comunal entroncaría con la idea de comunes anticapitalistas, que

> deberían ser percibidos tanto como espacios autónomos desde donde reclamar las prerrogativas sobre las condiciones de reproducción de la vida (...) Idealmente, los comunes anticapitalistas ejemplifican la visión a la que marxistas y anarquistas han aspirado pero sin éxito: una sociedad constituida por "asociaciones libres de productores", autogobernadas y organizadas para asegurar, no una igualdad abstracta, sino la satisfacción de las necesidades y deseos de las personas (Caffentzis y Federici, 2017, p.65).

La Comuna de París supone una referencia ineludible a la hora de hablar de la noción de Democracia comunal como alternativa al sistema. La Comuna marcó un antes y un después en las luchas colectivas en la defensa de lo común que venían desarrollando las y los trabajadores (industriales y campesinos) desde la Edad Media hasta la Modernidad, y ante el establecimiento de la burguesía como clase social emergente y hegemónica.

Tanto anarquistas como comunistas hicieron sus lecturas concretas y sacaron aprendizajes de aquella experiencia histórica.

> La Comuna estaba formada por los consejeros municipales elegidos por sufragio universal en los diversos distritos de la ciudad. Eran responsables y revocables en todo momento. La mayoría de sus miembros eran, naturalmente, obreros o representantes reconocidos de la clase obrera. La Comuna no había de ser un organismo parlamentario, sino una corporación de trabajo, ejecutiva y legislativa al mismo tiempo. En vez de continuar siendo un instrumento del Gobierno central, la policía fue despojada inmediatamente de sus atributos políticos y convertida en instrumento de la Comuna, responsable ante ella y revocable en todo momento. Lo mismo se hizo con los funcionarios de las demás ramas de la administración. Desde los miembros de la Comuna para abajo, todos los servidores públicos debían devengar salarios de obreros. Los

> intereses creados y los gastos de representación de los altos dignatarios del Estado desaparecieron con los altos dignatarios mismos. Los cargos públicos dejaron de ser propiedad privada de los testaferros del Gobierno central. En manos de la Comuna se pusieron no solamente la administración municipal, sino toda la iniciativa ejercida hasta entonces por el Estado. Una vez suprimidos el ejército permanente y la policía, que eran los elementos de la fuerza física del antiguo Gobierno, la Comuna tomó medidas inmediatamente para destruir la fuerza espiritual de represión, el "poder de los curas", decretando la separación de la Iglesia y el Estado y la expropiación de todas las iglesias como corporaciones poseedoras (Marx, 2003, pp.67-68).

Después de la Comuna de París se generaron muchas y diferentes experiencias desde la idea de democracia de consejos a lo largo de Europa y en algunas otras partes del mundo (Azzellini y Ness, 2017). Pero lo comunal atraviesa la práctica humana desde mucho más atrás, como un hilo comunal de la historia de la humanidad, desde las sociedades igualitarias pre-neolíticas (Montané, 1981) o el llamado comunismo primitivo (Marx, 2016; Engels, 2006), pasando por la historia de la propiedad comunal y sus usos y costumbres sociales (Altamira, 1890), las aldeas comunales y sus propiedades comunales (Luxemburgo, 2015), las comunas medievales europeas (Jones, 1997; Kropotkin, 2006; Astarita, 2015), las culturas comunales de los pueblos originarios en diferentes partes del mundo (Pati Paco, 2012), llegando al retorno de la comunidad de nuestra época y las luchas comunitarias de los diferentes movimientos sociales (Torres C., 2013). La comuna vuelve a emerger como forma colectiva mediante la cual enfrentarse al mundo presente y a la construcción de mundo futuro (Comité Invisible, 2015), y desde esa perspectiva "todo ese debate sobre el futuro entronca con viejas prácticas de nuestros pueblos" y es "por ello que la idea de una construcción comunal no es ajena a las luchas que nuestros pueblos vienen sosteniendo por transformaciones profundas contra este sistema" (Perdía, 2018, p.118).

Para la Democracia comunal, Bokchim nos ofrece interesantes reflexiones sobre la idea de un "proyecto comunalista". A su parecer, tras los fracasos de algunas experiencias anarquistas y comunistas, propone la idea del comunalismo como una especie de síntesis de las mejores ideas de esas tradiciones ideológicas de izquierda para repensar posibles alternativas de futuro.

> Como ideología, el comunalismo bebe de lo mejor de las viejas ideologías de la izquierda —el marxismo y el anarquismo, y más en concreto de la tradición socialista libertaria—, al tiempo que ofrece una visión más relevante, amplia y adecuada a nuestro tiempo. Del marxismo extrae su proyecto básico de formular un socialismo racionalmente sistemático y coherente que integre filosofía, historia, economía y política. Abiertamente dialéctico, el comunalismo intenta fusionar la teoría con la práctica. Del anarquismo extrae su

> compromiso con el antiestatismo y con el confederalismo, así como su reconocimiento de que la jerarquía es un problema fundamental, que sólo puede superarse dentro de una sociedad socialista libertaria (Bookchin, 2019, p.50).

El comunalismo buscaría la estructuración de la sociedad en una verdadera democracia directa, donde las asambleas de ciudadanas libres tomarían en sus manos la decisión y gestión de las problemáticas más importantes de la sociedad. El comunalismo se basa en las ideas del municipalismo libertario para recuperar el potencial del municipio como la base territorial más cercana desde la cual desarrollar la política con mayúsculas. Por ello, "el municipio constituye el único terreno posible para una asociación basada en el libre intercambio de ideas y en el comportamiento creativo" (Bookchin, 2019, p.52).

El comunalismo también constituiría una "crítica de la sociedad jerárquica y capitalista en su conjunto" (Bookchin, 2019, p.55). En esa línea, otro aspecto importante es la ética de liberación que debiera acompañar a la Democracia comunal en cuanto a proyecto como horizonte emancipador de largo alcance (RIDC, 2021), es decir, como "una ética de la liberación, aquello que es sostén y propósito del proyecto emancipador" (Mazzeo, 2006, p.38). La Democracia comunal se basa no sólo en la propuesta y construcción de nuevas lógicas emancipadoras, sino también en la consiguiente superación de las diferentes situaciones y lógicas de opresión que se vienen dando en lo últimos siglos y que caracterizan nuestra época: capitalismo, patriarcado, colonialismo, racismo (Santos, 2006). Una ética fruto de la lucha por la emancipación, "una moral de las clases subalternas que no se deriva de los intereses materiales sino de la confrontación directa con los opresores" y sus formas de dominación (Mazzeo, 2006, p.132). Este Sistema de Dominación Múltiple (SDM) alberga explotación económica y de exclusión social, prácticas de opresión política en el marco de la democracia formal, discriminación sociocultural, étnica, racial, de género, de edades, de opciones sexuales, religiones, etc.; enajenación mediático-cultural; depredación ecológica el ecocidio, etnicicio, feminicicio y genocicio (Valdés, 2019). La ética de la liberación marca una fase de crítica, desconstrucción y destitución del sistema imperante, y la construcción, creación e institución de nuevas realidades. Un momento de negación de lo existente y de afirmación creativa de lo nuevo (Dussel, 2016, pp.141-170). Una "ética revolucionaria" que reconozca la necesidad de forjar conjuntamente nuevas relaciones sociales, que supere los valores mercantiles, patriarcales y coloniales, una "ética consciente de su incompatibilidad con el mundo y con los valores capitalistas", y que apunte en la dirección opuesta, ya que "la ética de la nueva sociedad debe incitar al abandono de estos valores" actuales y por contra "la ética del poder popular plantea la colectivización/comunalización, la despatriarquización y la descolonización colectiva del pueblo" (Auzogile, 2022, p.135). Por lo tanto, las estructuras psicológicas-mentales relacionadas con los valores, la ética y la moral, las costumbres culturales serán aspectos estructurales para la transformación de la sociedad.

Pero junto a las estructuras psicológicas-mentales, también están las estructuras socio-económicas de la sociedad que también son un elemento troncal de la organización en cualquier sociedad. Marx y Engels plantearon la base o la infraestructura de la sociedad es la estructura material de la sociedad que determina la relaciones sociales, la estructura social, su desarrollo y el posible cambio social, mientras que la superestructura es el edificio ideológico (jurídico, filosófico, religioso, cultural) que se construye sobre la base y que justifica, refuerza y reproduce la misma (Marx, 2010). Engels planteó que no se puede reducir ese planteamiento a que "el factor económico es el único determinante" ya que la superestructura es también vital y a veces "ejercen también su influencia sobre el curso de las luchas históricas y determinan, predominantemente en muchos casos, su forma" (Engels, 1980). Contra el reduccionismo que se ha planteado a veces, Rosanvallon planteó la necesidad de pasar de la apropiación de los medios de producción a la apropiación de los medios de poder. Además de los medios de producción y de cambio, estaríamos añadiendo también "los medios de organización, de formación, de información, de saber y incluso de consumo"; y en cuanto que "el ejercicio del poder se identifica en efecto por definición con la propiedad de los medios de poder", propone por lo tanto "contemplar la socialización del conjunto de los medios de poder" (1979, pp.109-110). Los aspectos materiales-estructurales de la sociedad, concebidos como medios de poder (enseñanza, formación, administración, producción, distribución, consumo, salud, organización, ...) que articulan las ideas de estructura y superestructura, será otro campo fundamental para la transformación desde la perspectiva del proyecto social alternativo. Aspirando a transformar las estructuras materiales de manera integral.

Se plantea, así, no sólo la transformación de las estructuras políticas, sino también de las estructuras económicas. La superación de la dicotomía entre política y economía que se propugna desde el modelo liberal sería uno de los componentes importantes de la Democracia comunal desde una perspectiva de visión democrática holística en la organización de la sociedad. En esa línea, Mészáros apunta que se ha hecho una "división históricamente establecida entre la política -que se practica en el parlamento y sus diversos corolarios institucionales- y la dimensión de la reproducción material de la sociedad, que encarna y se renueva prácticamente en la multiplicidad de empresas productivas como la economía" (2011, pp.24). Una visión más integral sería la de trabajar lo político/económico desde una visión social (Gutiérrez y Salazar, 2019). Históricamente muchos de los intentos realizados desde los soviets, comités de fábricas, espacios socializados o comunas ha sido "el intento de la democratización total y directa de los mecanismos de poder económico, en ocasiones limitado al lugar de trabajo, en otras como parte de una disputa que también incluye el poder político y económico en términos más amplios" (Ruggeri, 2020, p.24). Los sistema comunales, entonces, "no son sistemas diferenciados, es decir no se separan entre el campo económico y el campo político sino que funcionan como único sistema" (Patzi, 2009, p.186). Así, en las comunas lo productivo no se puede desligar de lo político, por ello potencian un autogobierno popular en lo productivo y en la gestión, es decir, autogobierno político y económico (Gilbert y Pascual, 2021).

Patzi, basándose en el análisis de la teoría de sistemas sociales de Luhmann (1998) y de las sociedades comunales indígenas, hace una propuesta sobre el sistema comunal como alternativa al liberal. Plantea la diferenciación de sistema y entorno, apuntando lo político y económico como parte del primero y subrayando que es el núcleo que hace diferente a una sociedad de otra. El entorno, lo plantea como algo adyacente y legitimador que ayuda al desarrollo, reproducción y supervivencia del sistema (ciencia, tecnología, estilo de vida, medicina, religión, educación, etc.). Una política transformadora o revolucionaria sería la que apunta la sustitución de un sistema por otro, y no cambios en el entorno. Ya que un sistema podría funcionar con entornos diferentes si es capaz de acoplarlos y estructurarlos para su reproducción y desarrollo. Así, los sistemas comunales son los que basan tanto la propiedad colectiva de los recursos y el manejo/usufructo privado del mismo. Se plantea la idea de "sistema comunal como algo universalizable", además "el sistema comunal se erige como algo antagónico al sistema liberal" y con intención de "sustituir el sistema liberal por el sistema comunal", es decir, superar "la organización económica basada en la propiedad privada y en la democracia representativa" por "las gestiones económica y política comunales" (Patzi, 2009, p.172). La gestión económica comunal se basaría en una propiedad colectiva de los medios de trabajo y los recursos naturales comunales, con la posibilidad de usufructo o distribución privada en calidad de posesión. Así mismo, la apropiación del trabajo también es comunal y libre de explotación sin trabajo enajenado. El sistema comunal "es un sistema controlado por la colectividad y/o por el conjunto de trabajadores de una comunidad" (Patzi, 2009, p.173).

El tema de la propiedad se torna un aspecto central para construir una sociedad que funcione desde otra lógica diferente a la del capital, desde una lógica comunal. La defensa de la propiedad privada es uno de los elementos básicos del liberalismo y el capitalismo (Mises, 1996). Por contra, socializar los medios de producción y abolir la propiedad privada como elemento básico de la acumulación capitalista, ha sido uno de los planteamientos históricos del comunismo y anarquismo para construir otro tipo de sociedad (Marx y Engels, 2001; Bakunin, 1998). En las últimas décadas desde diferentes prácticas, procesos y propuestas alternativas se vienen desarrollando planteamientos variados con el tema de la propiedad colectiva o comunal. Así, encontramos debates teóricos académicos y/o militantes, desde las propuestas y debates teóricos sobre "los comunes", que abarcan tanto posiciones de eficiencia de la gestión económica como de transformación política más radicales; hasta planteamientos que surgen desde procesos de transformación más generales o concretos. Por ejemplo, en algunas experiencias de Bolivia, Venezuela y/o Rojava, respecto a las formas de propiedad, se plantea un proceso gradual donde puedan coexistir propiedad privada, estatal, cooperativa y comunal-comunitaria. En Rojava se potencia la propiedad comunal y se penaliza la acumulación privada, así "la acumulación económica (la formación de monopolios) está prohibida" (Ayboga, Flach y Knapp, 2017, p.124). La propiedad comunitaria o comunal se ve como la llave del futuro, en tanto "surge y se expande en base a la acción voluntaria de trabajadores, al ejemplo y experiencia de la sociedad" (García Linera, 2016, p.135). Por encima del derecho a la propiedad privada casi inmutable, los kurdos propugnan la reapropiación de espacios colectivos para el desarrollo de la comunidad. Pero "un cambio en las formas de propiedad que no sea seguido por la gestión democrática (horizontal) y la reorganización del sistema productivo (propiedad comunal del saber, de los recursos y las mercancías producidas) solo puede llevar a un final terrible" (Löwy, 2009, p.5).

Iglesias defiende la sociedades comunales como esa alternativa al capitalismo actual. Plantea que la vida en las sociedades comunales "prescindirá de la presencia de los pilares de las sociedades clasistas y heteropatriarcales, en donde los poderosos ejercen legalmente el dominio y el monopolio de la opresión, como son el Estado, el Mercado, el Dinero, la Religión, el Patriarcado y el Militarismo" (Iglesias, 2021 pp.104-105). Consciente de que no se pueden definir los aspectos futuros de la sociedad comunal, Iglesias apunta unos elementos centrales como forma de "adelantar el modelo de sociedad comunal que la brújula/matriz nos ayudará a engendrar y conseguir (2021, p.146), sintetizando que "siendo la riqueza de todos de propiedad comunal, esta regula la producción, la distribución, la gestión planificada de la producción, la inversión y el consumo", así como también "los valores y dirimirá los conflictos que puedan surgir en la organización de la vida comunal" (Iglesias, 2014, p.6). Respecto a la producción, el régimen de producción comunal no desaprovecharía los recursos de la naturaleza ni tampoco explotaría a las personas. Los medio de producción y los medios naturales serían comunales así como toda la producción. Respecto a la distribución sería basada en valores equitativos con libre acceso a los bienes para satisfacer las necesidades básicas. Se podría acceder a la producción de manera gratuita porque sería comunal. Respecto al poder, su gestión "ha de ser horizontal, no jerárquica ni despótica"; la forma de gobierno y de república será debatida. Respecto al sistema de valores y afectos de la sociedad comunal "ha de proponer y potenciar el bien común: justicia, igualdad, fraternidad (amistad), apoyo mutuo, reciprocidad, etc". Y respecto a los derechos y la conflictividad, se plantea que mientras la persona respete lo comunitario y colectivo, la comunidad respetará su derecho individual al disfrute de su intimidad. Pero si habría conflicto entre lo privado y lo colectivo, los asuntos comunitarios tendrían "carácter preferente sobre los privados" (Iglesias, 2021, pp.152-163).

Sabiendo que lo político y la política es más amplio que las meras decisiones o la administración de las mismas, "la política en entornos comunales se convierte en autogobierno, se traduce en democracia autogestionada, y recobra su carácter de actividad deliberativa basada en principios, ideas, sentimientos" (Mazzeo, s.f.-b). La gestión política comunal es la administración del poder comunal, entendiendo que las decisiones no están centradas en los individuos sino se asume en la colectividad (Patzi, 2009, p.175). En la forma comunal de la política, la capacidad de soberanía social no se delega sino que se ejerce directamente. Existe representación pero sin monopolizar el derecho a decidir y sin objetivo de mandar, sino para representar las decisiones tomadas en la colectividad directamente. Obedece el mandato colectivo y está sujeto a la decisión común, no con objetivos de ganancia sino de servicio a la comunidad (p.176). La rotación, revocabilidad, la obligación, la deliberación colectiva y la representación de la decisión colectiva son elementos diferenciadores de la Democracia comunal. La política comunitaria "exige mucha participación, expresada en corresponsabilidad del trabajo y en la producción de decisiones" y, además, "la cooperación y reciprocidad como forma de reproducción es un requisito, una obligación que debe atenderse para pertenecer a la comunidad y la organización" (Pineda, 2019, p.131). La participación directa mediante diferentes formas es crucial, la asamblea es una de las posibles formas y muy importante, de hecho, "la libre circulación de la palabra en la asamblea donde se esclarecen los fines del «nosotras» que habla es el modo más antiguo y más fiable de asegurar la circulación del poder-hacer colectivo" y de la misma manera intentar "evitar su concentración-monopolización del poder colectivo" que "no es sino el despojo o apropiación privada de la capacidad de hacer y dotarse de fines" (Gutiérrez, 2017, p.124). Un mando comunitario asambleario es siempre un proceso dinámico que se mueve, que está en marcha y puede avanzar, retroceder, deformarse o estancarse. Por eso "la política comunitaria" es un ejercicio permanente de "sostenimiento, actualización y renovación de la acción política" para intentar "mantener el poder en la asamblea sin autonomización de quien manda". Es por una parte "un poder directo no delegado" pero al mismo tiempo "anclado en un órgano colectivo, que es la asamblea" (Pineda, 2019, p.128). De esta manera se tienen que plantear formas en las que se supervise el control de los cargos por las bases, para que se garantice "lo que los zapatistas han sintetizado en los siete principios del 'mandar obedeciendo': servir y no servirse; representar y no suplantar; construir y no destruir; obedecer y no mandar; proponer y no imponer; convencer y no vencer; bajar y no subir" (Zibechi, 2021, p.45). La diferencia entre la política liberal y la política comunitaria radica en ser gobierno de otros o ser gobierno de sí mismos.

> La política comunitaria es entonces una política de sí mismos; es movimiento práctico de intervención y acción sobre sus propios asuntos, regulación de la vida cotidiana para la reproducción de la vida; pacto, compromiso y deber del cuidado y preocupación recíprocas. La política comunitaria se funda en el compromiso y obligación de reproducir la vida de quienes integran la comunidad. La política comunal por, encargarse de los asuntos propios, crea una esfera especial de discusión: una esfera comunal de acción política, autolimitada (Pineda, 2019, pp.129-130).

En este sentido la producción de lo común supera la producción de lo material, y plantea la producción de aspectos sociales, relacionales, culturales, simbólicos o éticos, relacionando y extendiendo la producción y la propia reproducción social a todos los ámbitos de la vida. Siguiendo a Echeverría, "producir es significar", o dicho de otra forma, "la producción material es siempre, de manera indisociable, producción simbólica, semiótica y cultural, forma de ver y apropiarse el mundo". Por lo tanto, la reproducción social se entiende como "un proceso a través del cual el sujeto social se hace a sí mismo, se da a sí mismo una determinada figura, una "mismidad" o identidad" (Echeverría, 2001, p.71, citado en Pineda, 2019, p.121). Entre esas prácticas de la producción de lo común debe destacarse "reciprocidad, muy diferente a la solidaridad porque no se asienta en la relación sujeto-objeto sino en la pluralidad de sujetos" y por otra parte "el hermanamiento, que supone un vínculo integral, material y espiritual, una de las formas que asume la horizontalidad en comunidad" (Zibechi, 2021, p.45). El trabajo comunitario, en contra del trabajo enajenado "se funda en la producción colectiva de significados (concretos) que organizan los procesos de trabajo y el usufructo de los productos del trabajo social" y ahí se encuentra directamente "una dimensión política de lo social donde discurren las contradicciones y tensiones propias de la actividad colectiva" pero también "la producción colectiva de significados" de la producción, los intercambios de los productos, las relaciones sociales "a través de los dispositivos y códigos compartidos, heredados y reactualizados" por la propia comunidad (Guitérrez y Salazar, 2019, pp.38-39). Por ello, la comunidad y la forma política de lo comunal, además de ser una forma de organización social son "sobre todo, formas de trabajar" de manera colectiva (Zibechi, 2021, p.45). La democracia consejista ha sido otra de las prácticas comunales y comunitarias de las trabajadoras a lo largo del siglo XX. Azzellini sintetiza algunas de las características de las democracias consejistas apuntando los siguientes aspectos: participación general no ligada a grupos o partidos preestablecidos; democracia no representativa y rendición de cuentas inmediata; desafía las esferas y supera la construcción del sistema económico, lo político y lo social como supuestamente distintos y autónomos; no separación de poderes; socialización de la propiedad, ni privada, ni estatal; democracia de consejos no requiere ni estado, ni gobierno (2018b, pp.231-236), también recogidas en este volumen (ver Capítulo IV).

Nos servimos de las reflexiones del Seminario Taifa para comenzar a apuntalar la idea de Democracia comunal como alternativa. La Democracia comunal no plantearía un proyecto compatible con el sistema actual, sino que partiría de la base de que su propuesta aspira a ser una alternativa emancipadora:

> Alternativa, o sociedad alternativa, nos referimos a una sociedad totalmente distinta a la del capitalismo en el que vivimos. Un modelo de sociedad que en tanto que alternativo, modifica radicalmente, a fondo, los elementos centrales de la sociedad que pretende transformar (...) en el siglo XXI una sociedad alternativa sería un modelo que va en contra y que es capaz de desintegrar el sistema capitalista y construir otra sociedad justa y armoniosa entre las personas y respetuosa del medio natural, por lo que una sociedad alternativa sólo puede ser una sociedad no capitalista (Taifa, 2013, p.8).

Aquí se está planteando la idea de la democracia, superando el ámbito de lo que en el modelo liberal se entiende como "lo político" (la toma de decisiones y su administración). Chávez planteó "la Comuna va a terminar siendo con el paso de los años la democracia local, la democracia comunal, la democracia permanente, la democracia protagónica, que pudiera ser lo mismo la democracia autogestionaria, la autogestión en lo político, en lo económico, y de ahí en lo social para transformar, para crear el socialismo desde abajo" (2010b). También propuso la idea de la democracia plena, la cual se llevó a los diferentes discursos (2010a) y Planes de la nación. De esa manera, se plantea la "construcción plena de la democracia socialista a partir del desarrollo sistémico, integral, de las cinco dimensiones de existencia" de una sociedad o dicho de otra manera "se trata de asumir que la democracia real y plena implica la democracia política, social, cultural, económica y espacial como un sistema indivisible, que otorga una profundidad paradigmática" (Gaceta Oficial, 2019, p.5). Desde la Red Internacional de Democracia comunal añaden también a lo político, económico, social, espacial y ético-cultural, la democracia epistemológica, parecieran seguir la idea de justicia cognitiva propugnada desde la Epistemologías del Sur (Santos y Meneses, 2014). Plantean la Democracia comunal como idea para "un modelo de sociedad democrático desde el punto de vista integral y holístico: hablar de democracia comunal es hablar de democracia integral y plena" (RIDC, 2021). La Democracia comunal desde su visión holística para la sociedad superaría así la visión de gestión política y gubernativa de la democracia liberal, en tanto refieren a la Democracia comunal como sinónimo de sistema comunal, ya que la democracia desde el punto de vista comunal, afecta a la organización de todos los espacios y ámbitos de la vida, no solo el político. Desde ese punto de vista, la democracia no es un apartado y aparato como parte y al servicio del sistema, la forma política que necesita el mercado para administrarse en el capitalismo (Mises, 1996), sino que se entiende como democracia sistémica, holística, plena e integral.

En eses sentido, se expone la necesidad de generar planteamientos de superación de las lógicas del capital y por ello, la necesidad de aumentar la conciencia anticapitalista y antipatriarcal desde horizontes de ruptura y de construcción de nuevas lógicas comunales que se contrapongan a lo establecido (RIDC, 2021).

Sistema capitalista y su democracia liberal	Sistema comunal = Democracia comunal
La producción y reproducción al servicio de la acumulación de capital como prioridad	La producción y reproducción al servicio del sostenimiento de la vida
Prioridad absoluta de la propiedad privada de los medios de producción	Prioridad de la propiedad comunal, compatibilizándola con otras formas de propiedad
Estado liberal burgués	Cuestionamiento del estado-nación liberal
Forma de gobierno representativo	Forma de autogobiernos comunales y directos
El mercado autorregulado como prioridad	Eliminación de la lógica de mercado
Valores individualistas, competitivos y egoístas	Valores colectivos, cooperativos y solidarios
La lógica del intercambio mercantil	La lógica social del intercambio
Lógica patriarcal, colonial, racista e imperialista	Lógica feminista, decolonial, antiracista y antiimperialista
La lógica desarrollista de la modernidad	La lógica del desarrollo humano ecológicamente viable
Sujeto individual e individualizado	Sujeto colectivo y poder popular
....	...

Fuente, RIDC, 2021

La democracia comunal se concibe como una lógica antagónica a las lógicas del capital (RIDC, 2021). En ese sentido se propone como un "proyecto societal alternativo al sistema liberal" desde el cual en los ámbitos de gestión tanto político como económicos y demás ámbitos de la vida, el colectivo va desarrollando y ejerciendo su "soberanía plena"; así "niega todas las posibilidades de que los beneficios económicos, políticos y culturales se reduzcan a una élite o un individuo como es la sociedad capitalista. Por eso el sistema comunal es la negación a la forma liberal" (Patzi, 2009, pp.190). Desde esta negación, la forma comunal de lo político se opone a la forma liberal, "es claramente antagónica al despojo o apropiación privada de lo entre todos producido, incluyendo la privatización de la capacidad de decisión que se amalgama en las modernas formas liberales de lo político y la política" (Gutiérrez, 2017, p.125).

Forma liberal de la política y lo político	Forma comunal o comunitaria de la política y lo político
Establece al individuo como el punto de partida. Después instituye los procedimientos —permitidos— para la agregación variada de individuos.	Establece un *nosotras* para desplegar su actividad; esto es, se funda en la vida colectiva. Establece garantías variadas para asegurar distintos ámbitos de autonomía individual.
Instala mediaciones para asegurar relaciones de mando. El nudo de la representación liberal — mediación por excelencia— es la *delegación de la capacidad de decidir* sobre asuntos de interés e incumbencia colectivos, que se concentra en un mandante. Instituye formatos procedimentales y tiempos determinados que aseguran la vigencia de tal concentración monopolizada de la capacidad colectiva de decidir.	Designa a figuras destacadas —voceros, encargados— para organizar las actividades y propósitos comunes; al tiempo que busca sujetar las relaciones de mando mediante la *no delegación* o entrega de la capacidad de decidir — colectiva y de cada quien—. Por esa razón, anuda la idea de servicio a la figura de autoridad-organizador.
La lógica interna y los tiempos de esta forma política refuerzan la jerarquización interna dentro de la agregación de individuos. Tal jerarquización tiende a ser excluyente y rígida.	La lógica interna y los tiempos de esta forma política tienden al equilibrio: mantienen a la vista y ejercitan la capacidad destituyente que reside en el «nosotras», en la figura colectiva básica. Por tal razón abren posibilidades maleables o fluidas —jamás no contradictorias— de autorregulación colectiva.
En tanto está ligada a la seguridad y ampliación de la acumulación del capital, desconoce una y otra vez las necesidades y actividades dirigidas a la reproducción de la vida. Distingue sólo medios de producción donde quienes no mandan encuentran medios para asegurar la existencia.	Centra su atención en la reproducción de la vida y en la creación de los medios necesarios para garantizarla. En tal sentido conserva y cuida aquello de lo que se dispone; al tiempo que ensaya nuevas formas de apropiación colectiva posibles.
A partir de todo lo anterior, es claro que la forma liberal de la política y lo político determinan y limitan —prescriben y fijan— las posibilidades de existencia y transformación individuales y del conjunto; desentendiéndose al mismo tiempo, del cuidado y conservación que funda la existencia de todos en un momento dado. En resumen, la política liberal tiende a destruir y prescribir, además de jerarquizar y excluir.	Las formas comunales de lo político y la política son altamente conservadoras de lo que existe en el sentido del cuidado de aquella riqueza material de la que aún se dispone. Sin embargo no son inmutables ni impermeables a las transformaciones: simultáneamente conservan lo que existe y abren lenta y dificultosamente posibilidades de ampliación de su disfrute.

Fuente, Gutiérrez, 2017, p.125

Desde esa oposición de la lógica capitalista y democrática, liberal y comunal, también podemos recurrir a las formulaciones propuestas por Iglesias Fernández sobre la Matriz capitalista (2022) y la Matriz comunal (2006; 2021).

Matriz capitalista-liberal

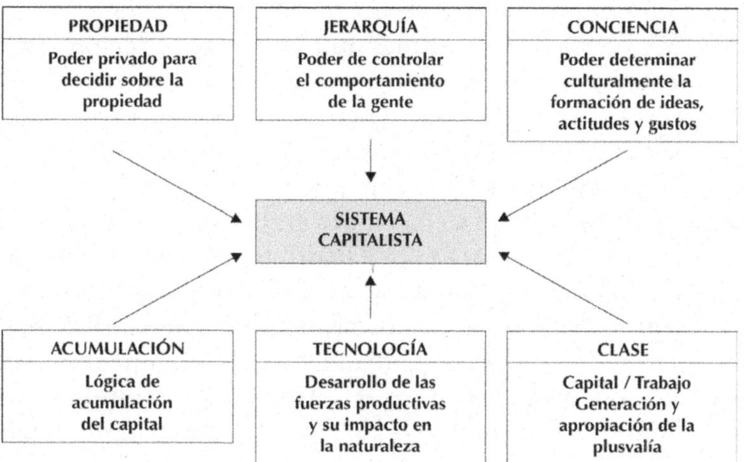

Fuente: Iglesias, 2022, p.32

Frente a la matriz del sistema capitalista, años antes Iglesias planteaba la matriz comunal primeramente como un criterio que oriente en los juicios de valor pero posteriormente se convirtió en un criterio como unidad de medida, en el sentido de ser una brújula para verificar y orientar los sujetos y procesos en el camino de construir alternativas que verdaderamente se alejen del capitalismo y se acerquen a las sociedades comunales, y no acaben finalmente reforzando el propio sistema capitalista (Iglesias, 2022).

Matriz comunal

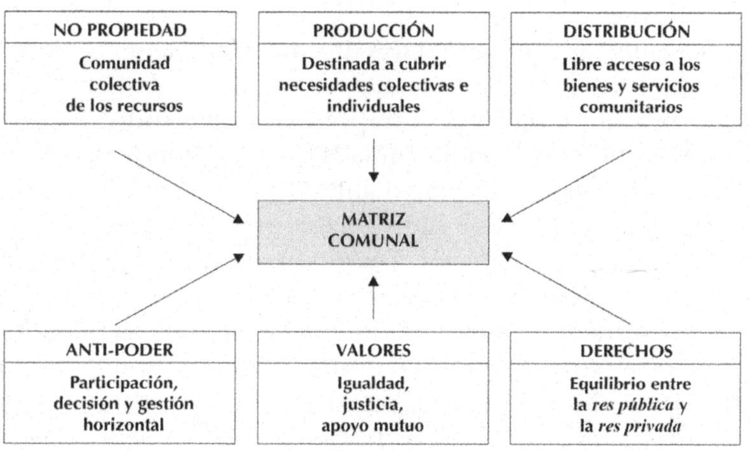

Fuente: Iglesias, 2021, p.178.

Esta oposición entre la lógica liberal y comunal se puede encuadrar en una dimensión y escala temporal más amplia en la oposición entre la modernidad capitalista y modernidad democrática (Öcalan, 2012, 2017) como "dos frentes opuestos y confrontados, pero que avanzan a la par en el río de la Historia" (Andrea Wolf Institute, 2020, p.75). La modernidad capitalista sitúa sus inicios en el siglo XVI, y donde progresivamente la sociedad capitalista y su modo de producción se convierte en hegemónico a nivel mundial. Esta modernidad desarrolla una explotación depredadora de la naturaleza, de sus seres vivos y también humanos, promoviendo guerras, dominación, masacres, destruye pueblos y culturas, oprime y esclaviza a las mayorías de los pueblos del mundo en beneficio de una élite dominante minoritaria. Por contra, la modernidad democrática, la formarían el "conjunto de grupos heterogéneo de todos los grupos, pueblos e individuos que luchan contra el sistema depredador, y que han conservado características éticas y políticas" (Andrea Wolf Institute, p.375). Martínez de alguna manera reafirma y refuerza las oposiciones planteadas, oponiendo esta vez la idea de comunalidad desde diferentes significaciones de la siguiente manera:

> Somos Comunalidad, lo opuesto a la individualidad, somos territorio comunal, no propiedad privada; somos compartencia, no competencia; somos politeísmo, no monoteísmo. Somos intercambio, no negocio; diversidad, no igualdad, aunque a nombre de la igualdad también se nos oprima. Somos interdependientes, no libres. Tenemos autoridades, no monarcas (Martínez, 2010, p.17).

3. LA DEMOCRACIA COMUNAL COMO SUJETO

Uno de los aspectos fundamentales de cualquier proyecto es su sujeto o sujetos protagonistas. En la democracia comunal la idea de la colectividad, lo colectivo y la comunidad se contrapone al sujeto individualista que se formuló y desarrolló con la modernidad. El sujeto moderno que se construyó tanto en la filosofía como en el ámbito jurídico mediante el desarrollo de los derechos subjetivos e individuales, negaba de alguna manera el sujeto colectivo histórico anterior. De esta manera, el derecho moderno por una parte "consigue la reproducción social, la reproducción de las relaciones mercantiles capitalistas, es lo que hace moderno al derecho moderno", y, por otra parte, "disuelve o destruye, las relaciones comunitarias, esto es, las formas discursivas con las cuales los individuos se relacionan entre sí" (Correas, 2003, p.279). Es por ello, que "derecho subjetivo" no significa sino la atomización de las formas comunitarias (p.283). La reivindicación de una nueva subjetividad basada en lo colectivo sería una especie de negación de la negación que ejerció el sujeto individualista sobre la colectividad, es decir, una nueva afirmación de la colectividad que sin anular al propio individuo lo inserte socialmente en una visión colectiva del mundo en común. Para ello, tomamos en consideración las nociones de sujeto colectivo, comunidad, poder popular y comuna.

El siglo XX terminaba situando la idea del individuo como protagonista de todos los ámbitos de la vida, no sólo en lo político y en lo económico, sino también en las expresiones culturales, psicológicas, éticas, comerciales y creativas. Todas las disciplinas giraban en torno al culto al individuo o a su crítica, "el Yo es absolutamente autónomo, parte desde sí hacia sí mismo. Son formulaciones claras del «sujeto moderno»" (Dussel, 1998, p.515). El propio "paradigma individualista parecía confundirse con la existencia humana misma, como si nunca se pudieran llegar a diferenciar" (Garcés, 2022, p.14). Pero la idea de nosotras, la comunidad y lo comunitario aparece en este siglo XXI con fuerza. La situaciones generadas a raíz de la crisis del 2008 y posteriormente en 2020, ponen de manifiesto la necesidad de la comunidad. "La colaboración, la cooperación, el apoyo mutuo, las resistencias, la hospitalidad, el aprendizaje... son prácticas sociales y políticas que no pueden partir de un grupo cerrado" (Garcés, 2022, p.15). Es por ello que "el nosotras es un punto de partida simultáneamente heredado y producido", que de alguna manera es anterior al tiempo actual pero sirve para actualizarse y para proyectarse al futuro; como "un nosotras que abre nuestra capacidad de desear más allá de y contra la oferta múltiple de lo que existe como mercancía y como identidad" (Gutiérrez, 2017, p.122).

En la conformación del sujeto colectivo transformador, la clase trabajadora sigue siendo central pero "es necesario expandir este concepto". "Más allá del papel que juegue el sujeto en su posición productiva "los sujetos del cambio deben identificarse con la lucha" por la transformación social y "su papel como tales depende en realidad de la asunción de conciencia colectiva de pertenencia a la clase desposeída", incluyendo así "a todas aquellas personas afectadas por el despliegue de la lógica de acumulación del capitalismo" (Taifa, 2013, p.12). El sujeto comunitario de la Democracia comunal es una comunidad que emerge desde las prácticas y luchas contras las opresiones y por la liberación. Las comunidades no están creadas previamente, son una creación dinámica y abierta, por ello "los sujetos comunitarios no son su punto de partida sino que también se constituyen en dicho devenir". Así, la comunidad no puede ser vista como "la suma de subjetividades individuales previamente constituidas, sino una inter-subjetividad que se gesta a partir del ser-con otros"

(Torres C., 2013, p.213). Aunque pueden existir muchas formas de entender la idea de lo comunitario y la comunidad, desde la Democracia comunal se entendería "lo comunitario como un tipo de relación social, como un valor y como un horizonte de futuro que se opone al capitalismo como sistema económico, modo de vida y proyecto ético político" (p.218).

Desde la praxis de la liberación, Dussel habla del sujeto de liberación de la siguiente manera:

> Cada sujeto ético de la vida cotidiana, cada individuo concreto en todo su actuar, es ya un sujeto posible de la praxis de liberación, en cuanto víctima o solidario con la víctima, fundamente normas, realice acciones, organice instituciones o transforme sistemas (...). La 'subjetividad' inter-subjetiva se constituye a partir de una cierta comunidad de vida, desde una comunidad lingüística (como mundo de la vida comunicable), desde una cierta memoria colectiva de gestas de liberación, desde necesidades y modos de consumo semejantes, desde una cultura con alguna tradición, desde proyectos históricos concretos a los que se aspira en esperanza solidaria (...) El sujeto socio-histórico deviene una subjetividad liberadora solo en el momento en que se eleva a una conciencia crítico-explicativa de la causa de su negatividad (...) en su sentido inter-subjetivo, socio-histórico, como emergencia de los diversos sujetos de nuevos movimientos sociales en los diagramas del Poder (Dussel, 1998, pp.513-527).

Esta multiplicidad de inter-subjetividades que sufren las opresiones y se puede organizar en la praxis de la liberación necesita de una inter-conexión, un entendimiento y un reconocimiento mutuo. Esto genera una "coimplicación" que supera la idea del colectivo como la suma de individualidades. Así, "esta coimplicación es el nosotros" desde donde "se puede sostener la autonomía de un nosotros, de un ser-con" que no es la derivación de "una relación personal entre un yo y un tú", sino que es "la dimensión fundamental de la vida humana como actividad anónima de creación y transformación del mundo" (Garcés, 2022, p.138). Aquí aparece también la idea de la interdependencia y ecodependencia, muchas veces ocultos, como aporte desde el ecofeminismo (Puleo, 2011; Shiva y Mies, 2016; Aragón, 2022), planteando que las personas somos dependientes de nuestro entorno natural y a la vez somos interdependientes entres nosotras misma ya que "las personas no podríamos sobrevivir si no fuese porque otras dedican tiempo y energía a cuidar de nuestros cuerpos" (Herrero, 2021, p.281).

Es a partir de ahí de donde surge la solidaridad y el trabajo en común, no solo en la comunidad sino entre comunidades diferentes de afectados. La construcción de horizontes comunes de articulación para esos sujetos son importantes. Aquí aparece el elemento de la diversidad y de la necesidad de articular esa diversidad y pluralidad. Para Mészáros el pluralismo capitalista y socialista son totalmente opuestos. No puede haber un sujeto transformador que no asuma "de manera inherente el pluralismo", sería "estructuralmente irrealizable sin su plena expresión en los múltiples proyectos autónomos ("autogestionados") y, por tanto, irreprimiblemente pluralistas de la revolución social en su despliegue" (2011, p.96). Es por ello importante una articulación como sujeto de sujetos "que no atropelle el pluralismo de la vida popular colectiva" capaz de reconocerse mutuamente y dando cobijo a formas de "posibilidades susceptibles de ser halladas, combinadas y organizadas" (Mazzeo, 2006, p.47).

> El sujeto del cambio es plural y no es una entidad preconstituida. Una totalidad "tramposa" sería aquella que conciba al proyecto como sinónimo de rasero nivelador para un denominador común. Desde la perspectiva popular es primordial que los sujetos demanden y constituyan al proyecto, y no a la inversa. Nadie pone en duda la necesidad de un proyecto y la viabilidad de éste, que dé credibilidad a las masas populares, que supere en sentido positivo la crisis de valores existente. Pero no debe ser concebido como la idealización y autoconciencia en sí mismo (Valdés, 2001, p.52).

Pero sin fuerza social cohesionada, sin imaginarios sintéticos y unificadores conformados por múltiples experiencias ensambladas, sin núcleos de agregación militante capaces de articular diferentes sectores sociales y diversas luchas populares, sin coordinaciones políticas estratégicas que organicen las que Gramsci llamaba "condiciones externas generales", sin un proyecto político (integral, incluyendo unas dimensiones geopolíticas), las posibilidades de estos pequeños mundos de devenir poder dual sólido y permanente, serán siempre muy acotadas y difícilmente sean reconocidos (Mazzeo, s.f.-a).

Desde la unidad de su diversidad, lo comunal es la integración de la diversidad, es la unidad de la diversidad natural (Martínez, 2013, p.4).

Se puede hablar de forma comunidad (García Linera, 2015) como una formulación de organización social que conlleva otra forma de relación entre las personas y entre el medio, en el que las lógicas de realización y apropiación del trabajo son diferentes. Es por ello que la comunidad debe ser entendida y situada en esas relaciones, prácticas sociales e interacciones. Esas "relaciones comunales, por ser prácticas" deben entenderse de una manera dinámica, "dependiendo de las circunstancias, dejar de realizarse o bien, modificar la figura o intensidad en que se realizan" (Pineda, 2019, p.119). Así, la comunidad no es algo que está dado, sino que las "relaciones comunales" pueden "detenerse, dejar de producirse" o incluso pueden "comenzar a desplegarse" allá donde no existían previamente; por ello, la "comunidad es una constante creación y recreación de prácticas en flujo permanente; hay comunidad donde hay prácticas comunales" (2019, p.119). Zibechi entiende la comunidad como "modos de hacer, de vivir, de producir y reproducir la vida, que transcurren en espacios, con modos y tiempos para la toma de decisiones y mecanismos para hacerlas respetar. O sea, la comunidad es también una forma de poder" (Zibechi, 2021, pp.44-45).

El poder popular como sujeto aparece ligado a procesos emancipadores comunitarios y comunales. La noción ha estado utilizándose más en las últimas cinco décadas en procesos de transformación de América Latina, pero en realidad la idea hace referencia a algo que se viene gestando por lo menos desde la Comuna de París y que recorre desde entonces las diferentes luchas de liberación (Zibechi, s.f.). Desde las primeras cooperativas de trabajadores, y estructuras de apoyo mutuo de finales del siglo XIX, pasando por las experiencias consejistas de la primera mitad del siglo XX o los planteamientos de los diferentes movimientos de liberación, guerrillas, movimientos sociales de la segunda mitad del siglo XX (Ruggeri, 2020). El poder no es un objeto en sí, sino que es un aspecto relacional. Quien detenta el poder acaba obteniendo privilegios sobre aquellos que discrimina. El poder popular aspira a disputar el poder a quienes ejercen la dominación, para poner el propio poder al servicio de la emancipación social. Ya que el propio poder "es una construcción que, en tanto ejercido por los sectores hegemónicos sirve para dominar" pero también puede "aportar a la creación de mejores condiciones para la emancipación si es creado, producido y ejercido en esa clave por los sectores subalternos" (Fabbri, 2013, p.58) El concepto de popular hace referencia al pueblo y su soberanía, remitiendo a las clases subalternas, excluidas, explotadas, reprimidas y oprimidas en los diferentes ejes de dominación y opresión que puedan existir. Por ello, la idea de poder popular se identifica con "todas aquellas experiencias históricas en las cuales las clases subalternas (trabajadores, pobres, marginales, periféricos) ejercieron el control y el poder de modo más o menos directo" tanto en territorios o espacios concretos, así como desde instituciones nuevas creadas en el seno de territorios delimitados o en un conjunto extenso de instituciones, con el objetivo de crear y construir "espacios libertarios y patrones relacionales igualitarios, cualitativamente superiores a los impuestos por la totalidad social de la que emergen y a la que contrarían" (Mazzeo, 2006, p.64).

El poder popular es sujeto y objeto al mismo tiempo, es medio y fin de manera conjunta. Por ello a la vez que representa un sujeto creador de nuevas realidades, también es parte de esa nueva creación y de ese nuevo proyecto que se pone en marcha.

> Las instancias y núcleos de poder popular pueden funcionar como los espacios donde las relaciones sociales sean sometidas al control colectivo. Estas

> instancias y núcleos de poder popular van más allá de la sociedad burguesa, por lo tanto son irreductibles a la mera táctica. Las instancias y núcleos de poder popular son los lugares donde más posibilidades tiene la acción democrática, la más profunda y auténtica; además son instancias de constitución de sujetos colectivos e históricos, lugares de la conciencia en sí y para sí (Mazzeo, 2007, p.3).

Así como la emergencia de la Democracia comunal se da y dará de muchas formas diferentes, las formas que puede tomar el poder popular en cuanto comunidad organizada prefiguradora de futuros posibles serán también diversas, cambiantes y dinámicas. Desde cooperativas, asociaciones, proyectos de distribución, planteamientos de producción o reproducción, hasta gestión de servicios, control de espacios o autogestión, plataformas populares, estructuras populares, sindicatos de barrio o territoriales (Casas, 2007, p.142). Y es que no se puede plantear una única forma en las dinámicas ni en los sujetos para el desarrollo experimental de los modelos de Democracia comunal, cada experiencia inventará el suyo propio, ya que "no hay una sola forma de concebir el poder popular" y por ello "la multiciplicidad de prácticas remite también a la multiplicidad de sujetos que componen" (Torres, 2016, p.67).

El poder popular como sujeto de la Democracia comunal se relaciona con las capacidades y posibilidades de las clases subalternas y oprimidas de "desarrollar, por sus propios medios, formas políticas, sociales, culturales, económicas y militares", cuestionando así centralmente "la capacidad de las clases dominantes de desarrollar su hegemonía" (Caviasca, 2011, p.25). Y entonces, ¿de qué manera y cuándo se disputa el poder? Siguiendo a Mazzeo tanto de una forma más espontánea, cuando se va reconstruyendo el ser comunitario, cuando el ser se instala en la colectividad, pero también de una forma más consciente y sistemática, cuando se cuestionan los fundamentos de la sociedad establecida y también cuando se plantean proyectos alternativos para una vida comunitaria que portan embriones de una "comunidad política autodeterminada, una fuerza social autónoma y no escindida de su fuerza política (Mazzeo, s.f.-a). Es importante la articulación de las escalas tanto micropolítica y macropolítica, como de la biopolítica y la geopolítica. En ese sentido Mazzeo remarca la importancia y necesidad de tanto "una fuerza social descentralizada" como de "fuerza unificadora de lo comunal". La primera debe ser portadora de un saber-hacer para la desmercantilización, una fuerza social que se desarrolle en "infinidad de organizaciones", que posea "recursos teóricos, ideológicos, materiales y morales: con vocación de quebrar los índices de realidad impuestos (...) por las clases dominantes" y "con el deseo de desbaratar los fundamentos de la legitimidad del sistema" (s.f-a). Respecto a la segunda, una fuerza unificadora de lo comunal

> que repone la politicidad de los sujetos subalternos y oprimidos y les restituye el poder de decidir sobre la propia socialidad (y cuando se le recorta este poder al capital), cuando se lucha por el autogobierno de la Nación concebida como territorialidad alternativa al capital, cuando se crea poder popular. El poder popular es una racionalidad revolucionaria siempre vivida colectivamente y revelada como praxis (Mazzeo, s.f.-a).

El poder popular, al poner en el centro la idea de soberanía plena, autodeterminación y autogestión entronca con la mayoría de procesos emancipatorios de corte comunal y comunitario. Se utilice o no ese concepto para denominar o autodenominarse como sujeto, "el poder popular es una racionalidad revolucionaria siempre vivida colectivamente y revelada como praxis" (Mazzeo, s.f.-a) y por ello se relaciona con la idea de lo común y de la comuna. Estas dos ideas se cruzan y se sostienen mutuamente, en la medida en que el poder popular remite al sujeto subalterno colectivo, a la colectividad autoorganizada y autodeterminada con perspectivas emancipadoras, y en la medida en que la idea de la comuna remite a la organización comunitaria del poder colectivo situado y anclado como autogobierno en un territorio concreto (Perdía, 2018).

Por ello, la noción de la comuna aparece con fuerza en los procesos emancipadores donde el poder popular se conforma territorialmente y asume una visión integral para la transformación de la sociedad. De ahí se deriva también la idea del Poder Comunal que "se expresa como una forma de poder democrático y distribuido" que detenta las capacidades de "actuar, convencer, movilizar, propiciar la participación para decidir sobre procesos que construyen comunidad a través de relaciones más horizontales y solidaria" y, por otra parte, "de disputar y configurar las estructuras macropolíticas, las instituciones del Estado" (Códigos Libres, 2016, p.27). No es casualidad que cuando se dan las condiciones para que un proyecto de emancipación comunitario tome una perspectiva más integral y avanzada, se tome como referencia y se ensaye la idea de la comuna. Se acude "a la idea de la Comuna (...) en el sentido que los clásicos marxistas le dieron como 'la forma política de la emancipación social'" (Perdía, 2018, p.118). En la actualidad, Venezuela y Kurdistán están ensayando dinámicas de la forma comuna desde una perspectiva anticapitalista y antipatriarcal. Pero desde otras partes del mundo dinámicas comunitarias y comunales de autogestión, autodeterminación, producción y reproducción, desarrolladas desde movimientos populares, cooperativas transformadoras o movimientos alternativos, guardan potencia como perspectiva emergente de lo comunal y las comunas en tanto posibilidades de futuro. Las iniciativas comunales diversas son más que una posible barrera al modelo de acumulación capitalista. Estas iniciativas "son la semilla, el embrión de un modelo de producción alternativo que aún se está gestando". Desde esa perspectiva también se deberían "mirar a los movimientos emergentes de ocupación de tierras en muchas periferias urbanas" como espacios que reproducen otra lógica de lo común (Caffentzis y Federici, 2017, p.54). La Comuna supone un tipo de organización que va más allá de las propuestas para una reforma estatal, de raíz eurocéntrica, que el progresismo viene formulando. Pensar el futuro desde la lógica de las comunas es hacerlo teniendo en vista a la comunidad, y no el mercado (Perdía, 2018, p.118).

> Las Comunas son la unidad básica del poder popular, construido de abajo hacia arriba. Ellas pueden crecer y desarrollarse, es el sitio físico (territorio) donde un nuevo modelo económico, centrado en los intereses de la comunidad, adquiere su forma viva. Desde este punto de vista la Comuna es el territorio social, económica, solidaria y políticamente organizado, desde el cual se puede construir una alternativa al mercado que es el sustento del capitalismo. De allí que la Comuna, independientemente de la nueva forma de organización institucional ("estatal") que adopte, es -en la base social- la cara opuesta a las actuales propuestas institucionales (Perdía, 2018, p.119).

El factor del espacio y el tiempo también es importante para la Democracia comunal, su proyecto, sujeto y proceso. Por ello, las escalas espaciales y temporales son aspectos a considerar. Los procesos de construcción de nuevas realidades que quieren romper con lógicas anteriores, necesitan también generar nuevas lógicas territoriales y temporales. En este sentido, "las escalas espacio-temporales de lo común, nos obliga a aprender a pensar la transformación social a partir de otro tipo de noción del espacio y del tiempo, una noción no sólo cuantitativa" (Linsalata, 2019, p.116). Siguiendo esa idea, la temporalidad y lo espacial de lo común "nos obliga a aprender a pensar la transformación social como un acontecer simultáneo de una multiplicidad de acciones sociales de autodeterminación que habitan y producen el espacio y el tiempo de manera cualitativamente diferente y en diferentes dimensiones escalares"; y, además, no solo diferentes entre ellas "por tamaño sino, también y sobre todo, por su contenido relacional" (Linsalata, 2019, p.116). Por ello es muy importante "no lo rápido que lo hacemos sino cómo lo hacemos", y hablamos desde el punto de vista relacional de "la cualidad de la relaciones que logramos consolidar entre nosotras" y la "posibilidad que tengamos de asediar al capital a partir del afianzamiento de nuestra capacidad de autodeterminar los espacios y tiempos de nuestra vida práctica" (2019, p.120). En ese sentido, es preferible pensar en el largo alcance de los procesos y pensar temporalmente a largo plazo "precisamente por sus características de ser constituyente de nuevas relaciones sociales reproduciendo la vida (y disolviendo las viejas)", y como proceso largo de autoconstitución de lo nuevo, del poder propio, la construcción de democracia comunal como "revolución social no puede reducirse a un evento momentáneo, a una 'victoria'; sino que esta abarca una época y está configurada por una serie de 'victorias' y 'derrotas'" (De Angelis, 2019, p.98). Precisamente, un aspecto fundamental en la creación de la comunidad, que además junta la escala temporal con la espacial, son los trabajos comunitarios que se desarrollan en los procesos comunales. Los trabajos comunitarios conllevan otros tiempos para su desarrollo y además es mediante esta actividad comunitaria desarrollada de forma comunal que el espacio se transforma y se reapropia colectivamente. Por ello, la comunidad "no puede ser sólo la propiedad colectiva, sino que la propiedad o los espacios comunes deben estar sostenidos por actividades permanentes, constantes, que son las que pueden modificar los hábitos y las inercias individualistas y egocéntricas" (Zibechi, 2021, p.45).

Siguiendo esas otras lógicas espacio-temporales de lo común, la dimensión espacial del poder popular es vital en la conformación y el desarrollo de la comunidad. El espacio que se ocupa y se habita es el espacio cercano que se transforma y se apropia mediante nuevas formas de vida. Habitar el espacio mediante prácticas comunales implica "la reapropiación de la tierra y su necesaria protección, su habilitación y espacialización, la resolución de necesidades básicas, la convivencia comunal y afrontar el conflicto intracomunitario", es decir, que "habitar en común es la dimensión que integra la reproducción comunitaria de la vida" (Pineda, 2019, p.123). El nuevo poder que se construye normalmente se concreta y se sitúa en un espacio determinado (Perdía, 2018). De ello está la importancia de territorializar el proceso de poder de la comunidad, de incluir todos aquellos recursos materiales y simbólicos, relaciones sociales, infraestructuras, capacidades colectivas, conocimientos en la construcción comunal. Así, "el poder popular erige una territorialidad social donde se expresan las capacidades autoemancipatorias de las clases subalternas" (Mazzeo y Stratta, 2007, p.13). Harvey recupera el concepto de 'heteropatía' esgrimido por Foucault, para plantear que desde dentro del capitalismo se puede dar "la creación de espacios heterotópicos, donde por un tiempo pueden florecer formas radicalmente diferentes de producción, de organización social y de poder político; implica un terreno de posibilidad anticapitalista que está perpetuamente abriéndose y cerrándose" (Harvey, 2014, p.216). Aquí se fusionan las ideas de territorialización y prefiguración del poder popular, en lo concreto del poder local. Así, aunque una estrategia de poder popular no debe ser localista y debe aspirar a expandir la construcción, las formas y el control del poder popular a la escala nacional e incluso internacional, está claro que la esencia de esa estrategia se basa en la escala cercana o local. Es a partir de esas dinámicas de poder popular locales en los territorios y espacios cercanos, bajo la idea de la "agregación territorial", desde donde se deberán ir articulando y coordinando los avances hacia otras escalas territoriales superiores, llegando a las federaciones y confederaciones territoriales (Öcalan, 2012; Rojas, 2018).

La comuna aparece unida a la idea de "toParquía". "Simón Rodríguez hablaba de la toparquía" haciendo referencia "al gobierno del lugar, de los habitantes" como "el sistema de Gobierno más perfecto", y eso mismo es "la comuna", "el gobierno de la comunidad, es el gobierno echando raíces como los árboles en su propia tierra, en su territorio, en manos del pueblo" (Chávez, 2010a). Pero la comuna no se liga exclusivamente con la idea del autogobierno local, sino que aspira a proyectarse y desarrollarse en diferentes escalas territoriales. Se habla de la "confederación" territorial de asambleas y comunas tanto en el plano nacional como internacional (Bookchin y Biehl, 2009; Öcalan, 2012). En Venezuela plantean dos conceptos claves a la hora de estructurar el proceso y conformar el sujeto y proyecto de la Democracia comunal, la idea de la agregación y de la articulación. La agregación es el proceso mediante el cual se van integrando, inter conectando y sumando diferentes escalas territoriales a la conformación comunal. La comuna se conforma mediante la agregación de diferentes consejos comunales; la agregación de diferentes comunas da lugar a la ciudad comunal; la agregación de ciudades comunales a la federación territorial, existiendo también la escala de agregación estatal y la general como confederación nacional (LOC, 2010). En su experimentación concreta en el proceso de Rojava, se hace referencia a las comunas en el Contrato social en su artículo 48 de la siguiente manera:

> La Comuna es la forma organizativa fundamental de la democracia directa. La comuna es una instancia de gestión y de toma de decisiones dentro de sus límites organizacionales y administrativos. La Comuna funciona como una asamblea independiente en todos los niveles de la toma de decisiones (Contrato Social de la Federación Democrática de Siria, 2016, en Aslan, 2022, p.193).

Aslam sigue profundizando en la noción de Comuna dentro del movimiento kurdo recurriendo al texto "Economía democrática comunal" que se realiza en las discusiones e investigaciones desarrolladas en la academia de la montaña o academia guerrillera. Así, plantean que "la comuna defina la organización de la vida común en todos los sectores sociales" suponiendo "un espacio de vida social basado en la comunalidad, el compartir, la solidaridad, la igualdad y la libertad". Concretando que las características "que hacen posible la comuna son: espíritu común, voluntad de convivencia, propósitos y objetivos; son la forma de comunidad que define la acción colectiva y el comportamiento común" (Academia de Ciencias Sociales Abdullah Öcalan, 2012, p.74, en Aslam, 2022, p.193). Desde esta perspectiva, "la autonomía democrática significa la autonomía de la comuna, de la comunidad, como un planteamiento anticentralista y de abajo arriba: la comuna es el centro político del autogobierno, la unidad que integra a los barrios" (Ayboga, Flach y Knapp, 2017, p.124). La comuna no solo se agrega de manera escalar, sino que además articula los diferentes movimientos, comunidades y sectores sociales alrededor de una identidad comunal heterogénea. Por ello, plantean que "no solo los que hacemos vida en consejos comunales o comunas debemos reivindicarnos como comuneros o comuneras, sino que todo aquel que busca la construcción del bloque histórico de los oprimidos y oprimidas para la defensa de la vida y de lo común, es un comunero, una comunera" (Documento Base, 2018). La Comuna aparece como el espacio donde se concreta la soberanía popular plena mediante el autogobierno político-productivo, que conjuga la articulación del sujeto comunitario en su diversidad y territorializa la construcción y la emergencia del poder popular en un espacio concreto; base social y territorial de un nuevo poder. Como veremos en el siguiente capítulo, el proceso de construcción de ese poder propio (poder local, poder comunal, poder popular) se torna en un aspecto fundamental para la Democracia Comunal.

Bibliografía

Altamira, R. (1890). Historia de la propiedad comunal. Madrid: J. Lopez Camacho impresor.

Andrea Wolf Institute (2020). Mujer, vida, libertad. Barcelona: Descontrol.

Aragón, V. (2022). Ecofeminismo y decrecimiento. Madrid: Catarata.

Aslam, A. (2022). Economía anticapitalista en Rojava. El Salvador: Bajo tierra.

Astarita, C. (2015). Concejos, comunas y comunidades. En Astarita, C (Coord) Edad Media.

Auzogile (2022). Euskal Herria y el poder popular. Hernani: Oinharri Eskola.

Ayboga, E.; Flach, A. y Knapp, M. (2017). Revolución en Rojava. Liberación de la mujer y comunalismo. Barcelona: Descontrol. Recorridos historiográficos. Buenos Aires: UBA.

Azzellini, D. y Ness, I.(2017). Poder obrero. Control y autogestión obrera desde La Comuna hasta el presente. Madrid: La oveja roja.

Bakunin, M. (1998). Esclavismo y anarquía. Madril: Espasa.

Bollier, D. y Weston, B. H. (2012). Green governance: ecological survival, human rights and the law of the commons, en D. Bollier y S. Helfrich (Ed.) The Wealth of the Commons: a World Beyond Market and State, pp. 343-352. Amherst, MA: Levellers Press.

Bookchin, M. y Biehl, J. (2009). Las políticas de la ecología social: municipalismo libertario. Batzelona: Virus.

Bookchin, M. (2019). La próxima revolución. Barcelona: Virus.

Caffentzis, G. y Federici, S. (2017). Comunes contra y más allá del capitalismo, en J. Encina; A. Ezeiza y S. V. Sánchez, Autogestión, autonomía e interdependencia: construyendo colectivamente lo común en el disenso. Guadalajara: Volapük.

Casas, A. (2007). Actualidad de la revolución y poder popular, en M. Mazzeo, coord., Reflexiones sobre el poder popular, pp. 129-144. Buenos Aires: El colectivo.

Caviasca, G. M. (2011). Poder, poder popular y hegemonía. Buenos Aires: El rio suena.

Chávez, H. (2010a). Intervención del Comandante Presidente Hugo Chávez durante visita a la empaquetadora de azúcar El Panal 2021, en http://todochavez.gob.ve/todochavez/1162-intervencion-del-comandante-presidente-hugo-chavez-durante-visita-a-la-empaquetadora-de-azucar-el-panal-2021

Chávez, H. (2010b). Aló Presidente N° 362, Guarenas, Estado Miranda, Venezuela. Recuperado de http://todochavez.gob.ve/todochavez/4231-alo-presidente-n-362

Códigos Libres (2016). Comunalizar el poder. Caracas: Tiuna el fuerte.

Comité Invisible (2015): A nuestros amigos. Logroño: Pepitas de calabaza.

Correas, O. (2003). Los derechos humanos y el estado moderno. ¿Qué hace moderno al derecho moderno?. Anales de la Cátedra Francisco Suarez, 37, pp. 271-285. México: UNAM.

De Angelis, M. (2019). Revolución social y producción de lo común, en Producir lo común, El Apantle, pp. 95-110. Madrid: Traficantes de sueños.

Documento Base (2018). Documento base para iniciar proceso de debate en el Movimiento comunero de Simón Planas. Voces Urgentes. Recuperado el 15 de novimbre de 2022 en: https://vocesurgentes.wordpress.com/2018/02/23/continuamos-con-construccion-del-proyecto-del-comandante-chavez-impulsaremos-el-sistema-de-gobierno-popular-de-nuestra-futura-federacion-comunal/

Dussel, E. (1998). Ética de la liberación. Madrid: Trotta.

Dussel, E (2016). 14 tésis de ética. Madrid: Trotta.

Engels, F. (1890). Carta a José Bloch, en C. Marx y F. Engels, Obras Escogidas, en tres tomos, Editorial Progreso, Moscú, 1974, t. III. tomado de https://www.marxists.org/espanol/m-e/cartas/e21-9-90.htm

Engels, F. (2006). El origen de la familia, la propiedad privada y el Estado. Madrid: Fundación Federico Engels.

Escobar, A. (2016). Autonomía y diseño. La realización de lo comunal. Popayán, Colombia: Editorial Universidad del Cauca.

Fabbri, L. (2013). Apuntes sobre feminismos y construcción del poder popular. Rosario: Puño y letra.

Gaceta oficial Venezuela (2019). Proyecto nacional Simón Bolívar 2019-2025. AÑO CXLVI–MES VI, N° 6.446 Extraordinario, http://www.mppp.gob.ve/wp-content/uploads/2019/04/GOE-6.446.pdf

Garcés, M. (2022). Un mundo común. Barcelona: Bellaterra.

García Linera, A. (2015). Forma valor y forma comunidad. Madrid: Traficantes de sueños.

García Linera, A. (2016). Democracia, Estado, Revolución. Tafalla: Txalaparta.

Gilbert, C. y Pascual, C. (2021). Resistencia comunal frente al bloqueo imperialista. Caracas: UBA.

Gutiérrez, R. (2017). Horizontes comunitario-populares. Madrid: Traficantes de sueños.

Gutiérrez, R. y Salazar, H. (2019). Reproducción comunitaria de la vida, en Producir lo común, El Apantle, pp. 21-44. Madrid: Traficantes de sueños.

Harvey, D. (2014). Diecisiete contradicciones del capital y el fin del neorliberalismo. Madrid: Traficantes de Sueños.

Herrero, Y. (2021). Miradas ecofeministas para transitar a un mundo justo y sostenible. Revista De Economía Crítica, 2(16), pp. 278–307. Recuperado a partir de https://www.revistaeconomiacritica.org/index.php/rec/article/view/334

Iglesias Fernández, J. (2006/2013): ¿Hay alternativas al capitalismo? La Renta Básica de las Iguales. Santiago, Chile: Quimantú/Baladre.

Iglesias Fernández, J. (2017). Explotación y transformación. Análisis crítico del capitalismo y de sus alternativas en el siglo XXI. Carcaixent: Baladre.

Iglesias Fernández, J. (2021). La riqueza del común. Carcaixent: Baladre.

Iglesias Fernández, J (2022). Lecturas sobre municipalismo comunal. Carcaixent: Baladre.

Jones, P. (1997). La ciudad-estado italiana: de la comuna a la signoria. Oxford: Oxford University Press.

Kropotkin, P. A. (2006/1989). El apoyo mutuo: un factor de la evolución. Madrid: Madre Tierra.

Linsalata, L. (2019). Repensar la transformación social desde las escalas espacio-temporales de la producción de lo común, en Producir lo común, El Apantle, pp. 111-120. Madrid: Traficantes de sueños.

LOC (2010). Ley Organica de Comunas. Gaceta oficial N 6011. Caracas: Asamblea Nacional de la República de Venezuela.

Löwy, M. (2013). Ecosocialismo: hacia una nueva civilización. Biblioteca virtual, Omegalfa. Recuperado de: https://docplayer.es/139910392-Ecosocialismo-hacia-una-nueva-civilizacion-michael-lowy.html

Luhmann, N. (1998). Sistemas sociales. Barcelona: Anthropos.

Luxemburgo, R. (2015). Introducción a la economía política. Madrid. Siglo XXI.

Martínez, J. (2010). Eso que llaman Comunalidad. Oxaca: Culturas populares.

Martínez, J. (2013). Comunalizar toda la vida. En http://media.espora.org/mgoblin_media/media_entries/1242/comunalicemos_la_vida_toda.pdf

Marx, K. y Engels, F. (2001/1848). El Manifiesto Comunista. Barcelona: El Roure.

Marx, K. (2003). La guerra civil en Francia. Madrid: Fundación Federico Engels.

Marx, K. (2010). Contribución a la crítica de la economía política (1857). Madrid: Biblioteca Nueva.

Marx, K. (2016). Manuscritos de economía y filosofía. Madrid: Alianza Editorial.

Mazzeo, M. (2006). El sueño de una cosa. Introducción al poder popular. Buenos Aires: El Colectivo.

Mazzeo, M. (2007). El poder popular y la izquierda por venir. Recuperado de http:// lahaine. org/b2-img/mazzeopoder. pdf.

Mazzeo, M (s.f.-a). Poder real, poder popular, extracto del libro inédito no publicado todavía La comunidad (auto)organizada. Notas para repensar una política popular, publicado en https://vocesenlucha.com/poder-real-poder-popular-la-comunidad-autoorganizada/

Mazzeo, M (s.f.-b). Poder real, poder popular, extracto del libro inédito no publicado todavía La comunidad (auto)organizada. Notas para repensar una política popular, en https://vocesenlucha.com/el-prestigio-de-la-anomalia-la-comunidad-autoorganizada/

Mazzeo, M. y Stratta, F. (2007). Introducción, en Reflexiones sobre el poder popular, coord. Mazzeo, M., pp. 7-16. Buenos Aires: El colectivo.

Mészáros, I. (2011). Actualidad histórica de la ofensiva socialista. Madrid: El viejo topo.

Mises, L. V. (1996/1927). Sobre liberalismo y capitalismo. Barcelona: Unión Editorial.

Montané m., J. C. (1981). Sociedades igualitarias y modo de producción. Boletín de Antropología Americana, 3, pp. 71–89. http://www.jstor.org/stable/40976954

Öcalan, A. (2012). Confederalismo Democrático. Cologne: International initiative. Tomado: http: //www.freeocalan.org/wp-content/uploads/2012/09/Confederalismo-Democrático.pdf. Acceso el 20 de julio de 2020.

Pati Paco, P. (2012). Filosofía política comunal en la nación Aymara. La Paz: Universidad indigena boliviana aymara.

Patzi, F. (2009). Sistema Comunal. Una propuesta alternativa al sistema liberal. La Paz: Vicuña.

Perdía, R. (2018). Prisioneros de la democracia. Buenos Aires: Resumen Latinoamericano.

Pineda, C. E. (2019). Comunidad, autonomía y emancipación, en Makaran, G., López, P. y Wahren, J. Vuelta a la autonomía, pp. 115-152. México: El colectivo.

Puleo, A. H. (2011). Ecofeminsimo: para otro mundo posible. Madrid: Cátedra.

RIDC (2021). Documento de presentación de la Red Internacional por la Democracia Comunal, en https://demokraziakomunala.wordpress.com/red-internacional/

Rojas, G. (2018). El sistema comunal como estrategia de la democracia revolucionaria. https://www.alainet.org/es/articulo/194706. Acceso 12 septiembre 2020.

Rosanvallon, P. (1979). La Autogestión. Mardril: Fundamentos.

Ruggeri, A. (2020). Autogestión y revolución. Barcelona: Descontrol.

Santos, B. de S. (2006). Renovar la teoría crítica y reinventar la emancipación social. Buenos Aires: Clacso.

Santos y Meneses, M. P. (2020). Las epistemologías del Sur: dar voz a la diversidad del Sur, en Santos, B. de S., y Meneses, M. P., en Conocimientos nacidos en las luchas. pp. 9 50. Madrid: Akal.

Shiva, V. y Mies, M. (2016). Ecofeminismo. Barcelona: Icaria.

Taifa, Seminario (2013). Reflexionando sobre las Alternativas. Informes de economía crítica 09. Barcelona: Seminario de Taifa.

Torres C., A. (2013). El retorno a la comunidad. Bogotá: El búho.

Torres, T. (2016). Reflexiones sobre lo destituyente, los movimientos y el poder popular ¿Hacia nuevas formas de subjetivación?, en Cadernos de Estudos Sociais e Políticos, v. 5, n. 10, pp. 61-72. Rio de Janeiro: Instituto de Estudos Sociais e Políticos (IESP).

Valdés, G. (2001). Hacia un nuevo paradigma de articulación (no tramposo) de las demandas emancipatorias. Utopía y Praxis Latinoamericana (6), 14, pp. 48-57.

Valdés, G. (2019). Globalización imperialista y sistema de dominación múltiple, en https://culturayresistenciablog.wordpress.com/2019/01/17/globalizacion-imperialista-y-sistema-de-dominacion-multiple-por-gilberto-valdes-gutierrez/

Zibechi, R. (2021). La comunidad autónoma urbana. El mundo nuevo en el corazón del viejo, en Hopkins, A. y Pineda, C. E. Pensar las autonomías, pp. 9-23. México D. F.: Bajo tierra.

Zibechi, R. (s.f.). ¿Qué es el poder popular?, video, https://www.youtube.com/watch?v=anWMdkF_XZM.

Capítulo III

La democracia comunal (III) como proceso de emancipación. La construcción del poder propio y su investigación

SAÚL CURTO-LÓPEZ

1. LA DEMOCRACIA COMUNAL COMO PROCESO

Al igual que no hay proyecto sin sujeto, la idea del proceso aparece relacionada totalmente con la idea del sujeto y el proyecto. El proceso (el cómo) en sí es consustancial y correlacional al proyecto (al qué) y al sujeto (al quién). Esta interrelación nos habla de una característica fundamental para la Democracia comunal: la relación dialéctica y dinámica entre el cómo, el qué y el quién. En ese sentido, "llamamos sujeto al soporte de una fidelidad, portando al soporte de un proceso de verdad"; por ello el sujeto "de ningún modo preexiste al proceso. Es absolutamente inexistente una situación antes del acontecimiento, puede decirse que el proceso de verdad induce un sujeto" (Badiou, 1995, p.56). ¿Cómo desarrollar el proceso de la democracia comunal para inducir un sujeto y proyecto que camine a la liberación? ¿Cómo desarrollar la Democracia comunal entendida como proceso de emancipación?

Desde el punto de vista emancipador, la lucha por la liberación y su consiguiente disputa del poder han tenido diferentes planteamientos y paradigmas. Desde la Comuna de París se estableció la idea del "asalto a los cielos" como forma de alcanzar el poder, un momento de revolución social en el que se arrebata el poder a la clase dominante y a partir del cual se puede avanzar más en la construcción de lo nuevo. En este paradigma de "la toma del poder", ya sea por la vía insurreccional o institucional, todo lo previo se proyecta para la preparación de la toma del poder, y pareciera que lo nuevo se posterga para después (Mazzeo, 2007; Rauber, 2004). Este paradigma fue hegemónico en los procesos emancipadores durante el siglo XX (Rusia, China, Corea del Norte, Vietnam, Portugal, etc.) con sus variantes y modificaciones en la segunda mitad del siglo XX con los movimientos de liberación y en los procesos de descolonización. En las últimas décadas se está planteando un cambio desde el paradigma de la "toma del poder" al paradigma de la "construcción del poder". Este paradigma de emancipación plantea no esperar a la "toma del poder" sino desde las luchas actuales ir construyendo espacios de poder propio que pongan en marcha y desarrollen otra forma de vida en la práctica.

Negri y Hardt plantean que existen tres tipos de estrategias que se han empleado. La primera sería la política prefigurativa que proliferó en diversos segmentos de la "Nueva Izquierda" en los diferentes nuevos movimientos sociales a partir de la década de 1970. Esta estrategia busca poner en marcha experimentos sociales que avancen en formas futuras de la sociedad y que den respuesta a necesidades actuales mediante modelos diferentes. Algunas de estas experiencias "experimentaron con estructuras autónomas de gobernanza y la creación de comunidades dentro y en contra de la sociedad dominante" (Negri y Hardt, 2019, p.369). Dentro de estas se pueden situar centros sociales ocupados, eco-aldeas, comunidades de consumo, etc. La segunda estrategia sería la vía institucionalista que intentaría abordar las instituciones existentes actualmente e intentar transformar desde dentro la situación mediante una política de reformas del sistema. Diferencia entre reformismo colaborativo o socialdemócrata y reformismo antagonista, intentando desarrollar este último una "larga marcha" a través desde las instituciones. La tercera estrategia sería la de tomar el poder, en el sentido de subvertir las estructuras actuales como premisa para una transformación real, derrocar las instituciones existentes y crear nuevas es el desafío primario. Plantean que las tres han tenido deficiencias, vacíos y fracasos en su desarrollo. La estrategia prefigurativa tiene un limitado impacto y capacidad de condicionar el sistema, y muchas veces acaban convirtiéndose en espacios autoreferenciales y burbujas o islas no ofensivas para sistema. La estrategia institucionalista muchas veces es incapaz de desarrollar verdaderas transformaciones desde dentro de las instituciones, acabando engullidos por el sistema o expulsados de las mismas. La estrategia de toma del poder se torna incapaz de realizar cambios sustanciales, sino puede transformar el propio poder que se toma y las lógicas que lo sustentan. Ante estos tres planteamientos, proponen superar la parcialidad y apostar por la complementariedad. Así,

> debemos dejar de contemplar estas tres estrategias como divergentes y reconocer su (potencial) complementariedad. Esto no sólo implica adoptar una perspectiva diferente sino también, y más importante, transformar las prácticas. La toma del poder, por medios electorales u otros medios, debe servir para abrir el espacio a prácticas autónomas y prefigurativas en una escala aún mayor y apoyar la lenta transformación de las instituciones, que debe continuar a largo plazo. De manera similar, las prácticas de éxodo deben encontrar modos de complementar y prolongar proyectos tanto de reforma antagonista como de toma de poder. Este Dionisio de tres rostros es la formación coordi-

> nada de contrapoderes y la creación real de un dualismo del poder, dentro y contra el sistema existente de dominación (Hardt y Negri, 2019, p.373).

Respecto a las estrategias para hacer frente al capitalismo, Wrigth (2020) diferencia cinco estratégias que contienen lo que denomina lógicas estratégicas: aplastar el capitalismo, desmantelar el capitalismo, domesticar el capitalismo, resistirse al capitalismo y huir del capitalismo. Reconoce que todas se entremezclan entre sí, pero cada cual tiene una forma y lógica interna diferente de intentar hacer frente al capitalismo. Aplastar el capitalismo sería la estrategia revolucionaria de la toma del poder que se experimentó a lo largo del siglo XX y que sirvió para romper con las lógicas viejas de explotación (ruptura sistémica), pero no para generar alternativas emancipadoras sólidas, ya que la mayoría de la experiencias derivaron en otras formas burocráticas de opresión y desigualdad. Desmantelar el capitalismo sería la estrategia de intentar desmantelar gradualmente el capitalismo y la construcción de una alternativa gradual también mediante la acción desde el Estado, con una visión socialista radical y desde la legitimación de las batallas electorales, pero esta opción también demostró su fracaso a lo largo del siglo XX. Las dos anteriores estrategias buscan sustituir el sistema por estructuras alternativas, pero la estrategia de domesticar el capitalismo buscaría doblegar y mejorar (humanizar) el capitalismo mediante reformas en sus instituciones, pero sin intentar cambiar su esencia. Esta estrategia mejoraba condiciones de vida en ciertos periodos de tiempo, pero seguía dejando la estructura del sistema. Resisitir al capitalismo sería la estrategia de luchas y condicionar desde fuera del Estado tanto las consecuencias del sistema, como las posibles soluciones. Mientras que en las estrategias de desmantelar y domesticar el capitalismo se exigiría una acción política sostenida desde el Estado, en la estrategia de resistir al capitalismo no se aspira a ejercer el poder estatal, sino a condicionarlo y a luchar contra él; unida a los movimientos sociales y sindicales. Huir del capitalismo sería la estrategia de construir comunidades paralelas que construyan alternativas, sin aspirar a cambiar el sistema frontalmente, sino generando islas autónomas alternativas. Muchas veces estas experiencias acaban resultando inofensivas y asumibles por el propio sistema. Frente a los fracasos de estas cinco estrategias, Wright propone la estrategia de erosionar el capitalismo como un "complejo estratégico" a desarrollarse con una visión de largo plazo y que conbinaría a su vez las estrategias de desmantelar, domesticar, resistir y huir del capitalismo. Defiende que no se puede pensar en sustituir el capitalismo como algo inmediato y que debe ser un proceso largo, gradual, con saltos, avances y retrocesos; haciendo el paralelismo de la sustitución del feudalismo por el capitalismo como un proceso largo y combinado, en el que surgieron islas o gérmenes que anunciaban otra sociedad emergente (2020, pp. 53-80). Pero desde esa combinación y complementariedad, pareciera que la idea de erosionar el capitalismo no debiera dejar de lado la idea de ir rompiendo en ese camino con las lógicas del sistema viejo, aunque sea combiando avances más graduales con saltos más acentuados.

Tomando en cuenta todo lo anterior, esto conllevaría el desarrollo de una estrategia como totalidad social que asumiría en su interior todos y cada uno de los espacios y tiempos de la lucha política y social. Sin renunciar a ninguna lucha, y dispuesto a actuar en todos los campos, formas e intensidades políticas con la idea de erosionar las viejas lógicas a la vez que se construyen las nuveas lógicas alternativas. En ese sentido, Mészáros poniendo el acento en la creación de lo nuevo y en la integralidad de la estrategia, subraya la limitación de la estrategia institucionalista planteando que "la razón por la cual las instituciones políticas establecidas resisten con éxito intentos significativos de mejora es que ellas mismas forman parte del problema y no de la solución" (2011, p.35). Plantea que estas "en su naturaleza inmanente son la encarnación de las determinaciones y contradicciones estructurales" mediante y por las cuales "el estado capitalista moderno -con su ubicua red de elementos burocráticos- se ha articulado y estabilizado" en el desarrollo de los últimos casi quinientos años (p.35). Por ello, plantea la necesidad de enfrentar al capital desde una estrategia también extraparlamentaria, ya que el propio capital "es la fuerza extraparlamentaria por excelencia y su control del metabolismo social no puede ser políticamente restringido por el parlamento" y es por esa razón que " no tiene nada que temer de las reformas que puedan ser aprobadas en el seno de su marco político parlamentario" (p.34). Sin dejar de lado la participación en las instituciones actuales, propone poner el acento y la fuerza prioritaria en la elaboración de una estrategia extraparlamentaria como premisa fundamental para poder confrontar al capital; planteando "dos principios orientadores vitales":

> El primero es la elaboración de su propio programa extraparlamentario orientado hacia los objetivos integrales de una alternativa hegemónica que garanticen una transformación sistémica fundamental. Y el segundo, igualmente importante en términos estratégicos organizativos, es su activa participación en la constitución del necesario movimiento de masas extraparlamentario, portador de la alternativa revolucionaria capaz de cambiar también el proceso legislativo de modo cualitativo. Ello representaría un paso importante en la dirección a la extinción del estado (Mézáros, 2011, p.43).

La idea de Comuna se contrapone a la idea de Estado. Engels propuso a Bebel emplear las palabras "comunidad" y "commune" en vez de la palabra Estado ya que esta reflejaba mejor los ideales de la sociedad socialista que el Estado (Engels, 1976, p.32). "Lo comunitario" en su génesis "es la antítesis de todo Estado" (García Linera, 2020, p.156). El tema del Estado es un tema central en la construcción de la Democracia comunal. Es uno de los temas que se enfrentan en las diferentes estrategias de las izquierdas. Mientras algunos anarquistas plantean que solo vale la construcción al margen del Estado, y algunos socialistas plantean que la prioridad debe ser construir la alternativa desde las instituciones existentes, existen otras posiciones desde el autonomismo o el marxismo más heterodoxo que buscan una síntesis que pueda plantear una estrategia de construcción "desde, contra y más allá" del Estado (Rodríguez, 2007). Por ello, "pensar el poder popular desde el Estado es un infantilismo equivalente a pensarlo sin él" (Mazzeo y Stratta, 2007, p.12). Más allá de los diferentes planteamientos político-teóricos que se pueden encontrar entre diferentes autores, seguramente los dos paradigmas comunales actuales más referenciales y diferenciados respecto al tema del Estado, son los del movimiento kurdo y venezolano (Curto-López, 2020). Teniendo en cuenta que el paradigma kurdo se desarrolla desde un movimiento político que pertenece a una nación sin Estado, y que el paradigma venezolano se desarrolla desde una realidad con un Estado nacional reconocido. En el paradigma kurdo del Confederalismo democrático se plantean las comunas como base de la organización social, apostando por organizaciones democráticas no estatales, planteando de raíz un trabajo en la construcción de una realidad que supere la idea del Estado-nación. El paradigma kurdo plantea que

> este tipo de autoridad o administración puede ser llamada administración política no estatal o democracia sin Estado. Los procesos de toma de decisión democráticos no deben ser confundidos con los procesos conocidos de la administración pública. Los Estados sólo administran mientras que las democracias gobiernan. Los Estados están fundados en el poder, las democracias están basadas en el consenso colectivo. El mandato en el Estado está determinado por decreto, aunque puede en parte ser legitimado a través de elecciones. Las democracias usan elecciones directas. El Estado usa la coerción como medio legítimo. Las democracias se apoyan sobre la participación voluntaria (Öcalan, 2012, p.21).

El paradigma kurdo plantea una construcción autónoma de instituciones administrativas y de gestión (de la vida social) no estatales prefigurando nuevas formas de relación "más allá" del Estado. Por otra parte, en el paradigma que se construye desde Venezuela plantean una estrategia "desde, contra y más allá" del Estado, que busca la construcción de un Estado comunal (Azzellini, 2013, 2016) impulsado desde las comunas y apoyado por el Estado burgués actual, pero que busca, en última instancia, desarticular y superar ese Estado. Desde las luchas comunales concretas más avanzadas plantean que "la única forma para avanzar en lo nuevo, es llegar a esas instancias para sugerir su propio proceso de destrucción interno", "no va haber Estado comunal si siguen existiendo las estructuras del Estado burgués" (Sifontes, 2018). Así, "la comuna no es un proyecto del Estado ni busca crear un nuevo "Estado" estrictamente hablando, es un horizonte para la disolución del Estado en un tejido de consejos autogobernados" (Ciccariello-Maher, 2016, p.151). Existiría así la posibilidad de desarrollar "una agenda estricta de transferencia de poder del Estado hacia las estructuras comunales", vista como "un tipo de intervención política en la relación Estado-sociedad que busca hacer del primero un factor del fortalecimiento de la autonomía popular"; de esta manera se podría ver el trabajo revolucionario en "un Estado en contra de su propio mito y en transición a formas autosuperadoras, formas comunales", concibiendo "un Estado con una inusual selectividad estratégica" (Mazzeo, 2022, p.15). Pero, parece que en cualquiera de las formas estratégicas que se planteen desde cada realidad concreta, sea "desde, contra y/o más allá" del Estado, lo que está claro que la prioridad se debe poner en la construcción del nuevo poder propio que emana de las fuerzas comunitarias y comunales que desarrollan el proceso desde el territorio como elemento central de esa estrategia holística e integral..

> No puede haber una nueva naturaleza del poder político sin una nueva correlación de fuerzas sociales en los ámbitos múltiples de las relaciones de poder, esto es, si no se ha construido desde todos los territorios de despliegue de la vida social, en todos los vasos capilares del cuerpo del poder social-nacional, un flujo de energía de pasiones, de imaginación, de autonomía, de capacidad transformativa, de resistencia y emancipación individual-colectiva frente al poder del valor mercantil, lo suficientemente denso como para traducirse en una configuración semiestatal (porque es la sociedad misma en proceso de autodeterminación, lo que inevitablemente también supone a la larga el camino a la emancipación contra el Estado en cualquiera de sus formas) de nuevo contenido que las sintetice y luego las refuerce y expanda (García Linera y Gutiérrez, 2015, p.53).

Por todo ello, el proceso de construcción de la democracia comunal se encuadraría en ese paradigma de "la construcción del poder propio", planteando desde hoy iniciativas, dinámicas, proyectos y propuestas concretas que desplieguen y ensayen el desarrollo de ese poder propio desde las prácticas reales. Esa estrategia traza un camino transicional entre un hoy y un mañana, construyendo el futuro desde las prácticas concretas de hoy. Ahí es donde entra la idea de las nuevas institucionalidades (Moreno, 2022) como formas de poder popular y comunal, prefigurando desde las luchas contra, desde y más allá del Estado nuevas formas de poder. Hablando del proceso también aparece la idea de la diversidad, ya que al igual que con el proyecto y el sujeto, existirán diversas formas para los procesos de Democracia comunal, tanto como realidades y experiencias que se desarrollen. Desde cada realidad concreta se desarrolla una estrategia adecuada y adaptada a sus condiciones y a sus posibilidades para el desarrollo de estas experiencias.

Para la construcción de la Democracia comunal, es interesante abordar la idea del proceso de emancipación y el proceso de creación del poder propio desde la perspectiva que nos ofrece Modonesi (2010). En el proceso de liberación se apuntan tres momentos genéricos dominación/conflicto/liberación que se corresponden dialécticamente con las diferentes dimensiones que plantea para entender el poder (poder-sobre/poder-contra/poder-hacer). Por una parte, el poder-contra, poder ejercido en las relaciones de dominación; por otra parte, el poder-contra, poder que se da en momentos de conflicto y lucha; y, finalmente el poder-hacer, poder que se desarrolla en procesos de liberación y en las experiencias de emancipación. Estos a su vez se relacionan con el proceso de subjetivación del sujeto, para el que también propone tres momentos correlacionadas con los anteriores (subalternidad/antagonismo/autonomía). La subalternidad está relacionada con momentos de dominación y el poder-sobre, el antagonismo con momentos de lucha y el poder-contra, y la autonomía con momentos de liberación y el poder-hacer. El proceso de emancipación realiza pasando por los tres ejes de manera dinámica entre flujos y reflujos, avances y retrocesos, así como momentos de estancamiento. En la escala temporal como proceso, el pasado, presente y futuro se relaciona con estos tres momentos también.

Ámbito	**DOMINACIÓN**	**CONFLICTO**	**LIBERACIÓN**
Poder	Poder-sobre	Poder-contra	Poder-hacer
Subjetivación	Subalternidad	Antagonismo	Autonomía
Modalidad	Subordinación	Insubordinación	Emancipación
Alcance	Dentro	Contra	Más allá
Expresión	Aceptación y resistencia	Impugnación y lucha	Negación y superación

Fuente: Realización propia a partir de las ideas de Modonesi, 2010

La potencia creadora de la Democracia comunal como parte de la construcción de lo nuevo, se basará en la capacidad de hacer el recorrido de la dominación a la liberación, lo cual conlleva inevitablemente pasar por el conflicto. La superación del poder-sobre, pasando por el poder-contra y terminando en el poder-hacer. La construcción de lo nuevo, como apuntaba Dussel, conlleva la deconstrucción o destrucción de lo viejo, y eso nos lleva acercarnos y relacionar nuestra reflexión con otros conceptos interesantes, la idea de poder destituyente, poder instituyente y poder constituyente. Hay posiciones que se centran más en la idea destituyente como una forma de destituir la sociedad del capital y que se opone a las visiones instituyentes (Castoriadis, 1989, 1997) o constituyentes ya que "instituir o constituir un poder es dotarlo de una base, de un fundamento, de una legitimidad", y plantean que "este género de extravíos nos incita más bien a repensar la idea de revolución como pura destitución" (Comité Invisible, 2015, p.78). En contra de la idea de "gobernar la revolución", propugnan la idea de "salir del paradigma de gobierno" partiendo de la hipótesis inversa y defendiendo que "no hay vacío, todo está habitado" por ello "lo que habitamos nos habita. Lo que nos rodea nos constituye" y, en ese sentido, "las formas de vida consuman la destitución"; y desde ese sentido, "la sustracción es afirmación y la afirmación forma parte del ataque" (Comité Invisible, 2015, pp.83-84). Pero más allá de planteamientos estáticos, hay lecturas dinámicas que relacionan dialécticamente lo destituyente con lo instituyente, superando la visión destituyente solo como formas de derrocar gobiernos, y planteando que la "emergencia de un orden latente permite comprender que lo destituyente no está exento de la institución de nuevas *formas de vida*" (Torres, 2016, p.65). De esa manera,

> la formulación destituyente tiene relación a cómo fundar un nuevo orden que supere en términos efectivos, el orden neoliberal. El cambio de gobernanza es sólo un momento de lo destituyente que aún no permite pasar de la negación a la afirmación, es decir, si bien el hecho de destituir a gobiernos neoliberales en el proceso mismo los movimientos y sus propuestas han sido apropiados por formas que cristalizan en términos constituyentes, nuevas constituciones de por medio, un orden que no deja de superar los escollos del anterior, vale decir, lo nuevo que no termina de nacer y lo viejo que no termina de morir (Torres, 2016, p.65-66).

Negri propuso reformular la visión clásica de Schmitt del poder constituyente, planteándolo como una fuerza de destitución e institución, pero recibió críticas de querer institucionalizar la revolución como nueva gobernanza (Comité Invisible, 2015). Sin embargo, intenta hacer frente a esas críticas planteando el "poder constituyente como potencia de deconstrucción y de constitución, de destitución y de institución" y presentando que bajo múltiples prácticas populares y rebeldes actuales existe un "continuo resurgimiento de voluntades constituyentes, de fenómenos insurreccionales constituyentes y de nueva actividad constituyente" (Negri, 2015, p.20). Reconociendo de alguna manera partes de las críticas que se le hacen al plantear que lo constituyente pasa también por la creación de nuevas subjetividades relacionadas con las nuevas formas de hacer y de vivir que entran en conflicto con lo viejo. Por ello, el poder constituyente es "una figura rebelde" y así "del conflicto, el poder constituyente surge como máquina de excedencia subversiva, por la libertad, por el común, por la paz" (2015, p.21). La legitimidad de tener la capacidad de destituir e instituir, destruir y construir de manera permanente debiera ser la garantía de que el proceso no termina o se para de manera estática y siempre se desarrolla de manera continua. Por ello,

> cuando se habla de poder constituyente se habla inmediatamente de deconstrucción de las ordenaciones formales de las constituciones existentes y de producción normativa simultánea en la relación que vincula la acción destitutiva con la institutiva de un nuevo ordenamiento (Negri, 2015, p.14).

Pero la creación de un orden legal que genera estabilidad no tiene por que implicar que el poder constituyente deba ser limitado por ese orden jurídico que está emergiendo. En ese sentido, el poder constituyente puede mantener su forma y fuerza creativa y transformadora original para seguir operando cambios. Se pueden buscar fórmulas para que pueda funcionar por fuera (encima o de manera autónoma). Si no es así, eso podría relegar la capacidad y la potencia creativa del pueblo a una formulación política definitiva (Castañeda-Hoeflich, 2007, p.24). Esta capacidad de transformación y de creación da legitimidad y autoridad para la creación de lo nuevo, pudiendo instituir nuevas realidades e instituciones, pero sin perder su capacidad constituyente siempre abierta.

> El consenso práctico asumido con plena conciencia (la "fe" racional de un Kant, como postulado aplicado a la situación concreta) da a la comunidad creadora del nuevo orden la *legitimidad* necesaria para la acción. Esta legitimidad se apoya en una modalidad de la subjetividad de los actores creativos que han comprometido sus vidas en el tiempo de la lucha. Tienen autoridad suficiente y necesaria para conducir el proceso creativo. La autoridad no se desprende de la ley, sino que es *anterior* a la ley. La legalidad futura del orden se funda en la legitimidad del consenso comunitario de las antiguas víctimas, ahora actores autorizados de la creación del nuevo orden. La legalidad será el fruto de la praxis de liberación instituyente (Dussel, 2016, p.160).

El proceso de construcción de las alternativas al sistema, de construcción de la Democracia comunal no puede ser un proceso lineal, sino que debe ser un proceso dinámico y dialéctico, progresivo, acumulativo y desarrollado en espiral, siempre con posibilidades de retroceso y estancamiento. Y como se ha comentado anteriormente, la temporalidad desde la perspectiva comunal se basaría en una visión holística, una visión de largo alcance que conjugue el corto y medio plazo con el largo, y que tome en cuenta todos los factores de manera dinámica. No obstante, el factor del conflicto y la lucha juega un papel importante en el proceso de liberación como en la construcción de la Democracia comunal. De esta manera, "una clave de lectura *diasincrónica* puede encontrarse en el centro de la matriz: el *antagonismo*". El conflicto y sus aspectos correlacionales de su eje (poder-contra, antagonismo, insubordinación, contra, impugnación y lucha) se sitúan "al interior de la tríada conceptual lo coloca como un pasaje indispensable o una bisagra entre la subalternidad y la autonomía", entre la dominación y la liberación (Modonesi, 2010, p.171). Siendo "las relaciones de conflicto, el sujeto antagonista y el contra poder son el corazón de la dialéctica subjetiva" (Modonesi, 2009, p.77), pero también de la dialéctica objetiva en los procesos sociales. Para analizar una visión dinámica del conflicto el planteamiento del materialismo dialéctico[1] puede ser interesante, ya que una de sus leyes fundamentales es "la unidad y lucha de contrarios" que plantea que el movimiento de todo se basa en la contradicción y que esta parte de la lucha de contrarios (Politzer, 2004; Tse Tung, 1966).

De esta manera, el motor del proceso para la construcción de la democracia comunal se puede basar en la idea de un conflicto y lucha de contrarios (liberalismo y comunalismo, sistema liberal y sistema comunal, capitalismo y su democracia liberal vs. "democracia comunal = sistema comunal"), que conjugue de manera holística la idea de complementariedad y totalidad para una estrategia de lucha en todos los ámbitos de la vida y que conjugue de manera dialéctica las perspectivas de deconstrucción/construcción, de "dentro, contra y más allá" del sistema y de la potencia-poder destituyente/instituyente con la intención de ir auto-generándose, auto-construyéndose y auto-constituyéndose en el paso de la dominación a la liberación, de la subalternidad a la autonomía, de la subordinación a la emancipación. Por lo tanto, sería un proceso constituyente, pero no entendido desde la perspectiva constitucional liberal que a atravesado los últimos doscientos años, sino necesariamente un proceso constituyente dinámico y en movimiento, no estático y que no se acaba, sino vivo y en permanente desarrollo movido por la lucha permanente entre lo destituyente-

---

1 El materialismo dialéctico es un método filosófico de análisis propuesto por Marx y Engels y desarrollado posteriormente por otros pensadores. Frente a los planteamientos del idealismo metafísico, materialismo metafísico y el idealismo dialéctico se conjuga la visión materialista de la historia con la visión dialéctica. La dialéctica analiza el movimiento de la realidad, elementos y procesos desde el movimiento de sus contradicciones.

instituyente. Remarcando que es un proceso que no se acaba y que, incluso superando las contradicciones más importantes (capitalismo, patriarcado, colonialismo, racismo) siempre se seguirá desarrollando entre contradicciones, luchas y conflictos en su proceso de auto-constitución permanente. A esa dinámica del proceso de la Democracia comunal (y del proceso de emancipación) la hemos llamado la dialéctica del conflicto constituyente (destituyente e instituyente de manera permanente).

1.1. El proceso de autoconstrucción permanente del poder propio (poder-hacer): autonomía, autodeterminación, autoorganización, autogestión y autodefensa

Pero siendo la dialéctica del conflicto constituyente un camino entre la dominación y la liberación, vemos necesario profundizar en la parte hacia la que se debiera decantar esa lucha de emancipación, es decir, hacia el eje de la liberación/autonomía/emancipación. Es verdad que no es posible definir completamente los elementos y aspectos de este proceso ya que además de desarrollarse de forma dinámica tendrá formas diversas, pero es interesante apuntar algunos elementos posibles que puedan formar parte de ese proceso de auto-construcción dinámica. Para ello recurrimos a varios elementos que aparecen de forma reiterada en procesos de construcción del poder propio, además de la noción de autonomía, como son la autoorganización, autogestión, autodeterminación y autodefensa, ya que "el autogobierno, la libre determinación, la democracia directa, autoorganización, autogestión y autorrepresentación son todas expresiones de autonomía" (Dinerstein, 2013, p.24).

> Toda autorganización implica un mínimo poder propio del colectivo o individuo que se organiza a sí mismo. Otro tanto ocurre con la autogestión y la autodeterminación pero a escalas crecientemente más amplias e importantes. Si no se consiguiese el mínimo pero necesario poder propio, el colectivo que se autorganiza camina a su muy próxima autodisolución o a ser disuelto por el poder dominante. El secreto está en conquistar en el mismo proceso emancipador dosis correspondientes de poder propio. Sea la escala que sea, el problema o la situación que queramos escoger, siempre e indefectiblemente el proceso autogestionario llega al núcleo duro del problema, el del poder, es decir el de la construcción de un poder propio de ese colectivo o persona que se opone, que se resiste al poder dominante ante el que ha tenido que autorganizarse para no seguir siendo manipulado, guiado, dirigido, dominado y oprimido (Gil de San Vicente, 2017, p.232).

La noción de autonomía se puede entender desde diferentes vertientes haciendo referencia a diferentes aspectos, tanto como estrategia, forma política, reivindicación de independencia, proyecto, potencia y posibilidad, prefiguración, horizonte emancipatorio (Makaran, López y Wahren, 2019, p.11). Tres espacios político-ideológicos la han desarrollado en las últimas décadas: movimientos anarquistas, marxistas e indígenas. Respecto a la autonomía y el poder propio, entendido como el poder popular para la Democracia comunal se "refiere a procesos de búsqueda consciente de autonomía, en relación a las clases dominantes, el Estado y respecto de las instituciones y lógicas productivas reproductivas de un determinado sistema" (Mazzeo, 2006, p.65). La autonomía también se ve como "un proyecto anticapitalista de sociedad nueva en la que hombres y mujeres participan en la producción y reproducción de la vida, sin explotación, discriminación ni opresión. Es un anhelo de democracia radical y autogestiva que implica un uso intensivo de la creatividad social y política de los individuos y de las colectividades. Es el potencial de autotransformación que yace dormido en los intersticios de la sociedad actual y que todos podemos despertar (Albertani, 2009, p.18). Se pueden "distinguir" dos planos de la autonomía, complementarios y necesarios "articular", como son "la noción de autonomía integral como utopía posible" por un lado y "la de autonomización como proceso real —orientado hacia la autonomía integral— que produce autonomías parciales o relativas" por otro (Modonesi, 2009, p.68). Otra doble vertiente desarrollada por el grupo Socialismo o Barbarie fue "la idea de *autonomía* como emergencia del sujeto socio-político", por otra parte "la de *autonomía* como característica del proceso y del horizonte emancipatorio" (Modonesi, 2010, p.99). La construcción de un poder propio, basado en una "actividad autónoma" necesita de una forma concreta "de organización de dicho poder: órganos autónomos que implican verdaderas instituciones comunitarias", pero de ninguna manera reduciendo estas "al procedimentalismo institucional, sino que se nutren de una concepción y prácticas del poder, la justicia y la deliberación sobre lo correcto, lo viable y lo justo" (Pineda, 2019, p.134). La autonomía es, pues, un proceso de "autoproducción de órganos deliberativos y ejecutivos, así como de cierta normatividad para la aplicación de la fuerza y para el control, autocontención y regulación del poder colectivo y de los liderazgos", el cual está ligado e implica necesariamente "un trabajo permanente, una práctica política otra" (p.134). Aunque a veces se presenta como modelo abstracto, la autonomía sobre todo aparece y se presenta en las experiencias que la prefiguran en la práctica, y desde esa perspectiva "la autonomía puede pensarse como sinónimo de comunismo, un sinónimo que apunta al método más que al contenido", correspondiéndose de manera complementaria con "una utopía procedimental cuando el comunismo se propone como utopía substancial o material" (Modonesi, 2009, p.71). Por lo tanto, "la autonomía, en síntesis, es poder propio, poder autodirigido", el cual "no se erige por decreto" y "siempre es un proceso inacabado, contradictorio"; la autonomía entendida como proceso de "autonomización, no se limita a habilitar las capacidades colectivas de autodirección" si no que además facilita y habilita "la liberación de la potencia social del trabajo para reproducir la vida en colectivo de un modo alterno al mercado y el Estado", es decir, la autonomía es "despliegue liberado de la propia potencia productiva y reproductiva de manera autodirigida" (Pineda, 2021, p.12).

La *autodeterminación,* como segunda noción, es otro elemento fundamental en el proceso para construir la Democracia comunal. La autodeterminación remite a la acción realizada por el propio sujeto en aquella máxima que sintetizaba la Primera Internacional de que "la emancipación de los trabajadores ha de ser obra de los trabajadores mismos". Es "una respuesta inmediata que se desarrolla en cualquier conflicto" que remite a la capacidad y poder propio (poder-hacer) de las clases subalternas: "nosotr*s por nuestros propios medios, con nuestra propia inteligencia, con la organización que sepamos construir, con el poder que fundemos a partir de nuestra alianza" (Rodríguez López, 2018, p.17), siendo conscientes de que "la expansión de la autodeterminación, requiere sin duda tener en cuenta agudización del conflicto a escala social" (Ouviña, 2007, p.183). Relacionándose con la prefiguración de la nueva sociedad, "los espacios autodeterminados de las clases subalternas" se consideran "un punto de partida insoslayable" actual "para que puedan consolidarse alguna vez" en el futuro "como punto de llegada masivo" (Mazzeo, 2006, p.188). Así, el desarrollo holístico de "la esfera comunal" desde la política comunitaria da como "posible potencial la autodeterminación, viable sólo a través de los mecanismos directos de control de la vida material y de las decisiones de los modos de reproducción social" (Pineda, 2009, p.130). Por ello la autodeterminación también se relaciona con la "formación de sujetos —o si se prefiere procesos de subjetivación nuevos y anómalos—, autorganización de segmentos de vida que adquieren formas políticas propias" que se estructuran como "un poder social organizado" pero a la vez "que no encaja en las mediaciones estatales, mediaciones de integración como la representación, el partido, las formas electorales, etc." (Rodríguez López, 2018, p.196).

Junto a la idea de autonomía y autodeterminación, aparece ligada la idea de independencia desde la concepción de las clases subalternas "en su afirmación concreta propende a su autonomía política respecto al capital, pero también respecto a cualquier otra 'ideología'" (Rodriguez López, 2018, p.111). En esa línea también se puede entender la autonomía y la autodeterminación de dos maneras antagónicas, como "independencia material y subjetiva las clases dominantes, o bien", como "el proceso por el cual las clases subalternas se ponen de pie y experimentan desde ahora nuevas formas de relaciones sociales que anuncian un mundo otro" (Pineda, 2019, p.11). Por ello, "la independencia del proletariado" o independencia de clase ha de construirse a través de las autonomías de cada uno de los movimiento revolucionarios (Negri, 2004, p.58). Ambos nos remiten a una idea dinámica de la independencia y no solo desde la óptica de la independencia formal y nacional. Estos tres conceptos están ligados con procesos de demanda de soberanía e independencia territorial formal, relacionados también muchas veces con procesos de ocupación, colonialismo y emancipación.

La *tercera* noción a la que nos acercamos para la construcción del poder propio de la Democracia comunal es la de la autoorganización. La "autoorganización recorre absolutamente toda la historia porque especie humana y autoorganización humana vienen a ser lo mismo" llegando en un momento de la evolución social donde "con la escisión entre explotadores y explotados, surgen dos formas opuestas de autoorganización, la del poder y la de las masas oprimidas" (Gil de San Vicente, 2008, p.10). La auto-organización popular "es la base central en la estructuración de una sociedad activa", mediante esta autoorganización se "descentraliza y distribuye los ámbitos de poder" y, como consecuencia, "se aumenta las responsabilidades populares, las capacidades de decisión, las capacidades de gestión, las posibilidades de influencia, la responsabilidad por el presente y el futuro y la soberanía personal-colectiva concreta y general" (Auzogile, 2022, p.132). Desde un punto de vista de la emancipación de las clases subalternas, la autoorganización se caracteriza como "la capacidad de las masas oprimidas de organizarse a sí mismas" y que sería lo contrario a la "dependencia" que consiste en "ser organizado por, desde y para el poder opresor". Así, la autoorganización "consiste en conservar y ampliar el autocontrol, la posesión exclusiva de las palancas prácticas y reales que garantizan que" esa capacidad de "autorganización continuará existiendo aunque el poder opresor haya cerrado todas las ayudas" (Gil de San Vicente, 2017, p.228). En esa línea sería necesario plantear una "autoorganización desde abajo, plebeya, que neutralizara la burocratización, garantizara los procedimientos democráticos, y mantuviera la vocación participativa del pueblo trabajador" (Mazzeo, 2007, p.28). La autoorganización humana se basa "en la solidaridad comunitaria de nuestra especie, secreto de su autogénesis" y son las propias condiciones que se dan en cada época "las que determinan las formas que adquieren las diferentes prácticas autoorganizativas" pero en síntesis remiten a ese acto y característica de "la solidaridad colectiva del grupo que se organiza a sí mismo" (Gil de San Vicente, 2008, p.10). Pero además, "la autoorganización de las masas y la capacidad de control de éstas sobre la gestión de la sociedad" es fundamental para la generación de poder propio (Gaudichaud, 2004, p.28). Ya que "la autorganización sólo puede sobrevivir cuando ella misma empieza a autogobernarse, a autoadministrar ella misma sus recursos, sus fuerzas y sus proyectos" (Gil de San Vicente, 2017, p.229), lo cual nos remite a la noción de autogestión.

La *cuarta* noción, la autogestión (Ruggeri, 2012, 2020), se entiende como "traducción teórico-práctica de la autonomía y como ámbito y vector de subjetivación política (Modonesi, 2010, p.134). Se asocia muchas veces a la idea de una economía alternativa de las y los trabajadores, pero la autogestión supera el ámbito de lo productivo y hace referencia también al ámbito político, entendiendo la autogestión como un proceso social general en el cual mediante "diversas experiencias de autogestión y autogobierno, a través de la acción colectiva de distintos movimientos sociales" se puedan poner "en práctica diferentes facetas de la autonomía integral" (Makaran, López y Wahren, 2019, p.17). Rosanvallon plantea la autogestión desde cinco vertientes complementarias: como idea política en cuanto a la renovación de los ideales socialistas, como realismo democrático en cuanto al ejercicio democrático del poder, como apropiación social de los medios de poder, como estrategia y objetivo al mismo tiempo en cuanto a experimentación social de construcción real y, finalmente como sociedad política autónoma ligada a un modo de producción autónomo (1979: 25-32). Es una noción holística ligada a la idea del autogobierno y de la gestión propia de los recursos, por ello, la autogestión "no implica sólo una cuestión táctica, una cuestión de medios, es ante todo una cuestión de fines (…) promover dentro de los explotados, a que estos se hagan cargo de sus asuntos y de dirección colectiva a sus experiencias (VVAA, 2011, p.69). Autogestión "como práctica colectiva que no tiene que ver con un liberal "hazlo tú mismo", sino con la constitución de sistemas de participación, planificación, acción corresponsable y regulación colectiva que expresen la capacidad de autogobernarse (Códigos Libres, 2016, p.44). La autogestión significa "la capacidad consciente de los autorganizados para no sólo administrar su presente sino sobre todo preparar la navegación" de todo el proceso que se genere entre las posibilidades e incertidumbres de hoy y el mañana; por ello, "sin esta capacidad de prever y proyectar ninguna autogestión durará en el tiempo" ya que se "requiere una dosis de poder de elección a medio plazo" y también de capacidad de interrelacionar y poner en conexión diferentes proyectos autogestionarios, algo que remite a la capacidad de solidaridad, debate, articulación (...) sin democracia colectiva no existe autogestión social" (Gil de San Vicente, 2017, p.230).

La *quinta* noción sería la defensa propia o autodefensa. La autodefensa se hace necesaria en todo proceso de emancipación y de construcción de lo nuevo, ya que está amenazado por los poderes dominantes establecidos (Dorlin, 2019). Es vital la defensa de los avances realizados en los campos de la emancipación. De esa perspectiva, surge la idea de las "autodefensas" como "construcciones defensivas de aquellos derechos (en materia de economía, salud, educación, viviendas, hábitat, entre otros temas) que el pueblo se va apropiando y constituyendo las estructuras del doble poder que los vaya poniendo en ejercicio"; este tipo de autodefensas "constituyen un modo de protección de las personas, organizaciones y políticas" que se van conformando y autoconstruyendo como "poder popular en un determinado territorio, en el cual se despliegan las luchas sociales y la disputa de poder", es decir, que son "un modo concreto de ir consolidando las "zonas políticamente autónomas" (Perdía, 2018, p.164). Una de las críticas que recibió la Comuna de París fue precisamente la incapacidad de haber tomado las medidas suficientes para desarrollar una defensa propia eficaz (Marx, 2003). Este aspecto ha recorrido todos los procesos y avances emancipadores que han llegado a condicionar al sistema dominante y ha decidido reprimirlos. En ese momento decisivo, sin una capacidad de autodefensa real y efectiva los avances realizados pueden ser aplastados. Muchas de las experiencias comunitarias y comunales que se desarrollan en la actualidad "no cuentan con capacidad defensiva militar porque no la necesitan todavía" seguramente porque no lo han necesitado todavía, pero es un tema crucial que no se puede obviar y pasar por alto que "será de la máxima importancia en otro momento, en la confrontación decisiva entre el capitalismo y sus detractores" (Silva, 2019, p.256). Así sólo si se logra esta "multiplicidad y extensión del poder local" se podrá dificultar de manera seria "las posibilidades represivas" y se hará posible "que unidades guerrilleras locales de pequeña y mediana envergadura defiendan exitosamente el nuevo poder" (Santucho, 1995, p.37). Estas autodefensas no se plantearían como espacios ofensivos, sino que "bajo ciertas circunstancias, la coexistencia pacífica es posible siempre y cuando el Estado-Nación no interfiera con los asuntos centrales de la auto-administración. Tales intervenciones requerirían la autodefensa de la sociedad civil" (Öcalan, 2012, p.32). Teniendo claro que "estos procesos de emergencia de modelos de democracia comunal serán reprimidos y acosados de diferentes maneras", entonces a la hora de hablar de procesos comunales, por un lado, será "necesario hacer explícita la violencia que se ejercerá contra estas alternativas" y, por otro, "igualmente necesario hablar de las formas y los medios con las cuales las alternativas comunales en construcción podrán defender los pasos avanzados y los pasos futuros que quieran dar" (Curto-López y Hernández, 2022).

Antes de cerrar este apartado, queremos subrayar que no existe una forma concreta, "no hay recetas, ni planes cerrados" para el proceso de construcción de la Democracia comunal. En ese camino, "el poder popular se construye y se instituye a sí mismo" siendo "un realismo democrático articulador de proceso y destino" (Mazzeo, 2016, p.219). En esa construcción del propio poder, en ese desarrollo del poder-hacer de la comunidad se podrán prefigurar nuevas realidades, aunque hoy en día solo sean "fragmentos de este mundo (del mismo modo que en la Europa medieval tardía solo se observaban fragmentos del capitalismo)" (Encina, Ezeiza y Sánchez, 2017, p.65) . No obstante, desde las prácticas actuales, "los sistemas comunales que construyamos deberían permitirnos alcanzar mayor poder sobre el capital y el Estado, y prefigurar, aunque sea de modo embrionario, un nuevo modo de producción basado en el principio de la solidaridad colectiva y no en un principio competitivo (2017, p.65).

2. DIAGRAMA COMO POSIBLE SÍNTESIS

Después de haber visto diferentes aspectos relacionados con la democracia comunal desde la triple perspectiva intercontectada e interrelacionada del proyecto, sujeto y proceso, nos parece interesante intentar agrupar las diferentes ideas que se han analizado bajo un esquema general que, por una parte exponga y recoja de manera visual las diferentes características y elementos para la noción de democracia comunal que se han desgranado a lo largo de estos tres capítulos, y por otra parte, ayude a explicar la interrelación de estos elementos y la lógica propia del desarrollo procesual de los mismos.

En este diagrama se sitúan de manera confrontada el sistema liberal frente al sistema comunal, la democracia liberal frente a la democracia comunal como sistemas opuestos y contrarios. Estos serían también la representación socio-política tanto de la modernidad capitalista frente a la modernidad democrática. Este diagrama intentaría representar los tres aspectos que hemos analizado sobre la democracia comunal como proyecto, como sujeto y como proceso. Nos hemos basado en la idea secuencial que va desde la dominación a la liberación, pasando por el conflicto, para representar graficamente el proyecto, sujeto y proceso; de la siguiente manera:

- *El proyecto-sujeto liberal* lo hemos situado en primera instancia (a la izquierda) como la situación-dada establecida de dominación, y
- *El proyecto-sujeto comunal* lo hemos situado en última instancia (a la derecha) como la situación-posibilidad emergente de emancipación.
- *El proceso*: El proceso se dibujaría en el paso de la situación de dominación a la situación de emancipación. La zona del centro representaría el proceso de uno a otro sistema, la zona de lucha, de antagonismo, del poder-contra y de la insubordinación: el proceso como conflicto.

  El *eje vertical*: En el eje *vertical izquierdo* se desgranan algunos elementos del proyecto liberal (capitalista, patriarcal, colonial); mientras que en el eje *vertical derecho* se han situado algunos elementos del proyecto comunal.

  El *eje horizontal*: En el eje *horizontal superior*, se han situado los elementos subjetivos y cognitivos-psicológicos relacionados con las estructuras mentales sociales y en el eje *horizontal inferior*, se han situado los elementos objetivos y materiales relacionados con las estructuras de gestión y organización social.

En la intersección horizontal-vertical superior e inferior se dan diferentes resultados tanto en la izquierda (proyecto liberal) como en la derecha (proyecto comunal).

Por lo tanto, hemos situado en la izquierda el proyecto liberal, y en la derecha el proyecto comunal, desgranando sus características en los ejes central, superior e inferior.

Proyecto liberal (parte izquierda del diagrama): elementos del *poder, conciencia y estructuras establecidas*

- En el *eje central-izquierdo se sitúa el proyecto-sujeto relacionado con lo liberal*, es decir, por una parte, el capitalismo, su democracia liberal y su forma de gobierno representativo, y por otra parte, el sujeto individual e individualizado de la modernidad capitalista. Representando tanto al proyecto dominante y de dominación como a un sujeto explotado, y al poder establecido.
- En *el eje superior-izquierdo* se sitúan los aspectos subjetivos de estructura mental del proyecto liberal como el delegacionismo, la lucha del todos contra todos, el egoísmo, el sujeto pasivo, la subordinación,

la subalternidad, el individualismo, etc. representando tanto a una conciencia social acrítica como a una subordinación, desunión y desorganización social, como parte de la *conciencia establecida.*

- En el *eje inferior-izquierdo* se sitúan los aspectos que caracterizan la estructura material y organizativa social del proyecto liberal como la centralización del poder, la representatividad, la propiedad privada, economía de mercado, delegacionismo, lógica de mercado, beneficio de una minoría, etc. representando los medios de coacción y de alienación, como parte de las *estructuras establecidas.*

Proyecto comunal (parte derecha del diagrama): elementos del *poder, conciencia y estructuras emergentes*

- En el *eje central-derecho se sitúa el proyecto-sujeto relacionado con lo comunal,* es decir, por una parte, el sistema y democracia comunal con la idea de los autogobiernos populares políticos y productivos, y por otra parte, el sujeto comunitario y comunal del poder popular. Queriendo representar a su vez un proyecto emancipador y un sujeto emancipador, como un *poder emergente.*
- En *el eje superior-derecho* se sitúan los aspectos subjetivos de estructura mental del proyecto comunal como la cooperación, el apoyo mutuo, la generosidad, el sujeto activo, la subordinación, la autonomía, el colectivismo, etc. representando tanto a una conciencia social crítica como a una organización popular para la emancipación, como parte de la *conciencia emergente.*
- En el *eje inferior-derecho* se sitúan los aspectos que caracterizan la estructura material y organizativa social del proyecto comunal como la descentralización del poder, la delegación comunitaria, la propiedad comunal, economía al servicio de la vida, delegacionismo, lógica de mercado, beneficio de las mayoría, etc. representando los medios de facilitación y de formación, como parte de las *estructuras emergentes.*

Complementando la información del dibujo del diagrama, tanto en la parte derecha como izquierda aparecen elementos importantes de ambos proyectos-sujetos.

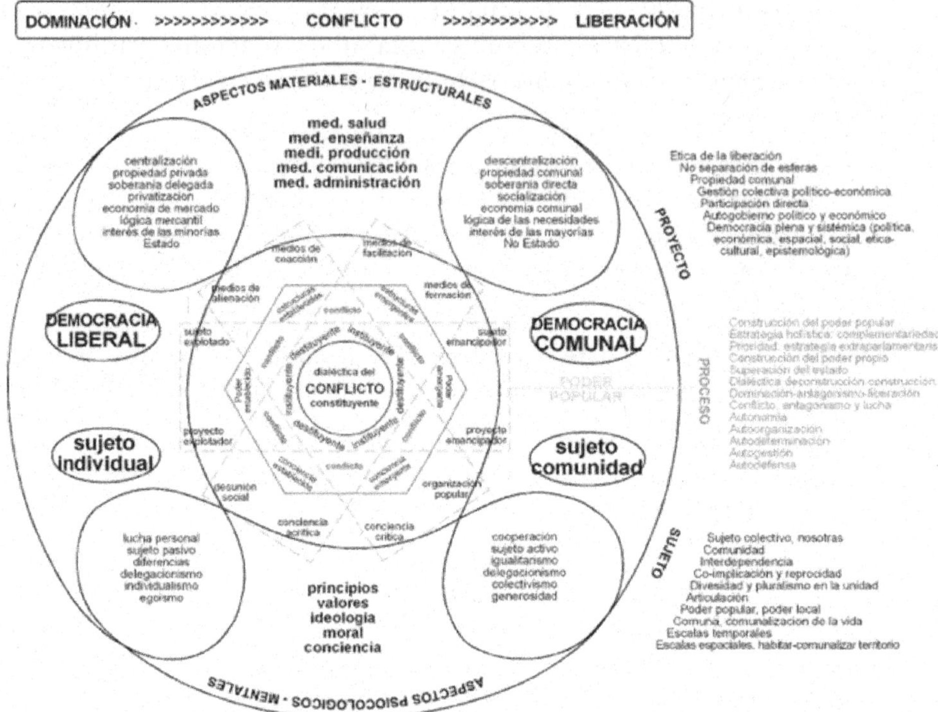

3. EXPERIENCIAS, DIVERSIDAD Y POSIBLES DIMENSIONES DE ANÁLISIS

El análisis de la idea de la emergencia de la democracia comunal requeriría más tiempo, lugar y profundidad. Desde el punto de vista de investigar la emergencia sería necesario ir desarrollando esa noción desde el análisis de las realidades y experiencias concretas y desde la teoría que pueda ir derivándose y emergiendo desde esas realidades. Pero, también, sería interesante dibujar algunos elementos y dimensiones posibles para la investigación de estas prácticas a partir de las fuentes y referencias teóricas presentadas en los puntos anteriores.

No hay sólo una práctica única y concreta para investigar la democracia comunal. Esta emergencia se puede dar desde diferentes realidades que adquieren a su vez muchas y diferentes formas y contenidos. Para rastrear y buscar esta latencia de la democracia comunal se deben mirar y analizar un gran abanico de experiencias diversas que se están desarrollando desde el campo popular en diferentes países del mundo y en diferentes campos de trabajo (cultural, económico, social y político). Sus posibles formas no se definen y concretan ni en un momento concreto ni en una forma preconcebida, sino que irán creándose y reinventándose de manera dinámica. Esa amplitud del abanico de las realidades populares para la democracia comunal, nos lleva a hablar de las diversidad de formas en las dinámicas de construcción comunal. Existen experiencias que tienen diferentes intensidades y grados de desarrollo, unas más holísticas y otras más parciales que que guardan potencia para el desarrollo de las lógicas comunales. Todas ellas debieran ser susceptibles de ser analizadas desde la perspectiva de la emergencia de la democracia comunal, ya que en todas ellas pueden existir aspectos interesantes y enriquecedores.

Esta diversidad debería ser un rasgo indispensable (Santos y Mendes, 2017), pero sería oportuno también intentar buscar las características de una posible lógica comunal. Para ello, habría que reflexionar sobre los aspectos, ideas y características que pueden ser comunes en las fuentes teóricas citadas más arriba. Esta búsqueda podría iniciarse con el contraste de los siguientes aspectos: 1) la visión no patriarcal, no colonial y no capitalista de superación del liberalismo; 2) la participación protagonista, concienciadora y activa; 3) la creación del poder ciudadano (contra-poder y construcción de nuevos poderes); 4) la defensa de lo común; 5) la autoorganización como proceso de apropiación; 6) la visión integral de la Revolución y la Democracia; 7) la comunidad y los ejes estratégicos de los valores comunes. Con la búsqueda de estos aspectos comunes no se persigue definir las características de un modelo cerrado, sino proponer las características posibles de una lógica comunal de transformación democrática en construcción y emergencia, siempre con carácter abierto y dinámico. Este modelo democrático emergente y en pugna debería entenderse como parte de una propuesta emancipadora y más completa de organización y gestión social en su sentido más amplio.

El análisis de la hipótesis de la emergencia de la democracia comunal debería necesariamente relacionarse con el análisis del sujeto político comunitario y comunal emergente. De hecho, la sociedad que debe funcionar con la nueva lógica comunal, debería superar el sujeto individualista de la modernidad y apoyarse en la construcción del sujeto comunitario (Ovejero, 2017, pp.221-235). Por tanto, los sujetos colectivos que se están dibujando y desarrollando en las prácticas comunitarias de hoy serían los protagonistas e impulsores de este modelo repensado y renovado de democracia. En estas nuevas subjetividades y nuevos sujetos colectivos el poder se relaciona con las nuevas lógicas comunitarias (Touraine, 2005; Úcar, 2012). En muchas de estas dinámicas sociales transformadoras se toma en consideración la referencia del poder popular y muchas de estas prácticas colectivas alternativas se sitúan en el camino de la construcción del poder popular (Mazzeo, 2007). Por tanto, sería oportuno analizar la emergencia y características del poder popular: 1) Por un lado, realizar una aproximación teórica y práctica a las especificidades del sujeto popular en cada experiencia. Analizar quién lo compone, a partir de qué base se construye y cómo se desarrolla. 2) Analizar las dinámicas que se desarrollan desde cada sujeto y cómo influyen en su crecimiento y evolución. Tanto las dimensiones que se dan en la organización y funcionamiento (ser comunitario, participación, autogestión, cuidado mutuo,...) como las que corresponden a prácticas concretas (defensiva, ofensiva, discursiva, productiva,...), o los contenidos básicos propios del proyecto liberador (ni patriarcal, ni capitalista, ni colonial, ni racista,...) (Fabbri, 2013). 3) Por último, teniendo en cuenta la realidad actual, en torno a los campos y formas posibles de práctica, en la medida en que la construcción del sujeto de poder popular es dinámica y debe partir de la realidad actual y de la realidad, es un sujeto que puede desarrollarse en múltiples ámbitos y formas (Ruggeri, 2012; Azzellini, 2018a, 2018b). Asimismo, es un sujeto susceptible de múltiples contradicciones en esta construcción, entre ellas las tensiones y dialécticas que se dan entre las instituciones y los agentes populares.

Actualmente se están desarrollando múltiples prácticas en esta perspectiva comunitaria y comunal. Estas prácticas deberían ser el ámbito imprescindible de este análisis. Para ello, estaría bien encontrar criterios comunes para la clasificación general de estas prácticas. Sin hacer demasiadas precisiones, citaremos algunos conjuntos de experiencias: 1) Recuperación de espacios productivos de los trabajadores. 2) Recuperación de los espacios urbanos y locales de la ciudadanía para el desarrollo de proyectos de vida, cultura y desarrollo colectivo. 3) Los pueblos indígenas y los espacios políticos comunitarios y de decisión que se desarrollan basándose en las viejas costumbres. 4) Proyectos de economía social transformadora. 5) Prácticas colectivas de la ciudadanía para poner la vida y el espacio vecinal en beneficio del desarrollo comunitario mediante la acción comunitaria. 6) Dinámicas de reapropiación de espacios en desuso para uso colectivo en los ámbitos culturales, productivos, reproductivos o sociales. 7) Defensa de los comunes frente a las dinámicas privatizadoras y extractivas. 8) Configurar y desarrollar los comunes y el marco comunal como proyectos de vida comunitaria, con articulación comunitaria y crecimiento político. Este abanico de experiencias se está desarrollando en el mundo más amplio: Argentina, Estados Unidos, Italia, Bretaña, Catalunya, Venezuela, Rojava, Kresala, Bolivia, Euskal Herria, Zimbabwe, etc.

Posibles dimensiones

Tomando en cuenta lo anterior, sería interesante el esbozo de una propuesta de POSIBLES DIMENSIONES DE ANÁLISIS para la investigación de experiencias concretas que puedan potenciar la idea de democracia comunal y el poder popular. La idea es que mediante esta dimensiones de análisis, se puedan investigar diferentes aspectos de la democracia comunal como proyecto, sujeto y proceso, desde la idea de democracia integral en todos los ámbitos de la reproducción social de la vida. Se proponen siete dimensiones que desgranamos a continuación en aspectos que asumen en su interior, y posteriormente en una tabla agrupamos estas dimensiones en tres apartados relacionados con el proyecto, sujeto y proceso.

1) *Dimensión de la ética de la emancipación*: planteamiento de superación de las dominaciones; planteamientos y propuestas emancipadoras; aportaciones desde los diferentes ejes de opresión-liberación para la democracia comunal (lucha de clases, feminismo, decolonialidad, antiimperialismo, ...). 2) *Dimensión de contenido, gestión y organización*: formas organizativas, de gestión y de coordinación; asignación, reparto de responsabilidades compartidas; formación, información y trasvase de experiencia colectiva; construcción de un mando colectivo y de un funcionamiento horizontal. 3) *Dimensión de la producción/reproducción de lo común*: el aspecto de producción/reproducción material y económica; el aspecto de la producción simbólica y epistemológica; el aspecto relacional-social comunitario y comunal; el aspecto de la propiedad: la gestión comunal de la propiedad y los recursos; el aspecto del trabajo comunal y colectivo. 4) *Dimensión del sujeto colectivo y la autoconstrucción del poder propio*: prácticas empoderadoras, articuladoras y organizadoras del sujeto colectivo (del movimiento popular a los núcleos del poder popular); prácticas de construcción del poder propio; prácticas de autogestión, autoorganización, autonomía, autodeterminación y autodefensa; coordinación y trabajo en red. 5) *Dimensión espacio-temporal*: el aspecto de las nuevas temporalidades; el aspecto del espacio, su gestión y su control; las diferentes escalas espaciales y su relación-coordinación como agregación territorial; territorialización de las luchas y de los espacios de poder. 6) *Dimensión procesual de la construcción de lo nuevo frente a lo establecido*: relación entre la nueva institucionalidad emergente y la vieja institucionalidad establecida; relación entre las dinámicas populares y las instituciones actuales; planteamientos de condicionamiento desde y contra el Estado; planteamiento de hegemonía cultural emancipadora frente a lo establecido. 7) *Dimensión del antagonismo y la autodefensa de lo propio*: dinámicas reivindicativas de derechos colectivos; dinámicas frente a las imposiciones; dinámicas de denuncia; dinámicas de autodefensa de lo construido y avanzado.

I.- La democracia comunal como PROYECTO	(1) Dimensión de la ética de la emancipación.
	(2) Dimensión de contenido, gestión y organización.
	(3) Dimensión de la producción/reproducción de lo común.
II.- La democracia comunal como SUJETO	(4) Dimensión del sujeto colectivo y la autoconstrucción del poder propio.
	(5) Dimensión espacio-temporal.
III.- La democracia comunal como PROCESO	(6) Dimensión procesual de la construcción de lo nuevo frente a lo establecido.
	(7) Dimensión del antagonismo y la autodefensa de lo propio.

4. CONCLUSIONES

En este contexto de crisis multidisciplinar y multiescalar, donde la crisis política del modelo liberal se irá agudizando y profundizando a lo largo de las próximas décadas, vienen proliferando dinámicas sociales de ayuda mutua y construcción colectiva no sólo como forma de hacer frente a las combulsiones económicas para resolver las necesidades materiales de manera conjunta; sino que también como una forma y reivindicación colectiva renovada y reinventada de enfrentarse al mundo para el presente y el futuro. En este texto nos hemos planteado inicialmente si la noción de democracia comunal puede ser una categoría válida para albergar diferentes prácticas comunitarias, colectivas, comunales de transformación social y democrática que se están desarrollando en diferentes partes del mundo y que no plantean poner parches a un sistema, sino pensar, construir, practicar y prefigurar nuevos modelos sociales o sistemas de organización social. La democracia comunal como catalizador de parte de esa demodiversidad (Santos y Mendes, 2017) que emerge desde las luchas sociales de los pueblos a lo largo del mundo.

En este texto hemos hecho un primer acercamiento a la noción de democracia comunal, apuntando unos posibles antecedentes y fuentes teórico-prácticas, así como desarrollando unas características generales a partir de los espacios del proyecto, sujeto y proceso.

Respecto al proyecto, hemos trabajado la idea la democracia comunal como alternativa al capitalismo, como síntesis histórica de ideas socialistas y anarquistas, remarcando la ética de la emancipación como superación de opresiones y construcción de nuevos valores, subrayando la superación de las esferas política y económica como ente autónomos y subrayando tanto los elementos de una gestión comunitaria como de la construcción y producción de lo común; apuntando la contraposición comunal a lo liberal desde la forma comunal de lo político, la matriz comunal o la modernidad democrática.

Respecto al sujeto, hemos trabajado las ideas de sujeto colectivo desde la subalternidad, diversidad, la inter-dependencia y la co-implicación; subrayando la idea de comunidad como espacio para la generación de nuevas formas de vida y de gestión de la misma, además de como elemento de creación de poder; así, hemos abordado la idea de poder popular como fin y como medio, como prefigruador de nuevas realidades territorializadas, donde hemos abordado la noción de Comuna como formulación de un poder popular territorializado, agregador de escalas y articulador de diferentes sujetos subalternos en su interior; remarcando además, la importancia de las escalas temporales y espaciales en los procesos comunitarios/comunales.

Respecto al proceso, hemos trabajado la democracia comunal subrayando que sujeto y proyecto son parte del mismo proceso, apuntando que el cambio de paradigma de la toma del poder a la construcción del poder popular propio, remarcando la idea de la complementariedad en una estrategia holística y comentando la prioridad de en la estrategia de la construcción de realidades de poder extraparlamentario; construyendo los nuevos poderes desde, contra y más allá del Estado, y conjugando las visiones de deconstrucción-construcción de manera dinámica. Además, hemos remarcado la idea del proceso de construcción del poder propio como camino desde la dominación hasta la emancipación/autonomía desde elementos importantes relacionados con la idea de la autonomía. Planteando la propia autonomía, la autoorganización, la autodeterminación, la autogestión y la autodefensa (las cinco A) como elementos indispensables y correlacionales directos de ese proceso. Hemos planteado que estos cinco elementos son aspectos vitales del proceso de construcción de la democracia comunal como parte de la construcción del poder propio mediante la "dialéctica del conflicto constituyente" donde se unen inevitablemente y de manera dinámica las perspectivas destituyente-instituyente-constituyente.

Así mismo, hemos propuesto un diagrama que recoge y organiza los conceptos que nos han ido apareciendo en este estudio y reflexión. Para finalmente, proponer unos elementos y dimensiones para la investigación de experiencias/procesos comunales o de democracia comunal.

Sólo la aplicación práctica de los elementos teóricos y dimensiones de investigación que se han planteado aquí, podrá ser realmente la fuente de valoración de las propuestas aquí elaboradas. Ya que el marco teórico se propone como un estudio preliminar que debe ser contrastado y validado en la relación con investigaciones y procesos sociales vivos. Será a partir de esa relación dinámica con los sujetos y procesos estudiados, donde se podrá ver si tiene sentido y validez como herramienta conceptual para seguir profundizando. El contraste con las realidades sociales investigadas y la posición de los sujetos protagonistas de los procesos comunales respecto a las propuestas conceptuales que se plantean, nos dará cuenta de ello.

Tras el camino recorrido en este texto, pensamos que la idea de la democracia comunal puede ser una categoría matriz bajo la cual se puedan situar diferentes dinámicas sociales con horizonte de transformación y ruptura con las lógicas actuales y para la construcción de lógicas comunales. El desarrollo de una categoría política de tal naturaleza puede ser una herramienta conceptual en construcción y desarrollo para los procesos que se vienen desarrollando, que ayude a visibilizar, aglutinar e interrelacionar dinámicas y procesos de características similares. Pero además también puede ser un espacio de profundización práctico y teórico, para el desarrollo de prácticas prefiguradoras de las sociedades comunales que se quieren construir para el futuro desde las prácticas actuales.

Pensamos que bajo esta categoría matriz de la democracia comunal se puede abrir campo social, cultural, político y económico para la proliferación de investigaciones y estudios sobre cientos de experiencias que se están desarrollando a lo largo de diferentes partes del mundo. Que puedan valer para aprender de manera colectiva de las lecciones extraídas, pero también para ir desarrollando las reflexiones y las propias prácticas. Acompañar la emergencia de realidades sociales con la emergencia de un campo de investigaciones sociales al respecto, puede ayudar y aportar en el desarrollo y construcción de esas mismas realidades sociales.

La democracia comunal, además de poder ser una categoría que se puede y debe poner en relación teórica y práctica con otros conceptos como soberanía popular, comunidad, comunalismo, poder popular, comuna, autogestión, autonomía, etc. desde donde interrelacionarse y enriquecerse dinámicamente, también debe ser enriquecida en su interrelación con las diferentes perspectivas emancipadoras (feminismo, animalismo, decrecimiento, antiracismo, socialismo, anticapitalismo, decolonialismo,) desde la las cuales se pueden hacer muchas aportaciones para potenciar una visión holística emancipadora.

La noción de democracia comunal puede albergar experiencias muy diferentes pero a la vez que están unidas por lógicas políticas transformadoras muy similares, y pensamos que el situarlas en una matriz socio-política común general y diversa puede ser bueno tanto para el estudio (análisis, clasificación, comparación, evolución teórica) como para el desarrollo social (evolución, reproducción, despliegue social) de los posibles modelos emergentes presentes.

Bibliografía

Albertani, C. (2009). El principio de autonomía, en Albertani, C., Rovira, G. y Modonesi, M. La autonomía posible (pp. 17-24). México: UACM.

Auzogile (2022). Euskal Herria y el poder popular. Hernani: Oinharri Eskola.

Azzellini, D. (2013). El estado comunal: consejos comunales, comunas, y la democracia en el lugar de trabajo. Revista Kavilando, 5 (1), pp. 56-62. Recuperado a partir de https://kavilando.org/revista/index.php/kavilando/article/view/101

Azzellini, Dario (2018a). Construyendo utopías concretas: el movimiento comunero en Venezuela. Convergencia, (76), pp. 119-214.

Azzellini, D. (2018b). The Legacy of Workers' Councils in Contemporary Social Movements, en Muldoon, J. Council Democracy, pp. 228-248. Ofxord: Routledge.

Badiou, A. (1995). Ética. Um ensaio sobre a consciencia do Mal, Relume Dumara, Rio (orig. L'ethique, Hatier, Paris, 1993).

Castañeda-Hoeflich, C. (2007). El "círculo vicioso" del poder constituyente. Acta Republicana, 6 (6), pp. 21-30. Universidad de Guadalajara.

Castoriadis, C. (1989). Poder, política, autonomía. Estudios 18, pp. 7-35.

Castoriadis, C. (1997). El Imaginario Social Instituyente. Zona Erógena, 35. http://www.educ.ar. Acceso 18 octubre 2020.

Ciccariello-Maher, G. (2016). Construir la comuna, Estudios latinoamericanos,(38), pp. 145-157.

Códigos Libres (2016). Comunalizar el poder. Caracas: Tiuna el fuerte.

Comité Invisible (2015): A nuestros amigos. Logroño: Pepitas de calabaza.

Curto-López, S. (2020). La democracia comunal reconfigurando derechos y naciones más allá de fronteras y estados, en Espinoza, R. et al. Derechos, fronteras, naciones y estados, pp. 386-409. Barcelona: Terra Ignota.

Curto-López, S. y Hernández, J. (2022). La democracia comunal como horizonte, la lucha diaria como camino, en Iglesias Fernández, J., Lecturas sobre municipalismo comunal, pp. 11-19. Carcaixent: Baladre.

Dinerstein, A. C. (2013). La autonomía y sus imaginarios prácticos en permanente construcción, en Dinerstein, A. C. (Comp) Movimientos sociales y autonomía colectiva (p.23-38). Buenos Aires: Capital intelectual.

Dorlin, E. (2019). Autodefensa. Una filosofía de la violencia. Tafalla: Txalaparta.

Dussel, E. (2016). 14 tésis de ética. Madrid. Trotta.

Encina, J.; Ezeiza, A. y Sánchez, S. V. (2017). Autogestión, autonomía e interdependencia: construyendo colectivamente lo común en el disenso. Guadalajara: Volapük.

Engels, F. (1976). Carta a A. Bebel. Obras escogidas. Moscú: Progreso.

Fabbri, L. (2013). Apuntes sobre feminismos y construcción del poder popular. Rosario: Puño y letra.

García Linera, A. y Gutiérrez, R. (2015 [1992]). A manera de introducción, en Forma valor y forma comunidad. pp. 43-60. Madrid: Traficantes de sueños.

García Linera, A. (2020). ¿Qué es una revolución? Y otros ensayos reunidos. Buenos Aires: Clacso.

Gil de San Vicente, I. (2008). Autoorganización, contrapoder e identidad, recuperado de https://www.dariovive.org/notas/gil_vicente4.pdf

Gil de San Vicente, I. (2017). Cooperativismo, consejismo y autogestión. Argentina: El Sudamericano, recuperado de https://elsudamericano.files.wordpress.com/2017/06/101-cooperativismo-y-autogestic3b3n-ic3b1aki-gil.pdf

Makaran, G., López, P. y Wahren, J. (2019) Ingroducción, en G. Makaran, P. López, y J. Wahren, coord, Vuelta a la autonomía, pp. 09-20. México: El colectivo.

Marx, K. (2003). La guerra civil en Francia. Madrid: Fundación Federico Engels.

Mazzeo, M. (2006). El sueño de una cosa. Introducción al poder popular. Buenos Aires: El Colectivo.

Mazzeo, M. (2007). El poder popular y la izquierda por venir. Recuperado de http://lahaine. org/b2-img/mazzeopoder. pdf.

Mazzeo, M (2016). ¿Qué (no) hacer?. Santiago de Chile: Quimantú.

Mazzeo, M. y Stratta, F. (2007). Introducción, en Reflexiones sobre el poder popular, coord. Mazzeo, M., pp. 7-16. Buenos Aires: El colectivo.

Mazzeo, M. (2022). Venezuela: la revolución donde todavía quema, en Iturriza, R. Con gentes como esta es posible comenzar de nuevo, pp. 9-18. Caracas: Autoedición.

Mészáros, I. (2011). Actualidad histórica de la ofensiva socialista. Madrid: El viejo topo.

Modonesi, M. (2009). Autonomía, antagonismo y subalternidad. Notas para una aproximación conceptual, en C. Albertani, G. Rovira y M. Modonesi, coord, La autonomia posible, pp. 67-82. México: UACM.

Modonesi, M. (2010). Subalternidad, antagonismo, autonomía. Marxismo y subjetivación política. Buenos Aires: Clacso.

Moreno, P. (2022). Nuevas Institucionalidades. Valencia: NPQ.

Negri, A. (2004). La fábrica de la estrategia: 33 lecciones sobre Lenin. Madrid: Akal.

Negri, A. (2015). El poder constituyente. Madrid: Traficantes de Sueños.

Negri, A. y Hardt, M. (2019). Asamblea. Madrid: Akal.

Öcalan, A. (2012). Confederalismo Democrático. Cologne: International initiative. Tomado: http: //www.freeocalan.org/wp-content/uploads/2012/09/Confederalismo-Democrático.pdf. Acceso el 20 de julio de 2020.

Ouviña, H. (2007). Hacia una política prefigurativa, en M. Mazzeo, coord., Reflexiones sobre el poder popular, pp. 163-192. Buenos Aires: El colectivo.

Ovejero, A. (2017). Autogestión para tiempos de crisis. Utilidad de las colectividades libertarias. Madrid: Biblioteca nueva.

Pineda, C. E. (2019). Comunidad, autonomía y emancipación, en Makaran, G., López, P. y Wahren, J. Vuelta a la autonomía, pp. 115-152. México: El colectivo.

Pineda, C. E. (2021). Pensar las autonomías: otros caminos de emancipación, en Hopkins, A. y Pineda, C. E. Pensar las autonomías, pp. 9-23. México D. F.: Bajo tierra.

Rauber, I. (2004). Construcción de poder desde abajo. Pasado y Presente del XXI, V (5), pp. 24-42.

Rodríguez, E. (2007). Más acá del Estado, en el Estado y contra el Estado. Apuntes para la definición del poder popular, en coord. Mazzeo, M., Reflexiones sobre el poder popular, pp.101-128. Buenos Aires: El colectivo.

Rodríguez López, E. (2018). La política contra el Estado. Madrid: Traficantes de sueños.

Rosanvallon, P. (1979). La Autogestión. Mardril: Fundamentos.

Ruggeri, A. (Dir.) (2012). Autogestión y cooperativismo. Cuadernos para la autogestión, 1.bol. Buenos Aires: Ediciones Cooperativa Chilavert.

Ruggeri, A. (2020). Autogestión y revolución. Barcelona: Descontrol.

Santos, B. de S. y Mendes, J. M. (2017). Introducción, en Santos, B. de S. y Mendes, J. M., Demodiversidad. pp. 13-56. Madrid: Akal.

Santucho, M. R. (1995). Poder burgués, poder revolucionario. Buenos Aires: 19 de julio.

Sifontes, J. L. (2018). Entrevista personal grabada en la Comuna Socialista El Maizal, Venezuela, el 24-10-2018.

Silva, J. (2019). Los anticapitalismos del siglo XXI, en H. Herrera y A. Guillén (Coords), Revolución de las mujeres y luchas por la vida, pp. 223-260. Guadalajara: Cátedra interinstitucional.

Torres, T. (2016). Reflexiones sobre lo destituyente, los movimientos y el poder popular ¿Hacia nuevas formas de subjetivación?, en Cadernos de Estudos Sociais e Políticos, v. 5, n. 10, pp. 61-72. Rio de Janeiro: Instituto de Estudos Sociais e Políticos (IESP).

Touraine, A. (2005). Un nuevo paradigma. Barcelona: Paidós.

Úcar, X. (2012). La comunidad como elección: teoría y práctica de la acción comunitaria, en A. Zambrano y H. Berroeta (ed.) Teoría y práctica de la acción comunitaria. Aportes desde la psicología comunitaria, pp. 37-73. Barcelona: Ril Editores.

VVAA (2011). Anarquismo y poder popular. Colombia: Gato Negro.

Wright, E.O. (2020). Cómo ser anticapitalista en el s. XXI. Madrid: Akal.

Capitulo IV

La democracia consejista, comunera y comunal en contra del Estado-nación

DARIO AZZELLINI

1. INTRODUCCIÓN

Después de una reflexión sobre la actualidad de la democracia consejista, analizaré las principales características de la democracia consejista en la Comuna de París y en los consejos obreros. Con eso se pone en evidencia la continuidad de los rasgos principales de la democracia consejista y comunera en la democracia comunal – y a continuación, cómo el autogobierno comunero basado en la democracia comunal cuestiona la idea del Estado y tiene el potencial de ser un proyecto decolonializador frente al Estado-nación. Al resumen de los principales rasgos de los nacionalismos homogeneizadores y de la Modernidad europea, que forman la base para el modelo de Estado-nación, le sigue un excurso sobre las características de formas de autogobierno comunero en Kurdistán y México. Al final se presentan algunas conclusiones que evidencian el carácter anti-estatal y en contra del Estado-nación del autogobierno comunal, consejista y comunero.

En sus orígenes, el socialismo se basaba en un "impulso comunitario" (Esteva, 2009). Hasta las revoluciones de principios del siglo XX en Europa, el único arquetipo de transformación socialista había sido la Comuna de París, que se basa en la autoorganización, el mandato imperativo y el ejercicio directo del poder por parte de los comuneros. Después empezó a imponerse más y más la lógica representativa. Durante el "corto siglo XX", los marcos comunes y mayoritarios de las luchas económicas y sociales –así como de la organización social y política– fueron el sindicato, el partido político y el Estado-nación. Estas formas se basaban invariablemente en el principio de representación. Los movimientos socialistas y comunistas no fueron una excepción, aunque, los consejos obreros de principios del siglo XX (y en la Guerra Civil española) parecían el último resurgimiento masivo del socialismo consejista y comunitario.

Sin embargo, las prácticas consejistas nunca desaparecieron. Desde entonces hasta hoy, diferentes movimientos, levantamientos y revueltas han renovado la idea de la democracia consejista. Eso se expresó en la toma de empresas y la autogestión colectiva bajo control obrero durante las crisis económicas (por ejemplo, en Francia y Japón después de la Segunda Guerra Mundial; en Argentina, Brasil y Uruguay a partir de la crisis de 2000/2001), las crisis políticas (por ejemplo, en torno a la revuelta de mayo de 1968 en Francia) y las crisis sociales (por ejemplo, en el Reino Unido y Canadá durante la reestructuración neoliberal de los años setenta y principios de los ochenta); en el contexto de las luchas anticoloniales (Indonesia, Argelia y otros países); bajo el socialismo de Estado (por ejemplo, en Hungría en 1956, en Checoslovaquia en 1968 y en Polonia a principios de los ochenta); y durante las revoluciones democráticas (por ejemplo, en Chile a principios de los años setenta, en Portugal en 1974) (Azzellini, 2015, 2021; Azzellini y Ness, 2021; Bayat, 1991; Plys, 2016). Las prácticas basadas en la democracia consejista también se dieron en movimientos como los levantamientos globales de 1968 y en los movimientos sociales latinoamericanos de la década de 1980, así como en los movimientos indígenas de América Latina y Asia desde la década de 1990.

Tras la caída del socialismo real, prácticas de autogobierno local comuneras y consejistas basadas en la democracia comunal, con una perspectiva de izquierda y socialista, lograron otra vez visibilidad masiva en el contexto indígena con la lucha de los Zapatistas en Chiapas, México (Muñóz Ramírez, 2003; Vergara-Camus, 2014). Desde entonces, se han visto prácticas similares de organización social, política y económica en diferentes regiones del mundo, entre estas Guerrero y Oaxaca (México), Venezuela, Bolivia y Kurdistán (Adamovsky et al., 2011; Azzellini, 2017, 2022; Calveiro, 2021; Gasparello y Guerrero, 2009; González et al., 2021; Hopkins y Pineda, 2021; Knapp, Flach, y Ayboga, 2016). Y finalmente, los principios y las prácticas consejistas, no-representativas, y basadas en la autoorganización y autogestión se volvieron mayoritarias en los movimientos de protesta a nivel mundial causados por la crisis a partir del 2008 (Azzellini, 2014; Ressler, 2012; Roos y Oikonomakis, 2014; Sitrin y Azzellini, 2014).

Conceptos teóricos contemporáneos comuneros y consejistas, basados en prácticas de democracia comunal y la autogestión están recibiendo una atención creciente. Entre ellos se encuentran, por ejemplo, los ciclos o circuitos de producción y consumo comunal de Istvan Mészáros (2001), que ha encontrado mucho eco en América del Sur, especialmente en Venezuela (pero también en Argentina, Bolivia y Brasil), el "federalismo democrático" de Murray Bookchin (Biehl y Bookchin, 1997; Bookchin, 2015), que fue adoptado por la lucha de liberación kurda (Knapp et al., 2016) o el concepto de Parecon de Michael Albert (2003). Diversos debates sobre alternativas al sistema capitalista que tuvieron lugar en el contexto de la crisis también se refirieron a modelos democráticos de consejos y democracia comunal (Bonnet, 2014; Demirovic, 2015; Esteva, 2009; Roth, 2010; Wolff, 2012).

En Latinoamérica, la tradición del socialismo comunitario o comunero, basado en el autogobierno local, la democracia directa y la solidaridad comparte visiones y prácticas con las experiencias históricas de organización indígena y afro (por ejemplo, la organización en cumbes, palenques o quilombos) y de luchas populares. La idea de la comuna concuerda con el marco de imaginación alternativa de muchos movimientos populares y las experiencias de construcción de poder popular. El socialismo comunitario también se conecta con corrientes de pensamiento marxista latinoamericano, como del peruano José Carlos Mariátegui (1894-1930), partidario de un socialismo original latinoamericano y una transición hacia éste, arraigada en las prácticas y formas indígenas colectivas. Mariátegui rechaza la idea de que las comunidades indígenas se basen en principios de ley abstractos o en tradicionalismo sentimental. Para él las comunidades indígenas son formas concretas de organización social y económica basadas en la colectividad. También rehúsa la caracterización de la economía indígena como economía primitiva (en el contexto de las etapas de desarrollo de las sociedades según Marx y Engels) que sería desplazada gradualmente por una economía más moderna, sin considerar, más bien, que es el latifundio semifeudal el que no es capaz de avanzar tecnológicamente (Mariátegui, 2010).

En Venezuela hay paralelas con el pensamiento del filósofo y educador Simón Rodríguez (1769–1854), maestro de Simón Bolívar y referencia central del Bolivarianismo. Rodríguez en 1847 proponía una forma de autogobierno local que denominaba toparquía (del término griego "topos", lugar). Según sus ideas el gobierno debería ser conformado por una confederación de comunidades autogobernadas, en las cuales el poder de la iglesia, de los ricos y de los militares había sido abolido. La forma de gobierno local directo era considerada la única medida efectiva en contra del despotismo (Rodríguez, 2001, p.542). En el Estado de Oaxaca, México, se da una conexión histórica con el magonismo, un precursor anarco-comunista de la Revolución Mexicana de 1910, basado en las ideas de Ricardo Flores Magón.

Evidentemente, es imposible seguir todas estas líneas de investigación, por lo que, a efectos de este capítulo, examinaré las principales características de la democracia consejista tal y como se ejemplifica en las experiencias de la Comuna de París y los consejos obreros de principios del siglo XX. Que aquí me concentre en los escritos sobre estas experiencias no significa de ninguna manera que otras experiencias de democracia comunera y consejista se hayan desarrollado en base a ellas. Al contrario de lo que propaga el pensamiento conservador, la condición humana está marcada antropológicamente por la cooperación y colectividad en condiciones de igualdad, y justo por eso, esas prácticas de democracia consejista regresan vez por vez durante el curso de la historia sin que sus protagonistas tengan necesariamente conocimiento de prácticas similares anteriores. Sin embargo, en esas experiencias históricas es donde encontramos la más temprana y más avanzada elaboración conceptual de lo que son también los principios básicos de la democracia comunal.

2. CARACTERÍSTICAS PRINCIPALES DE LA DEMOCRACIA DE CONSEJOS

a) Participación general no a través de grupos o partidos preestablecidos

En la Comuna de París, la participación estaba abierta a todos y -por lo que sabemos- no hubo fractura según las orientaciones políticas preestablecidas (aunque influyó en decisiones y posturas). En los consejos obreros, la situación era más contradictoria. Los teóricos consejistas sostenían que ya que la "idea de los consejos tiene como reto la liberación de todo el proletariado de la explotación capitalista, la organización de los consejos no puede ser el dominio de un solo partido o de un solo grupo profesional, tiene que abarcar al proletariado en su conjunto" (Däumig, 1973, p.81). O como escribe Anton Pannekoek: "El cuerpo dominante en esta organización fabril es todo el conjunto de los trabajadores que colaboran en ella. Se reúnen para discutir los asuntos y en esas reuniones toman sus decisiones. Todos los que toman parte en el trabajo participan entonces en la regulación de las tareas comunes" (Pannekoek, 2005/2011a). Al mismo tiempo, los teóricos veían un problema en tener que lidiar con fuerzas no revolucionarias o contrarrevolucionarias en los consejos, por lo que Adler también propuso que sólo los socialistas participaran en los consejos. Los teóricos consejistas argumentaban que una vez que los trabajadores empiezan a discutir sus necesidades, aspiraciones y estrategias en asambleas en el puesto de trabajo, la afiliación partidista deja de importar: los trabajadores desarrollan su autonomía.[1] En los consejos, las diferencias entre partidos y profesiones se desvanecerían (Adler, 1981, pp.149-159). Sin embargo, ob-

[1] Lo que sin duda fue un motivo central de la desconfianza de los partidos hacia los consejos.

servaron que, con el tiempo, los partidos reforzaron su control ideológico sobre los trabajadores y éstos empezaron a seguir las líneas del partido, lo que, en el caso de Alemania, llevó a la autoeliminación de facto de los consejos mediante el voto mayoritario de los trabajadores socialdemócratas.

b) Democracia no-representativa y responsabilidad inmediata

En la democracia de consejo, los diputados o delegados no representan, sino que ejecutan la voluntad y las decisiones de los electores o de la asamblea. Desempeñan sus funciones públicamente, deben rendir cuentas de forma absoluta e inmediata y pueden ser revocados de sus cargos en cualquier momento por las mismas personas que les confiaron la responsabilidad de desempeñar sus funciones. "La democracia es, por tanto, una cuestión de crear las condiciones socio-políticas que impiden el desarrollo del poder político" (Demirovic, 2015, p.45). En el lugar de trabajo, la máxima autoridad es la asamblea general de todos los trabajadores, el consejo obrero. En lugares de trabajo con un gran número de trabajadores, se constituyen asambleas departamentales, que envían delegados a una asamblea o comité central de delegados. Los delegados no tienen poder para tomar decisiones, sino que transmiten las decisiones del departamento a la asamblea de delegados y devuelven los asuntos para que se discutan en el departamento (Pannekoek, 2008, p.40).

d) Desafiar la división en esferas

La democracia consejista desafía y tiene el potencial para superar la división de lo económico, lo político y lo social en esferas supuestamente diferentes. Esta separación es fundamental para el capitalismo y el Estado burgués, que excluye la esfera económica y social de la democracia. Con los consejos obreros la economía no está ya separada de la política. Y si se logra superar la división social del trabajo, otra potencialidad inherente al control obrero, lo social y lo político ya no son esferas separadas. El potencial político del poder constituyente ya no es separado del poder político ni es absorbido por el sistema representativo, que neutraliza el poder constituyente como el motor más importante del cambio. Superar la escisión entre lo social y lo político significa superar la diferencia entre gobernados y gobernantes y la diferencia entre sociedad civil y sociedad política. En la democracia consejista, no hay ningún órgano político que tome decisiones desvinculadas de la sociedad. La democracia ya no se limita a un régimen político: se convierte en un principio que determina todas las esferas de la vida.

e) Sin separación de poderes

La Comuna de París y los comuneros y las comuneras posteriores rechazaron la separación burguesa de poderes. Como resume Marx:

> La Comuna debía ser una corporación de trabajo, no parlamentaria, sino ejecutiva y legislativa al mismo tiempo. Los policías, en vez de ser instrumentos de un gobierno central, debían ser servidores de la Comuna, al igual de los funcionarios de todas las otras ramas de la administración, son nombrados por la Comuna y debían ser revocables en cualquier momento ... La iniciativa en todas las cuestiones de la vida social debía estar reservada a la Comuna. En pocas palabras, todas las funciones públicas, hasta las pocas que pertenecían al gobierno central, serían ejecutadas por funcionarios comunales y por eso bajo control de la Comuna (1962b, p.596).

Adler, consideraba que la separación de poderes, "como principio perjudicial para la democracia, debía ser superada" (1981, p.206). Adler sostenía que la separación de poderes no era compatible con la soberanía del pueblo. De hecho, desde el punto de vista de la teoría democrática, es antagónica a ella: Si el poder constituyente es todopoderoso, es la fuente de legitimidad del poder constituido y reside en el soberano, ¿cómo puede justificarse la separación del poder legislativo del poder ejecutivo?[2]

f) Socialización: Ni propiedad privada, ni del estado

La sociedad prefigurada por los consejistas se basaba en una forma de socialización que hoy se llamaría "bienes comunes", ya que no implica la nacionalización bajo control estatal:

> Cuando hoy se exige la "socialización", la palabra ya no invoca simplemente la demanda de la transferencia de los medios de producción a la posesión de todo el público. Más bien la demanda de la socialización hoy se ha solidificado en la demanda más concreta de que la transferencia de los medios de producción a la propiedad pública tenga lugar de tal manera que en todas partes las masas de trabajadores reciban ellas mismas la administración de sus lugares de trabajo, o al menos reciban la parte decisiva del control de su administración (Korsch, 1980a, pp.163-64).

---

[2] Respecto a los principales argumentos contra la separación de poderes y por qué los liberales afirman que la separación es la garantía de los derechos democráticos, véase Demirovic, 2015, pp.43-45.

Los diferentes lugares de trabajo se coordinan para planificar la producción con el fin de satisfacer las necesidades sociales, pero no son dueños de los medios de producción, ni siquiera colectivamente:

> En el caso de la socialización *directa*, la tierra y las instalaciones son también solamente prestadas a los participantes en la producción que trabajan en un lugar de trabajo individual (rama de producción). Como base socioeconómica de todo el proceso de producción y consumo, no pertenecen a ningún grupo específico de trabajadores, sino a la comunidad combinada de todos los grupos específicos (Korsch, 1980b, p.90).

El objetivo es lo que Marx define como construcción de una "asociación de hombres libres que trabajen con medios colectivos de producción y que desplieguen sus numerosas fuerzas productivas individuales de trabajo con plena conciencia de lo que hacen, como una gran fuerza de trabajo social" (1973, p.45).

Korsch también señaló que el control obrero del proceso de producción no podía lograrse por decreto o de una vez, sino que sólo podía ser el resultado de una tenaz lucha de clases contra el capital en cada lugar de trabajo.

g) *Democracia consejista: Ni gobierno, ni estado*

¿La Comuna y los consejos obreros eran movimientos antiestatales o estaban a favor de un "Estado proletario"? ¿La administración consejista equivale a un gobierno? Estas son algunas de las cuestiones más controvertidas en el debate sobre los consejos. Gran parte de la confusión se debe al uso inexacto de los términos "Estado" y "gobierno" por parte de muchos teóricos consejistas y al hecho de que Marx no elaboró una teoría del Estado. A juzgar por las afirmaciones difundidas en su obra, fue cada vez más crítico con la forma de Estado. En su descripción de la Comuna de París, Marx afirmó:

> La Comuna fue una revolución contra el Estado mismo, contra ese aborto sobrenatural de la sociedad; fue una recuperación de la propia vida social del pueblo por el pueblo y para el pueblo. No fue una revolución para transferir el poder del Estado de una facción de las clases dominantes a la otra, sino una revolución para romper esta abominable máquina de dominio de clase en sí misma. etc.
>
> La Comuna – esta es la recuperación del poder del Estado por la sociedad como su propio poder vivo, en lugar de la violencia que subordina y oprime a la sociedad; es la recuperación del poder del Estado por las propias masas, que crean su propia violencia en lugar de la violencia organizada de la opresión; esta es la forma política de su emancipación social ... (Marx, 1962a, pp.541 y 543).

Esto incluía la sustitución del ejército permanente por una milicia popular y la inclusión de un compromiso civil a las funciones policiales. Marx nunca utilizó el término "Estado proletario" al describir la Comuna.[3] Si, como escribió Marx, "en manos de la Comuna se pusieron no solamente la administración municipal, sino toda la iniciativa llevada hasta entonces por el Estado" (Marx, 2003, p.66), parece claro que el antiguo Estado no fue sustituido por un "Estado proletario". Hasta la aparición de la doctrina del "socialismo en un solo país" (provocada por la derrota de los movimientos revolucionarios en Europa Occidental), los movimientos comunistas no estaban orientados hacia el Estado-nación. La Comuna de París seguía la idea de una Federación de Comunas coordinada a nivel nacional a través de una Constitución Comunal. Los consejos obreros se referían al "Estado burgués", que debía ser destruido. Pero teorizaban una fase de transición en medio de la revuelta, mientras perdían terreno frente a las fuerzas moderadas y reaccionarias. Däumig afirmó: "Una organización consejista sólo puede ser una estructura de lucha proletaria-socialista, destinada a eliminar la producción capitalista y el Estado autoritario construido sobre ella, aunque tenga una fachada republicana, y a poner en su lugar la producción socialista y una comunidad autogestionada" (Däumig, 1973, p.79). En 1922, Korsch utilizó el término "Estado proletario" para diferenciarlo del Estado burgués (Korsch, 1968). Al mismo tiempo Korsch aclaraba que la Comuna era "una *acción revolucionaria* cuyo objetivo esencial no consiste ya en *el mantenimiento de una determinada forma de dominio estatal,* ni en *la consecución,* tampoco de *un nuevo tipo "superior" de estado,* sino, mucho más, en la definitiva creación de los presupuestos materiales para la disolución de todo tipo de estado" (Korsch, 1982, p.81).

En vista del giro autoritario en Rusia y más tarde por el movimiento revolucionario en España, pasó a posiciones más radicales e identificó la

---

3 Marx nunca usó el término Estado proletario, y hasta el término de Estado de la clase trabajadora se encuentra solamente una vez en toda su obra. Marx usa el término "dictadura del proletariado" sin definir una forma de Estado o tipo de organización administrativa definitiva. "Dictadura", además no tenía el significado que se le atribuye hoy. Para Marx y Engels significaba que los obreros y no la burguesía gobernaban. Engels se refirió directamente a la Comuna de París para explicar que era la "dictadura del proletariado". El término Estado proletario es usado posteriormente por algunos consejistas, el Leninismo, Trotskismo y los países autoidentificados como "socialismo real" para referirse a la fase de transición entre el Estado burgués y la abolición del Estado, en la cual supuestamente se encontraban.

autonomía de los consejos obreros y su defensa frente al Estado como un imperativo central. Sobre España escribió: "Los éxitos del proletariado español revolucionario, tan asombrosos dado el cúmulo de dificultades con que ha tenido que enfrentarse, únicamente pueden ser explicados en virtud de su posición decididamente antiestatal y no frenada por ningún tipo de obstáculos ideológicos y organizatorios" (Korsch, 1983, p.304).

Marx emplea el término "gobierno" de manera más imprecisa o, mejor dicho, menos definida, que los teóricos consejistas. Según Marx una de las nuevas características de la Comuna, que la diferenciaba de otros levantamientos o revoluciones, era que

> el pueblo después del primer levantamiento no depuso las armas y depositó su poder en las manos de los charlatanes republicanos de la clase dominante, que mediante la construcción de la Comuna tomó en sus proprias manos las verdaderas riendas de su revolución y al mismo tiempo encontró el medio para mantenerlo en manos del pueblo mismo en caso de éxito, sustituyendo la maquinaria estatal, la máquina de gobierno de las clases dominantes, por su propia máquina de gobierno (Marx, 1962a, p.556).

Los teóricos consejistas utilizaban a menudo el término autogobierno, pero al mismo tiempo no consideraban que los consejos equivalieran a un gobierno. "Los consejos no son políticos, no son gobierno. Son mensajeros, que transmiten e intercambian las opiniones, las intenciones, la voluntad de los grupos de trabajadores." (Pannekoek, 2005/2011b). "Gobierno" estaba asociado a la democracia política, considerada una "parodia":

> Bajo la organización de consejos desaparece la democracia política, porque la política misma desaparece y deja su lugar a la economía social. ... Todas las medidas se toman en medio de constante intercambio, por la deliberación en los consejos y la discusión en los grupos y los talleres, por acciones en los talleres y decisiones en los consejos. Lo que se hace en tales condiciones nunca podría ser producto de órdenes venidas de arriba y proclamadas por la voluntad de un gobierno. ... Las medidas sólo pueden ejecutarse de manera tal que las masas las pongan en práctica como su propia resolución y voluntad; la coerción externa no puede imponerlas, simplemente porque le falta esa fuerza. Los consejos no son un gobierno; ni siquiera los consejos más centrales tienen un carácter gubernamental. En efecto, no disponen de ningún medio para imponer su voluntad sobre las masas; no tienen órgano alguno de poder. Todo el poder social está en manos de los trabajadores mismos. Cuando se requiera el uso del poder contra perturbaciones o ataques que afecten al orden existente, éste procederá de las colectividades de trabajadores de las fábricas y se mantendrá bajo su control.

Los gobiernos eran necesarios, durante todo el período de la civilización hasta la actualidad, como instrumentos de la clase dominante para mantener oprimidas a las masas explotadas. Esos gobiernos se arrogaban también funciones administrativas en medida creciente, pero su carácter principal, como estructuras de poder, estaba determinado por la necesidad de mantener la dominación de clase. Una vez desvanecida esa necesidad, también desaparecerá el instrumento. Lo que subsistirá es administración (Pannekoek, 2005/2011b).

No había, por tanto, necesidad de "gobierno". Todas las funciones necesarias eran asumidas por los funcionarios elegidos por las comunas, que cobraban lo mismo que cualquier otro trabajador y recibían el mandato de las comunas.

3. CONSEJOS OBREROS Y DEMOCRACIA CONSEJISTA: LIMITACIONES, CONTRADICCIONES Y ALCANCE

Hay muchas contradicciones importantes que no pudieron ser resueltas ni por los consejos obreros a lo largo de su breve existencia ni por los teóricos consejistas en los debates posteriores a su derrota. Los consejistas consideraron necesario concentrar todo el poder en manos de los trabajadores productivos: "El portador de la idea de los consejos sólo puede ser el proletariado, es decir, todos los trabajadores manuales e intelectuales que se ven obligados a vender su fuerza de trabajo al capital para poder vivir" (Däumig, 1973, p.80). Ampliar la categoría de "obreros" implicaba la contradicción de diluir las divisiones de clase y oscurecer el hecho de que los diferentes sectores que participan en el proceso productivo tienen intereses específicos, que pueden afectar las decisiones. Por otro lado, la expansión del sistema de consejos más allá del taller a otros sectores de la sociedad conllevaba el peligro de perpetuar la división de clases y los intereses sectoriales.

La mayoría de los teóricos consejistas eran muy conscientes de estas contradicciones y, por lo tanto, consideraban los consejos obreros una forma transitoria de la lucha hacia el socialismo.[4] Al igual, Marx no consideraba la Comuna una forma definitiva sino

> el medio organizado de acción. La comuna no elimina la lucha de clases a través de la cual las clases trabajadoras quieren conseguir la abolición de todas las clases, y por lo tanto de todo dominio de clase". La "substitución de

4 Véase Adler, 1981; Däumig, 1973; Korsch, 1980; Pannekoek, 2008. Para un análisis detallado de los debates de los teóricos consejistas y las contradicciones y limitaciones inherentes a los consejos de trabajadores de principios del siglo XX, véase Demirovic, 2015.

> las condiciones económicas de esclavitud del trabajo por las condiciones del trabajo libre y asociado puede ser solo la obra progresiva del tiempo (Marx, 1962a, pp.545 y 546).

Pannekoek consideraba que la forma de los consejos obreros ya era revolucionaria en sí, y era un desafío al Estado capitalista de por sí, mientras la Comuna de París había empezado como forma burguesa, constituida como un parlamento burgués, que pero se transformó de inmediato en algo distinto por asumir las características de una corporación de trabajo (Pannekoek, 1974).

4. EL ESTADO-NACIÓN COMO PROYECTO DE LA MODERNIDAD CAPITALISTA COLONIZADORA

En la vida cotidiana los términos nación, pueblo, Estado y país se usan indistintamente. En la academia "uno se enfrenta claramente a una gama de diferentes concepciones teóricas y teorías sobre la nación como un fenómeno histórico y social" (Lægaard, 2007, p.40). Aunque al final parten principalmente del análisis de la experiencia europea ligada a la construcción del Estado-nación moderno. Este, como resume Phil McMichael analizando la conformación de Estados nacionales a mitad del siglo XIX, "era la forma social a través de la cual se fundamentó el mercado global y se expresaron políticamente las relaciones capitalistas" (McMichael, 2000, p.676).

Estudios del nacionalismo diferencian entre nacionalismo étnico y nacionalismo cívico (o liberal). El primero postula una nación radicada en una "comunidad principalmente étnica o etnocultural unida por mitos de ascendencia compartida y por características culturales como lenguaje, prácticas y valores comunes" (Lægaard, 2007, pp.41-42). Pueblo y nación son intercambiables. El pueblo es, como lo definió el filósofo alemán Johann Gottlieb Fichte en 1808, una "comunidad de destino" (Schicksalsgemeinschaft) con la tarea histórica de la construcción de un Estado nacional (Fichte, 2008). El nacionalismo cívico tiene sus orígenes en la Ilustración y la Revolución Francesa. La nación se concibe como "una comunidad de ciudadanos del Estado territorial", que es "una asociación voluntaria en la línea de la doctrina de la soberanía popular, es decir, como individuos unidos por su lealtad compartida y consentimiento a las instituciones políticas que gobiernan el estado en su nombre y limitada por el respeto a sus derechos individuales" (Lægaard, 2007, p.41). La mayoría de los estudiosos coinciden en que "todas las naciones son una mezcla de elementos cívicos y étnicos en diferentes proporciones y formas" (Lægaard, 2007, p.42).

Ambos conceptos, y así sus formas híbridas, se basan en lo que Gellner describió como "nacionalismo homogeneizador" (2006), "una situación en la que la etnicidad, el idioma y la cultura se superponen bajo el paraguas de securitizar las fronteras etnonacionales" (Conversi, 2007, p.377). El nacionalismo es entonces "principalmente un principio que sostiene que la unidad política y nacional debe ser congruentes" (2006, p.1). Gellner situó el nacimiento del nacionalismo homogeneizador en la modernidad y la industrialización. La industrialización provocó la dislocación masiva y por lo tanto se fraguan la homogeneización y coaliciones interclasistas con un nacionalismo aparentemente igualitario (Gellner, 2006). Conversi (2007, 2008) formula otro origen. Según él, las bases para la homogeneización cultural se sentaron en el ejército con el servicio militar obligatorio en una relación mutua con el sistema educativo adoptado. Al final, "la escuela monolingüe tuvo un modelo en el ejército y, a su vez, produjo soldados con disponibilidad, incluso antes de que pudiera formar ciudadanos leales" (Conversi, 2007, p.387). Ya que aquí no importa mucho, no entraré al debate (aunque coincidiría más con Conversi).

El Estado-nación es la forma de autoridad política privilegiada por la Modernidad, priorizando la sociedad entendida como equivalente del Estado-nación a la comunidad (Grosfoguel, 2018). Según el teórico decolonial Enrique Dussel la "Modernidad es un modo de situar la subjetividad de Europa como superior" (2018, p.37). El análisis decolonial conecta el comienzo de la Modernidad Europea con el colonialismo, y especialmente con la colonización de las Américas. Con referencia a Aimé Césaire y Enrique Dussel, Ramón Grosfoguel resume que "El racismo es un principio constitutivo que organiza desde adentro todas las relaciones de dominación de la Modernidad..." (2018, p.68). "La Modernidad es un proyecto de muerte genocida de la vida (humana y no humana) y de destrucción epistemicida de otras civilizaciones (destrucción de formas "otras" de conocer, ser y estar en el mundo)" (Grosfoguel, 2018, p.73).

5. EL REGRESO DE LA COMUNA

De los muchos ejemplos de autogobierno de democracia comunera y socialista que hay en el mundo y de los cuales mencioné algunos al principio, me concentraré en los ejemplos de Kurdistán y México.[5]

---

5 Hay más ejemplos en otros capítulos y también he estudiado y publicado de manera extensa sobre las estructuras comuneras en Venezuela.

En Kurdistán, el autogobierno se relaciona tanto con las tradiciones comunitarias locales como con los conceptos socialistas. Tiene su origen en un replanteamiento de la organización de liberación nacional PKK (Partido de los Trabajadores de Kurdistán) y su presidente Abdullah Öcalan a finales de la década de 1990. En 2005, el PKK y las numerosas organizaciones a su alrededor se reorganizaron como KCK, Asociación de Comunidades del Kurdistán (Jongerden y Hamdi Akkaya, 2013). El movimiento previamente marxista-leninista adoptó el confederalismo democrático de Bookchin. A esto le siguió el establecimiento de estructuras de consejos en Kurdistán del Norte (Kurdistán turco), que tienen que trabajar clandestinamente hasta el día de hoy. El concepto también se aplica a las regiones kurdas de Irán, Irak y Siria. En 2007, las estructuras de consejos clandestinos se extendieron a Kurdistán Occidental (norte de Siria) y se hicieron públicas tras el colapso del control gubernamental en 2011. (Jongerden y Hamdi Akkaya, 2013; Knapp et al., 2016).

La organización consejista más avanzada se encuentra en Rojava, oficialmente Federación Democrática del Norte de Siria (DFNS). Aunque sea Kurdistán, es una región plurinacional, poliétnica y multireligiosa con una población árabe, asiria y turkmena numerosa, y minorías armenias, circasianas y chechenas. En una región en la cual conflictos basados en divisiones nacionales, étnicas y religiosas son frecuentes, es de hecho justo el modelo comunero y consejista que ha posibilitado la convivencia. La pluralidad es también incluida en la Constitución de la DFNS y se refleja en su estructura política.

En la estructura comunera de Rojava, la unidad más pequeña es la Comuna basada en la asamblea de vecinos que, dependiendo del tamaño de la comunidad, puede abarcar entre 30 y 200 hogares (en zonas urbanas de alta densidad hasta 500). La mayoría se reúne una vez por semana. En los consejos hay igualdad de voz y voto, aunque suelen intentar de llegar a decisiones por consenso. Además, existen comunas/consejos específicos, como por ejemplo de mujeres o jóvenes. Las comunas envían delegados al consejo del nivel superior: la vecindad en zonas urbanas (7-30 comunas), y comunidad de aldeas en las zonas rurales (7-10 comunas). El tercer nivel son los distritos, que corresponden a una ciudad y los pueblos alrededor. El consejo del distrito es una asamblea de 100 a 200 delegados con un consejo de coordinación (TEV-DEM) de 20-30 personas. En el concejo del distrito participan también delegados de partidos, ONGs y movimientos sociales. El nivel más alto es la Asamblea Popular de Kurdistán Occidental (MGRK), que reúne delegados de los TEV-DEM distritales, de los consejos de mujeres, los consejos de jóvenes, los partidos y algunas organizaciones más. En el MGRK se elige un

TEV-DEM para toda Rojava de 33 personas. Estas a su vez forman parte de ocho comisiones de trabajo en los llamados cantones (en Rojava hay tres cantones más la ciudad de Alepo). La MGRK se mantuvo operativa hasta el 2014. Después del recrudecimiento de los ataques islamistas y de Turquía hicieron más difícil desplazarse, las estructuras administrativas quedaron limitadas de forma separada a los tres cantones. Aunque los consejos superiores tienen principalmente funciones de coordinación, los delegados pueden tomar decisiones. Estas, sin embargo, deben ser adoptadas formalmente por los consejos locales para que sean vinculantes (Knapp et al., 2016, pp.87-95).

La estructura administrativa pretende superar la separación entre la esfera política y social. La autoadministración consejista no se parece ni a un estado ni a un gobierno. El exdiplomático estadounidense Carney Ross observó: "Lo encontré confuso: seguí buscando una jerarquía, un líder único, o algún signo de una línea de mando de gobierno, cuando, de hecho, no había; solo había grupos" (30.09.2015).

El programa económico de la DFNS define como orientación una economía social explícitamente antiliberal, aunque no planificada centralmente, y contiene amplias medidas de socialización. Desde 2013 se ha impulsado la construcción de cooperativas en todos los sectores, y en alrededor de un tercio de las empresas privadas se han creado consejos de trabajadores que, al igual que las cooperativas, rinden cuentas a los consejos locales. A fines de 2012, se implementó el principio de "propiedad por uso" de terrenos, edificios e infraestructura, aboliendo así la propiedad privada "absoluta". Mientras el edificio, el terreno o la infraestructura estén en uso por parte de los propietarios, la propiedad no se cuestiona y los consejos no pueden anularla, pero tampoco se le permite al propietario vender la "propiedad" en el mercado. Todos los terrenos, edificios e infraestructuras que no estén en uso están bajo el control de los consejos, que pueden asignarlos a nuevos usuarios; en efecto, se convierten en bienes comunes. Actualmente la gran mayoría de la propiedad privada es utilizada como bien común. (Knapp et al. 2016, pp.197-210).

En México podemos encontrar estructuras comuneras y consejistas en diferentes regiones, casi todas indígenas. El levantamiento zapatista de 1994 en el estado de Chiapas condujo a la creación de estructuras de autogobierno comunero. Después de un breve período de confrontación militar en 1994, los zapatistas negociaron con el gobierno, pero rompieron el contacto cuando el gobierno no cumplió sus promesas. Desde entonces se mantienen estructuras autónomas en una parte consistente del territorio chiapaneco, que han sufrido hostigamiento militar y paramilitar, como también una militarización del territorio.

La estructura de autogobierno, inspirada en tradiciones indígenas, en el Zapatismo, el Magonismo y experiencias socialistas y anarquistas de autogestión consejista, tiene como base asambleas comunitarias que abarcan alrededor de 300 hogares y cuentan con la participación con voz y voto de todos los mayores de 12 años. Varias comunidades en un territorio autodefinido forman a su vez un Municipio Autónomo Rebelde Zapatista (MAREZ). Los MAREZ también funcionan basados en consejos. Como estructura a nivel superior se crearon los Caracoles. En algunos casos reúnen a varios MAREZ en otros más bien comunidades, depende de la estructura del territorio y la organización. Caracoles y MAREZ son llamados Centros de Resistencia Autónoma y Rebeldía Zapatista (CRAREZ). La mayoría de los CRAREZ son sedes de autogobiernos regionales, las Juntas de Buen Gobierno. Estas tienen diferentes comisiones que se ocupan de áreas específicas como producción, educación, salud etc. y coordinan entre los MAREZ y las comunidades. Los CRAREZ también tienen estructuras para reuniones masivas. En todas las asambleas se intenta llegar a decisiones consensuales, si no es posible también se toman decisiones basadas en votaciones mayoritarias, aunque eso depende también de que se trate. Los Zapatistas han construido un sistema propio de salud con hospitales y puestos de salud, como también un sistema de educación con centenares de escuelas, desarrollaron un sistema de justicia alternativa y una red de radios comunitarias. La economía zapatista es principalmente agraria y basada en cooperativas, producción familiar y tiendas y empresas (como tortillerías) comunitarias. La propiedad privada ha sido convertida en propiedad común comunal (la abolición de los ejidos de propiedad común y comunitaria por parte del gobierno había sido también una de las muchas causas del levantamiento en 1994). La economía está orientada a la subsistencia, pero también hay ventas fuera de los territorios zapatistas y hasta exportaciones, principalmente de café, y en menor medida también miel, artesanía y otros productos (Abel, 1998; Ejercito Zapatista de Liberación Nacional, 2016; Muñóz Ramírez, 2003; Vergara-Camus, 2014).

Hasta el 2004 se formaron 27 MAREZ y 5 caracoles. En 2019 los zapatistas anunciaron que habían conformado 7 caracoles y 5 MAREZ nuevos, una expansión significativa de su organización territorial (Subcomandante Insurgente Moisés, 2019).

El ejemplo de los zapatistas llevó a la proclamación de comunidades indígenas autónomas en otros estados de México, especialmente en Oaxaca y Guerrero. En Guerrero, un estado históricamente muy conflictivo, el autogobierno surgió de la construcción de una policía comunitaria que solo rinde cuentas a las comunidades. Como próximo paso la red de más de 40 comunidades autogobernadas estableció un sistema de justicia comunitaria, una coordinación de la economía agrícola y la fundación de una universidad indígena (Calveiro, 2021; Gasparello, 2009; Gasparello y Guerrero, 2009). En el estado de Oaxaca, que tiene una población predominantemente indígena, el autogobierno está firmemente anclado en las comunidades rurales. En ningún otro estado del país hay tantas comunidades que eligen sus autoridades según usos y costumbres, como lo permite la ley. Muchas se basan en mecanismos de democracia comunera, y algunas se autoproclamaron autónomas.

En las comunidades de las tierras altas de Oaxaca surgió también la doctrina de la comunidalidad, la cual une a los siguientes principios: "1] democracia participativa o directa; 2] la organización del trabajo comunitario; 3] posesión y control territorial comunitario; 4] una cosmovisión común que incluye la noción de la Tierra como madre (Pachamama) y respeto para el liderazgo comunitario" (Barkin y Lemus, 2020, p.350). Originalmente la doctrina surgió en defensa de los recursos naturales en los territorios afectados por tala de bosques y otras actividades extractivas. Así que es "un desafío directo a la idea de la soberanía del estado-nación" (Barkin y Lemus, 2020, p.352).

En la capital de Oaxaca, que lleva el mismo nombre del estado, se dio también un levantamiento general el 14 de junio de 2006. La población expulsó a la policía y a la administración municipal de la ciudad de 600.000 habitantes y autogobernó la ciudad durante casi cuatro meses y medio antes de ser asaltada por fuerzas policiales especiales. La ciudad se autogestionó y organizó defensa y seguridad mediante asambleas vecinales y la Asamblea Popular de los Pueblos de Oaxaca (APPO). La APPO fue una coordinación de delegados de más de 300 organizaciones y colectivos políticos y sociales, trabajadores rurales, estudiantes, grupos indígenas y barrios. La valiosa experiencia indígena fue un elemento importante en la "La Comuna de Oaxaca". Al mismo tiempo se trataba de una zona urbana, en la cual la mayoría de la población no es indígena. (Arenas, 2014; Beas Torres, 2007; Esteva, 2009, 2010).

6. CONCLUSIONES

"Las comunidades", resume Esteva, "aparecen como alternativa porque en ellas se restablece la unión entre la política y el lugar y el pueblo adquiere una forma en que puede ejercer su poder, sin necesidad de rendirlo al Estado" (2009). El proyecto de Estado-nación ha significado la homogenización continua del territorio nacional y sus habitantes en todas sus dimensiones. El idioma, las leyes, la educación, la identidad, la defensa, las estructuras de poder, la instituciones, los procedimientos institucionales y políticos, el tiempo etc.[6] La organización en comunas rompe con todo y priva al Estado-nación de la capacidad de homogenizar. Por eso la Comuna tiene el potencial de ser un proyecto radicalmente anti-Estado-nación.

La organización comunera con sus prácticas de democracia comunal rechaza de manera implícita y explícita la Modernidad (europea). Öcalan contrapone a la Modernidad capitalista una Modernidad Democrática de una sociedad moral y política, que se autogobierna a través de una democracia de base. Y como tal construye una Nación democrática, que es diferente al Estado-nación, y transforma a la nación a través de instituciones democráticas y emancipadoras de autonomía democrática (Knapp et al., 2016:44). Hugo Chávez, durante su juramentación como presidente en el 2007 declaró con referencia a Antonio Negri: "El Poder Constituyente nos permite relativizar, romper con el racionalismo modernizante y abrir nuevos espacios y nuevos tiempos". Le corresponde al Poder Constituyente, no al Estado, construir las nuevas instituciones que llevarían al Estado comunal, como Chávez definió a la estructura consejista de varios niveles que había que construir (Chávez, 2007, p.59). Las estructuras consejistas tienden a abolir la división entre político, social y económico en esferas y la división de poderes. Dado que el Estado se basa en la división en diferentes esferas, al desafiar estas divisiones, la democracia consejista también desafía, por extensión, al Estado (Demirovic, 2015, p.34). La Comuna eliminó lo que Marx consideraba las características centrales del Estado. Según las definiciones contemporáneas del Estado –desde un análisis afirmativo burgués hasta una definición (mucho más elaborada) marxista crítica– la forma de administración que surge de la democracia consejista no es un Estado. Esto no se ve alterado por el hecho de que, a falta de otro término, se haya seguido utilizando el término "Estado". No se trata de una mera cuestión semántica: el término "Estado" está vinculado a toda una serie de ideas preconcebidas y, por lo tanto, no es adecuado para captar cómo podría ser una coordinación más amplia en una democracia concejista.

---

6 Eso no aplica solamente a los países del Sur global. A partir de la década de los 1960s hubo estudiosos y movimientos que definieron al País Vasco, Córcega, Cerdeña, Irlanda, Escocia y otros casos como "colonias internas", víctimas del nacionalismo homogeneizador, de los Estados naciones en los cuales se encuentran (Hechter, 1975). Eso contribuyó al análisis y la teorización de nacionalismos no homogeneizadores.

En la democracia comunera y consejista, como en las formas de democracia comunal aquí analizadas, los delegados no representan, son más bien voceros y pueden ser revocados por las bases que los eligieron. Los habitantes de las comunidades determinan el territorio de referencia y su afiliación. Las nuevas entidades de autogobierno no corresponden a las divisiones territoriales oficiales. Más bien se refieren al espacio sociocultural-económico (relacional) que se deriva de la vida cotidiana y no al espacio político-administrativo existente (Harvey, 2006, pp.119-48). En los casos en los cuales existe un poder de Estado paralelo, los dos espacios se superponen y su relación suele caracterizarse por el conflicto. Incluso en Venezuela, donde las estructuras de autogobierno comunal y consejista están consagradas en la ley y cuentan supuestamente con el apoyo del Estado, están en constante conflicto con las instituciones para defender su autonomía y hacer valer sus intereses (Azzellini, 2017, 2022). Las estructuras comuneras tienen además tendencia anticapitalista; adoptan formas de propiedad común y comunitaria de tierras y edificios y construyen y fomentan formas colectivas y autogestionadas de trabajo y producción en cooperativas.

Los consejistas como Pannekoek y Korsch consideraban que no había que aferrarse a la Comuna o a los consejos obreros como única forma revolucionaria y posible. La forma según ellos estaba ligada al momento histórico preciso, a la transformación del modelo productivo, y a la composición de clase (Korsch, 1929; Pannekoek, 1969). Lo central es que los consejistas, al igual que luego el operaismo, consideraban que la clase trabajadora misma tiene la capacidad de construir sus propias organizaciones y formas en la lucha revolucionaria. La Comuna y los consejos obreros eran la forma que había encontrado en esas luchas. ¿Eso significa que hoy debemos descartar la Comuna y los consejos obreros? No, de ninguna manera. Significa nada más que no pueden ser calco y copia de sus precursores históricos y que no se pueden instalar desde arriba. Como podemos ver en muchos ejemplos posteriores, las principales características de la democracia consejista siguen resurgiendo en las formas de autoorganización desarrolladas en las luchas y en las prácticas de democracia comunal, sin que sean copia de la Comuna de París o de los consejos obreros.

Bibliografía

Abel (1998). Entrevista del autor con Abel, responsable de la área de producción del Municipio Autónomo Rebelde Zapatista 17 de Noviembre, Caracol Torbellino de nuestras palabras (ex-Morelia), Chiapas, México. Febrero.

Adamovsky, E.; Albertani, C.; Arditi, B.; Ceceña, A. E.; Gutiérrez, R.; Holloway, J.; López Bárcenas, F.; López y Rivas, G.; Modonesi, M.; Ouviña, H.; Thwaites Rey, M. &

Tischler. S. (2011). Pensar las autonomías. Alternativas de emancipación al capital y el Estado. México D.F.: Bajo Tierra Ediciones.

Adler, M. (1981). Demokratie und Rätesystem. En Leser, N. & Pfabigan (Eds.), Max Adler, Ausgewählte Schriften. Vienna, Austria: Österreichischer Bundesverlag.

Albert, M. (2003). Parecon: Life After Capitalism. Londres y Nueva York: Verso.

Arenas, I. (2014). Assembling the multitude: material geographies of social movements from Oaxaca to Occupy. En Environment and Planning D: Society and Space Núm. 32. pp.433-49. Doi: https://doi.org/10.1068/d19612.

Azzellini, D. (2014). Ein Epochenbruch. Die neuen globalen Proteste zwischen Organisation und Bewegung. En PROKLA. Núm. 177. Vol. 44. pp.495-512. Doi: https://doi.org/10.32387/prokla.v44i177.237

Azzellini, D. (Ed.). (2015). An Alternative Labour History: Worker Control and Workplace Democracy. Londres, Reino Unido y Nueva York, EE.UU.: Zed Books.

Azzellini, D. (2017). Communes and Workers' Control in Venezuela: Building 21st Century Socialism from Below. Leiden: Brill.

Azzellini, D. (2021). Workers' Control and Self-Management. En Veltmeyer, H. & Bowles, P. (Eds.). The Essential Guide to Critical Development Studies. Second edition. pp. 366-373. Londres, Reino Unido y Nueva York, EE.UU.: Routledge.

Azzellini, D. (2022). Commune Socialism: Self-Management, Popular Power and Autonomy in Venezuela. En Veltmeyer, H. & Ezquerro-Cañete, A. (Eds.). Extractivism, Resistances and Alternatives: Contemporary dynamics of capitalist development. Londres, Reino Unido y Nueva York, EE.UU.: Routledge.

Azzellini, D. y Ness, I. (Eds.). (2021). Poder Obrero. Autogestión y control obrero desde La Comuna hasta el presente. Buenos Aires, Argentina: Editorial El Colectivo.

Barkin, D. y Lemus, B. (2020). Superando la pobreza rural de abajo hacia arriba. En Boltvinik, J. y Mann, S. A. (Eds.). Pobreza y persistencia campesina en el siglo XXI: teoría, debates, realidades y políticas. Ciudad de México, México: Siglo XXI. pp.339-56.

Bayat, A. (1991). Work, Politics, and Power: An International Perspective on Workers' Control and Self-Management. Londres y Nueva York: Monthly Review Press.

Beas Torres, C. (2007). La batalla por Oaxaca. En Beas Torres, C., *La batalla por Oaxaca.* Oaxaca: Yope Power. pp.21-79

Biehl, J. y Bookchin, M. (1997). The Politics of Social Ecology: Libertarian Municipalism. Montreal: Black Rose.

Bonnet, A. (2014). The Idea of Councils Runs through Latin America. En South Atlantic Quarterly. Núm. 2. Vol. 113. pp.271-283. Doi: https://doi.org/10.1215/00382876-2643612.

Bookchin, M. (2015). The Next Revolution: Popular Assemblies and the Promise of Direct Democracy. Bookchin, D. & Taylor, B. (Eds.). Londres, Reino Unido y Nueva York, EE.UU.: Verso.

Calveiro, P. (2021). Resistir al neoliberalismo: comunidades y autonomías. Buenos Aires: CLACSO.

Chávez, H. (2007). Juramentación del Presidente de la República Bolivariana de Venezuela, Hugo Chávez Frías (período 2007-2013). Palacio Federal Legislativo, Miércoles, 10 de enero de 2007. Caracas: Ministerio del Poder Popular para la Comunicación e Información.

Conversi, D. (2007). Homogenisation, Nationalism and War: Should We Still Read Ernest Gellner? Nations and Nationalism. Núm 3. Vol. 13. pp.371-394. Doi: 10.1111/j.1469-8129.2007.00292.x.

Conversi, D. (2008). 'We Are All Equals!' Militarism, Homogenization and 'Egalitarianism' in Nationalist State-Building (1789–1945). Ethnic and Racial Studies. Núm 7. Vol. 31. pp.1286-1314. Doi: 10.1080/01419870701625450.

Däumig, E. (1973). Der Rätegedanke und seine Verwirklichung. En Bermbach, U., Theorie und Praxis der direkten Demokratie. Opladen: Westdeutscher Verlag. pp. 79-87.

Demirovic, A. (2015). Council Democracy, or the End of the Political". En Azzellini, D. (Ed.). An Alternative Labour History: Worker Control and Workplace Democracy. Londres, Reino Unido y Nueva York, EE.UU.: Zed Books. pp.31-66.

Dussel, E. (2018). La política de la liberación. En Romero-Losacco, J. (Ed.). Encuentros descoloniales Memorias de la primera Escuela de Pensamiento Descolonial Nuestramericano. Caracas: El Perro y la Rana. pp. 15-60.

Esteva, G. (2009). Otra mirada, otra democracia. Rebelión.org. Recuperado de www.rebelion.org/noticia.php?id=80143.

Esteva, G. (2010). The Oaxaca Commune and Mexico's Coming Insurrection. En Antipode. Núm. 4. Vol. 42. pp. 978-93. Doi: https://doi.org/10.1111/j.1467-8330.2010.00784.x.

Ejército Zapatista de Liberación Nacional–EZLN (2016). ¿Y en las comunidades zapatistas?. Recuperdao de https://enlacezapatista.ezln.org.mx/2016/02/23/y-en-las-comunidades-zapatistas/

Fichte, J. G. (2008). Reden an die deutsche Nation. Hamburg: Meiner Verlag für Philosophie.

Gasparello, G. (2009). Policía Comunitaria de Guerrero, investigación y autonomía. En Política y Cultura. Núm. 32. pp.61-78.

Gasparello, G. y Quintana Guerrero, J. (2009). Otras Geografías. Experiencias de autonomías indígenas en México. México D.F.: Editorial RedeZ, Tejiendo la Utopía.

Gellner, E. (2006). Nations and Nationalism. Oxford: Blackwell.

González, M., Burguete Cal, A., Mayor, J. M., Ortiz-T., P. & Funaki, R. (Eds.). (2021). Autonomías y autogobierno en la América diversa. Cuenca, Colombia: Universidad Politécnica Salesiana.

Grosfoguel, R. (2018). Caos sistémico, crisis civilizatoria y proyectos descoloniales: pensar más allá del proceso civilizatorio de la Modernidad/colonialidad. En Romero-Losacco, J. (Ed.). Encuentros descoloniales. Memorias de la primera Escuela de Pensamiento Descolonial Nuestramericano. Caracas, Venezuela: El Perro y la Rana. pp.61-90.

Harvey, D. (2006). Space as a keyword. En Castree, N. & Gregory, D., David Harvey. A Critical Reader, Malden: Blackwell. pp.270-93.

Hechter, M. (1975). Internal Colonialism. The Celtic Fringe in Britsh National Development 1536-1966. Berkeley: University of California Press.

Hopkins, A. y Pineda, C. E. (Eds.). (2021). Pensar las autonomías. Experiencias de autogestión, poder popular y autonomía. Ciudad de México, México: Bajo Tierra Ediciones.

Jongerden, J. y Akkaya, A. H. (2013). Democratic Confederalism as a Kurdish Spring: The PKK and the Quest for Radical Democracy. En Ahmed, M. M. A. & Gunter, M. M. (Eds.). The Kurdish Spring: Geopolitical Changes and the Kurds. Costa Mesa: Mazda Publishers. pp.163-85.

Knapp, M., Flach, A. y Ayboga, E. (2016). Revolution in Rojava: Democratic Autonomy and Women's Liberation in Syrian Kurdistan. Londres: Pluto Press.

Korsch, K. (1929). Revolutionäre Kommune (I). En Die Aktion. Núm. 5/8. Vol. 19. pp.176-81.

Korsch, K. (1968). Arbeitsrecht für Betriebsräte. Frankfurt a. M.: EVA.

Korsch, K. (1980a). "Die Sozialisierungsfrage vor und nach der Revolution." En Korsch, K., Gesamtausgabe. Vol. 2: Rätebewegung und Klassenkampf. Frankfurt a. M.: EVA. pp.161-65.

Korsch, K. (1980b). Sozialisierung und Arbeiterbewegung. En Gesamtausgabe. Vol. 2: Rätebewegung und Klassenkampf. Frankfurt a. M.: EVA. pp.89-95.

Korsch, K. (1982). La Comuna Revolucionaria [II]. En Korsch, K., Escritos políticos. Vol. 2. Ciudad de México: Folios Ediciones. pp.280-87.

Korsch, K. (1983). La colectivización en España. En Korsch, K., Escritos políticos. Vol. II. Ciudad de México: Folios Ediciones. pp.297-305.

Lægaard, S. (2007). Liberal Nationalism and the Nationalisation of Liberal Values. Nations and Nationalism. Núm. 1. Vol. 13. pp.37-55. Doi: 10.1111/j.1469-8129.2007.00269.x.

Mariátegui, J. C. (2010). 7 Ensayos de Interpretación de la Realidad Peruana. El Problema de la Tierra. Mariátegui, J. C. En Política Revolucionaria. Contribución a la Crítica Socialista. Tomo II. Caracas: El Perro y la Rana. pp.75-122.

Marx, K. (1962a). Erster Entwurf zum Bürgerkrieg in Frankreich. En Marx-Engels-Werke. Vol. 17. Berlín/RDA: Dietz Verlag. pp.493-571.

Marx, K. (1962b). Zweiter Entwurf zum ‚Bürgerkrieg in Frankreich. En Marx-Engels-Werke. Vol. 17. Berlín/RDA: Dietz Verlag. pp.572-610.

Marx, K. (1973). El capital. Vol. I. La Habana: Editorial de Ciencias Sociales.

Marx, K. (2003). La Guerra civil en Francia. Madrid: Fundación Federico Engels.

McMichael, P. (2000). World-Systems Analysis, Globalization and Incorporated Comparison. En Journal of World Systems Research. Núm. 3. Vol. 6. pp.68-99. Doi: https://doi.org/10.5195/jwsr.2000.192

Mészáros, I. (2001). Más allá del Capital. Caracas: Vadell Hermanos Editores.

Muñóz Ramírez, G. (2003). 20 y 10 el fuego y la palabra. Ciudad de México: Revista Rebeldía.

Pannekoek, A. (1969). Weltrevolution und kommunistische Taktik. En Neugrode, M. (Ed.). Anton Pannekoek und Hermann Gorter. Organisation und Taktik der proletarischen Revolution. Frankfurt a. M., Alemania: Verlag Neue Kritik. pp.123-167.

Pannekoek, A. (1974). Sozialdemokratie und Kommunismus. En Neubestimmung des Marxismus 1: Diskussion über Arbeiterräte. Berlín (Oeste): Karin Kramer Verlag. pp.52-76.

Pannekoek, A. (2005/2011a). Capítulo primero: La tarea. 3. La organización de las fábricas. En Pannekoek, A., Los Consejos Obreros. Marxists Internet Archive. Recuperado de https://www.marxists.org/espanol/pannekoek/1940s/consejosobreros/3.htm.

Pannekoek, A. (2005/2011b). Capítulo primero: La tarea. 7. La organización de consejos. En Pannekoek, A., Los Consejos Obreros. Marxists Internet Archive. Recuperado de https://www.marxists.org/espanol/pannekoek/1940s/consejosobreros/7.htm

Pannekoek, A. (2008). Arbeiterräte. Fernwald: Germinal Verlag.

Plys, K. (2016). Worker Self-Management in the Third World, 1952–1979. En International Journal of Comparative Sociology. Núm. 1-2. Vol. 57. pp.3-29. Doi: 10.1177/0020715215627190.

Ressler, O. (productor & director). (2012). Take the Squares. Austria: Autoproducción.

Rodríguez, S. (2001). Obras Completas de Simón Rodríguez. Tomo II. Caracas: Ediciones de la Presidencia de la República.

Roos, J. E. y Oikonomakis, L. (2014). They Don't Represent Us! The Global Resonance of the Real Democracy Movement from the Indignados to Occupy. En Della Porta, D. & Mattoni. A. (Eds.). Spreading protest: social movements in times of crisis. Colchester, Reino Unido: ECPR Press. pp.117-136.

Ross, C. (30.09.2015). The Kurds' Democratic Experiment. The New York Times.

Roth, K. H. (2010). Die globale Krise. Globale Krise – Globale Proletarisierung – Gegenperspektiven. Hamburg: VSA-Verlag.

Sitrin, M. y Azzellini, D. (2014). They can't represent us!: reinventing democracy from Greece to Occupy. Londres y Nueva York: Verso.

Subcomandante Insurgente Moisés (2019). Comunicado del Comité Clandestino revolucionario Indígena-Comandancia General del Ejército Zapatista de Liberación Nacional. Y rompimos el cerco. Recuperado de https://enlacezapatista.ezln.org.mx/2019/08/17/comunicado-del-ccri-cg-del-ezln-y-rompimos-el-cerco-subcomandante-insurgente-moises/

Vergara-Camus, L. (2014). Land and Freedom. Londres y Nueva York: Zed Books.

Wolff, R. (2012). Democracy at Work: A Cure for Capitalism. Chicago: Haymarket Books.

II. PARTE

Capítulo V

La comunidad en la discusión feminista en Argentina. Aportes para la democracia comunal en el presente

CANDELA DE LA VEGA
VICTORIA FERNÁNDEZ
JULIANA HERNÁNDEZ
JÚLIA MARTÍ

Introducción

Si me preguntas cómo definiría esta Comunidad (...) pienso siempre en una perspectiva anclada en lo territorial, desde lo comunitario, feminista. Es muy diverso y amplio, pero lo enmarcaría en un movimiento feminista popular, comunitario, situado (CC-E1).

Para nosotres es de vital importancia lo comunitario. Es la base para pensar cualquier proyecto de cambio. Solas, solos, soles: nada. Nos quieren individuales porque saben que así somos más débiles (CC-D1).

Este capítulo parte de la convicción de que la democracia comunal encuentra hoy en el movimiento feminista latinoamericano una fuente viva de prácticas, sentidos y horizontes. Para comprender su aporte es necesario partir de un diagnóstico común: en nuestras sociedades del Sur global, la precariedad y las exclusiones de las condiciones de vida de las amplias mayorías son efecto de una histórica configuración de la acumulación capitalista que explota simultáneamente –más no homogéneamente– cuerpos y territorios. Este sistema de opresión se entrelaza con el colonialismo y el patriarcado, alimentándose mutuamente y organizando de manera desigual y violenta, tanto relaciones sociales como actividades o prácticas hacia dentro de los territorios urbanos y rurales, suscitando en consecuencia la resistencia de una variedad de movimientos sociales. En la escena contemporánea de América Latina, como ha sido ya señalado (Federici, 2018; Gago, 2019; Segato, 2016; Almeida y Cordero, 2017), el movimiento feminista es una de las fuerzas más importantes en el juego de tensión, resistencia y construcción de otras formas políticas.

Si bien no se trata de un movimiento homogéneo con premisas universales, existen tradiciones y aportes[1] que, en el plano reflexivo, permiten trazar acercamientos a las discusiones sobre la democracia y la comunidad que nos convocan en esta investigación. Muchas veces mediado por las urgencias de la supervivencia ante condiciones de vida precarizadas en extremo, estos aportes han encarado tímidos procesos de sistematización conceptual (Korol, 2016) y nos ofrecen de manera generosa la posibilidad de reconstruir caminos posibles de la praxis política.

En primer lugar, un aporte central para nuestro estudio lo realiza la tradición forjada por el *feminismo comunitario*, que emerge desde grupos de mujeres indígenas de Bolivia, Guatemala y México, que tejen sus propias formas de nombrarse y situarse, haciendo eje en su territorio y visión de mundo (Paredes, 2015, p.111). Para ellxs, lo comunitario está constituido por las personas, cualquiera sea el género, la tierra, el territorio, los animales, la vida vegetal y mineral (Feminismo comunitario, 2010, p.426). Desde la comunidad como propuesta política, avanzan en la despatriarcalización y la descolonización orientados a socavar las bases del capitalismo y su explotación. Además, diagnostican relaciones entre desigualdades socioambientales y de género para entender otras dimensiones de los procesos extractivos, especialmente, en los territorios de los pueblos indígenas y afrodescendientes (Paredes, 2017; Guzmán, 2019; Cabnal, 2010; Ulloa, 2016). Esto hace que el foco de su problematización se sitúe en cada territorio, partiendo desde sus propios cuerpos, con sus atravesamientos particulares, escapando a los diagnósticos de un único feminismo hegemónico, blanco y occidental. Su horizonte es un "buen vivir comunitario", y no la simple conquista de derechos individuales: "partimos de la comunidad como principio incluyente que cuida a la vida" (Paredes, 2013, p.79)[2]. Para

---

1 Por solo citar algunas de estas corrientes: la epistemología feminista decolonial y marxista (Ochoa, 2018), el marxismo (Mészáros, 2001; Mazzeo, 2006), la economía feminista (Gago, 2019; Perez Orozco, 2014; Carrasco y Díaz, 2017), el feminismo crítico (Segato, 2021), FeminismoComunitario (Paredes, 2013; Paredes y Gúzman, 2014).

2 Esta visión de las luchas feministas y del mundo es una visión decolonial que busca descentrarse del tiempo de Europa (y así dejar de leer las luchas a partir del esquema difundido de las "olas feministas") para recuperar el tiempo propio, el de la vida de nuestros territorios, desde los tiempos ancestrales, y de ahí proyectar nuestro propio tiempo como una raíz de temporalidad. Esta corriente nombra a la Pachamama y a la naturaleza como origen y constructora de lo que somos: hijas de esta tierra, tierra que es a la vez madre e hija, que hay

el *feminismo comunitario,* la comunidad es un proyecto político y la forma de vida, el horizonte de lo posible: una comunidad donde se reconozcan las diferencias, pero sin que estas sean privilegios, y que se asiente en el respeto y la responsabilidad con la vida (Guzmán, 2019).

En segundo lugar, en continuidad y de forma entrelazada, encontramos los feminismos decoloniales que, situando la marca colonial para América Latina, Asia y África, interrogan "el contexto global-local a la vez que analiza las subjetividades producidas por raza, clase, sexo y sexualidad dadas en este contexto, pero que se articulan a las dinámicas estructurales" (Curiel, 2014, p.327)[3].

Por último, existen aportes específicos de lo que se ha venido a llamar feminismos populares, gestados en Argentina al calor de la masividad del movimiento feminista en la década de 2010 y la radicalización en la politización de las violencias y su vinculación con la dominación capitalista (Lenguita, 2021; Nijensohn, 2019; Gago, 2019; Di Marco, 2010). Para quienes se reclaman parte del feminismo popular es en el marco del sistema capitalista, patriarcal y colonial, donde se refuerzan mutuamente las distintas formas de dominación y disciplinamiento de los cuerpos, los territorios, las comunidades y la naturaleza. En Argentina, las experiencias políticas reclamadas por este feminismo son las asambleas de mujeres piqueteras nacidas de los procesos de resistencia y lucha que llegaron al estallido social en 2001, con las históricas jornadas del 19 y 20 de diciembre, cuando se pusieron en debate fuertemente los modos de hacer política. En ese contexto aparecieron colectivas feministas que se articularon a lo ancho y largo del territorio reclamando posturas descolonizadoras, anticapitalistas, autónomas y de la acción directa (Korol, 2016). Para Di Marco (2010), el feminismo en el país "devino" popular al emerger de la mano de la articulación entre feministas y mujeres de los sectores populares a partir de tres

---

que cuidar, no convertirla en propiedad privada y mucho menos explotarla. "La madre nos hace a nosotras y nosotras hacemos también a la madre, es entender, por fin, cómo se hacen las culturas, las tradiciones y las costumbres" (Paredes, 2017, p.4). Por su parte, considera al cuerpo como experiencia histórica, material y política.

3 Lo anterior supone admitir que el feminismo occidental constituye las prácticas y discursos aún vigentes: "si el feminismo del Sur se alimentó de las ideas emancipadoras y de igualdad de las feministas europeas y estadounidenses, seguramente también, habrá que admitir la herencia etnocéntrica de tal adscripción" (Curiel, 2014, p.314).

demandas fundamentales: el trabajo digno, la lucha en contra de la violencia hacia las mujeres y la legalización del aborto.

A partir de esta breve genealogía de luchas, experiencias y construcción de sentidos, se abre camino Casa Comunidad (en adelante CC), la experiencia feminista en la que se centra nuestra investigación. Se trata de una organización ubicada en Córdoba, Argentina, que nació en el marco de acción del Encuentro de Organizaciones (en adelante EO), un movimiento social con posicionamiento anticapitalista, de composición mixta de militantes y con fuerte arraigo territorial urbano (alrededor de 40 asambleas de vecinxs de distintos barrios de la ciudad de Córdoba y localidades cercanas[4] participan actualmente de esta organización). Desde 2016, y bajo una necesidad apremiante, CC surgió como espacio organizativo con miras a un objetivo estratégico: la defensa de la vida de mujeres e identidades disidentes frente a la violencia patriarcal en y desde las comunidades. En la práctica concreta, esto incluye el despliegue de diversas líneas de trabajo tales como el acompañamiento y acogida a personas en situación de violencia, la formación política en promoción contra la violencia de género, la economía popular, el asesoramiento legal y terapéutico, el desarrollo de redes de apoyo y contención en los barrios populares.

Desde un abordaje cualitativo de caso, este capítulo se organiza a partir de la siguiente pregunta: ¿qué aporta la experiencia feminista CC para pensar dimensiones de la democracia comunal en el presente? En base a nuestro análisis, identificamos tres contribuciones alrededor de lo comunitario:

1. La denuncia de la comunidad como objeto y espacio de dominación y acumulación capitalista. Al describir e impugnar ejes de explotación y dominación, esta dimensión se relaciona con lo que en el marco teórico común de la investigación delimita como parte del *proyecto* y la ética de la emancipación (ver capítulo II).
2. La definición de la comunidad como táctica y estrategia de lucha. Aquí focalizamos en la construcción de una subjetividad en resistencia; esta dimensión se relaciona con lo que el marco teórico

[4] La Provincia de Córdoba está ubicada en el centro territorial de Argentina, y la ciudad de Córdoba es su capital. Conforma, junto con localidades de alrededor, una continuidad urbana conocida como el "Gran Córdoba", siendo la segunda aglomeración urbana del país por población y superficie (luego de la Región Metropolitana de Buenos Aires). La región muestra altos grados de desigualdad en acceso a la tierra y la vivienda, la salud, la educación, la alimentación, así como el acceso a bienes y servicios urbanos.

común de la investigación delimita como parte del *sujeto* (ver capítulo II).

3. La proyección de la comunidad como forma de la política y el poder, que se inscribe en lo que el marco teórico común de la investigación delimita como parte del *proceso* (ver capítulo III).

Tras presentar algunas breves consideraciones metodológicas de este estudio, el Capítulo se organiza en tres apartados para trabajar cada uno de estos aportes.

Una advertencia necesaria: en las páginas de este Capítulo ensayamos una escritura inclusiva utilizando la letra "x" a modo de desafiar y subvertir las reglas actuales de la lengua española, establecidas en instituciones patriarcales y coloniales, que refuerzan los sentidos sexistas y binarios. Entendemos que la lengua es un hecho dinámico, que se renueva en función de los usos que le otorgamos, y que, por tanto, el lenguaje construye realidades. Si estamos de acuerdo en que el patriarcado es un sistema de dominación que debe combatirse, entonces resulta urgente que nuestras palabras sean el lenguaje del nuevo mundo que estamos construyendo. La inclusión genérica es parte de la historia que protagonizamos, el masculino no abarca la totalidad, existimos en la resistencia, también lingüística.

2. CONSIDERACIONES EPISTÉMICO-METODOLÓGICAS DEL ESTUDIO

Nuestra investigación se estructuró a partir de la postura epistemológica basada en el conocimiento situado como modo de producción de saber (Haraway, 1995), orientado a identificar las reglas que rigen la visión parcial y la voz limitada en su espacio y tiempo. Es esta forma de "parcialidad" la que permite descubrir las conexiones y aperturas inesperadas para el desarrollo de teorías y conocimientos críticos. Delimitar el carácter situado de nuestro análisis –otros dirán que se trata de una forma "participativa" de investigar–, conlleva enunciar que:

i. no somos ni ajenas ni meras espectadoras pasivas de nuestro objeto de investigación[5];

---

5 Algunas formamos parte de CC, otras del EO, y también de FeminisTalde (Euskal Herria), es decir, todas del campo popular y la lucha feminista.

ii. los hallazgos de esta investigación encuentran su condición de posibilidad en la interacción respetuosa –y no por eso menos rigurosa– con la organización y el movimiento feminista que investigamos; por eso, el plural enunciado en la autoría de este artículo es más amplio que las cinco autoras de este texto;

iii. los resultados de este estudio son provisorios, no porque sean inexactos sino porque somos conscientes de que estos mismos hallazgos nos transforman como investigadoras y producen cambios también en las subjetividades y procesos sociales que estudiamos.

Así, las decisiones metodológicas estuvieron orientadas por los principios de flexibilidad de las investigaciones de corte cualitativo:

i. la estrategia de análisis de caso involucra la selección intencional de la unidad de observación, dada su relevancia y pertinencia a las dimensiones teóricas que requieren ser informadas;

ii. el trabajo de campo se basó en cuatro entrevistas grupales en profundidad y el análisis de documentos producidos por CC, y otros documentos producidos por el espacio de Género del EO, con el objetivo de privilegiar la voz de lxs sujetxs protagonistas de los fenómenos sociales que estudiamos, puesto que desde allí es posible una producción de conocimiento que reconozca al "otrx" y sus saberes. Algunos fragmentos representativos de las dimensiones y categorías analizadas se presentan en este texto acompañados por el código de identificación en nuestra base de datos. Además, dan inicio a cada apartado de este capítulo aquellos fragmentos que condensan sentidos más globales de cada una de las tres dimensiones de lo comunitario que forman parte de los resultados de nuestro análisis.

La estrategia de análisis e interpretación se basó en una construcción en permanente relacionamiento entre la teoría y el dato. Por un lado, coincidimos con Ciuffolini (2010) en que la red conceptual a partir de la cual identificamos y problematizamos la realidad, tiene el poder y la autoridad para establecer fronteras de exclusión e inclusión, y, por lo tanto, es el marco de constitución de objetos y métodos de análisis; conscientes de ello, el marco teórico que estructura esta investigación libro -proyecto, sujeto y procesos de las experiencias de democracia comunal- no funcionó exactamente como una herramienta de validación sino que operó como un punto de anclaje para la interpretación de los datos, más a modo de prisma desde donde mirar lo nuevo, y no como un cuerpo fijo de conceptos a comprobar[6]. Por otro lado, aquellos discursos recogidos en el trabajo de campo fueron abordados con la intención de reducir al mínimo las "violencias" sobre su propia estructura de enunciación (Avalle, 2010). Las herramientas del análisis del discurso (Van Dijk, 2000; Howarth, 2005) nos permitieron articular el marco teórico con los lenguajes que emergen del análisis del corpus, es decir, las dimensiones analíticas surgen de las negociaciones entre las herramientas teóricas y los relatos de las entrevistas y los documentos de CC.

1. UN DIAGNÓSTICO DEL MUNDO: LA DENUNCIA DE UNA COMUNIDAD OBJETO Y ESPACIO DE DOMINACIÓN Y EXPLOTACIÓN

1.1. Sobre la práctica del diagnóstico

> *Creo que una de las particularidades que ha tenido [CC] tiene que ver con la palabra que repetimos tanto: herramienta. La necesidad de que el feminismo nos sea útil, la necesidad de que realmente generemos algo que dé respuestas. Creo que esto también tiene mucho que ver con la relación con los territorios y de cómo nace esta necesidad. Nosotras no evaluamos solas esta necesidad. De hecho, se evaluó colectivamente, [...] desde hacía un par de años, solo que algunas le pusimos el cuerpo a construirla, a pensarla, a dinamizarla, a sostenerla... pero surgió de un diagnóstico mucho mayor, mucho más amplio. Y se constituyó como una herramienta que tiene que ver con una característica del movimiento social en el que estamos inscritas que es en una relación tensa si se quiere, y no tensa por conflictos, sino por una relación que no era... A ver, que era una herramienta de servicio, si se quiere, de 'estar al servicio de', y entender que este era nuestro campo de inscripción y para esto nosotras estamos y con mucha fidelidad a esto (CC-E4).*

CC no nace en el vacío ni como la derivación de un mandato teórico o político forjado en otras latitudes o tiempos. CC sintetiza una respuesta or-

---

6 Dice Ciuffolini, en este sentido, que: "el trabajo de investigación no importa una asimilación de los casos a un cuerpo conceptual, y tampoco una visión inductiva que suspenda toda referencia de aquel. Se trata más bien de una dinámica de implicación mutua, en la que la superficie interpretativa que ofrecen las teorías es intervenida por un conjunto de operaciones que, erigidas desde corpus o datos, extraen, reinscriben y desplazan, completan o desafían los sentidos por ellas provistos. Y viceversa, corpus o datos resultantes del trabajo empírico son interrogados, recortados, significados desde categorías, conceptos y relaciones dispuestas en los desarrollos conceptuales" (2010, p.3).

ganizativa ante la identificación de la persistencia de ciertas condiciones de vida –especialmente de mujeres e identidades disidentes– que integraban la organización. Con el motor de esa preocupación, uno de los esfuerzos de CC ha sido el de generar diagnósticos y lecturas de las formas de dominación y explotación que atraviesan no solamente a quienes integran CC, sino también a un grupo social más amplio.

Desde las claves que nos da Thompson (1989), en toda experiencia de lucha y organización, los sujetos elaboran narraciones de las condiciones comunes en las que viven: son diagnósticos de mundo, pero no de cualquier mundo, sino del propio, del que es experimentado en un *aquí* y *ahora*. Estas narraciones incluyen la descripción de relaciones sociales situadas y concretas que se viven como opresivas y cuyo reconocimiento resulta constitutivo de todo proceso de resistencia porque son esas relaciones sociales las que se denuncian e impugnan como injustas, violentas o desiguales. En este aspecto, decimos que la experiencia de CC aporta ejes decisivos para captar las complejidades e imbricaciones de la red de dominación y explotación de nuestras sociedades actuales.

En estas narraciones se expresa la forma vivida, presente y situada, que captan la sedimentación histórica, más o menos estabilizada a través del tiempo, de relaciones sociales que regulan y organizan histórica y contradictoriamente dinámicas culturales, sociales, ideológicas, institucionales y políticas. Para quienes las asumen como objeto central de su lucha, por un lado, estas condiciones no se les presentan como "circunstancias elegidas" –parafraseando un famoso fragmento de Marx[7]–, sino más bien como "circunstancias heredadas", situaciones que se aparecen como "ya dadas" y que se comportan como verdaderas fuerzas externas que organizan la vida cotidiana. Pero, por otro lado, se presentan también como cambiantes y móviles, por la misma dinámica capitalista de reinventarse, adaptarse o reconfigurarse para perpetuar su mandato ilimitado de acumulación.

Identificar cómo funciona el mundo en un momento y en un lugar dado es una práctica que atraviesa toda experiencia emancipatoria, como enseñaron las feministas decoloniales. Se trata de relocalizar el pensamiento y la acción desde las experiencias situadas, para anular la universalización occidental (Curiel, 2009). Estos diagnósticos importan en tanto son

[7] Nos referimos a: "los hombres hacen su propia historia, pero no la hacen a su libre arbitrio, bajo circunstancias elegidas por ellos mismos, sino bajo aquellas circunstancias con que se encuentran directamente, que existen y trasmite el pasado" (Karl Marx, 1973, Capítulo I).

la clave para elaborar estrategias de lucha y de cambio de esas condiciones de dominación y explotación. Eso es lo que condensa la expresión acerca de que CC nace y se plantea como una "herramienta": se constituye en una experiencia que se crea y se expande desde el compromiso por leer "la realidad" cambiante y no siempre homogénea de los distintos territorios, sus efectos históricos y situados en tiempo y espacio. Y el compromiso es tal que el testimonio de arriba lo nombra como "fidelidad".

En un camino de problematización y formación colectivo, la identificación y desnaturalización de las múltiples violencias, dominaciones y explotaciones que atraviesan cuerpos, identidades y territorios es también, no sin tensiones, el motor de su constante re-creación. El énfasis de los relatos recogidos en las entrevistas en "conocer", "saber", "sacar en limpio", "ver lo que sucede en el territorio", son las claves para hacer emerger este aspecto. Justamente, lo que relatan los testimonios es esa conexión –tensa y, a veces, no necesariamente acompasada– entre, por un lado, esas constantes lecturas y diagnósticos de mundo, la necesidad de precisarlas, contrastarlas o ajustarlas; con la elección, construcción y revisión de caminos y alternativas de lucha y organización:

> Y nos empezamos a juntar, tuvimos una plenaria de género del EO donde estuvo interesante el encuentro y la compartición de un montón de situaciones que no sabíamos que estaban sucediendo, o sí, pero nunca habíamos podido abordar [...] Entonces, lo que se nos ocurrió fue juntarnos a charlar esas experiencias con las mujeres y ver qué podíamos sacar en limpio de eso, para tener estrategias completas cuando una compañera estaba atravesando una situación de violencia (...) Creo que acá nosotras hicimos como un procesito porque cuando empezamos a pensar feminismo y patriarcado y qué se yo, bueno, empezamos a leer a las feministas clásicas [...]. Y después, cuando una va al territorio y ve lo que está sucediendo... [...] Nosotras pensamos que incluso CC ya hoy es una herramienta obsoleta. Por eso estamos en un proceso también de reinventarla (...) No sé, voy a decir algo que es lo que pienso: me parece que el Encuentro Nacional [de Mujeres] ha ido en el mismo camino que hemos hecho nosotras en relación al feminismo y feminismo popular. Me parece que en los últimos dos encuentros que trajeron esta idea del encuentro plurinacional y qué sé yo, es el decantar de que el feminismo haya encontrado el territorio. El territorio, hasta en el propio cuerpo, para profundizar las discusiones del feminismo (CC-E1)[8].

---

8 La entrevistadx hace referencia al "Encuentro Plurinacional de Mujeres, Lesbianas, Travestis, Trans, Bisexuales, Intersexuales y No binaries" que se desarrolla todos los años, en distintas ciudades del país, desde 1986. Es el encuentro feminista más grande del Abya Yala donde se juntan mujeres de todo el mundo a discutir, formarse y participar en talleres. Para más información ver: Gago, 2019; Alma y Lorenzo, 2009; García, 2013; Herrera, 2017; Caimmi, 2021.

Ese compromiso con el territorio, con su diagnóstico y lo que allí sucede, es el corazón de la reivindicación de la práctica política de un "feminismo popular"[9]. Que el feminismo se sitúe desde el territorio, justamente, reclama para sí una práctica política situada, atendiendo al movimiento y combinación precisa de opresiones y dominaciones que se trenzan en cada momento y lugar. Por eso, siempre es un feminismo múltiple, inescindibles de las condiciones singulares en las que viven quienes deciden iniciar una lucha. Lo contrario sería suponer de antemano jerarquías entre las distintas opresiones o caracterizarlas como "principales" y "secundarias" de una vez y para siempre. Ello arrojaría solo un diagnóstico posible, en singular, como única mediación crítica para la comprensión de una realidad objetiva, como la única fuente de fundamentos autorizados para los problemas de una comunidad. Por el contrario, un feminismo popular, para que sea un "feminismo útil", conlleva una disposición política a la problematización, tanto sobre viejos o heredados diagnósticos –aunque sean propios–, como sobre las prácticas de luchas que se organizan para superarlas.

1.2. Las claves del diagnóstico de CC

> *¿Cómo identificamos la violencia?: hicimos un análisis de capitalismo, colonialismo y patriarcado entrelazado. Y me parece que desde ese lugar no hablamos de la dominación patriarcal solamente, sino que hablamos de la dominación patriarcal atravesada por el sistema capitalista, y por el sistema colonial (…) Me parece que nosotras pensamos que la dominación patriarcal es una patita más de un sistema capitalista y de un sistema colonial que nos están oprimiendo desde múltiples lugares. Y no lo pensamos separado de eso, por eso también la complejidad de abordaje o la idea del abordaje comunitario tiene que ver con contrarrestar no solo el patriarcado, sino también a todas las otras dominaciones que están apareciendo por ahí (CC-E1).*

En nuestro análisis, la enunciación de estos diagnósticos de *unos mundos* se presenta como una manivela con la que es posible traccionar un proceso colectivo más complejo y largo de intelección del sistema histórico de relaciones sociales de explotación y dominación múltiple y global. Es que, la insistencia en leer formas de violencia que pueden ser diversas y múltiples, no implica una renuncia a identificar mecanismos estructurales que orga-

---

9 Si bien no disponemos de espacio para justificarlo con mayor extensión, advertimos que este uso de la idea de un "feminismo popular" se aleja de la lectura que reclama para el feminismo una articulación populista, constitutiva de un "pueblo feminista", en los términos de la obra de Ernesto Laclau (cfr. Martínez, 2018).

nizan el ADN "común" de las distintas situaciones. De ahí que se vuelve posible hablar de algunas claves potentes en que aporta la experiencia de CC en sus lecturas.

Para un primer panorama general, situamos una nota publicada en 2019 en La Tinta, medio cooperativo y alternativo de comunicación, en la que desde CC decían:

> las violencias machistas no se ejercen siempre del mismo modo, ni tienen el mismo impacto en todes [sic]. En los barrios, se entrelaza con la violencia de clase y el racismo, por eso, la respuesta tiene que ser transversal y amplia en numerosos frentes: ser pobres, mujeres en su mayoría y subalternas convoca a respuestas comunitarias, aquella forma en la que resistimos y existimos en la larga noche de los 500 años de conquista y colonización. El estar juntes [sic] como principio de cada comunidad y contemplar las particularidades de cada situación son las estrategias que se van tejiendo en los barrios (CC-D8).

Para CC, y desde los testimonios analizados, comprender el tipo de "imbricación" entre capitalismo, patriarcado y colonialismo exige considerar dos mecanismos principales que detallamos a continuación y que, conjuntamente, tienen como efecto la expropiación y violencia sobre la red comunitaria.

1.2.1 Mecanismos de expropiación sobre el trabajo comunitario de reproducción de la vida, su invisibilización y subordinación al trabajo productivo y salarizado

El trabajo en la clave feminista de CC parte de problematizar las condiciones de vida de quienes se ocupan de tareas de reproducción de la vida. Nombradas a veces como tareas "de cuidado" o "trabajo afectivo", Fraser incluye en este tipo de tareas a "las formas de aprovisionamiento, atención e interacción que producen y sostienen vínculos sociales" (2020, p. 21). Y en una discusión que es reclamada también por otras feministas que se ubican a sí mismas en el arco marxista (Fraser, 2020; Federici, 2017; Pérez Orozco, 2014), el mecanismo de acumulación del capitalismo no solamente funciona sobre la base de la extracción de plusvalía mediada por la relación salarial en el ámbito de la producción de bienes o servicios, sino también en una íntima dependencia con el trabajo de reproducción de aquella "mercancía ficticia" que es la fuerza de trabajo humano. Esta división, fundamental para el capitalismo, se ha configurado sobre la división de género, forzando que mujeres o cuerpos feminizados se ocupen en condiciones no salariales de las tareas reproductivas.

En líneas generales, Gago (2019) considera que el movimiento feminista en Argentina ha logrado, a través de sus luchas, desbordar e integrar la cuestión laboral al redefinir la magnitud del trabajo reproductivo: lo actualiza, problematiza las condiciones de explotación y obediencia entre los sectores populares, multiplica su alcance sin diluir su densidad histórica. ¿Cómo lo hace? Especialmente desde el feminismo popular, el esfuerzo ha estado en demarcar formas de trabajo reproductivo que alcanzan a comunidades enteras, generalmente, urbanas, que toman a su cargo "el trabajo de socializar a las generaciones jóvenes, construyendo comunidades, produciendo y reproduciendo significados compartidos, las disposiciones afectivas y los horizontes de valor que sostienen la cooperación social" (Fraser, 2020, p.21).

Las tareas reproductivas en los sectores populares no están confinadas al "hogar". Por el contrario, se extiende y se derrama en el territorio social que es el barrio y sobre la base de lazos comunitarios creados, muchas veces, tras muchos años de trabajo de base de organizaciones barriales. En otras palabras, las tareas de reproducción de la vida en los territorios populares tienen carácter comunitario o barrial, no confinadas a la "privacidad" de un hogar.

> la mal llamada rama no productiva ¿no? A lo mejor yo me quería referir a esto: somos, estamos junto con los comedores comunitarios, sí. Eso es zarpado, definirse así (...) creo que es un reconocimiento a todas esas tareas que generalmente las llevan a cabo las mujeres, que nunca han sido reconocidas como trabajo (...) el trabajo que hacen las compañeras históricamente en los comedores desde muchísimos años, por primera vez, está reconocido. Entonces, en ese sentido, me parece que es como importante ¿no? El mismo laburo que hacemos las mujeres en nuestras casas que no está reconocido, se pone en tela de discusión y, todo esto, agravado por las crisis económicas. No sé, si a lo mejor no existieran los comedores populares, estaría todo mucho más estallado. Todo nos va empujando a las discusiones políticas de si es trabajo, si no es trabajo (CC-E1).

Comedores barriales, espacios educativos y culturales, núcleos de producción de bienes y servicios son parte de engranajes donde esos lazos se producen y mantienen, y que no se encuentran totalmente mercantilizadas o mediadas por una relación salarial clásica. Se trata del gran campo conocido como "economías populares" que, en Argentina, atrajo la atención de los estudios sociales, pero también de los procesos de organización y lucha[10]. Esta expresión designa, en el país, la masa cada vez más importante

---

[10] Dada la centralidad de este artículo, no podemos abordar en profundidad este debate. Sugerimos revisar a Gago (2014, 2016); Roig (2017); Gago, Cielo

de trabajadorxs por fuera de una relación asalariada y formal de trabajo. Lo que queda, entonces, es una masa heterogénea de condiciones de trabajo que, aunque comúnmente caracterizadas como "informales/ilegales/precarias" (Gago, 2014, p.96), lo único que expresan en común es una crisis mucho más profunda y global en la que el salario ya no puede seguir siendo la dimensión privilegiada para identificar ni los procesos de explotación y extracción capitalista, ni la explicación de las condiciones de existencia social de las amplias mayorías, ni tampoco los procesos de lucha y resistencia[11].

La inscripción en la "economía popular", para CC, en general, expone la denuncia de una forma de expropiación sobre el trabajo pero que no es solo individual, a mujeres, sino sobre la red comunitaria que lo sostiene. Esto no escapa al escenario más regional de los territorios empobrecidos de América Latina, las tareas dirigidas a sostener la vida han tenido históricamente un componente comunitario. En este sentido, Gutiérrez Aguilar (2017) se refiere exactamente a esa red de prácticas asociativas ampliamente generalizadas –aunque a veces difícilmente perceptibles–, que, con lógicas heterogéneas, se despliegan en tiempos ordinarios con finalidad de reproducir cotidianamente las condiciones indispensables para la vida colectiva, o la vida con otrxs, en medio de amenazas drásticas de despojo o agravio.

En el fragmento de abajo –que remite al problema del acceso a la tierra y a la vivienda de mujeres de sectores populares[12]– lo anterior aparece en el

---

y Gachet (2018); Fernández Álvarez (2018).

11 La economía popular incluye, por tanto, a trabajadorxs inscriptxs en circuitos no mercantiles de producción y acceso a bienes y servicios esenciales para garantizar la vida. Además, tras un sostenido ejercicio de politización de los movimientos sociales post 2001, también es usada para caracterizar a las condiciones de trabajo no remuneradas que tienen que ver con el trabajo doméstico y reproductivo, ya en la escala familiar o ya en la escala barrial o comunitaria que, en contextos de crisis económicas, adquieren tareas como la alimentación, el cuidado de la salud, la educación, la organización del consumo de bienes o la provisión de servicios urbanos como la electricidad, el agua o la recolección de residuos, o formas laborales históricamente significadas como "no trabajo", como el caso del trabajo sexual.

12 Se trata de un problema en Argentina, pero también en toda Latinoamérica. Por ejemplo, según los datos revelados en el informe "Ellas alimentan al mundo", realizado por el medio feminista LatFem y la organización internacional WeEffect, siete de cada diez mujeres productoras de alimentos tienen acceso

registro que refleja que la explotación "es mucho más" que la explotación del trabajo o de la tierra:

> Hay una reivindicación de cómo el sistema en el que estamos inmersas nos explota a nivel de cuidados, trabajo, tierra. Para mí la amplitud de esta reivindicación, esta demanda, o esta lucha es mucho más amplia (...) Muchas veces se piensa en las situaciones de violencia que la conexión con la tierra y con la vivienda, es que se necesita un lugar para vivir y en realidad, (...) es mucho más que esto, porque es un lugar donde una hace comunidad y, entonces, no es cualquier lugar, tiene que ver con tejido, con redes, con tus vecinas (CC-E4).

1.2.2. Mecanismos de violentización y privatización de las vidas

La violentización de lazos y redes sociales, o su privatización o aislamiento, funcionan también como mecanismos de explotación y opresión que son denunciados en los relatos de CC. La violencia sobre el cuerpo de las mujeres y las identidades disidentes no ha dejado de aumentar, pese a las leyes y políticas públicas de protección.

> ¿Qué es la violencia de género? los feminicidios o la violencia física no pueden ocultarse, pero hay otras invisibles o sutiles, que van sucediendo muy de a poco, que están normalizadas (CC-D1).

Según Segato, "la rapiña que se desata sobre lo femenino se manifiesta tanto en formas de destrucción corporal, sin precedentes, como en las formas de trata y comercialización de lo que estos cuerpos puedan ofrecer, hasta el último límite" (2016, p.342). La vulnerabilidad y letalidad de estos grupos frente a la violencia ha aumentado y se ha reforzado, por lo que Segato dio en llamar pedagogía de la crueldad: "todos los actos y prácticas que enseñan, habitúan y programan a los sujetos a transmutar lo vivo y su vitalidad en cosas" (2018; p.13).

El conocimiento acumulado sobre las formas de hacer frente a las violencias les permite abordar las condiciones de su reproducción de distintas formas, sea que se produzcan en el campo o en la ciudad. Así mismo, la experiencia y a apertura discursiva frente a la violencia devenida luego de

---

a la tierra para producir alimentos, pero solo tres tienen títulos de propiedad sobre los campos y la tierra donde trabajan (LatFem – WeEffect, 2021).

las manifestaciones del Ni Una Menos[13], también habilitaron otras formas de abordar estos temas en los territorios.

> En el barrio, si te pasa algo te escucha el vecino. Antes era un chusmerío, ahora es una situación de preocupación. En las zonas rurales, no. Allí es 'que se arreglen ellos porque es la familia', y demás. Entonces, hay que empezar muy atrás, hay que empezar de cero. Los talleres que estamos haciendo acá [en el área rural] son talleres, lo que decíamos nosotras, de autocon/ciencia. 'Charlemos de lo que nos pasa, de nuestra vida' y de ahí vemos si sale algo que podamos identificar como una violencia, y a partir de ahí empezar a laburar cosas más concretas. Y solamente se rompe ese secretismo, ese punto, cuando hay una violencia muy extrema que requiere como una movilización. Y ahí sí se nota la construcción comunitaria. (...) Sí se nota la diferencia de cuando hay una comunidad por atrás, sí se nota. Pero sí, en el cotidiano es muy difícil salirse de esa situación porque no hay reconocimiento real de la situación de violencia desde afuera y desde adentro (CC-E1).

Si las luchas feministas pusieron al descubierto las múltiples formas de violencia y la tensión que se genera entre los ámbitos públicos y privados, las experiencias del territorio reproducen esta tesitura volviendo a tratar estas cuestiones como de competencia doméstica. Sobre ello un fuerte trabajo, "hasta de hormiga" dirán lxs entrevistadxs, para llevar adelante un proceso de concientización en los territorios, que interpele a las mujeres y disidencias pero que también sea una caja de resonancia para los hombres reproductores de violencias.

Entre las respuestas a las violencias, aparece otro actor que si bien ha mostrado cambios, invertido recursos e incorporado discursivamente una atención a la situación de las mujeres y disidencias, o incluso incorporando personal formado para atender a las demandas de violencias, que generan, por un lado, este tipo de acercamiento, pero, por el otro, reproducen lógicas individualizadas de atención[14]. Sobre este punto, lxs entrevistadxs de CC son muy concretxs en su diagnóstico, el abordaje institucional genera una estrategia individualizadora que revictimiza a la víctima de violencia como

---

13 Sobre este tema recomendamos revisar a Gago y Ni Una Menos (2018); Alcaraz y Frontera (2018); Dillon (2018).

14 Si bien esta situación pareciera indicar una gran avance en la estructura estatal para el abordaje de las violencias de género, las falencias en su funcionamiento y estructura aún persisten, principalmente en relación al desborde institucional por falta de empleadas y la explotación laboral que sufren. Entre un 70% y un 80% de los y las trabajadoras del Polo de la Mujer se encuentran en una situación laboral precaria e inestable que vienen denunciando desde el momento de inauguración de la institución (El Llano en Llamas, 2020).

única responsable de encontrar la solución. El Estado dice "enfrentar" el problema, pero al hacerlo, pone a funcionar dispositivos de individualización y precarización.

> En realidad lo que pasó fue que Córdoba, pos 2015 y entrado ya el 2016, genera una herramienta nueva que es el Polo de la Mujer, que es el espacio que unifica todas las herramientas de violencia que tenía el Estado para las violencias e institucionaliza una forma de acompañar esas violencias, que obviamente significó un salto cualitativo fundamental para todas las mujeres y disidencias de la provincia de Córdoba (...) El problema es que esas herramientas tal como están pensadas hoy, son herramientas super individualizadoras de la persona que está sufriendo una situación de violencia ¿no? Entonces, es: vas vos sola, hacés la denuncia, o te acompañan en un proceso; vas vos sola a la psicóloga, te buscás el alquiler sola. Una persona que está en una situación totalmente de vulnerabilidad, te vas sola al refugio con tus hijes [sic]. Como todo es un proceso muy solitario, entonces, nosotras nos dimos cuenta de la importancia de ir acompañada, de que haya una organización, o un grupo o una amiga por atrás, como que todavía la herramienta no ha podido superar eso. La herramienta estatal, digo, superar eso de la mujer está sola, o va a salir de esa situación de violencia totalmente sola y no hay ningún tipo de registro de la necesidad de que haya una espalda para acompañar, que sola no se sale nunca de una situación de violencia, nadie (CC-E1).

Por un lado, si entendemos que el patriarcado colonial moderno funciona como disciplinador respecto al proyecto del capital, la violentización y ruptura de los vínculos es una herramienta para insensibilizar a las personas ante los actos cotidianos de crueldad, algo necesario para la acumulación por despojo. Así, como dice Segato (2016), la destrucción de las redes de confianza interna entre las comunidades y sus redes es fundamental para la apropiación de sus territorios.

Como contraparte, la violencia se produce y crea cuerpos vulnerables, indefensos e incapaces de establecer límites e invocar protecciones políticas. Lo que remarcamos es que las formas de sometimiento no adoptan la forma del sometimiento personalizado, sino que surge de un proceso sistémico en los que las acciones de tantas personas están abstracta o impersonalmente mediadas. Las luchas feministas que se han alzado contra la violencia y la sumisión son un potencial transformador y aperturista de nuevos sentidos que permiten comprender la complejidad de los mecanismos y modos de dominación: la relación entre capitalismo y patriarcado.

Pero, por otro, además, como advierte Gutiérrez Aguilar (2017), la potencia de la red de prácticas colectivas que producen vida –y en su contraparte, el interés del capital por absorberlas– es una forma de cooperación social que desafía la propiedad privada como código de relación social. Porque lo que allí ocurre no es apropiado por algunx/s en detrimento de otrxs. Es, "acción colectiva de producción, apropiación y reapropiación de lo que hay y de lo que es hecho, de lo que existe y de lo que es creado, de lo que es ofrecido y generado por la propia Pachamama y, también, de lo que a partir de ello ha sido producido, construido y logrado por la articulación y el esfuerzo común de hombres y mujeres situados histórica y geográficamente" (Gutiérrez Aguilar, 2017, p.75).

La paradoja está en que capitalismo y patriarcado, al expropiar y privatizar sistemáticamente las capacidades disponibles para sostener las conexiones sociales, termina por destruir las redes de las que depende su propia acumulación. Frente a ello, la red simultáneamente protege y defiende lo comúnmente producido de las arremetidas externas que impulsan la privatización o apropiación privada de lo construido y conservado mediante el trabajo común.

2. LA COMUNIDAD COMO RESISTENCIA

Entonces, creo que el gran aporte nuestro en relación a eso es poder hacer esa espalda, no nuestro como CC, sino como EO, como CC fogoneando esto en el EO. Nosotras, a los acompañamientos que hacemos solo como CC con la compañera son los más difíciles, los que no nos salen bien. Nos salen bien cuando hay un territorio, un grupo, una amiga, un grupo de mujeres, lo que sea, que está acompañando. Cuando estamos solas con la mujer, también se nos complica (CC-E1).

La experiencia de CC expone y proyecta un sujeto político definido justamente como la comunidad. Ahora bien, ese sujeto comunidad es un proyecto pero también remite a una manera de construirlo. En ese sentido, la comunidad es también el camino, el método y el cómo de la lucha. La manera de alcanzar y hacer de la comunidad un sujeto político es con comunidad. Con ello, la comunidad adquiere un sentido no sólo estratégico, sino también táctico, alejándose de cualquier sentido esencialista, biologicista o que implique un retorno al pasado hacia alguna forma de existencia originaria, primitiva o no contaminada.

En CC, que la comunidad se vuelva el método privilegiado de resistencia dirige las energías a crear, fortalecer o defender los espacios "entre" las subjetividades individuales y cuerpos. La comunidad, como acción política, hace existir esa esfera del "entre". Muraro (citada en Gutiérrez Aguilar *et.al.*, 2018), explica que el "entre" es un práctica cotidiana y política de creación de vínculos inmediatos, de relaciones de proximidad y cercanía que, en su permanencia y repetición, tiene la fuerza de poder abrir nuevos orden simbólicos y materiales. Su fuerza radica en desafiar un pilar de la amalgama expropiación-explotación-dominación que es la separación de las personas entre sí, o de las personas y la naturaleza, o de las personas y los bienes y condiciones para vivir.

Ahora bien, exploremos algunas características de la apuesta de resistir construyendo y multiplicando "entres".

2.1. Dimensión diversa del "entre": pluriversalidad de mundos y vidas

El "entre mujeres" o el "entramado comunitario", como señala Gutiérrez Aguilar (2017), implica existir en una heterogénea multiplicidad de mundos de vida que pueblan y generan más mundo bajo diversas pautas de respeto, colaboración, dignidad y reciprocidad. Es que si, como se diagnosticaba en un testimonio del primer apartado de este capítulo, "las violencias machistas no se ejercen siempre del mismo modo, ni tienen el mismo impacto en todes"; en la forma de encarar la resistencia no puede haber lugar a pretensiones de homogeneizar ni estandarizar las dinámicas, ritmos, identidades o, incluso, soluciones para esos mundos de vida.

> Había una necesidad concreta de que tenemos que hacer algo, tenemos que trabajar en esto y ´géneros´ tiene que estar como algo transversal a todos los procesos organizativos. Procesos diversos, en términos de salud, trabajo, educativos, de montón de aspectos. Entonces, dijimos, 'bueno, necesitamos del compromiso, de la responsabilidad política', con todo lo que esto implica, ponernos en los hombros, en la espalda y laburarlo (CC–E1).

Habitar el "entre" comunitario, diverso y múltiple, impone un tiempo lento y, a veces, poco visible, porque, principalmente, no está tampoco exento de tensión. El testimonio de abajo expone, por ejemplo, cómo diferentes tareas cotidianas de la organización se traducen en divisiones de género; y entonces, no se trata de simplemente una estrategia de fomentar e inflar diferencias y diversidades.

> El EO es una organización donde gran parte de su trabajo es del cuidado de la vida, ya sea en los comedores, en las copas de leche, en los acompañamientos, en los apoyos escolares. Todo eso es la gran pata del EO, de hecho así arrancó, y hoy tiene otras patas productivas y qué sé yo. Y la división de género es clave, las mujeres están en la copa, en los comedores, en el apoyo escolar, y los varones están en el espacio productivo. Recién ahora algunas mujeres [participan de esos espacios], pero es una excepción, no es la regla (CC-E1).

La comunidad, en tanto un "entre" en construcción, no es un gueto rescatado del pasado, ni una reserva uniforme, sino, como dice Paredes (2010), un espacio vivo que se mueve desde subjetividades no jerárquicas, reciprocidades y autonomías complementarias. En el mismo sentido, el "entre" de la comunidad que defiende CC se aleja de una estrategia de homogeneización y universalización; en todo caso, se trata de pensar en clave "pluriversal". Como propone Guzmán Arroyo: "lo universal se propone como una estrategia de dominación y colonización de los cuerpos y las mentes, pues está hecho a medida de quienes detentan el poder (...) Lo universal entonces es uno y no es neutro es una estrategia de colonización (...) No hay pues una historia universal, lo que hay es una imposición de datos y significados desde una hegemonía del pensamiento, hay que pensar entonces en clave pluriversal ¿no?" (2019, p.67).

2.2. Dimensión espacial del "entre": los lugares donde se construye

El espacio "entre" es el motor de acciones y relaciones que se orientan a producir y reproducir la existencia cotidiana: los comedores comunitarios, los espacios de escucha, los apoyos escolares, los espacio de trabajo cooperativo para producir algunos bienes o servicios. Todos estos espacios pueden ser localizados en una porción de territorio, ocupan espacios físicos, pueden ser ubicados en algún punto del tejido urbano y, especialmente, en los barrios: la casa, la tierra, la escuela, la calle, el salón comunitario, entre otras. Pero su característica más importante es que recrean permanentemente, amplían o re-trazan el alcance de los espacios públicos: "reclaman lo público, encuentran y producen lo que es público a través del apropiamiento y reconfiguración de los espacios materiales" (Butler, 2019, p.76).

Justamente, dice Fernández Romero (2017) que, en general, en las luchas recientes de América Latina, lo que hemos visto en esas cocinas donde aparentemente estamos contando chismes, cocinando o, cumpliendo horas de trabajo, es donde se están produciendo resistencias y disputas de poder:

> Fue como ¿les tenemos que decir a las mujeres que no estén en las copas de leche, que estén [en los otros espacios]?'. Y, en realidad, la cuestión de pensar al feminismo popular nos hizo dar cuenta que esos son espacios de poder para las mujeres. [...] Y también poder aprender de las estrategias de esas compañeras para empoderarse, o para obtener el poder o el espacio entre mujeres y demás, para proponer nuevas cosas. Y ellas orgullosas de tener esos espacios de cuidado, y son sus espacios de poder, y son los que les permitió salir de la casa, salir de la situación de violencia, pararse, educarse algunas, volver a la escuela. Nada, son como lugares re zarpados, que nosotras en una cuestión de primer estudio del feminismo diríamos son todas unas oprimidas en los comedores. Y en realidad fue un proceso zarpado de poder encontrar eso del feminismo popular ahí, y entender que el patriarcado también tiene otras formas de subvertirse que no son las tradicionales de rompamos con todos los roles (CC-E1).

Si se trata de hacer emerger y fortalecer el sujeto político "comunidad" como protagonista de cambios sustanciales, considerar que en esos espacios de encuentro y trabajo -que en general pueden ser localizados en porciones geográfica y poblacionalmente concretas-, se generan formas de poder popular y desvía la atención de los esfuerzos por el "diseño de instituciones comunitarias generales". La experiencia de CC invita a poner atención en las formas de poder que se ensayan territorialmente y nos arroja un mapa de diversas experiencias de autoproducción -en condiciones de gran adversidad-, que se ponen en marcha para satisfacer en común -al menos parte de- las variadas necesidades de la reproducción colectiva de la vida (como vivienda, alimento, espacios para intercambiar) o para echar a andar otros proyectos y dar cuerpo a otros deseos imaginados en común. Como dice Gutierrez Aguilar (2018, p.111), estos ensayos territoriales son los que permiten ir, en lapsos largos de tiempo, más allá, contra y más allá de las estructuras de explotación y dominación.

Mención especial en los lugares del "entre" nos merece la calle. Habitar la calle, en la movilización o la marcha, no es solo un acto político de reclamo: marchar es también encontrarse con otrxs, volver a hacer presente ese "entre". Justamente, la pandemia clausuró esta posibilidad, en la orden de aislamiento que unificó y fue predominante en Argentina como respuesta ante la crisis sanitaria.

> Sostener las redes y las calles en estos dos años, aunque difícil, fue necesario. Fue crítica la situación de violencia de compañeras encerradas con sus agresores, de niñxs con sus abusadores, la situación social y económica crítica se agudizó profundamente en la pandemia. Fue necesario agudizar nuestra creatividad feminista y sostener las redes que nos cuidan durante dos años de regulaciones estatales y gubernamentales que, como cuidado, en primera instancia solo plantearon el aislamiento (CC D9).

La respuesta estatal a la crisis sanitaria no sólo favoreció una clausura de la calle como espacio del "entre"; también presionó a niveles inéditos los espacios comunitarios ya existentes, especialmente en los barrios[15]. Paradó-

[15] La Comisión Económica para América Latina y el Caribe (CEPAL) afirma que, en 2020, la pobreza extrema afectó al 12,5 por ciento de la población de América Latina y el Caribe y que la pobreza alcanzó al 34 por ciento. Esto representa un total de 209 millones de personas, 22 millones más que en 2019. Ante la dificultad de comer, la mayoría de las entrevistadas en la encuesta dijeron haber resuelto el problema en comunidad, intercambiando alimentos y con el apoyo mutuo en redes de cooperación (Paixão, 2021).

jicamente, los espacios del entre se nos presentan simultáneamente como nodos de crisis y focos de resistencia, enclaves y objetivos de la lucha de CC.

2.3. Dimensión pedagógica del "entre"

Los espacios de escucha del "entre" supone que la circulación de la palabra lleve a reflexionar y visualizar las violencias desde las experiencias que componen esa comunidad. Como señala Gutierrez Aguilar, Sosa y Reyes (2018), en la práctica de la relación "entre" intercambiamos, antes que nada, palabras para nombrar y organizar nuestra propia experiencia negada. Este lenguaje y estas conversaciones constituyen por tanto una mediación fluida que tendencialmente habilita nuestra propia fuerza, al tiempo que desbloquea, confronta, erosiona y elude aquello que la bloquea. "Las relaciones entre mujeres, si son simbólicamente reforzantes, si no se reducen a la mera solidaridad o a la identificación recíproca, sino que son relaciones mediadoras que permiten la libre afirmación de lo que existía sin palabras en la intimidad de cada una, entonces son al mismo tiempo fuente de fuerza y de saber" (Muraro en Gutiérrez Aguilar, 2018, pp.8-9).

> Los talleres que estamos haciendo acá son talleres, lo que decíamos nosotras, de autoconciencia. Charlamos de lo que nos pasa, de nuestra vida y de ahí vemos si sale algo que podamos identificar como una violencia y a partir de ahí empezamos a laburar cosas más concretas. Solamente se rompe el secretismo cuando hay una violencia muy extrema que requiere movilización. Y ahí sí se nota la construcción comunitaria. Digo, que haya organizaciones que trabajan lo comunitario desde la base en toda esta zona, hace que cuando hay una situación de violencia extrema toda la organización se aboque, sin tener idea de cómo, a acompañar a esa persona que está denunciando o sufriendo o lo que sea. Sí se nota la diferencia de cuando hay una comunidad por atrás, sí se nota pero sí en el cotidiano es muy difícil salirse de esa situación porque no hay reconocimiento real de la situación de violencia desde afuera y desde adentro (CC–E1).

Pilares fundamentales para esta dimensión del "entre" han sido elaborados desde la educación popular. Consideran como punto de partida de los saberes, la práctica social inmediata de las personas, proponiendo ir desde lo conocido, inmediato, concreto; hacia lo desconocido, complejo, para poder abstraerse desde allí, teorizando con base en las prácticas. Dichas herramientas han sido recreadas por las feministas en su andar, interactuando con las pedagogías emancipatorias que horizontalizan los diálogos, politizan lo personal y establecen relaciones entre la crítica al sistema capitalista y al sistema patriarcal (Korol, 2016).

Esta dimensión del "entre" implica la creación de espacios de debate y reflexión para ampliar la comprensión de las luchas y el desarrollo de procesos formativos con compañeras y compañeros que, incluso, no son parte del accionar diario de la lucha feminista.

> Nos empezamos a juntar, tuvimos una plenaria de género del EO donde estuvo interesante el encuentro y la compartición de un montón de situaciones que no sabíamos que estaban sucediendo, o sí pero no, nunca habíamos podido abordar. Y empezamos a escuchar experiencias de las compañeras (...) y ver qué podíamos sacar en limpio de eso, para tener estrategias completas cuando una compañera estaba atravesando una situación de violencia. (...) nos dimos cuenta que la necesidad era que alguien nos ayude ¿no?, y que afuera no estábamos encontrando esas herramientas. De ese encuentro con las mujeres salió un protocolo de actuación pensado y situado para nuestra organización, es decir, un enfoque comunitario. Porque la idea era que las compañeras estaban viendo que mujeres que estaban participando en las copas de leche, comedores, y demás estaban teniendo situaciones de violencia y se estaban dando herramientas colectivas en esos espacios para abordar situaciones que nos parecieron por demás interesantes frente a un Estado que no estaba pudiendo responder ni a gancho lo que estábamos necesitando en ese momento (CC E1).

La crítica de la vida cotidiana al desnaturalizar los límites que las dominaciones imponen (Korol, 2016) nos aproxima a modos de hacer política que buscan reforzar la autonomía de las comunidades.

3. COMUNIDAD COMO PODER Y EXISTENCIA ALTERNATIVA

> *En términos de la 'revolución' nosotras pensamos que el feminismo nos da claves para pensar la vida diferente. [...] el feminismo nos da claves para caminar hacia formas mejores de hacer política. No sé si tenemos bien pensado cuál es la forma de hacer la revolución. No lo hemos discutido en esos términos, pero sí discutimos el caminar. Estamos pensando mucho en esto de cuáles son las formas de hacer política, que tienen que ser diferentes y que nos tienen que llevar a un camino diferente. El entre mujeres, el pensar una política en femenino, el pensar nuevas formas de relacionamiento en los territorios, va por otro lugar y la verdad que cuál es el final no lo sé (CC-E1).*

La apuesta de los feminismos comunitarios y populares del Sur global es desarrollar, bajo una ética emancipatoria, políticas en femenino que se construyan sobre tres ejes fundamentales que, necesariamente, dialogan y se entrelazan: la institucionalización, la autonomía y la territorialización de sus formas organizativas.

> Así fuimos construyendo nuestra autonomía desde un lenguaje particular que elegimos llamar, con Raquel Gutierrez (2017), Política en Femenino, ´en tanto su eje y corazón es la reproducción de la vida material, centro de atención

> tradicional de la actividad femenina no exclusiva, pero sí crucial y en tanto su calidad expansiva y subversiva se afianza en la posibilidad de incluir y articular la creatividad y actividad humanas para fines autónomos (CC-D5).

En uno de los documentos escritos desde CC, esbozan los "principios a tener en cuenta al momento de acompañar a una mujer que esté viviendo una situación de violencia de género". Allí puntualizan:

> Acompañamiento respetuoso, paciente y persistente; Actuar con otrxs, organizadxs, rompiendo el aislamiento sin exponer a la compañera. Trabajar la autodefensa, individual y colectiva. Reforzar la autoestima personal. Pensar todo lo que hagamos en el marco de las otras acciones de la organización. Trabajar la autonomía material y económica de la compañera (CC-D2).

El activismo que llevó consigo la masificación y visibilización del feminismo en Argentina desde el movimiento Ni Una Menos en el año 2015 a esta parte, logró modificaciones a nivel estatal, en materia de políticas públicas, que, si bien actualmente existen, están legitimadas y transforman la vida concreta de las mujeres e identidades disidentes, accionan de forma desigual en relación a las áreas de debate y preocupación de los feminismos[16].

Estas leyes promovidas y alcanzadas por el movimiento feminista han otorgado una base de derechos fundamentales. Sin desconocer esto, desde CC argumentan que esas conquistas son parte del "caminar" y que corresponden a un piso sobre el cual continuar construyendo formas propias

---

16 En 2016, la provincia de Córdoba adhirió a la ley nacional N° 26.485, promulgada en 2009, de Protección Integral para Prevenir, Sancionar y Erradicar la Violencia Contra las Mujeres en los Ámbitos en que Desarrollen sus Relaciones Interpersonales. No obstante, a nivel provincial, ya se contaba desde 2006 con la ley Provincial de Violencia Familiar N° 9283, reglamentada en 2007. En 2015, la Provincia creó la Oficina de Coordinación de Violencia de Violencia Familiar dependiente del Tribunal Superior de Justicia coordinada con aquellas dependencias judiciales especializadas en Violencia de Género, tales como Fiscalías, Juzgados y Asesorías Letradas. Desde 2016, que Córdoba cuenta con el Polo Integral de la Mujer, dependencia institucional que centralizó en un mismo edificio ubicado en el centro de la ciudad de Córdoba diversas reparticiones para denunciar y abordar cualquier hecho de violencia de género. Otra conquista a nivel institucional por parte de los feminismos se dio a partir de la sanción de la Ley de Interrupción Voluntaria del Embarazo, ley 27610, en el año 2020, producto de años de militancia y lucha en las calles, condensándose de forma masiva a partir de 2018. El mismo año se logró también la sanción de la Ley de Promoción de Acceso al Empleo Formal para Personas Travestis, Transexuales y Transgénero "Diana Sacayán-Lohana Berkins", ley 27636.

de hacer política, porque la apuesta no se acaba en un reformismo legal. No obstante, parte del esfuerzo de CC es hacer propias las herramientas disponibles en términos legales y de políticas de Estado, para que sirvan y contribuyan a un horizonte emancipatorio ligado a las construcciones colectivas en los territorios:

> reformemos lo que se pueda reformar para garantizar un piso mejor, en nuestro estar hoy en este mundo, pero sabiendo que en realidad históricamente [el Estado] sí ha sido un lugar de opresión hacia las mujeres y hacia las identidades diversas [...] lo que estamos queriendo construir es otra cosa, que los márgenes de libertad no se dan sólo con leyes y con ministerios, sino que se dan en una construcción cotidiana de espacios de decisión, de acción colectiva (CC – E1).

En este sentido, desarrollar una política en femenino es buscar limitar la acumulación de capital a través de políticas no Estado-céntricas, no porque busque la confrontación con el Estado, sino que quiere afianzarse en la defensa de lo comunitario:

> las políticas de Estado están pensadas para una sujeta individual y esto es una gran limitante para pensar las transformaciones más allá de pequeñas reformas o de cuestiones que nos ayuden en momentos determinados que también están bien, son importantes en lo inmediato (CC–E4).

El segundo eje sobre el cual se vuelca la construcción colectiva es la autonomía, entendiéndola como la apuesta de construir formas de vida desde fórmulas nuevas que se elaboran en los márgenes de lo instituido. Los feminismos que se construyen desde lo popular, decolonial y comunitario son una forma de resistencia ante los intentos colonizadores del patriarcado y el liberalismo, son una búsqueda personal y colectiva, para pensar vidas posibles y deseables, poniendo en juego el placer, la satisfacción y la realización de cada unx de nosotrxs en comunidad (Fabri, 2013).

> El feminismo tiene que servirnos y tiene que salir de ser algo solo de debate para poder realmente atravesar nuestros cuerpos y que nos sirva para que nuestras vidas sean lo que tenemos ganas de que sean, para tener mayores márgenes de libertad, de autonomía (CC-E4).

Hacer política en femenino desde la autonomía también significa preguntarnos por el carácter de los espacios de decisión que se construyen en nuestros espacios organizativos. En CC esto es su organización asamblearia, o como la define Gago, el dispositivo situado de inteligencia colectiva (2019, p.165). El espacio asambleario ha permitido, a lo largo de los años, construirse como espacio de arraigo y proyección donde se experimenta la potencia de pensar juntas, de elaborar una idea, un proyecto, una consigna. En el caso de CC este dispositivo se constituye como espacio no solo de toma de decisiones, sino de intercambio, de encuentro y de construcción de nuevas experiencias.

La asamblea es a la vez situación y proceso. La asamblea produce una situaciónproduce situación concreta: un espacio-tiempo con capacidad de instaurar soberanía sobre lo que se decide colectivamente en ese encuentro. Y, a su vez, la asamblea arma proceso: da continuidad, enhebra momentos, como mojones de un flujo que va acumulando fuerza y permite una proyección organizativa a partir de las mismas experiencias que la constituyen a lo largo del tiempo (Gago, 2018).

> Si realmente hay un poder de decisión entre las personas que componen una asamblea organizativa, entonces, también sus necesidades, sus deseos, sus ganas, sus inquietudes están puestos ahí, más allá que una pueda decir: 'CC es una herramienta que...', hay otras cosas que suceden y se ponen en tensión, que son los deseos de las personas que lo componen (CC – E4).

Una nota interesante y distintiva que refieren las entrevistadas es que la situación y el proceso de las asambleas se monta sobre cuerpos territorios específicos, que son a su vez protagonistas y parte de un cuerpo comunal, los cuerpos se ponen en juego en la acción emancipatoria (Korol, 2016). El cuerpo aparece en los relatos como subjetividades que no quieren ser borradas en lo colectivo, con una potencia a desplegar, reconociéndolos además como el soporte de la violencia patriarcal:

> cuando nos une la violencia, el cuerpo está puesto en un plano muy protagónico, y es bien feminista pensarnos desde los propios cuerpos situados. Mi cuerpo en una espacialidad y una temporalidad, en redes particulares. Nos hemos dado maña para poder acompañar desde ese lugar, desde nuestro propio cuerpo y deseo [...] a partir de nuestros deseos también vamos armando nuestras acciones, lo pienso en términos de poder también (CC – E4).

Subvertir los modos y horizontes desde una política en femenino supone mirar de cerca y cuestionar el entramado de dominaciones hacia dentro de los espacios asamblearios-comunitarios, tensionando las prácticas al interior de los movimientos sociales. La idea de red, muy difundida como propuesta feminista de organización que articula territorios, luchas y experiencias, desde la diversidad, el respeto, el movimiento y la horizontalidad, es uno de los desafíos que se plantea el feminismo en las estructuras de los movimientos sociales en cuanto a las formas del hacer: "las semillas con que multiplicamos nuestros brotes fueron sembradas en las comunidades de las que somos parte. Ser parte de movimientos populares mixtos nos ha creado tensiones que nos obligan a discutir una y otra vez los caminos para cambiar al mundo. Fuimos descubriendo cuánto de viejos tienen los «hombres nuevos», cuánto de patriarcales tienen nuestros feminismos, cuánta reproducción de opresiones hay en nuestras organizaciones revolucionarias. Des-encubrir el machismo en nuestras casas, en nuestros movimientos, ha llevado a que compañeros varones comiencen a cuestionarse sus privilegios" (Korol, 2016, p.148).

El encuentro con otrxs y la mirada hacia el sector, y no solo a la organización particular, es una forma de pensar y construir los horizontes emancipatorios de los feminismos en red. Pensar los feminismos desde las redes que sostienen el movimiento implica necesariamente encontrar ejes de lucha común dentro de las diversidades que lo componen, no en busca de su homogeneización, sino para integrar, profundizar y ampliar nuestras luchas.

> Para el afuera CC, que es parte del EO, pero somos CC. Y a la vez esto para mí ha generado mucha compartición al resto de otras organizaciones, hemos hecho una escuelita en la que han participado organizaciones y se ha formado mucha gente de los movimientos sociales. Sí o sí está la necesidad de tejer redes y también entender que nos sostienen las redes feministas. Por esto también la intención hoy es poder generar y poder ponerle mucha más cabeza y cuerpo a fortalecer las redes territoriales (...) Hay otras formas de organización que a nosotras nos son más cómodas, pero que también tienen que ver con cómo desde el movimiento feminista hemos ido también entendiendo otras formas y hemos ido habitando otras formas. Sí, hay otras formas que tienen mucho más que ver con la diversidad, la multiplicidad, la no linealidad. El feminismo te lleva necesariamente a pensar esto de las redes y a trascender un poco la organización individual de la cuál surge (CC – E4).

Por último, la territorialización como parte de la política en femenino, también implica desde la práctica de CC tomar las tareas de cuidado, reproducción y defensa de la vida, no solo como formas de trabajo, sino como parte de una estrategia política de la organización. Los mecanismos concretos propuestos desde CC para acompañarse en situaciones de violencia de género emergen de las transformaciones en función de lecturas colectivas sobre las necesidades del territorio en cuanto a la problemática, como evaluación de una dinámica de "ensayo-error".

Así surge el proyecto de "autodefensas comunitarias", que hacen resonar, otra vez, uno de los ejes que las organizaciones zapatistas relacionaron con la autonomía y su anclaje en territorios situados:

> convencidas de que la salida es colectiva y de que es de suma importancia dar una batalla cultural en cada territorio, y cuidarnos comunitariamente, es que planificamos y comenzamos a poner en funcionamiento lo que llamamos ´autodefensas comunitarias´. Se trata de garantizar que cada espa-

> cio organizado cercano al EO (y quienes así lo quieran) cuenten con las herramientas necesarias para acompañarse en las situaciones de violencia de géneros, cualquiera sea su gravedad. Así, en cada territorio se configura de formas distintas según sus deseos, lecturas y particularidades. Desde Casa Comunidad se socializó durante 2019 lo aprendido y construido en esta temática, a partir de la realización de una Escuela de Acompañamiento que sirvió de base para los posibles proyectos que comienzan a desarrollarse con base territorial (CC-D10)

Dentro de esta propuesta se realizaron asesorías jurídicas, una pieza fundamental en el trabajo de CC. En tanto se entienden el derecho como el conjunto de instituciones formales que regulan la vida en sociedad y que sostienen el sistema patriarcal y por estas mismas razones es que se considera como un elemento de disputa y "una importante herramienta de lucha":

> desde esta visión creemos sumamente necesario trabajar en cuestiones jurídicas desde las autodefensas comunitarias, haciendo más accesible y compartiendo aquella información ya existente sobre las distintas formas de abordar situaciones de violencia desde lo legal. Como también creando y construyendo estrategias de acompañamiento y abordaje colectivo y de asesoramiento en cada caso en particular (CC-D11).

En tanto estrategia política, la autodefensa comunitaria tiene efectos ante las situaciones concretas de violencia de género, porque son las redes del territorio las que más rápido pueden activarse para evitar o disminuir los daños derivados de esas situaciones. Son quienes viven en ese barrio, quienes defienden y protegen a sus propixs vecinxs. Así lo explica uno de los testimonios:

> el territorio es fundamental acá, porque el único que podía cuidar esa compañera en una situación de violencia son los que vivían alrededor. Entonces, hay que generar otra cosa, hay que ver cómo cada territorio elabora sus propias estrategias para defenderse frente a las violencias múltiples (CC-E1).

Además, la autodefensa comunitaria reclama una respuesta "integral", en términos programáticos, ante aquella disposición también expansiva y transversal desde la que se despliegan y actúan las distintas formas de dominación y explotación de la vida.

La búsqueda, como afirma una de las entrevistadas es pensar un "feminismo práctico". Así, este proyecto reclama que la interseccionalidad de las demandas, necesidades y opresiones se exprese en los espacios en los que se piensa y se hace el movimiento cotidiano de producir territorios libres de violencia y explotación.

A su vez, CC ejerce un doble movimiento. Mientras construye mecanismos autónomos, democráticos y situados para enfrentar las violencias, denuncia y reclama al Estado políticas integrales y universales frente a la problemática, y recursos para desarrollar las acciones que vienen realizando, entendiendo que, ante la insuficiencia del accionar estatal, son las personas organizadas quienes llevan adelante los cuidados de la vida. Así lo expresan en un pliego de demandas construido en 2019, tras el femicidio de Giuliana Silva, una vecina organizada con EO:

> Hemos inventado estrategias y proyectos propios, situadas en el territorio, que buscan prevenir la violencia, y acompañar a quienes la estén atravesando. Sin embargo, hay una responsabilidad estatal que creemos ineludible. Por eso, y desde nuestro trabajo cotidiano, hemos recolectado la experiencia de miles de mujeres e identidades disidentes que han atravesado por el Polo de la Mujer y otras instituciones estatales, y hemos debatido estrategias para que esta herramienta mejore, atendiendo a las necesidades reales. [...] Desde nuestra experiencia, y desde la urgencia de la cifra de femicidios que crece mes a mes, es que compartimos una mirada de lo existente, y formulamos exigencias concretas para mejorar la prevención y acompañamiento a situaciones de violencia desde las instituciones del estado provincial (CC-D12).

Reflexiones finales

A lo largo de estas líneas hemos querido avanzar sobre los aportes que el feminismo realiza para pensar la democracia comunal desde el presente, y lo hemos hecho desde una experiencia concreta como lo es Casa Comunidad. Este recorrido nos permite afirmar que una vez más, en los feminismos del sur se renueva la capacidad de una inventiva "sin recetas", construyendo los modos en la misma práctica, en el balance y síntesis colectiva, creando desde el territorio situado con las voces de las protagonistas, el camino que lleve a la transformación de las opresiones.

En primer lugar, analizamos la denuncia de la comunidad como objeto y espacio de denominación y acumulación capitalista, a la vez que se crean las bases de su proyecto alternativo. CC, desde sus propias prácticas, genera diagnósticos y lecturas sobre las formas de dominación y explotación del sistema capitalista, patriarcal y colonial. Desde sus lecturas, elaboran narraciones sobre las condiciones comunes en las que viven, sus propios diagnósticos, situados y concretos sobre las condiciones opresivas.

Si algo nos ha mostrado este recorrido es que el reconocimiento de las condiciones de opresión y dominación resulta también constitutivo de todo el proceso de resistencia. Así, múltiples y cambiantes como son esas formas también lo son las estrategias de resistencia, y de allí afirmar que CC es una herramienta. La problematización y la formación colectiva de las múltiples violencias, dominaciones y explotaciones que atraviesan cuerpos, identidades y territorios son también el motor de su constante "re-creación".

Ello refuerza aún más la necesidad de comprender la imbricación entre capitalismo, patriarcado y colonialismo que a través de mecanismos como la expropiación del trabajo comunitario y la violentización y privatización de las vidas atacan la red comunitaria. Porque, por un lado, el capitalismo y el patriarcado, al expropiar y privatizar sistemáticamente las capacidades disponibles, por el otro, termina por destruir las redes de las que depende su propia acumulación. Frente a ello, la comunidad protege y defiende lo comúnmente producido, lo socialmente construido y conservado mediante el trabajo común.

En segundo lugar, la definición de la comunidad que emerge desde CC la plantea como una como táctica y estrategia de lucha, con la construcción de subjetividades que refuerzan y recrean nuevas características. La comunidad es el sujeto político, es el camino, el método y el cómo de la lucha. Reuniendo, colectivizando, y juntando desafía la separación de las personas entre sí, de la naturaleza, de los bienes y condiciones para vivir que la expropiación, explotación y dominación capitalista, patriarcal y colonial imponen.

El "entre mujeres" o ese entramado comunitario, diverso y múltiple, que las asambleas, espacios colectivos, los comedores comunitarios, los apoyos escolares, los proyectos productivos y la calle generan van dando lugar a una multiplicidad de mundos de vida que generan pautas de respeto, colaboración, dignidad y reciprocidad. Es el "entre" el que permite hacer frente a las condiciones de violencias, es también el que permite tomar de base los avances de regulaciones estatales pero volverlas estrategias para que generen mejores condiciones de vida.

Estas singularidades se inscriben en una historia centrada en múltiples espacios organizativos de mujeres e identidades disidentes. Así el feminismo en nuestro territorio, se constituyó y constituye desde las particularidades de las vidas que lo componen, los incontables escenarios desde donde emergen, buscando en un diálogo constante, aunque no sencillo, horizontes comunes que permitan nuevas e inéditas líneas organizativas traducidas en acciones claras para desmontar el sistema capitalista y colonial en el cual se encuentran inmersas.

Estos feminismos aportan a los movimientos sociales un relieve para repensar las opresiones en el seno mismo de los espacios democráticos, preguntándose por los límites de éstos. Subvertir los modos y horizontes desde una política en femenino supone mirar de cerca y cuestionar el entramado de dominaciones hacia dentro de los espacios asamblearios-comunitarios, tensionando las prácticas de los movimientos sociales.

En tercer lugar, analizamos la proyección de la comunidad como forma política y de poder, como ese proceso de construcción colectiva. La política en femenino, que reclama CC, da las pautas de aquello que puede significar un aporte para la construcción de democracia comunal. Situadas territorialmente, ancladas a las necesidades del espacio, instituyen prácticas, generan autonomía y refuerzan la construcción del poder popular en las formas organizativas.

La política en femenino supone mirar de cerca y cuestionar el entramado de dominaciones para construir desde el afianzamiento de lo comunitario, en nuevas formas de vida elaboradas desde los márgenes de lo instituido, y en la idea de red que articule territorios, luchas y experiencias desde la diversidad, el respeto, el movimiento y la horizontalidad. La territorialización de la política en femenino implica también tomar las tareas de cuidado, reproducción y defensa de la vida, no solo como formas de trabajo, sino como parte de una estrategia política de la organización.

Del cuidado y el respeto emergen las "autodefensas comunitarias", cómo protegerse de las violencias, de la explotación, de la expoliación. Utilizan herramientas, como el derecho, refuerzan la autonomía de la compañera, de las redes y de la organización para enfrentar los abusos, e implican una respuesta integral desde un "feminismo práctico" para resguarda la vida de las mujeres y de la comunidad.

Ese compromiso con el territorio, con su diagnóstico y lo que allí sucede, es el corazón de la reivindicación de la práctica política de un "feminismo popular". Que el feminismo se sitúe desde el territorio, justamente, reclama para sí una práctica política situada, atendiendo al movimiento y combinación precisa de opresiones y dominaciones que se trenzan en cada momento y lugar. Por eso, siempre es un feminismo múltiple, inescindibles de las condiciones singulares en las que viven quienes deciden iniciar una lucha.

Bibliografía

Alcaraz, F. y Frontera, A. P. (2018). La generación "Ni Una menos" En Le Monde Diplomatique El Atlas de la revolución de las mujeres. Las luchas históricas y los desafíos actuales del feminismo. Buenos Aires: Capital intelectual, pp. 30-33.

Alma, A. y Lorenzo, P. (2009). Mujeres que se encuentran. Una recuperación histórica de los Encuentros Nacionales de Mujeres en Argentina (1986-2005). Buenos Aires: Feminaria.

Almeida, P. y Cordero Ulate, A. (2017). Movimientos sociales en América Latina. Buenos Aires: Clacso.

Avalle, G. (2010). Las luchas del trabajo: sentidos y acciones de docentes, meretrices y piqueteros en Córdoba. Córdoba: EDUCC

Bidaseca, K. (2017). ¿Dónde está Ana Mendieta? Estéticas afro-descoloniales feministas y poéticas eróticas caribeñas y antillanas. Más allá del decenio de los pueblos afrodescendentes. pp. 117-136. Buenos Aires y La Havana: CLACSO-CIPS.

Butler, J. (2019) El ataque contra la" ideología de género" debe parar. Revista Bordes, N° 11, pp.151-155. https://publicaciones.unpaz.edu.ar/OJS/index.php/bordes/article/view/434

Cabnal, L. (2010). Acercamiento a la construcción de la propuesta de pensamiento epistémico de las mujeres indígenas feministas comunitarias de Abya Yala. Momento de paro Tiempo de Rebelión, N° 116. https://elizabethruano.com/wp-content/uploads/2019/07/Cabnal-2010-Propuesta-de-Pensamiento-Epistemico-Mujeres-Indigenas.pdf

Caimmi, N.. (2021). Plurinacional y pluridisidente. Las disputas por el cambio de nombre del 34° Encuentro en La Plata, desde un enfoque interseccional. En El lugar sin límites. Revista de Estudios y Políticas de Género, N°3, Año 5, pp.166-185.

Carrasco, C. y Díaz, C. (ed.) (2017). Economía feminista. Desafíos, propuestas y alianzas. Madrid: Entrepueblos.

Ciuffolini, M. A. (2010). Por una investigación inquieta. Una reflexión acerca de conceptos, contextos y acontecimientos. En Revista Estudios Digital. Centro de Estudios Avanzados. Universidad Nacional de Córdoba. Nº 3. http://www.revistaestudios.unc.edu.ar/articulos03/dossier/2-ciuffolini.php.

Curiel, O. (2009). Descolonizando el feminismo: una perspectiva desde América Latina y el Caribe. En Teoría y pensamiento feminista. Ponencia presentada en el Primer Coloquio Latinoamericano sobre Praxis y Pensamiento Feminista, Buenos Aires.

Curiel, O. (2014). Género, raza, sexualidad: debates contemporáneos. Colombia: Universidad del Rosario. http://www. urosario. edu. co/urosario_files/1f/1f1d1951-0f7e-43ff-819f-dd05e5fed03c.pdf

Curiel, O. (2015). La descolonización desde una propuesta feminista crítica. En Descolonización y despatriarcalización de y desde los feminismos de AbyaYala. ACSUR https://suds.cat/wp-content/uploads/2016/01/Descolonizacion-y-despatriarcalizacion.pdf

Di Marco, G. (2010). Los movimientos de mujeres en la Argentina y la emergencia del pueblo feminista. La Aljaba, vol. XIV, pp. 51-67.

Dillon, M. et al (2018). Feminismo, cultura, política: #NiunaMenos Argentina. En Esferas. https://wp.nyu.edu/esferas/feminismocultura-politica-niunamenos-argentina/

Federici, S. (2017). Economía feminista entre movimientos e instituciones: posibilidades, límites, contradicciones. In Economía Feminista. Desafíos, propuestas, alianzas. Entrepueblos, pp. 21–28.

Federici, S. (2018). El patriarcado del Salario. Críticas feministas al marxismo. Madrid: Traficantes de Sueños

Feminismo Comunitario (2010). Pronunciamiento del Feminismo Comunitario latinoamericano en la Conferencia de los pueblos sobre el Cambio Climático.

Fernández Álvarez, M. I. (comp.) (2016). "Experiencia de precariedad, creación de derechos y producción colectiva de bienes(tares) desde la economía popular". Revista Ensamble 3 (4-5), 72-89.

Fernández Álvarez, M. I. (2018). Más allá de la precariedad: prácticas colectivas y subjetividades políticas desde la economía popular argentina. Íconos, n.62, pp.21-38. https://doi.org/10.17141/iconos.62.2018.3243.

Fraser, N. (2020). Los talleres ocultos del capital. Madrid: Traficante de Sueños.

Gago, V. (2014). La razón neolineral. Economías barrocas y pragmática popular. Buenos Aires: Tinta Limón.

Gago, V. (2016). Diez hipótesis sobre la economía popular desde la crítica a la economía política. Revista de Filosofía. Universidad Nacional de Córdoba.

Gago, V. (2019). La potencia feminista: o el deseo de cambiarlo todo. Madrid: Traficantes de sueños.

Gago, V.; Cielo, C. y Gachet, F. (2018). Economía popular: entre la informalidad y la reproducción ampliada. Íconos , n.62 https://doi.org/10.17141/iconos.62.2018.3501.

Gago, V. y Ni Una Menos (2018). La tierra tiembla. En Critical Times, N°1, Pp. 178–197. https://doi.org/10.1215/26410478-1.1.178

García, I. G. (2013). La mujer decide, la sociedad respeta, ¿el Estado garantiza? Los Encuentros Nacionales de Mujeres. Revista Dos puntas , n. 7, p. 113 -129

Gutiérrez Aguilar, R. (2017). Horizontes comunitario-populares: producción de lo común más allá de las políticas estado-céntricas. Madrid: Traficantes de Sueños.

Guzmán Arroyo, A. (2019). Descolonizar la memoria, descolonizar feminismos. La Paz: Tarcu Munya.

Haraway, D. (1995). Ciencia, cyborgs y mujeres. La reinvención de la naturaleza, Madrid: Cátedra.

Herrera, M. I. (2017). Apuntes para interpretar el crecimiento de los Encuentros Nacionales de Mujeres en las luchas colectivas en Argentina. Revista Utopías nº 23, p. 1 – 10,

Howarth, D. (2005). Aplicando la teoría del discurso: el método de la articulación. Studia politicae, N°5, 37-88. Córdoba: EDUCC.

Korol, C. (2016). Feminismos Populares. Las brujas necesarias en los tiempos de cólera. Nueva Sociedad, N° 265. Pp. 142-152 https://nuso.org/articulo/feminismos-populares/

LatFem–We Effect (2021). Ellas alimentan el mundo. Tierras para las que la trabajan. https://latfem.org/ellas-alimentan-al-mundo/

Lenguita, P. A. (2021). Rebelión de las pibas: trazos de una memoria feminista en Argentina. La ventana. Revista de estudios de género, 6(54), pp. 48-73. http://www.scielo.org.mx/scielo.php?script=sci_arttext&pid=S1405-94362021000200048&lng=es&tlng=es

Martínez, N. (2018). ¿Pueblo feminista? Algunas reflexiones en torno al devenir popular de los feminismos. Latinoamérica. Revista de Estudios Latinoamericanos, 2(67), https://doi.org/10.22201/cialc.24486914e.2018.67.57075

Marx, K. (1973) [1852]). El dieciocho brumario de Luis Bonaparte. Buenos Aires: Anteo.

Mészáros, I. (2001). El sistema comunal y la ley del valor. Más allá del capital, Caracas: Hermanos Vadell.

Moore Torres, C. (2018). Feminismos del Sur, abriendo horizontes de descolonización. Los feminismos indígenas y los feminismos comunitarios. Estudios Políticos, (53), pp. 237-259.

Nijensohn, M. (2019). El feminismo como contrahegemonía al neoliberalismo. Hacia la construcción de un feminismo radical y plural en Argentina. En Di Marco, G., Fiol, A., y Schwarz, P. (comp). Feminismos y populismos del Siglo XXI. Buenos Aires: Teseo.

Ochoa Muñoz, K. (2018). Desplazamiento en la mirada: de los marxismos a los feminismos descoloniales. Encuentros descoloniales. Memorias de la primera Escuela de Pensamiento. pp 177-212.

Paixão, F. (2021). El derecho a la tierra alcanza solo al 26% de las campesinas latinoamericanas. En Brasil do Fato. https://agenciatierraviva.com.ar/el-derecho-a-la-tierra-alcanza-solo-al-26-de-las-campesinas-latinoamericanas/?fbclid=IwAR0l_U_Z_sqHGmgQ1DC7lnTzIj9Qu1EDgNyaJSK3_gPiwyVYfQt81gdOuNE

Paredes, J. (2010). Hilando fino, desde el feminismo comunitario. La Paz: Mujeres Creando Comunidad.

Paredes, J. (2017). El feminismo comunitario: la creación de un pensamiento propio. Corpus. Archivos virtuales de la alteridad americana, 7(1).

Paredes, J. y Guzmán, A. (2014). El tejido de la rebeldía. ¿Qué es el feminismo comunitario?. La Paz: Comunidad mujeres creando comunidad

Pérez Orozco, A. (2014). Subversión feminista de la economía. Aportes para un debate sobre el conflicto capital-vida. Madrid: Traficantes de Sueños

Gutiérrez Aguilar, R.; Sosa, M. N. y Reyes, I. (2018). El entre mujeres como negación de las formas de interdependencia impuestas por el patriarcado capitalista y colonial. Reflexiones en torno a la violencia y la mediación patriarcal. Revista Heterotopías, Vol 1, N° 1. Córdoba: Área de Estudios del Discurso de FFyH.

Roig, A. (2017). Financiarización y derechos de los trabajadores de la economía popular. En Economía popular, los desafíos del trabajo sin patrón. Buenos Aires: Cohinue.

Segato, R. (2016). La guerra contra las mujeres. Madrid: Traficantes de sueños.

Segato, R. (2018). Contrapedagogías de la Crueldad. Buenos Aires: Prometeo Libros.

Segato, R. (2021) Feminismo y Democracia. https://puedjs.unam.mx/revista_tlatelolco/feminismo-y-democracia/

Thompson, E. P. (1989). La formación de la clase obrera en Inglaterra. Inglaterra: Crítica.

Ulloa, A. (2016). Feminismos territoriales en América Latina: defensas de la vida frente a los extractivismos. Nómadas, 45, pp. 123-139.

Van Dijk, T. (2000). Estudios sobre el discurso. Una aproximación interdisciplinaria. Barcelona: Gedisa.

Entrevistas y Documentos

Entrevistas Casa Comunidad			
Código	**Organización**	**Fecha**	**Lugar**
CC-E1	Casa Comunidad	28 de abril de 2021	Virtual
CC-E2	Casa Comunidad	5 de mayo de 2021	Virtual
CC-E3	Promotoras de Salud Zona Sur	15 de mayo de 2021	Salón Zona Sur
CC-E4	Casa Comunidad	21 de mayo de 2021	Virtual

Documentos Casa Comunidad			
Código	**Organización**	**Datos del Documento**	**Fecha de producción del documento**
CC-D1	Casa Comunidad	Cartilla 1–Definiciones	2017
CC-D2	Casa Comunidad	Cartilla 2–Estrategias Jurídicas	2017
CC-D3	Casa Comunidad	Cartilla 3–Indicadores de Situaciones de Violencia	2017
CC-D4	Casa Comunidad	Cartilla 4–Cartilla Protocolo. Guía para el abordaje comunitario de situaciones de violencia de género	2017
CC-D5	Casa Comunidad	Ponencia–CC: desde la autodefensa hasta abrazar nuestro horizonte cercano	2018
CC-D6	Casa Comunidad	Ideas Menores–"Los cuerpos como territorios de disputa" y "Lo personal es político, se nos hace carne"	2018
CC-D7	Casa Comunidad	Preguntas FMS	2020
CC-D8	La Tinta	Nota periodística: "Una Casa, una Comunidad: Autodefensa y autocuidados desde abajo"	2019
CC-D9	La Tinta	Nota periodística: "¿Cómo llega el movimiento feminista en Córdoba a este 8M?"	2022
CC-D10	Encuentro de Organizaciones	Página web. Sección Feminismos	s/n
CC-D11	Casa Comunidad	Propuesta espacio jurídico Proyecto Ministerio de las Mujeres y Diversidades Nación	s/n
CC-D12	Casa Comunidad	Carta Secretaria de Lucha contra la Violencia a la Mujer y Trata de Personas	2019

Capítulo VI

Emergencia del poder popular palestino en Líbano: desposesión, exclusión y supervivencia

AITOR BIKANDI

1. INTRODUCCIÓN

El poder popular palestino emerge en un proceso inacabado de lucha, en la intersección de opresiones de distinto nivel e intensidad. Su ejercicio se enmarca en circunstancias extremas a nivel político, económico y social. El recurso al apoyo de las masas ha transitado por diferentes momentos, en los que mecanismos tradicionales de solidaridad comunal, junto con una multiplicidad de causas situacionales y volitivas, han tejido estructuras sociales capaces de hacer frente a adversidades notables. No obstante, debido a ambivalencias y desaciertos estratégicos en aspectos socioeconómicos, persiste una fragmentación política que limita la capacidad emancipatoria en diferentes aspectos. Este texto se fundamenta en la revisión de la literatura, la observación directa en los años de estancia en los campos de refugiados palestinos en Líbano, y las entrevistas realizadas a la población refugiada y figuras relacionadas (anonimizadas para preservar la privacidad), en el marco de una investigación doctoral.

Teniendo en consideración que la democracia comunal puede emerger de la convergencia de condiciones materiales, sociales y culturales específicas, a través de prácticas políticas alternativas, el caso palestino en Líbano ofrece ejemplos de algunas claves del proceso de su propia emergencia. Claves sobre la posibilidad de transcender obstáculos, pero también sobre las taras inscritas en las disposiciones adquiridas a través de la socialización, que configuran las posibles formas de pensar(se), sentir(se) y hacer(se), determinantes en el proceso de construcción social.

Es por ello que, al acercarse a la cuestión del poder popular palestino, se hace necesario entender la formación social actual en los campos de refugiados palestinos en Líbano, para lo cual es necesario considerar los antecedentes históricos y sus circunstancias. Razón por la cual consideraremos los precedentes históricos en una primera parte. En base a ese resumen, consideraremos la forma y el contenido del proyecto desarrollado por el colectivo palestino en Líbano. Éste será el protagonista de la siguiente sección, donde observaremos al sujeto de este proyecto, en sí una realidad en desarrollo. Cerraremos el apartado analítico con la atención puesta en el proceso, la emergencia y transformación de la dinámica interna.

2. CONTEXTO SOCIO-HISTÓRICO

2.1. Pasado feudal: solidaridad mecánica y desposesión

Alrededor de 400.000 personas habitaban la Palestina rural otomana, dispuesta alrededor de la familia como núcleo central, la *a´ileh*, la cual se articulaba en un nivel de organización superior, la *hamuleh*[1], una "familia de familias" o "clan" (Sayigh, R., 2007, pp.15-16), dispuesta de modo patrilineal. De la misma forma que en el resto de las formaciones sociales del periodo, el bienestar dependía en gran medida de la cosecha. Razón por la cual se articularon mecanismos de solidaridad mecánica (Durkheim, 2013, p.101), en base a la necesidad de defensa ante la amenaza de opresión externa (Sayigh, R., 2007, p.15).

La *hamuleh* se estructuraba e institucionalizaba en sistemas como la *musha´*, un método de cultivo basado en la rotación de la labranza de los terrenos y la propiedad colectiva del campesinado palestino (*fellahín*) para la distribución equitativa de los beneficios de las tierras más fértiles (Sayigh, R., 2007, p.30; Khalidi, 2010, p.95; Pappé, 2006, p.15). A pesar del despliegue de este principio de equidad en el ámbito socioeconómico, persistían formas internas de opresión, originadas en la estructura patriarcal (Swedenburg, 1995, pp.78-79) y la influencia de familias más adineradas (Sayigh, R., 2007, p.14).

El sistema de tributación del Imperio otomano se vio modificado por las reformas de 1856 y 1858, estableciendo las bases legales de la privatización de la tierra (Khalidi, 2010, p.94). Paralelamente, las inversiones y especulaciones europeas se abrieron paso en el territorio (Pappé, 2006, pp.21,41). Durante varias décadas de implementación, este proceso supuso, además del inicio de la polarización de la propiedad del terreno, una importante dificultad de adaptación epistemológica para el campesinado, para quien

---

1 A día de hoy en los campos de refugiados, la *a´ileh* es el concepto en uso para ambos niveles de familia.

conceptos como "derecho" o "propiedad" resultaban ajenos (Sayigh, R., 2007, p.27).

Las reformas beneficiaron a la *efendi* y *a´ayan*, terratenientes y mercantes locales, clase incipientemente capitalista (Khalidi, 2010, p.95; Traboulsi, 2012, pp.3-4), dando pie al desarrollo de la acumulación capitalista y la cooptación de la clase dominante en la sociedad palestina de la época por la administración otomana (Sayigh, R., 2007, pp.49-50; Pappé, 2006, pp.22-30).

2.2. Transición traumática: capitalismo y exclusión

Análogamente al cambio de lógica política y patrón socioeconómico, geopolítico y tecnológico (Khalidi, 2010, p.95; Pappé, 2006, pp.21-23)., los primeros teorizadores del sionismo formularon la idea de *Eretz Israel*, lugar de asilo para la población judía, ubicada en el territorio habitado por la población palestina. La "modernización" (Khalidi, p.150; Pappé, 2006, p.43), forzó a parte del estrato social inferior a transitar de una forma de vida comunal en el entorno rural, a un modelo de distribución del trabajo que la convirtió en masa proletaria en la periferia urbana.

Esto se exacerbaría después de la Primera Guerra Mundial, tras el reparto de lo que llamamos Oriente Próximo por el Reino Unido y Francia principalmente, conforme a lo convenido en el acuerdo de Sykes-Picot de 1916 (Bezhani, 2009; Gresh y Vidal, 2003, pp.502-504; Khalidi, 2007, pp.75-76; Khalidi, 2010, p.160; Hirst, 2010, pp.5-8). Dividieron los territorios del Imperio otomano en zonas de control directo o influencia británica o francesa. El patrón de "coaliciones verticales" (Sayigh, R., 2007, pp.40-41) del periodo otomano fue reeditado por el Mandato británico, que emplearía la promoción de conflictos entre clanes rivales de los diferentes estratos palestinos, fomentando relaciones clientelares hacia la autoridad británica, desincentivando e incluso desactivando así la emergencia de movimientos de base.

Poco después, en 1917, de espaldas a la población árabe en general, y palestina en particular, la Secretaría de Estado de Asuntos Exteriores británica maduraba a través de la Declaración de Balfour la "cesión" del territorio palestino al movimiento sionista (Jeffries, 1967; Pappé, 2007, pp.13-14; Khalidi, 2010, pp.22-23).

A pesar del mayor nivel educativo y la subsiguiente politización y difusión de nuevos conceptos en el campesinado (Khalidi, 2010, p.173), no se desarrolló proporcionalmente un poder popular. Más allá de las instituciones ancestrales, no existía una vanguardia ideológica u organizativa (Sayigh, R., 2007, p.48,51; Pappé, 2006, p.103).

2.3. Catástrofe continua: supervivencia y transgresión

En 1936 la población palestina se alzó contra la ocupación del Mandato británico y la presencia sionista con el triple objetivo de detener la inmigración judía, prohibir la transferencia de propiedad a manos colonas, y establecer un gobierno democrático acorde a la superioridad numérica de la población palestina (Kanafani, 1972, pp.14-17,36). Durante el periodo de desobediencia civil e insurrección armada (Swedenburg, 1995, 122; Kanafani, 1972, p.42), se desarrolló una "conciencia negativa de clase", que planteaba el nacionalismo como referente para la crítica a la burguesía connivente o colaboradora, algo que Swedenburg (1995, pp.112,114-115) compara con el concepto de "subversivismo" de Gramsci (1996, pp.44-46), estableciendo un antagonismo de clase que, sin embargo, no se reproduce en la narrativa popular contemporánea.

Después de la derrota de la rebelión en 1939, quedó patente la imposibilidad de una de las reivindicaciones más importantes, la limitación de la inmigración judía, a la luz del Holocausto nazi. La escalada contra la población palestina vio su culmen en 1948 (Pappé, 2007; Hirst, 2003, pp.45-50). El enfrentamiento entre los grupos paramilitares sionistas y los efectivos de los estados de la Liga Árabe, partían de situaciones asimétricas, tanto en el aspecto cuantitativo como en el cualitativo (Khalidi, 2007, pp.131,178). El resultado del enfrentamiento evidenció las consecuencias del transcurso de las últimas décadas: la debilidad en la parte palestina, así como la división entre los estados árabes; y la determinación, organización y competencia de la Agencia Judía, que se convertiría en el gobierno del Estado de Israel con el amplio respaldo internacional (Khalidi, 2007, p.127), del que se beneficiaría entonces y por las siguientes siete décadas.

Con Gran Bretaña fuera de la ecuación, la responsabilidad internacional de las consecuencias del nacimiento del Estado de Israel y el ataque directo a la población civil palestina, recaería desde entonces en la recién creada Organización de las Naciones Unidas. Una de estas responsabilidades se instituyó en la masa de 700.000 personas refugiadas (Sayigh R., 2007, p.100; Gatrell, 2013, p.118), prácticamente la mitad de los 1,4 millones de habitantes de Palestina (Khalidi, 2007, p.179), de las cuales 104.000 acabaron en territorio libanés. Hoy día, personas de edad similar a la *Nakba* retienen con detalle la experiencia narrada por sus progenitores directos (entrevista: Khaled; entrevista: Mahmud; entrevista: Ahmad).

Las divisiones regionales y de clase se reeditaron en gran medida también en el exilio. Mientras la mayoría de las clases medias y altas se relocalizaban en las ciudades de Oriente Próximo, el campesinado de Galilea y el proletariado de las ciudades costeras terminarían en los campos de refugiados. Paralelamente, se daba una doble constricción: por un lado, el recién impuesto Estado israelí impedía el retorno, en base al control de fronteras (Morris, 2004, pp.505-536), y también a través de la ley (Ley de Prevención de Infiltración de 1954); por el otro, el Estado libanés llevó a cabo políticas de exclusión y opresión hacia la población refugiada palestina, debido al miedo a la descompensación que la inclusión de esta población (es decir, su naturalización, o "*tawtín*"), mayoritariamente sunní, introduciría al frágil equilibrio étnico-religioso del sistema de representación político (Ghandour, 2017), dando así inicio a una intransigente práctica de "aritmética biopolítica" (Perdigon, 2015). Esta política dio como resultado la instauración de una "heterotopía" en términos foucaltianos: un espacio, dentro de un territorio específico, donde la realidad socioeconómica, política y jurídica es interrumpida. En este caso concreto, el reconocimiento (político) y la protección (material, legal y social) que el Estado no provee es suplido por un régimen especial, el humanitario (Naciones Unidas y Organizaciones No Gubernamentales), que despolitiza y, en consecuencia, deshumaniza al refugiado palestino, encuadrado en una temporalidad indefinida, en apariencia permanente, que se constituye en términos espaciales (Foucault, 1994, pp.175-185).

La República libanesa, formada originalmente a partir del emirato de Monte Líbano por medio de la intervención de Francia y en atención a sus intereses, cuenta con una genealogía similar a la palestina (Traboulsi, 2012, pp.24-51,75-87; Salibi, 1989, pp.60-71). Su historia orbita en torno al ejercicio del poder en el área de la administración y gestión del espacio público por parte de una multiplicidad de identidades que forman el Estado, constituidas en lobbies etno-religiosos (Nucho, 2017, pp.127-129).

La Organización de las Naciones Unidas, antigua Liga de las Naciones, creó a finales de 1949 la UNRWA (United Nations Relief and Works Agency for Palestine Refugees in the Near East), agencia dedicada a asistir a la población palestina desplazada en Oriente Próximo. El Estado libanés delega así la responsabilidad, en su papel de estado fallido, incapaz de proveer los servicios y seguridad mínima a sus habitantes y priorizando los intereses de las clases dominantes (Chomsky, 2007; Nucho, 2017, p.3), seguía moviéndose en base a los preceptos e intereses de las potencias extranjeras (Traboulsi, 2012, pp.19,75-88; Khalidi, 2007, pp.50,148; Krämer, 2008, p.89; Gaspard, 2004, p.56).

Las tensiones globales, la disensión en el ámbito identitario y de clase tomaron en 1958 la forma de guerra civil en el marco de la Guerra Fría

(Gerges, 1997, pp.77-90; Hirst, 2010, pp.69-71; Pappé, 2006, p.171). En el ámbito doméstico, el hostigamiento a la población refugiada palestina se recrudecía, fundamentalmente por medio de la *Deuxième Bureau*, la oficina de inteligencia libanesa (entrevista: Khaled).

El colectivo palestino empezó a tomar conciencia de sí misma, a organizarse, en base a modelos organizativos occidentales, y a la idea de nación y sujeto político. En un intento de control de este impulso la Liga Árabe fundó la Organización para la Liberación de Palestina (OLP) en 1964 (Khalidi, 2007, p.138). El Movimiento de Resistencia Palestino en ciernes tomó cuerpo en grupos como el Movimiento Nacionalista Árabe (MNA, formado casi en su totalidad por palestinos), y el más conocido Movimiento de Liberación Nacional Palestino, Fatah. Del MNA surgieron después el Frente Popular para la Liberación de Palestina y el Frente Democrático para la Liberación de Palestina que, si bien compartían con Fatah el objetivo de librar la guerra contra Israel y el retorno a su tierra, procedían de contextos territoriales y sociales sustancialmente distintos (Sayigh, Y., 1997a, p.71; Khalidi, 2010, p.182).

El perjuicio de otra pérdida, tras un segundo episodio de las tensiones de la Guerra Fría, enmarcada en la Guerra de los Seis Días (Dawisha, 1997, p.34-37) en 1967, lejos intimidar a la resistencia palestina, estimuló tanto su actividad como su legitimidad (Pappé, 2006, p.190; Sayigh, R., 2007, p.148). A pesar del rechazo del gobierno a la extensión del área de los campos de refugiados, lo que empezó siendo un asentamiento de tiendas de campaña tomó la forma improvisadamente urbana de crecimiento vertical (Gatrell, 2013, p.137), activando también el ingenio y capacidad de transgresión de sus habitantes.

2.4. Renacimiento insurgente: transgresión y revolución

Tras la Guerra de los Seis Días, el cambio de rumbo en Oriente Próximo trajo consigo un cambio en la disposición de los gobiernos árabes hacia la *muqawamah*, la resistencia palestina, útil para desviar la atención de la derrota. Sin embargo, el impulso popular favoreció la toma de la OLP por Fatah (Sayigh, R., 2007, p.149), quien, desde una línea de centralización, inició la burocratización e integración de la organización de una forma vertical.

Además de las operaciones de secuestro aéreo de 1968 (Sayigh, Y., 1997a, p.213), a finales del mismo año y comienzos de 1969 las primeras operaciones de los *fedayín*[2] contra Israel tuvieron lugar en el sur de Líbano, donde, por otro lado, las condiciones sociopolíticas de una conciencia revolucionaria se desarrollaban en el vacío de servicios gubernamentales (Nucho, 2017, p.57; Sayigh, R., 2007, p.164). La actividad militar palestina provocó la represalia israelí, que aprovechó la circunstancia para desestabilizar el equilibrio comunitario libanés, ya que el apoyo popular libanés a los *fedayín* tejió alianzas de grupos nacionales y progresistas con la causa palestina (Sayigh, 2007, pp.103,163-166), lo cual posibilitó un acercamiento de identidades y voluntades entre las dos comunidades, encontrándose en la encrucijada definida por el factor de clase.

Aún con la *thawra*, la revolución, en marcha, la mujer palestina todavía tenía dificultades para participar en la misma, por contrariar la costumbre familiar, o por la desconfianza de los hombres, quienes argumentaban que, si las mujeres querían participar en la revolución, podían hacerlo de la forma "tradicionalmente femenina" (Sayigh, 2007, pp.193-194; Bendt y Downing, 1982; entrevista: Leila). Sin embargo, los Comités de Mujeres o el Sindicato de Mujeres Palestinas congregaban a las más díscolas (Bendt y Downing, 1982, pp.16, 30), mientras otras se convertían en *fedayah.*

Con el tiempo, los enfrentamientos entre ejército libanés y resistencia palestina (Sayigh, R., 2007, pp.166-169) provocaron una ola de animadversión hacia el gobierno que se expandió, junto con el respaldo a la *muqawamah,* por todo el territorio. Esta ruptura llevó a la firma del tratado de Cairo de 1969 (Winslow, 2005, pp.155-158), a través del cual la presencia *de facto* de la resistencia palestina pasó a ser *de iure*: además del control de los campos, las operaciones militares gozarían del beneplácito oficial del gobierno, incluso la colaboración del ejército (Hirst, 2010, p.97). La *muqawamah* desbordó los límites de la heterotopía, institucionalizando su dimensión militar en el territorio, compitiendo en el ámbito socioeconómico con la UNRWA dentro de los campos (Pappé, 2006, p.190); y en el político con el propio Estado, fuera de los campos.

Sin embargo, la "edad de oro" de la presencia palestina en Líbano no duró mucho. La guerra civil, en realidad una serie conflictos y guerras civiles enmarcadas en el periodo 1975-1990 (Traboulsi, 2012, pp.193-245; Hirst, 2010, pp.99-235; Fisk, 2001), anegaron el país en una confrontación

---

2 Si el término muyahed/مجاهد (f. muyahedah/مجاهدة, pl. muyahedín/مجاهدين) proviene de yihad/جهاد (guerra, aunque también "lucha" en sentido de "superación") y significa "guerrero", fedai/ فدائي(f. fedayah/فدائية, pl. Fedayín/فدائيين) proviene de fida/ فداء, "redención", implicando sacrificio por la causa.

multiescalar en la que, una vez más y como factor decisivo, potencias extranjeras representaron y desempeñaron roles alineados con las distintas facciones enfrentadas.

Tras sitios como el de Tel al-Za´atar por las milicias libanesas, la ofensiva siria contra la OLP, la invasión israelí de 1982 (con masacres como la de Sabra y Shatila por bandera) y la Guerra de los Campos (Sayigh R., 1994, pp.231-319; Winslow, 2005, pp.249-255), la situación material, social, moral y política fue catastrófica. Además de la retirada de la OLP en 1982, dejando un vacío organizativo fundamental, las consecuencias del acuerdo para la reconciliación nacional (Acuerdo de Ta´ef, 1989) llevaron al rechazo del colectivo palestino, profundizando su exclusión (Peteet, 2007).

La evolución de los acontecimientos en Palestina y su desborde político no apuntaban a una dirección mejor. Tras la primera *intifada* en 1987, el proceso de "pacificación" del conflicto palestino-israelí, surgido en Madrid en 1991, tomó la forma final de los acuerdos de Oslo en 1993 (Acuerdos de Oslo, 1993). Estos acuerdos significaron, por un lado, el establecimiento de la Autoridad Palestina (una autoridad interina sin atributos de soberanía) en los Territorios Ocupados; y, por el otro, el olvido implícito de la diáspora. Este abandono se solidificó con la "osificación" y pérdida de vitalidad de los mandos remanentes en Líbano (Khalidi, 2007, pp.146,150,176). Además, tal y como lo expresa Leila, tuvo un gran efecto en el sentimiento de abandono e impotencia, particularmente en la autopercepción de las habilidades de la juventud (entrevista: Leila).

La tendencia de gradual incremento de la inestabilidad continuó, hasta su culmen en el presente. La debacle socioeconómica iniciada a finales de 2019, junto con la irrupción de la pandemia global del SARS-CoV-2 y el estallido del puerto de Beirut en 2020, han sumido al Estado libanés en una de las peores crisis económicas desde el siglo XIX (Banco Mundial, 2021).

3. MUQAWAMAH, PROYECTO O RESISTENCIA

3.1. Resistencia o emancipación

Es posible considerar al proyecto de liberación palestino como la emergencia de una alternativa de resistencia frente a poderes causales específicos. En este sentido, la población palestina ha hecho su propia historia, no "desde un vacío histórico, sino desde la disposición generada por la sucesión de circunstancias legadas por el pasado" (Marx, 2003, p.10) que la han configurado como colectivo, lo cual permea cultura e individuo (Bourdieu, 1997, pp.13,130).

La capacidad de alterar las condiciones de existencia de la población palestina en Líbano se ha desplegado a consecuencia y a través de su desposesión, exclusión y marginalización. Estos ejes han generado las circunstancias adversas que la población palestina en Líbano ha sufrido durante todo este periodo, de los cuales cuantiosos testimonios persisten, reproducidos de primera o segunda mano por miembros de distintas generaciones, presentes en todas las personas entrevistadas. Sin embargo, la adversidad también ha estimulado aquellos factores que produjeron el auge de la resistencia como foco emancipador, como lo expresan hoy día muchas de las personas refugiadas palestinas, en narrativas en las que se mezcla la angustia y la esperanza.

El objetivo de la liberación nacional de Palestina ha subsumido, hasta cierto grado, el resto de las propiedades de las prácticas discursivas de emancipación. En el momento álgido de la capacidad causal de la *muqawamah*, durante la "época dorada", la confrontación en sí contra Israel, se instituyó no sólo como táctica, sino también como estrategia, como potenciador de la identidad palestina, indicio de la adaptación de los preceptos marcados por Fanon (1965, pp.80,151).

Este hecho relegó al trasfondo la capacidad emancipadora del movimiento en diversos ámbitos, lastrando a largo plazo la resiliencia de la comunidad en su totalidad (entrevista: Mahmud). A la luz de este hecho, no fueron las necesidades básicas (educación, vivienda, salud, alimentación, agua, energía), las formas de lo común orientadas a la reproducción social (Federici, 2016), el eje-objetivo del proyecto de resistencia.

3.2. Guerrilla o "para-estado"

Aunque la institución de un Estado palestino en Líbano nunca formó parte explícita de la estrategia, *de facto*, la presencia de la resistencia articuló un aparato paralelo al de la República libanesa que, además de rivalizar en sus competencias, puso de relieve varios hechos importantes.

El primero de estos hechos fue la propia disputa con el Estado libanés como gobierno apto para la protección de toda la ciudadanía, tanto en la dimensión socioeconómica, como en la política y la simbólica. La población oriunda del sur de Líbano, desamparada y empobrecida más allá incluso del promedio de las desplazadas palestinas en 1948 (entrevista:

Khaled), vio que la iniciativa de la *muqawamah* la tomaba en consideración. A diferencia del "estado fallido" libanés (Chomsky, 2007), la resistencia palestina suplió el vacío institucional, proporcionando opciones de resignificación a una población con la que compartía clase y marginalidad. Las personas situadas en la liminalidad de la "Suiza de Oriente Medio" (Traboulsi, 2012, pp.238-243; Winslow, 2005, p.2), atraídas por la alternativa brindada por la potencialidad emancipatoria de la resistencia (entrevista: Khaled), sumaron al simbolismo de la causa, como liberadora potencial de algo más allá de Palestina.

El segundo hecho reside en la implicación de que fuera precisamente el campo de refugiados, el mecanismo originariamente diseñado para la exclusión, contención y control de la población indeseada (Agier, 2011), la que nutriera este "gobierno de los desposeídos". Campos como el de Shatila, rodeado por un cinturón de pobreza, alrededor del cual el núcleo de la resistencia tomó sede (la "República de Fakhani"), presentaban las condiciones adecuadas para el crecimiento del movimiento.

El tercer hecho consiste en la posibilidad de articular las competencias y servicios presupuestos a un estado, y al margen del mismo. Sin constituirse en Estado, la verticalidad y burocratización de la lógica organización de la OLP, con Fatah a la cabeza (Sayigh, 2007, p.162; Khalidi, 2007, pp.144,152), evoca la jerarquía de uno.

3.3. Competencias y organización

Los logros alcanzados se basaron en las competencias-derechos conseguidos a través del acuerdo de Cairo en 1969[3], correspondientes a: empleo, movimiento y residencia; formación de comités en los campos de refugiados; formación de fuerzas de seguridad en los campos de refugiados; enfrentamiento militar contra Israel; asegurar las rutas a la región de Arqub en el sur de Líbano; la liberación de las personas prisioneras palestinas y el armamento incautado (Siklawi, 2017, p.926).

La etapa presente del campo está determinada por el punto de inflexión de la retirada de la OLP en 1982. Estructuras sociales como los sindicatos (Unión General de los Trabajadores Palestinos, Unión General de las Mujeres Palestinas, Unión General de Juristas Palestinos y la Unión General

[3] El texto nunca llegó a publicarse oficialmente, aunque existen reproducciones extraoficiales.

de Ingenieros Palestinos) mantuvieron únicamente una presencia simbólica, quedaron vacíos de función y contenido, perdiendo el contacto con las bases a las que teóricamente representaban (Suleiman, 2011).

Sin embargo, tras el colapso de las estructuras de protección social, emergieron los comités de pueblo, basados en los lazos comunales históricos y formados sobre la base del apoyo mutuo y cohesión de la *fellahín,* que cumplen funciones de apoyo en acontecimientos familiares (bodas, funerales), y en ocasiones brindan apoyo económico. No cumplen funciones político-institucionales, razón por la que la coexistencia con las facciones políticas no es un problema (Suleiman, 2011).

Cercana a esta estructura social se halla la irregular y espontánea forma de las "figuras efectivas" (Suleiman, 2011), alguna de ellas presente en este texto a través de su entrevista. Personas particulares, habitualmente hombres, con cierto grado de prestigio, no necesariamente vinculadas oficialmente a una facción política. Deben su influencia a su militancia (pasada o presente), su profesión, o su status social. Estas personas pueden llegar a cumplir diversidad de funciones, de acuerdo con sus habilidades y relaciones sociopolíticas, las cuales les conceden una posición de prestigio y responsabilidad.

Además, los campos cuentan con comités de seguridad, que componen las "fuerzas armadas" de los campos. La responsabilidad es compartida por las diversas facciones, por lo que su presencia, contribución, nivel de responsabilidad y funcionamiento varía según el campo en cuestión. Con la notable excepción del conflicto de Nahr al Bared en 2007 (Czajka, 2008, p.204), tanto antes como después de la Guerra Civil, el Estado libanés reconoció tácitamente la autonomía del "territorio palestino", absteniéndose de adentrarse en los campos, excepto por causa de fuerza mayor (Schiocchet, 2015), o a través de acuerdo explícito con los comités de seguridad en torno a, por ejemplo, la captura de prófugos

Estrechamente relacionados con los comités de seguridad se encuentran los comités populares, encargados de la gobernanza de los campos. Con la función cuasi-municipal (Suleiman, 2011) de proveer y mantener los servicios básicos: higiene pública, suministro eléctrico y de agua, infraestructuras sanitarias, culturales, etc. Sus miembros son escogidos por las facciones de entre sus propios miembros, lo cual no siempre desemboca en un funcionamiento fluido y funcional (entrevista: Ahmad), debido a la competición entre las organizaciones, además de la escasez de fondos y la inexistencia de una coordinación y planificación generales (entrevista: Amir). Por otra parte, en algunos campos coexisten varios comités populares, algunos no alineados políticamente con el sector palestino.

Las frustradas elecciones de 2005 en Shatila (Issa, 2014, pp.21-29) pusieron de manifiesto la complejidad de las relaciones sociopolíticas de los campos, evidenciando que el factor que vincula a las personas refugiadas a las facciones políticas no es la ideología (Sayigh, R., 2007, p.181), ni sus alianzas regionales o internacionales, sino que se basan en mayor grado en la intermediación de lazos personales (familia o amistades), que se solidifican en la afiliación (Issa, 2014, p.162). Su capacidad de asistir materialmente a sus bases (de una forma ambigua), consolida su poder causal morfostático (Elder-Vass, 2010, pp.33-38), favoreciendo el estancamiento sociopolítico. Esto opera a través de un sistema de prácticas sociales complejas, que se despliegan más allá de la estructura formal de las facciones políticas, permeando la cotidianidad y naturalizando las relaciones (entrevista: Aisha). El hecho de que exista la imagen de las facciones como "maridos forzados" (Issa, 2014, pp.214-217) explica cómo la disposición patriarcal y paternalista ha configurado el escenario sociopolítico.

Sin embargo, han existido, y existen, grupos que han señalado públicamente la contradicción entre el discurso y la práctica de las facciones en su conjunto. Esta posición crítica ha sido castigada, sometida al ostracismo, expulsándolos de los campos y prohibiendo su vuelta, reproduciendo la ortodoxia y el orden de mecanismos de exclusión bien conocidos por la propia comunidad palestina en Líbano (entrevista, colectiva).

4. SUJETO CAMPESINO, LUCHADOR, REFUGIADO

4.1. Fellahín

Si bien la progresión de la transformación del sujeto del poder popular palestino en Líbano no es lineal, sí se da de forma secuencial. Para la *fellahín*, como proto-clase social, articulada (biológica y políticamente) en una estructura "familista" da lugar a una disposición de lealtad hacia las formas tradicionales de organización política patriarcal (entrevista: Leila).

De la lectura de los acontecimientos relacionados con su desposesión y éxodo emergen los primeros intentos de comprensión y organización. La "palestinidad" supuso una respuesta natural a la *Nakba*, pero fue la marginalidad sociopolítica la que remodeló el patriotismo popular de base en un proto-nacionalismo (Sayigh, Y., 1997a, p.46), sobre todo en el exilio, donde las contradicciones de clase subyacen a la acción política hasta hoy (Sayigh, R., 2007, p.104).

Durante la readaptación radical de los primeros años de los 1950, las mujeres palestinas tenían mayor empleabilidad que los hombres, por su menor salario. Generaron paulatinamente un ingreso salarial, además de una erosión inicial de la autoridad patriarcal. Por otro lado, persistían algunos vestigios culturales de la *fellahín*: los miembros de los pueblos, y posteriormente sus descendientes, reproducían la organización territorial de Palestina en los campos de refugiados, agrupándose en las mismas zonas (Peteet, 2007, Gatrell, 2013, p.137; entrevista: Khaled; entrevista: Amina).

Si bien es difícil pensar la palestinidad, por su superposición con otras potentes narrativas relacionadas con la identidad (Khalidi, 2010, p.6) y la segregación espacial, esta noción es clave a la hora de entender la emergencia de su poder popular, representada en la transformación de "campesinado vulnerable" a "luchador/a insurrecto/a".

4.2. Muyahidín

La población palestina en Líbano fue capaz de desplegar una cuota de poder popular, desde el punto de partida de unas circunstancias históricas trágicas. Éstas inscribieron en la cultura y el individuo formas de pensar, sentir y hacer, las cuales se orientaron hacia la supervivencia primero, y a la resistencia después. Sin embargo, no entendemos el poder causal desplegado como un epifenómeno de fuerzas externas, ni como originado en el individuo, sino como un proceso socio-histórico en desarrollo (Bologh, 1979, p.xii). Proceso a través del cual la población, en principio subalterna y desposeída, altera las relaciones de fuerza y construye un campo contrahegemónico (Mazzeo y Strata, 2007, p.11), transformando el sentido de la heterotopía, originalmente diseñada para excluir y contener.

Tres factores operaron en la emergencia de la figura del *muyahed/muyahedah*. En primer lugar, de la sucesión histórica de fracasos, desposesiones y exclusiones resultaron en la consolidación de un programa de organización y militancia, centrado en el derecho al retorno (Gatrell, 2013, p.144), como reacción a la desposesión constante. En segundo lugar, la influencia de la educación en los 1960, ofrecida principal pero no exclusivamente por la UNRWA. Ésta cual contribuyó al desgaste de la autoridad patriarcal entre la población palestina, que se acrecentó gradualmente con el aumento de la capacidad adquisitiva de las nuevas generaciones (Sayigh, R., 2007, p.6), cuya mayor actividad política favoreció que los campos de refugiados se convirtieron en espacio de creatividad (Peteet, 2007), en contra de los límites sugeridos por la propia figura del refugiado. En tercer lugar, la falta de armas, y su estrecha relación simbólica con el abandono de los gobiernos árabes, también opera como factor endógeno en la articulación del poder popular palestino (Sayigh, R., 2007, pp.158-159).

Es factible apuntar a la forma en que el estado-nación se construye y legitima, como uno de los factores causales que impulsaron la emergencia del campo de refugiados, la heterotopía donde precisamente este proceso de desposesión deriva en la resignificación del espacio como productor de emancipación, donde se gesta el desafío material, político y simbólico a la legitimación de la nación-estado, particularizado en la República libanesa (Czajka, 2008; Bikandi, 2020).

4.3. Layín

Para la mayoría de la población desplazada de Palestina, la categorización como *layi*[4], "refugiado", fue la regla desde su llegada a Líbano. La emergencia de este status legal, derivado de la Convención de 1951, significa la negación de la ciudadanía, conllevando tanto el ejercicio humanitario como el de control demográfico de masas de personas transformadas en individuos sin Estado (Agier, 2011, p.148), sin marco de referencia jurídico.

Después de la Guerra Civil y los acuerdos de Ta´ef, la población palestina en Líbano quedó sin la referencia organizativa de la OLP. Esto causó la regresión de las estructuras también identitarias. Privada de las cuotas de poder popular dependientes de las estructuras desplegadas por la OLP, el sujeto se ve forzado a (re)adquirir la estrategia de reclamar los derechos del "refugiado", a pesar de no existir como tal oficialmente en el territorio. Asimismo, el abandono tras los acuerdos de Oslo ha parecido anquilosar a una población condenada al ostracismo, nuevamente dependiente de la asistencia del sector humanitario, derivado de la misma comunidad internacional, origen estructural de la opresión nacional sufrida por el colectivo palestino.

4 El término layi/لاجئ (f. *layiah*/لاجئة, pl. *layín*/لاجئون) proviene de *luyu*/لُجوء, "refugio" o "asilo político", pudiendo encontrarse este término también en antiguos textos islámicos, refiriéndose a aquel espacio al que personas no-musulmanas pueden acceder y tener su seguridad garantizada.

5. NAKBA COMO PROCESO CONTINUO

5.1. Capitalismo y desposesión

Salvo gestos más simbólicos que prácticos, la estrategia política demográfica del Estado libanés se ha mantenido intransigente desde la llegada de Palestina de las primeras personas desplazadas. El sistema político libanés no brotó simplemente de la formación social anterior, sino que es el resultado de un diseño colonialista y la colaboración de los estratos locales que se alinearon con éstas e institucionalizaron la diferencia (Nucho, 2017, p.129), consagrando el predominio de los mecanismos de acumulación de capital (Deleuze y Guattari, p.460), que impide la absorción de la población palestina desplazada.

Es por ello que el status oficial de la población refugiada palestina se encuentra en un limbo: no son considerados "ciudadano", pero tampoco son "refugiados" en el sentido estrictamente legal, ya que Líbano no ha firmado la Convención sobre el Estatuto de los Refugiados de 1951 y su protocolo de 1967, que reconoce la figura del refugiado, sus derechos y obligaciones. De esta forma, las personas de origen palestino, independientemente de haber nacido en suelo libanés, son consideradas "extranjeras de clase especial" (Al-Natour, 1997), sin derechos civiles y políticos (Sayigh, R., 2007, p.103), ni de posesión de inmuebles en propiedad.

En el ámbito laboral, se establece el "principio de reciprocidad", según el cual las leyes relativas al trato de los ciudadanos libaneses en el país de origen del expatriado dictan el trato que reciben en territorio libanés (Al-Natour, 1997), por lo que, al no existir un marco comparativo, es de imposible aplicación. Sin embargo, esto no supone obstáculo para la relajación de la regla en el caso de la contratación de temporeros y mano de obra barata (Pappé, 2006, p.188). Si bien, en principio, las autoridades evitaron el establecimiento de campos alrededor de las ciudades, con el tiempo, la industria libanesa destensó los criterios correspondientes (Sayigh, Y. 1997a, p.45; Pappé, 2006, p.144), vistas las virtudes potenciales (Agier, 2011, pp.179-180) derivadas de la contingencia de un ejército industrial de reserva (Marx, 1976, pp.781-794).

A pesar de las restricciones, a través de los mecanismos de la acumulación del capital (Marx, 1976, pp.709-930), tiene lugar la colisión intraclase, dando lugar a la competición entre la clase trabajadora local y la recién llegada comunidad desposeída (Sayigh, R., 2007, p.115; Federici, 2010, pp.85-177). A esto se le sumaría el estigma social, calificando a refugiados palestinos como "gitanos" o "bastardos", y a los campos como "zoos" (Sayigh, 2007, p.134).

5.2. *Exclusión y marginalización*

La desposesión y el exilio dieron paso a la exclusión para la mayor parte de la población palestina, en base al recelo al *tawtín*, la naturalización de la población palestina musulmana (Traboulsi, 2012, p.107). Sin embargo, el sector cristiano maronita no tuvo mayor inconveniente en naturalizar a la minoría cristiana y a las élites musulmanas palestinas (Gandhour, 2017, pp.65-67), trascendiendo el prejuicio religioso en nombre de la revalorización del capital.

La ontología del refugiado representa los poderes causales que operan desde la opresión, la agitación económica y la inseguridad (Peteet, 2007), causada no por azar, sino debido a la incapacidad de (re)absorber lo indeseable (Agier, 2011; Osorio, 2012), generado en su proceder. Este excedente del sistema, la persona refugiada, sólo puede ser incluida mediante su exclusión, en un proceso de desagregación que Agamben (2016, p.162) ilustra en la extracción de su dimensión política (*bios*) y admitiendo únicamente su dimensión biológica (*zoê*), transformándolo en un ente bajo control (Agier, 2011, pp.147-148).

En base a esto emerge, de la mano de los mismos mecanismos que lo producen, el gobierno humanitario (Agier, 2011; Gatrell, 2013, p.285), con el objetivo de garantizar la supervivencia del refugiado en ese vacío de derechos (Czajka, 2008), excluido del espacio ordinario, constituido en externalidad como única alternativa a su inclusión (Foucault, 1994, p.183) en el marco del control del Estado (Agamben, 2006, p.35). Sin embargo, la población refugiada palestina no responde a un marco de comprensión simple, sino a una co-determinación compleja, ya que su concepción no se entiende bajo la lógica unidimensional lineal, según la cual su categorización como individuo despolitizado lo aísla en la supervivencia (Bikandi, 2020). Por tanto, la figura del refugiado y su empleo estratégico por los estados (Peteet, 2007) cuestiona fundamentos como la soberanía, el vínculo de ésta con el Estado y la ciudadanía (Czajka, 2008; Urabayen Pérez, 2015).

5.3. *Transgresión y poder popular*

Lo que en principio constituía un mecanismo de defensa del Estado, de "captura del residuo", control y transformación de los flujos demográficopolíticos (Czajka, 2008, p.199; Sayigh, R., 2007, p.112; Deleuze y Guattari, 2002, pp.389-390), acaba por construir las condiciones de su propia desestructuración. "El Estado es la soberanía [...] Pero la soberanía sólo reina sobre aquello que es capaz de interiorizar" (Deleuze y Guattari, 2002, p.367), por lo que esta falsa interiorización en base a la exclusión, proporciona involuntariamente un espacio relativamente libre y jurídicamente vacío, dentro del territorio físico del Estado, "en el que el poder soberano no conoce ya los límites fijados por el *nomos* como orden territorial" (Agamben, 2006, p.53), posibilitando la reapropiación del espacio por sus sujetos y abriendo las puertas, entre otros, a la suspensión del monopolio de la violencia (Czajka, 2008, p.207; Deleuze y Guattari, 2002, p.454) del Estado libanés.

De entre los factores externos específicos, es posible destacar la centralidad del impacto de la Guerra Fría y la dirección de la política exterior del Movimiento Revolucionario Palestino hacia el bloque soviético, materializado desde el principio en la ambivalencia del Movimiento Nacionalista Árabe, que tomaba como referencia el nacionalismo europeo del siglo XIX, a la vez que condenaba el colonialismo occidental y, de igual forma desconfiaba de la Unión Soviética por reconocer a Israel (Sayigh, Y., 1997b).

La percepción palestina de la explotación económica no constituye un determinante tan importante como la opresión política, por entender que su situación es el resultado de la opresión nacional, por encima de la de clase. Además, el apoyo de los estratos más pudientes sobre la base de la frustración de sus ambiciones locales y regionales supuso la persistencia del "faccionalismo ideológico, el eclecticismo intelectual y la fragmentación política" (Sayigh, Y., 1997a, p.56), como síntoma del rápido surgimiento del movimiento revolucionario. Movimiento con multiplicidad de centros de autoridad, diferenciados por distinciones ideológicas que, según Rosemary Sayigh, poco tienen que ver con los verdaderos problemas de la población (Sayigh, R., 2007, pp.179,181).

En cualquier caso, la repolitización del sujeto refugiado, retratado en un principio en términos humanitarios (Gatrell, 2013, p.129), es clave, como decíamos, para la emergencia del poder popular, y toma lugar a través de la subversión de su representación como "extranjeros de clase especial" en Líbano, la reapropiación del término "refugiado" y su revestimiento de contenido político. Los habitantes de los campos efectúan esta subversión construyéndose como "invitados" en Líbano, al tiempo que se reivindican como sujetos con derechos equiparables a la ciudadanía libanesa, resignificando lo político como viene concebido por el Estado (Long y Hanafi, 2010; Czajka, 2008). De la misma manera, rechazan también la instrumentalización concretada a través del gobierno humanitario, cuyo carácter temporal es difícilmente justificable (Agier, 2011, p.71), así como su papel en la perpetuación de la situación (entrevista: Yasser).

Durante su periodo álgido, la OLP fue el heraldo de la unidad del pueblo palestino. Mediante esa representación, obtuvo el logro adicional del reconocimiento internacional (Khalidi, 2007, p.165-167). Hoy día, la presencia de la OLP en Líbano existe en un estado letárgico, sin capacidad funcional en ámbitos clave para la provisión de protección y servicios para la población refugiada palestina en los campos, menos incluso para la minoría asentada fuera de los mismos.

6. CONCLUSIONES

Podría considerarse que algunos de los elementos presentes en el desarrollo del colectivo palestino en Líbano contienen elementos potencialmente favorables para la emergencia de una democracia comunal. Es posible discernir, en su espacio de liminalidad y marginalidad, el potencial subversivo y la posibilidad de extender la construcción de un sujeto (individual y colectivo) instigador de nuevas cotas de emancipación. Sin embargo, el peso de algunas estructuras sociales, que mantienen y reproducen disposiciones ancladas en modelos tradicionales y convencionales, parecen obstruir las vías de expresión de formas de pensar, hacer y sentir.

En este sentido, cabe preguntarse sobre la medida en la que la identificación emotivo-afectiva de la población refugiada palestina en Líbano se ha traducido en integración organizativa (Sayigh, R., 2007, pp.187-189), la inclusión y el compromiso con la construcción de las condiciones para la liberación social. Así mismo, es posible cuestionarse la eficacia social de las "afirmaciones identitarias y las divisiones del mundo que sustentan sus ideologías" (Agier, 2011, p.46), en situaciones donde la noción de minoría se opone a la mayoría no sólo de forma cuantitativa, implicando una constante en relación al cual se evalúa, siendo ésta el patrón hombre, adulto, heterosexual (Deleuze y Guattari, 2002, p.107), restringiendo la producción en común (De Angelis, 2009, pp.108-109).

Podemos pensar en el sujeto del proceso de liberación palestino como proyecto en curso, como resultado de la sucesión de eventos que le han dado forma y lo han permeado en su capacidad de alterar sus condiciones de existencia. Su desarrollo en Líbano giró desde sus inicios en torno a dos ejes. El primero, en sentido diacrónico, el eje de la reacción a la situación de gradual desposesión y exclusión. Esto se concreta en el desarrollo de la capacidad militar y, como epifenómeno o complemento de éste, el progreso en las demás dimensiones (económica, educativa, social, cultural), que constituiría el segundo eje.

Si bien el desarrollo del segundo eje, la emancipación social, produjo el respaldo al primero (resistencia militar), esto no se tradujo en el fortalecimiento de nuevas relaciones y sistemas sociales para la construcción de condiciones de existencia deseables. Esto parece confirmar la "falacia de la política", esto es, "la idea de que una recomposición política podría generar y sostener, a través de cualquier tipo de representación política, un cambio radical en las relaciones sociales y en los sistemas de reproducción sociales" (De Angelis, 2009, p.97).

La "arabidad" de la comunidad palestina ha permanecido irrealizada a nivel político, e incluso ha contribuido en ocasiones a un estado de esperanza y confianza que ha entorpecido el análisis de las realidades políticas (Sayigh, 2007, p.103), en ocasiones centrando la atención en una unidad cultural amplia que nunca llega a fructificar.

De forma similar, el constructo esencialista de la identidad etnocultural unitaria palestina parece estar instituido obviando el carácter procesual de su propia construcción. Fue reificado como símbolo en el imaginario, asumiendo que la historia de la tierra es la historia de su nacionalismo, abarcando la vida de todos en una tierra determinada, corriendo el riesgo de efectuar una reducción eliminativa de la historia, tomando en consideración la narrativa de una minoría, la de los hombres, no de las mujeres (Humpries y Khalidi, 2007, p.208), la de los ricos, no de los pobres (Pappé, 2006, p.7), atribuyendo poderes causales a entidades abstractas y obviando la complejidad de los mecanismos implicados.

Tras la retirada de la OLP, las estructuras hegemónicas instituidas en facciones políticas, con mayor capacidad de cohesión social, parecen impedir que, todavía a día de hoy, los campos sean núcleos de ideología emancipadora, dada la falta de disposición para trabajar con las bases de las facciones con capacidad de aglutinamiento y la condescendencia paternalista de su proceder, que parece valerse de su romantización (De Angelis, 2009, pp.108-109) y del estrecho vínculo de la dimensión personal/familiar con la política y su vínculo con los aspectos moral y emocional.

En este contexto, el papel y la liberación de la mujer, a pesar de los avances en la segunda mitad del siglo XX y su contribución en los diferentes ámbitos, está subsumido y cubierto. "Nación" y "resistencia" tienen un significado que "opresión de la mujer" todavía no alcanza (Bendt y Downing, 1982; Kassem, 2011; Sayigh, R., 2007, pp.130-132, p.190; Gatrell, 2013, pp.145,296). Las mujeres sufren formas superpuestas de opresión, a menudo disimuladas por "las construcciones ideológicas de las élites masculinas chovinistas (entrevista: Souheil al-Natour), que buscan mantener y expandir sus privilegios en nombre de la liberación nacional, dejando atrás a las mujeres y otros grupos oprimidos" (Kassem, 2011, p.33).

Sin embargo, a pesar del estancamiento sociopolítico, la heterotopía de los campos de refugiados tampoco es un espacio retrógrado de inmovilidad total. El éxito emanado, principalmente, por mecanismos como los derivados de la ancestral solidaridad familiar permiten un dinamismo social que, sumado al interés por la emancipación a través de la confluencia de educación y autogestión, brindan la oportunidad no completamente desarrollada de construir un modelo propio, alejado del importado por Occidente y que vaya más allá de la promoción de lo folklórico. Un dinamismo, no obstante, limitado sobre todo por el factor económico.

Entre los éxitos derivados de las oportunidades presentadas en el trayecto de la población refugiada palestina en Líbano, destaca que el movimiento revolucionario, en su antagonismo con el Estado libanés y las diferentes causas y mecanismos de exclusión desplegados, consigue poner en cuestión conceptos naturalizados, descubriendo nuevas formas de verse en el mundo, lejos de la figura de la víctima desamparada y desvalida. Consiguen polemizar también los fundamentos del propio Estado y brinda la oportunidad de (re)pensar el sujeto revolucionario: un paradigma emancipador desde los márgenes de la periferia global, desde el centro de un sistema de círculos concéntricos de opresiones superpuestas (género, clase y etnia, entre otras).

7. Entrevistas

Khaled, director de organización palestina, hombre, Shatila, 2017.

Souheil al-Natour, jurista palestino; hombre, Mar Elias, 2019.

Amina, activista palestina; mujer, Shatila, 2019.

Amir, activista palestino; hombre, Ain el-Hilweh, 2019.

Ahmad, presidente Comité Popular, miembro de la OLP; hombre, Shatila, 2019.

Yasser, director hospital palestino; hombre, Ain el-Hilweh, 2019.

Mahmud, médico de UNRWA jubilado, hombre, Shatila, 2020.

Leila, periodista, activista, directora organización palestina; mujer, Shatila, 2020.

Entrevista colectiva, tres miembros de una organización vetada; Beirut, 2020.

Aisha, ama de casa; mujer, El-Bass, 2020.

8. Bibliografía

United Nations Peacemaker (1993). Acuerdos de Oslo (Declaración de Principios sobre Arreglos Provisionales de Autonomía). Recuperado de https://peacemaker.un.org/israelopt-osloaccord93.

United Nations Peacemaker (1989). Acuerdo de Ta´ef. Recuperado de https://peacemaker.un.org/lebanon-taifaccords89.

Agamben, G. (2006). Homo Sacer: El Poder Soberano y la Nuda Vida I. Valencia, España: Pre-Textos.

Agier, M. (2011). Managing the Undesirables: Refugee Camps and Humanitarian Government. Cambridge, Reino Unido: Polity Press.

Al-Natour, S. (1997). The legal status of Palestinians in Lebanon, Journal of Refugee Studies, 10, pp. 360-377.

Banco Mundial (2021). Lebanon Economic Monitor, Spring 2021: Lebanon Sinking (to the Top 3). Recuperado de https://www.worldbank.org/en/country/lebanon/publication/lebanon-economic-monitor-spring-2021-lebanon-sinking-to-the-top-3.

Bendt, I. y Downing, J. (1982). We Shall Return: Women of Palestine. Londres, Reino Unido: Zed Press.

Bezhani, H. (2009). Sykes-Picot Agreement. The World War I Document Archive. Recuperado de https://wwi.lib.byu.edu/index.php/Sykes-Picot_Agreement.

Bikandi Eskutza, A. (2020). Privación efectiva de derechos humanos y agencia de la población palestina refugiada en Líbano. En Pérez Adroher, A., Hernández Martínez, E. López de la Vieja, M.T. (Eds.), Derechos Humanos ante los nuevos desafíos de la globalización. Madrid, España: Dykinson.

Bologh, L. W. (1979). Dialectical Phenomenology: Marx´s Method. Boston, Estados Unidos: Routledge & Kegan Paul.

Bourdieu, P. (1997). Razones prácticas: Sobre la teoría de la acción, Barcelona, España: Anagrama.

Chomsky, N. (2007). Estados Fallidos: El Abuso de Poder y el Ataque a la Democracia. Barcelona, España: Ediciones B.

Czajka, A. (2008). The Camp and the Political: Palestinian Refugee Camps in Lebanon (tesis doctoral). Universidad de York, Toronto, Canadá.

Dawisha, A. (1997). Egypt. En Sayigh, Y. y Shlaim, A., The Cold War and the Middle East. Nueva York, Estados Unidos: Oxford University Press.

De Angelis, M. (2019). Revolución social y producción de lo común. En Producir lo común, VV.AA. Madrid, España: Traficantes de sueños.

Deleuze, G. y Guattari, F. (2002). Mil Mesetas: Capitalismo y Esquizofrenia. Valencia, España: Pre-Textos.

Durkheim, E. (2013). The Division of Labour in Society. Hampshire, Reino Unido: Palgrave Macmillan.

Elder-Vass, D. (2010). The Causal Power of Social Structures: Emergence, Structure and Agency. Cambridge, Reino Unido: Cambridge University Press.

Fanon, F. (1965). Los Condenados de la Tierra. México D.F., México: Fondo de Cultura Económica.

Federici, S. (2010). Calibán y la bruja. Mujeres, cuerpo y acumulación originaria. Madrid, España: Traficantes de Sueños.

Federici, S. (2016). Feminism and the Politics of the Commons. En FORMER WEST: Art and the Contemporary After 1989, BAK & MIT Press. Recuperado de https://www.bakonline.org/prospections/sylvia-federici-feminism-and-the-politics-of-the-commons/.

Fisk, R. (2001). Pity the Nation: Lebanon at War, Oxford, Reino Unido: Oxford University Press.

Foucault, M. (1994). Different Spaces, en Faubion, J. D. (Ed.), Aesthetics, Method and Epistemology: Essential Works of Foucault, 1954-1984. Nueva York, Estados Unidos: New Press.

Gaspard, T.K. (2004). A Political Economy of Lebanon, 1948-2002. The Limits of Laissez-faire. Boston, Estados Unidos: Brill.

Gatrell, P. (2013). The Making of the Modern Refugee. Oxford, Reino Unido: Oxford University Press.

Gerges, F. A. (1997). Lebanon. En Sayigh, Y. y Shlaim, A., The Cold War and the Middle East. Nueva York, Estados Unidos: Oxford University Press.

Ghandour, H. (2017). Naturalised Palestinians in Lebanon: Experiences of Belonging, Identity and Citizenship (tesis doctoral). Melbourne, Australia: Swinburne University of Technology.

Gramsci, A. (1996). Prison Notebooks. Volume II. Nueva York, Estados Unidos: Columbia University Press.

Gresh, A. y Vidal, D. (2003). Les 100 clés du Proche-Orient. París, Francia: Hachette Littératures.

Hirst, D. (2010). Beware of Small States, Londres, Reino Unido: Faber and Faber.

Humpries, I. y Khalidi, L. (2007). Gender of Nakba Memory en Sa´adi, A. y Abu-Lughod, L., Nakba: Palestine. 1948, and the Claims of Memory. Nueva York, Estados Unidos: Columbia University Press.

Jeffries, J. M. N. (1967). The Balfour Declaration. Beirut, Líbano: The Institute for Palestine Studies.

Kanafani, G. (1972). The 1936-39 Revolt in Palestine. Nueva York, Estados Unidos: Committee for a Democratic Palestine.

Kassem, F. (2011). Palestinian Women: Narrative Histories and Gendered Memory. Londres, Reino Unido: Zed Books.

Khalidi, R. (2007). The Iron Cage: The Struggle of the Palestinian Struggle for Statehood. Oxford, Reino Unido: Oneworld.

Khalidi, R. (2010). Palestinian Identity: The Construction of Modern National Consciousness. Nueva York, Estados Unidos: Columbia University Press.

Krämer, G. (2008). A History of Palestine. From the Ottoman Conquest to the Founding of Israel. Princeton, Estados Unidos: Princeton University Press.

Palestinian Journeys (1954). Ley de Prevención de Infiltración (Delitos y Jurisdicción) 1954 (5714). Recuperado de https://www.paljourneys.org/ar/timeline/historic-text/21852/قانون-منع-التسلل-الجرائم-والاختصاص-1954-5714-باللغة-الإنكليزية).

Long, T., y Hanafi, S. (2010). Human (in)security: Palestinian perceptions of security in and around the refugee camps in Lebanon, Conflict, Security & Development, 10(5), pp. 673-692.

Marx, K. (1976). Capital. Volume I. Londres, Reino Unido: Penguin Books.

—. (2003). El Dieciocho Brumario de Luis Bonaparte. Madrid, España: Fundación Federico Engels.

Mazzeo, M.; Stratta, F. (2007). Introducción. En Mazzeo, M. (Ed.), Reflexiones sobre el poder popular. Buenos Aires, Argentina: El colectivo.

Morris, B. (2004). The Birth of the Palestinian Refugee Problem Revisited. Cambridge, Reino Unido: Cambridge University Press.

Nucho, J. R. (2017): Everyday Sectarianism in Urban Lebanon. Nueva Jersey, Estados Unidos: Princeton University Press.

Pappé, I. (2006). A History of Modern Palestine. Nueva York, Estados Unidos: Cambridge University Press.

—. (2007): The Ethnic Cleansing of Palestine. Oxford, Reino Unido: Oneworld.

Peteet, J. (2007). Problematizing a Palestinian Diaspora, International Journal of Middle East Studies, 39(4), pp. 627-646.

Issa, P. (2014). Palestinian Political Factions: An Everyday *Perspective* (tesis doctoral). Universidad de Exeter, Devon, Reino Unido.

Osorio, J. (2012). Estado, Biopoder, Exclusión. Análisis desde la Lógica del Capital. Barcelona, España: Anthropos.

Perdigon, S. (2015): "For Us It Is Otherwise": Three Sketches on Making Poverty Sensible in the Palestinian Refugee Camps of Lebanon, Current Anthropology, 56, no. S11 (October 2015): S88-S96.

Sayigh, R. (1994). Too Many Enemies. The Palestinian Experience in Lebanon. Londres, Reino Unido: Zed Books.

—. (2007). The Palestinians: From Peasants to Revolutionaries. Londres, Reino Unido: Zed Books.

Sayigh, Y. (1997a). Armed Struggle and the Search for State: The Palestinian National Movement 1949-1993. Nueva York, Estados Unidos: Oxford University Press.

—. (1997b): The Palestinians. En Sayigh, Y. y Shlaim, A., The Cold War and the Middle East. Nueva York, Estados Unidos: Oxford University Press.

Schiocchet, L. (2015). Palestinian Refugees in Lebanon: Is the Camp a Space of Exception?. Mashriq & Mahjar, [S.l.], v. 2, n. 1, pp. 130-160.

Siklawi, R. (2017). The Palestinian Resistance Movement in Lebanon 1967-82: Survival, Challenges, and Opportunities, Arab Studies Quarterly, 39(3), pp. 923-937.

Suleiman, J. (2011). The Current Political, Organizational, and Security Situation in the Palestinian Refugee Camps of Lebanon, Journal of Palestine Studies, Vol. 29, No. 1 (otoño, 1999), pp. 66-80.

Swedenburg, T. (1995). Memories of Revolt. Minneapolis, Estados Unidos: University of Minnesota Press.

Traboulsi, F. (2012). A History of Modern Lebanon. Londres, Reino Unido: Pluto Press.

Urabayen Pérez, J. (2015). Análisis de la exclusión: Marginados, desplazados y refugiados. Pensando la diferencia con Arendt, Persona Y Derecho: Revista De Fundamentación De Las Instituciones Jurídicas Y De Derechos Humanos, (73), pp. 39-59.

Winslow, C. (2005). Lebanon. War and Politics in a Fragmented Society. Nueva York, Estados Unidos: Routledge.

Capitulo VII

Democracia comunal en venezuela: una experiencia en el barrio 23 de enero

LUIS MIGUEL UHARTE

1. INTRODUCCIÓN

El presente trabajo pretende reflexionar en torno a la democracia comunal acercándonos al fenómeno de las Comunas en Venezuela. A partir del análisis de una Comuna concreta, 'El Panal 2021', situada en un barrio popular de la capital del país, Caracas, se plantean una serie de reflexiones sobre la potencialidad de promover la democracia comunal en este tipo de experiencias.

En términos metodológicos, la investigación se inició en 2014 y desde entonces se ha desarrollado trabajo de campo en diferentes momentos, destacándose la aproximación etnográfica de 2019. Las principales técnicas de investigación utilizadas han sido las entrevistas (tanto formales como informales) y la observación etnográfica, además del análisis de documentación.

2. LAS COMUNAS EN VENEZUELA Y 'EL PANAL 2021'

El proyecto comunal en Venezuela surge en la primera década del siglo XXI, como iniciativa gubernamental para promover un orden político-económico alternativo al sistema dominante. Frente al capitalismo y a su modelo de democracia liberal-representativa, las Comunas pretendían ser la vía para construir una economía socialista y una democracia más participativa y comunitaria.

Teniendo como antecedente directo los consejos comunales, que eran instancias de participación para que el pueblo ejerciera directamente el gobierno comunitario, las Comunas surgieron para agrupar a varios consejos y promover un sistema de producción alternativo a través del autogobierno popular. Se aprobaron además diversas leyes orgánicas para blindar legalmente al proyecto comunal (ley de las Comunas, ley del sistema económico comunal y ley del Poder Popular). El número de comunas se fue multiplicando a lo largo de todo el país, llegándose a constituir más de medio millar (Uharte, 2017).

El Panal 2021 es una Comuna de Caracas, situada en el barrio popular conocido como '23 de Enero'. El barrio tiene alrededor de 80.000 habitantes y la citada comuna se ubica en la denominada zona central, que agrupa alrededor de 13.000 personas. La Comuna nació en el 2008 y se ha convertido en una de las más referenciales del país, por el alto nivel de participación en las asambleas y por el éxito de alguna de sus empresas comunales (panadería, textilera…).

3. LA EXPERIENCIA COMO PROYECTO

3.1 Ética de la emancipación

En relación a la "ética de la emancipación" que se plantea en el marco teórico, podemos afirmar que el eje central de la propuesta político-ideológica de la Comuna 'El Panal' es la superación del capitalismo como sistema de dominación, por lo que el anticapitalismo aparece como uno de sus motores de emancipación fundamental. Ana Caona, una de las principales portavoces de la Comuna así lo manifiesta: "venimos de una formación marxista y creemos en un sistema económico distinto al capitalismo".

Reivindican el socialismo como sistema alternativo al capitalismo y se inspiran en diferentes experiencias de la historia contemporánea como la "Comuna de París, los soviets del inicio de la Revolución Rusa, las comunas de la Revolución China, el socialismo autogestionario de la Yugoslavia de Tito" (Robert Longa, vocero principal de la Comuna). Dejan claro que su alternativa socialista se enmarca en la propuesta del "Socialismo del Siglo XXI" (Borón, 2008; Harnecker, 2010; Lebowitz, 2006), como expresión de un socialismo diferente al hegemónico del siglo XX: "queremos construir un mundo diferente a la voracidad del capitalismo y ahí es donde nosotros defendemos el Socialismo del Siglo XXI (…) un socialismo autogestionario, diferente a la URSS de la época de Stalin" (Longa).

Su ética de la emancipación también se sustenta en la reivindicación del pensamiento latinoamericano e indígena y de sus experiencias concretas. Reivindican tanto a los líderes de la independencia, como a los de la resistencia indígena: "somos bolivarianos (…) hijos e hijas de Guaicaipuro". Se inspiran en los sistemas políticos indígenas del pasado y del presente: "en nuestra memoria están la autogestión indígena antes de la colonización española (...) los actuales caracoles del movimiento zapatista en Chiapas, etc." (Caona).

En esta línea latinoamericanista, aunque no reniegan del marxismo, si rechazan las visiones "eurocéntricas" de este (Lander, 2006; Quijano, 2000), por lo que sus referentes fundamentales son los clásicos del marxismo heterodoxo como José Carlos Mariátegui. Parafraseando a este, afirman que defienden un "socialismo que no sea calco ni copia del exterior (...) un socialismo nuestro, indoamericano" (Longa).

A su vez, conciben su propuesta emancipadora anclada en las ideas de democracia comunal (Villoro, 2006) y poder popular (Mazzeo, 2014). Rechazan la democracia liberal por su carácter "representativo y burgués" y aspiran a una "democracia participativa y protagónica"[1] que se expresa en la autogestión directa por parte de la comunidad. La idea de lo comunitario tiene tanta centralidad en su ideario que su propuesta socialista se asume como "comunal". La democracia comunal también se expresa por medio del concepto de "toparquía" (Azzellini, 2018; Ciccariello, 2016; Linares, 2017) que defienden, es decir, que el poder reside en el territorio, en el lugar donde viven las clases populares, la comunidad: "reivindicamos la idea de toparquía que Chávez propuso en su momento (...) el poder del territorio, donde el Poder Popular ejerce directamente el poder (...) esta comuna es un ejemplo de esa idea de la toparquía" (Longa,).

En cuanto al poder popular, éste es parte de la ecuación emancipadora en la medida en que su propuesta de democracia directa se materializa a través del "ejercicio del poder por parte del pueblo sin intermediarios (...) sin falsos representantes, porque la soberanía reside en el pueblo" (Caona).

3.2 Organización y gestión

El proyecto organizativo y de gestión en la Comuna 'El Panal' entronca con la idea de democracia comunal, a través de diferentes mecanismos

1 El concepto de "democracia participativa y protagónica" ha sido uno de los ejes teóricos de la Revolución Bolivariana desde sus inicios a fines del siglo XX y apela a la participación y al protagonismo que tienen que tener los sectores populares en un nuevo modelo de democracia (Denis, 2001; Parker, 2006; Uharte, 2008).

que vamos a citar a continuación. En primera instancia, el principio de democracia directa (Lissidini, 2010; Zovatto, 2014) es uno de los pilares del proyecto comunal y se intenta garantizar por medio de diversas instancias. Sin duda, la más importante es la Asamblea Comunal, que se concibe como el principal órgano de decisión política. Dicha Asamblea, denominada oficialmente como "Asamblea Patriótica Permanente", es la instancia de poder por antonomasia. Es una asamblea abierta a las más de 13.000 vecinas y vecinos que habitan en el barrio y se celebra periódicamente en la cancha de deportes, al final de la tarde, "para que toda la comunidad pueda acudir después de volver de su trabajo" (Judith Guerra, miembro del grupo coordinador 'Instancia de comuneros/as').

Los aspectos más positivos en relación a la asamblea son su periodicidad, su alto nivel de participación y la centralidad que esta ocupa a la hora de decidir sobre cuestiones fundamentales. La Asamblea se celebra todos los meses y el nivel de participación es alto, ya que de media "acuden unas 1.000 personas (...) La asamblea decide sobre todo lo importante, es el lugar donde se toman las decisiones estratégicas (...) es el barrio quien tiene la última palabra" (Caona).

De cualquier manera, reconocen que el gran reto que tienen por delante es incrementar el nivel de participación y, sobre todo, incorporar a la Asamblea a aquellos sectores de la población que no se sienten identificados con el proyecto oficial de la Comuna (Guerra).

Un ejemplo paradigmático del papel decisorio que tiene la Asamblea es que la democracia directa o comunal se aplica en relación a los beneficios que obtienen las empresas comunitarias, ya que las y los vecinos del barrio deciden en asamblea a qué destinar estos excedentes: "El 60% de los beneficios que generan las empresas comunales es transferido a un Fondo de inversión y es la Asamblea popular la que determina como va a ser invertido (...) inversión en el comedor popular, en medicinas para los más necesitados, etc. (Salas, vocero del Centro de Planificación Económica).

Un espacio en la Comuna donde la democracia directa tiene un peso muy relevante es en las empresas comunitarias. En estas, los y las trabajadoras, como expresión concreta del poder popular en el terreno económico, ejercen la autogestión y deciden sobre aspectos estratégicos de la empresa, materializándose así la idea de "democracia económica" (Cattani 2004; Coraggio, 2016c). Los testimonios de algunas de sus trabajadoras, recogidos en el trabajo de campo, son muy contundentes en este sentido. Maribia Jayaro (2019), trabajadora de una empresa textil comunitaria, asegura que "aquí no tenemos jefes, somos nosotras quienes decidimos. Cualquier pedido que nos hacen es valorado por la asamblea y ahí decidimos si lo hacemos o no". Margarita Márquez (2018), trabajadora de la misma empresa, afirma que "aquí nadie manda porque no hay patronal, no hay patrón que le ponga precio a mi trabajo (...) aquí decidimos entre todas a qué precio producimos una camisa, un pantalón, una chaqueta...".

Aunque como hemos visto la democracia directa es una realidad tangible, no se puede obviar que existen paralelamente estructuras de gestión y planificación que ejercen labores de coordinación y que tienen un poder simbólico que les convierte de facto en instancias de poder relevante. La más característica de todas es la denominada "Instancia de Comuneros y Comuneras", que es el órgano de coordinación semanal que se encarga de hacer seguimiento periódico y garantizar el buen funcionamiento de todas las áreas de trabajo. Es conocido el poder de influencia de este tipo de estructuras y la inevitabilidad de su existencia (Laville, 2016a) para la sostenibilidad del proyecto comunal. "La instancia de comuneras es una instancia dura, estratégica, la que soluciona los problemas del día a día, la que garantiza que todo se sostenga, que la Comuna se mantenga en pie desde la mañana a la noche (Guerra).

La Instancia de Comuneras/os está compuesta por unas 60 personas, la mayoría activistas de larga trayectoria y con un compromiso militante muy fuerte. El criterio para poder participar en dicho órgano no es haber sido elegido, sino que está abierto a todo aquel que esté dispuesto a incorporarse. A su vez, no tiene un límite temporal determinado. Para justificar este modelo de participación, Ana Caona, una de las principales voceras de la Comuna y miembro de la Instancia, indica que el principio político sobre el que se sustenta la Comuna es que la participación en cualquier órgano de trabajo debe ser la voluntariedad, por lo que "no se puede limitar a ningún compañero su interés por participar, por militar". Agrega que la Instancia es un órgano político que exige "una fuerte dedicación y mucha responsabilidad y no hay mucha gente dispuesta a asumir ese grado de compromiso (...) supone un sacrificio muy grande que la mayoría no está dispuesto a asumir".

Aunque no hay límite temporal, si existe la figura de la revocación de cargos, inspirada en la Constitución de 1999 (Asamblea Nacional Constituyente, 1999) y en las nuevas leyes que rigen a las Comunas: la ley orgánica de las comunas (2010b), la ley orgánica del sistema económico comunal (2010a) y la ley orgánica del Poder Popular (2010c). La Asamblea es el lugar donde se han propuesto revocaciones de cargos y se ha votado al respecto (Guerra).

Respecto a la construcción de un mando más colectivo, la apuesta política de la Comuna es clara en este sentido y la existencia de un espacio de coordinación como la 'Instancia de Comuneros y Comuneras' en la que participan tantas personas, pretende ser una herramienta para que esto se haga efectivo. De todas formas, hay que mencionar el rol central que juega un movimiento social de larga trayectoria en el barrio: la Fundación Alexis Vive. Este movimiento ha sido desde el principio el motor para poner en marcha la Comuna en el barrio y hoy día sigue siendo la "columna vertebral" (Longa, 2019) del proyecto. El principal líder de Alexis Vive, Robert Longa, reconoce el papel fundamental que juega este movimiento, pero a su vez, plantea un horizonte en el que dicha organización vaya cediendo más protagonismo a otras instancias: "venimos de un modelo organizativo de vanguardia, así que teníamos claro que había que romper con esa lógica vanguardista y aunque seguimos siendo parte de esa columna vertebral, nuestro objetivo es que el aparato se diluya en la estructura colectiva de la comuna". Esta reflexión apela por tanto a la aspiración de avanzar en términos de democracia comunitaria (Cameron, 2010; Ceceña, 2008; Orrego, 2019), de ir avanzando hacia un modelo organizativo y de toma de decisiones en el que el sujeto por antonomasia sea la comunidad como expresión del poder popular.

En relación al mando colectivo hay otra reflexión importante y es la influencia de los liderazgos personales en la cotidianidad de la comuna. Aunque el propio Longa indique que el objetivo es ir creando y fortaleciendo lo colectivo ("pensamos en el Panal de abejas, abejas obreras que trabajan por el bien colectivo, de ahí viene el nombre de nuestra comuna"), es innegable el peso que tienen su liderazgo y el de otras personas en la Comuna. Los propios testimonios de comuneros y comuneras entrevistadas así lo ratifican: "cuando Robert habla todos escuchamos muy emocionados. A mí personalmente me llena de mucha energía y después de escucharlo en una asamblea salgo con más ganas de seguir adelante" (Márquez); "el camarada Longa tiene una capacidad especial para escuchar a la gente; te pregunta tu opinión y te escucha con mucho respeto" (José Lugo, coordinador de la empresa textilera). Incluso desde el exterior de la Comuna, desde las propias instituciones, se ha reconoce su sólido liderazgo: "Longa es un líder muy carismático, es un negociador hábil (...) sabe negociar muy bien con el Estado y nosotros lo respetamos mucho" (Hidalgo, ex viceministro de Economía Comunal). Lo importante aquí es que estos liderazgos contribuyan a fortalecer procesos de conducción cada vez más colectivos (García Jane, 2012; REAS, 2011b)

Un último aspecto a evaluar es si existen procesos de formación colectiva. Desde la Fundación Alexis Vive se impulsó la creación de una escuela de formación política para las y los habitantes de la Comuna. La Fundación ya tenía su propia dinámica formativa desde hace años y fue la encargada de poner en marcha un espacio semanal de formación para toda vecina que quiera participar. "La cultura consumista ha sido muy fuerte (...) veíamos la necesidad de ir hacia las escuelas de formación, hacia la creación de universidades obreras y populares (...) en eso estamos poniendo énfasis" (Longa). "La escuela de formación es vital para nosotros, porque el enemigo y sus medios son muy poderosos y necesitamos centrarnos en la educación política de las bases" (Ismael González, miembro de la Escuela).

3.3. Sobre la producción de lo común

Si entramos en el campo de la producción y la reproducción de lo común como uno de los ejes centrales de la democracia comunal, lo primero que hay que subrayar es que esta es una preocupación estratégica en la Comuna. De hecho, el proyecto en su integralidad se sustenta en diferentes dinámicas que apelan a lo productivo y lo reproductivo. Quizás como primera reflexión se debería aclarar que en El Panal hay una concepción articulada e integrada de lo productivo y lo reproductivo, a partir de la idea-fuerza de la sostenibilidad de la vida (Carrasco, 2014; Pérez Orozco, 2014; REAS, 2011a). "como decía el Che Guevara, la economía hay que entenderla de manera diferente, lo económico hay que medirlo en relación a la sostenibilidad de la vida y no a la del mercado. Estoy significa que hay poner lo político por encima de todo" (Caona).

En la práctica, la Comuna se ha dotado de un órgano de planificación económica denominado 'Centro de Planificación y Producción Política'. Dicho órgano es el encargado de impulsar la creación de empresas comunitarias y de proponer un plan estratégico para estas, teniendo siempre como principio fundamental la priorización de las necesidades básicas de las y los vecinos de la Comuna y no el beneficio. "La producción comunitaria no es para hacer negocio; al contrario, nuestro planteamiento se basa en las 2 P: la P de Producción y la P de Política. Esto significa que la producción debe estar orientada por criterios político-sociales" (Longa).

En el Panal existen diferentes Empresas de Producción Social (EPS), que se rigen por el criterio político-social antes citado, destacándose entre otras, la panadería, la fábrica de bloques de cemento para construcción y la empresa textil. La sostenibilidad de la vida de la comunidad es el objetivo central de estas empresas. El caso de la panadería comunal es muy emblemático ya que su fin supremo es garantizar el abastecimiento de un producto básico para la "reproducción de la vida" (Hinkelammert y Mora, 2013) en el sentido más literal de la palabra, teniendo en cuenta los altos precios de este debido al mercado especulativo. "Vendemos a precios populares para que nadie se quede sin pan (...) es un orgullo ver todos los días como muchos miembros de nuestra comunidad, gente humilde, se lleva a casa su pan, para alimentar a su familia" (Joel Pereira, responsable de la panadería).

Sin embargo, desde la coordinación de la Comuna reconocen que además de la Producción estrictamente política, también existe la producción "mixta", es decir, aquella que está destinada a generar excedentes para poder realizar inversión social. En esta línea, las principales EPS son el restaurante, el taller mecánico y la empresa textil (en su área de ventas al Estado).

En cuanto a la propiedad, las EPS son de propiedad comunitaria, es decir, no son privadas en el sentido mercantil de la palabra, ya que su régimen es de propiedad social y no pueden generar plusvalía, como se plantea en la Ley orgánica de Comunas (2010b) y en la Ley orgánica de Economía Comunal (2010a). En estas empresas, el principio político 'comunitario' se expresa de manera triple: en cuanto a la propiedad, en cuanto a la producción y en cuanto a la gestión.

Más allá de las EPS citadas, en la Comuna hay un conjunto de políticas estratégicas para garantizar la reproducción de la vida comunitaria (Coraggio 2016a, Razetto, 2010), entre las que destacan la política de vivienda y la política alimentaria. En relación a la política de vivienda hay que poner en valor 2 grandes proyectos. Por un lado, un primer proyecto (2012-2016) que impulso la sustitución de 'ranchos' (vivienda precaria) por casas dignas. Se construyeron 42 viviendas bajo el modelo de "auto-construcción comunitaria, ya que fueron jóvenes de la comuna quienes construyeron las viviendas con la ayuda de los vecinos beneficiarios". El segundo proyecto se inició en 2019 y pretende construir 48 viviendas, siendo ahora "los principales beneficiarios los muchachos de la brigada de trabajo que construyeron las casas del primer proyecto" (Migdalia Reinosa, coordinadora de hábitat de la Comuna).

En los 2 casos se evidencia cómo se prioriza la sostenibilidad de la vida, en este caso en relación a un bien básico como es la vivienda, en un contexto de gran precariedad habitacional. Lo relevante es que se entregan las casas no por criterios mercantiles, sino en función del grado de necesidad (en el primer caso) y en función del grado de compromiso militante (en el segundo).

En cuanto a la política alimentaria, hay que subrayar que en los últimos años el país está viviendo una crisis económica profunda, lo cual ha afectado el acceso a los alimentos básicos. Para enfrentar esta situación y, con el objetivo expreso de garantizar una necesidad básica humana, la Comuna ha puesto en marcha una serie de iniciativas en materia de producción y abastecimiento de alimentos. En primer lugar, han adquirido "tierras para siembra y posterior distribución en la Comuna". A su vez, han creado una "alianza con movimientos campesinos del interior del país para comprarles parte de su producción" y así complementar el abastecimiento de alimentos. Además, toda esta producción "se vende a precios populares en una Feria Popular que se organiza los fines de semana" en una plaza comunitaria (Salas). Toda esta política alimentaria es una buena expresión del concepto de "economía para la vida" (Cabrera y Escobar, 2014; Hinkelammert y Mora, 2013).

Más allá de la producción de lo común en el terreno material, también se encuentran en El Panal experiencias de producción y reproducción de lo común en el terreno inmaterial. Destacaríamos especialmente las iniciativas de producción de lo común en términos relacionales y más específicamente las destinadas a la juventud del barrio. Es fundamental el papel que juega la cancha deportiva como espacio de socialización a través del deporte y la cultura, ya que se ha convertido en una alternativa a los espacios de conflicto, de intercambio de droga y de altercados. "Aquí tú ves a los chamos jugando, conversando, riendo, en un espacio sano, sin tráfico de droga, practicando actividades en comunidad (...) ves cómo se construye espacio comunal" (Jefferson Fernández, militante de Alexis Vive).

4. LA EXPERIENCIA COMO SUJETO

4.1. Sujeto colectivo y poder popular

Si queremos analizar la experiencia de El Panal en términos del sujeto que se quiere construir, teniendo como referente teórico y político la idea del Poder Popular, es fundamental, en primera instancia, caracterizar al sujeto original que habita en el territorio antes de la proclamación oficial de la Comuna. Hay que matizar que la Comuna surge en 2008 en un barrio que ya estaba habitado y, por tanto, esto implica que el sujeto que vive en el lugar es diverso en términos políticos. Es cierto que hay elementos de homogeneidad en cuanto al origen de clase (barrio popular y de clase trabajadora) y en cierta medida, también, en cuanto a la segregación simbólica en clave etnocultural (más población negra y mulata que en los barrios más pudientes).

También hay una tradición fuerte y mayoritaria de pensamiento e identidad de izquierda, desde hace varias décadas, lo cual se tradujo en el último tiempo histórico en la hegemonía del chavismo (Lupe Rodríguez, vocera de la Coordinadora Simón Bolívar, 2014). Sin embargo, esto no implica directamente que la gran mayoría de la población esté organizada políticamente ni que tenga como aspiración fundamental la construcción del Poder Popular.

Por esto, lo relevante en los últimos años y, con especial énfasis desde el surgimiento de la Comuna, es la apuesta por avanzar en la construcción de un nuevo sujeto revolucionario, de carácter colectivo, arraigado a la comunidad y comprometido con su territorio. Un sujeto que se conciba asimismo como el protagonista de un proceso de transformación social radical y como la expresión concreta y en permanente construcción de la idea del Poder Popular. "En esta idea de la toparquía, del poder del territorio, tenemos claro que el sujeto político es colectivo, es comunitario, todos los movimientos y cada individuo se tienen que subordinar a lo colectivo (...) ese sujeto colectivo es el Poder Popular" (Longa).

Si nos centramos en analizar diversas dinámicas en marcha donde se está intentando promover la creación del Poder Popular, nos gustaría destacar el ejercicio del poder directo por parte de las clases populares tanto en clave territorial como en clave económica. En primer lugar, hay que subrayar que el control del territorio por parte de la Comuna está permitiendo que sea el pueblo organizado quien tome las decisiones sobre cuestiones importantes que atañen a dichos espacios y no agentes externos como el Estado o el capital: "hoy en día es la Comuna, el Poder Popular, quien decide cómo utilizar esta cancha deportiva, quien decide si hay que arreglarla o no, quien decide si esa plaza se va a utilizar para la Feria Popular o para alguna actividad deportiva con los niños del barrio" (Fernández). Uno de los momentos más paradigmáticos en los que el Poder Popular como sujeto político ejerce su poder de decisión es, sin duda alguna, la celebración de las Asambleas. En la Asamblea el Poder Popular se expresa como sujeto colectivo de carne y hueso y se expresa también como sujeto que ejerce su poder por encima de otros poderes fácticos. "No hay nada ni nadie que esté por encima de la Asamblea" (Longa).

Paralelamente, el Poder Popular como sujeto ejerce su poder en el ámbito económico (Deza, 2012) a través de dos dinámicas. Una de ellas sería la gestión directa en el marco de las Empresas de Propiedad Social que la Comuna tiene y que antes hemos presentado. La clase trabajadora como sujeto colectivo ejerce su poder económico cuando toma decisiones en la cotidianidad de las empresas en las que está trabajando (en la textilera, en la panadería, etc.). Lugo, coordinador de la empresa textil asegura que "todas las decisiones estratégicas las toman las trabajadoras en la Asamblea (...) todas". La otra dinámica en la que el Poder Popular ejerce su poder en la Comuna es en los procesos de negociación que se han dado con los pequeños negocios privados, para que estos no especularan con los precios y para que se comprometieran a destinar un porcentaje de sus ganancias al Fondo Comunal de inversión Social (Longa).

Un último aspecto a abordar en relación a la construcción del sujeto colectivo serían los procesos de gestación de nuevas subjetividades (Gambina y Roffinelli, 2011; Ruggieri, 2011). Uno de los espacios donde se están dando estos procesos de manera muy marcada es en las empresas comunales. Algunos de los testimonios recogidos en nuestro trabajo de campo en la empresa textilera son muy valiosos en este sentido: "yo he trabajado en el ejército, como ingeniero, pero la mejor experiencia en mi vida está siendo trabajar aquí (...) aquí trabajo para la comunidad y eso me da mucha satisfacción (...) me siento más realizado" (Lugo, enero 2019); "me siento muy feliz por trabajar para la comunidad, no solo para mi beneficio (...) ahora no me cambiaría a una empresa privada" (Grecia Pacheco, trabajadora de la empresa textil).

Otro espacio donde están surgiendo nuevas subjetividades es en las estructuras de participación y voluntariado de las que dispone la comuna, como por ejemplo los consejos comunales. Resulta especialmente relevante los procesos de empoderamiento de las mujeres que están participando en estas instancias: "Muchas mujeres del barrio, que no habían sido más que amas de casa, cuando empiezan a participar en los consejos empiezan a tomar conciencia, a cambiar sus formas de pensar, empiezan a liberarse (...) muchas ya no quieren volver a estar encerradas en casa" (Guerra).

4.2. Poder popular y dimensión espacial

El poder se ejerce siempre en espacios concretos, por lo que resulta importante delimitar en qué lugares el Poder Popular despliega su poder en la cotidianidad. En este apartado queremos reflexionar en torno a dos cuestiones: por un parte, respecto al nivel de control ejercido en el barrio, como expresión territorial concreta de la Comuna; por otra parte, respecto a la articulación con otros sujetos similares, a partir de la aspiración de ampliar el control territorial.

El nivel de control territorial que el Poder Popular ejerce hoy día en el barrio se evidencia a través de diferentes dinámicas, que apelan a lógicas diversas, algunas de orden político, otras económico y también de carácter militar. Aquí nos gustaría destacar tres, por ser ejemplos relevantes. En primer lugar, la Comuna y su sujeto fundamental, la Asamblea Comunal, son una autoridad política clave en este momento en el espacio físico que comprende todo el barrio. Lo más destacable es que son los propios vecinos y vecinas de la Comuna quienes tienen claro que la Comuna detenta un "poder real en el territorio" en el que habitan (Caona). En clave económica sucede algo similar, ya que las empresas que se sitúan en el territorio o son propiedad comunal o, son privadas, pero están obligadas a negociar con la Instancia de Comuneros y Comuneras. El anterior caso citado, es decir, el destino de una parte de las ganancias de los negocios privados al Fondo Comunal, es realmente relevante. Por último, la Comuna dispone de una estructura de seguridad propia para garantizar la convivencia en el barrio (Longa), lo cual evidencia el poder militar en clave territorial, de lo cual hablaremos con más profundidad en el próximo apartado.

Por otro lado, la Comuna se está articulando con otras comunas para funcionar a escala mayor y así ampliar el control territorial. En este caso, hay que subrayar que la propuesta de las Comunas en Venezuela realizada desde la época de Chávez, planteaba que el proyecto comunal debía tener una dimensión nacional. Esto se traducía en que las Comunas debían articularse con otras comunas cercanas para crear "corredores comunales" y convertirse incluso en "ciudades comunales". La articulación de corredores y ciudades comunales en todo el país debía concluir con la gestación de un proyecto de ámbito nacional denominado el "Estado Comunal" (Álvarez, 2010; Monedero, 2013; Uharte, 2017).

En el caso de la Comuna El Panal, los testimonios de sus principales voceros/as indican que apuestan a crecer territorialmente, articulándose con "otros comuneros y comuneras de diferentes partes del país" (Longa). Para hacer esto factible han promovido diferentes dinámicas junto a otras Comunas. Por un lado, la Comuna ha diseñado una estrategia para crecer en los diferentes barrios populares que colindan con la Comuna. "Tenemos claro que a corto plazo tenemos que crecer en el oeste de la ciudad, en todos estos barrios populares (...) crear un espacio territorial amplio donde las Comunas se multipliquen y el Poder Popular crezca". Por otro lado, la Comuna ha impulsado en los últimos años el 'Eje Nacional Comunal Panal 2021', "con camaradas de otras regiones del país, de Lara, Sucre, Valencia y Táchira" (Longa, 2019). Por último, la Comuna está impulsando la creación y consolidación de una red nacional de comunas que integre a todas aquellas que están más avanzadas en lo ideológico, que tienen más claro que hay que unirse para que el músculo del Poder Popular a nivel nacional se fortalezca. "Con los camaradas de El Panal de Caracas estamos articulándonos para hacernos más fuertes" (Ángel Prado, vocero de la Comuna El Maizal). "Tenemos un grupo de Comunas que están apostando por la unidad de acción y eso es vital en este momento histórico" (Reinaldo Iturriza, ex ministro de Comunas).

5. LA EXPERIENCIA COMO PROCESO

5.1. El proceso de construcción de lo nuevo frente a lo establecido

En este apartado, en el que se analiza la experiencia como un proceso y, por tanto, teniendo en cuenta su evolución histórica, vamos a comenzar abordando el largo proceso de construcción de un poder que pretende ser alternativo al poder fáctico, tanto público (Estado) como privado (capital).

En este proceso de construcción de lo nuevo frente a lo establecido, uno de los grandes temas es la relación con el Estado. Aquí nos interesan varios aspectos, entre los que destacan los siguientes: la visión que se tiene sobre éste, el tipo de relación que se está intentando construir entre la Comuna y las instituciones públicas y, por último, el horizonte a largo plazo que se desea, es decir, el horizonte de autonomía.

Si reflexionamos en torno a la visión que tienen desde la Comuna sobre las instituciones públicas y el papel que estas tienen que jugar, existe una postura ambivalente ya que se valora el apoyo recibido, pero a su vez también se critican los intentos de subordinación por parte de algunos funcionarios. Diversos testimonios ponen en valor el apoyo económico que diferentes instancias públicas han brindado y brindan para la puesta en marcha y el sostenimiento de algunas empresas comunales: "ha sido fundamental la plata aportada por el gobierno para poner en marcha algunas de nuestras empresas" (Guerra); "la empaquetadora de azúcar la conseguimos porque había voluntad política (...) el apoyo del presidente Chávez fue clave" (Caona). Otros testimonios alertan sobre los intentos de sometimiento que ejercen algunos burócratas: "las tensiones y los conflictos con algunos grupos de burócratas están ahí muy presentes, son parte del día a día" (Longa).

En cuanto al tipo de relación que se tiene con el Estado y como esta ha ido evolucionando, destaca sobre todo la apuesta por recibir del Estado todo aquello "que nos pueda fortalecer" (Caona) pero teniendo claro que siempre hay un riesgo permanente de dependencia. Esta cuestión se expresa en el plano económico de manera muy clara, ya que existe una relación muy estrecha con el Estado para que este apoye a las empresas comunales. Si analizamos esta relación en términos de "proceso", podemos observar como el surgimiento, el impulso y el mantenimiento de la mayoría de las iniciativas económicas comunitarias ha sido posible, en gran medida, gracias al apoyo explícito y constante de diferentes instituciones públicas. "La panadería se puso en marcha gracias al crédito de la Alcaldía de Caracas (Joel Pereira, responsable de la panadería). "La maquinaria para la puesta en marcha de la empresa textilera la compramos con un crédito del gobierno" (Jayaro, trabajadora de la textilera).

En relación a este apoyo, consideramos importante subrayar que gracias a la alianza económica con algunas instituciones públicas es posible el sostenimiento de algunas empresas comunales en un contexto económico muy particular: crisis económica severa provocada, "en gran medida, por la desestabilización económica promovida por EE.UU. y por algunos grandes empresarios" (Longa). El caso de la textilera es paradigmático, ya que una buena parte de su producción es comprada por varios ministerios, lo cual garantiza un ingreso constante y suficiente para su supervivencia. El responsable de la textilera señala la importancia de esta alianza ya que los grupos privados del sector textil operan conjuntamente contra las empresas comunales del mismo sector: "aquí hay una guerra económica, nadie lo puede negar (...) el bloqueo dificulta que podamos comprar materia prima a un precio normal, hay una especulación enorme (...) los privados quieren tumbarnos (...) el apoyo de PDVSA (Petróleos de Venezuela) es muy importante" (Lugo).

Este testimonio muestra que el apoyo estatal está siendo fundamental, en un contexto especialmente adverso, y evidencia a su vez la importancia que tiene dicho apoyo para el avance y la consolidación de las iniciativas económicas populares y solidarias (Coraggio 2016b, REAS, 2011b, Singer, 2009).

De cualquier manera, diversas personas entrevistadas coinciden en que el objetivo a largo plazo de la Comuna es avanzar hacia mayores cotas de autonomía y, por tanto, reducir sustancialmente la dependencia con el Estado. "Nuestro sueño es que en un futuro no muy lejano dejemos de necesitar créditos del Estado (...) que nuestras empresas comunales puedan sostenerse por sí mismas" (Salas). "Tenemos claro que en el futuro no podemos vivir de la teta del Estado (...) de hecho hoy día somos menos dependientes que al principio (...) nuestras empresas son ahora más fuertes que al principio (Guerra).

En términos estratégicos, la propuesta de la Comuna es mucho más radical, ya que aspiran a que el proyecto comunal en Venezuela termine siendo el nuevo modelo que sustituya al actual. Esto significa que el actual Estado burocrático sea sustituido por una "nueva geometría del poder" (Iturriza, 2016; Uharte, 2020), en la que las Comunas articuladas a nivel nacional sean la base del nuevo sistema político y económico. "Nuestro horizonte es superar el sistema, nuestra alternativa de país es acabar con el Estado burgués y representativo (...) la Comuna, El Estado Comunal, ese es el objetivo estratégico" (Longa).

Para concluir este apartado, no se puede obviar que el proceso de construcción de lo nuevo frente a lo establecido implica también convertirse en alternativa real no solo frente al Estado, sino sobre todo frente al Capital como poder supremo del actual orden de cosas (Laville, 2016b). Desde la Comuna hay claridad en este sentido: "nuestra alternativa no es el capitalismo de rostro humano, eso no sirve (...) aquí vamos a superar el capitalismo, vamos hacia el socialismo del siglo XXI" (Longa).

5.2. El proceso de defender la comuna

En el marco teórico del libro se plantea reflexionar en torno a los dispositivos de autodefensa de los que se dota el Poder Popular para sostenerse en el tiempo. Esto hay que analizarlo en clave de proceso, ya que cualquier proyecto necesita un tiempo largo para ir construyendo estructuras alternativas de defensa.

En el caso de la Comuna El Panal, desde el primer momento han tenido muy presente la trascendencia de disponer de una estructura de defensa propia para garantizar la supervivencia del proyecto. De hecho, hay que resaltar que antes de la constitución oficial de la comuna ya se disponía de un dispositivo de seguridad gestionado por uno de los movimientos fundadores de la Comuna: la Fundación Alexis Vive. Desde la propia Fundación recalcan la importancia de tener una formación en autodefensa, en un contexto territorial y político en el que existen diversos actores violentos que intentan imponerse por la fuerza (bandas de narcos, pandillas, grupos policiales que operan autónomamente, etc.) (Longa).

La experiencia que la Fundación Alexis Vive tiene en autodefensa ha sido clave para que posteriormente la Comuna El Panal haya construido su propia estructura de seguridad, independiente de la seguridad pública (fuerzas policiales). No hay que olvidar que en los barrios populares de Caracas el antagonismo con la policía ha sido una constante histórica (Juan

Contreras, vocero de la Coordinadora Simón Bolívar, 2014) y aunque el Estado, con la llegada del gobierno bolivariano, ha hecho esfuerzos por reformar las fuerzas de seguridad, en la práctica todavía hay un sentimiento de desconfianza desde el vecindario hacia la mayoría de los uniformados (Lupe Rodríguez, vocera de la Coordinadora Simón Bolívar, 2014).

Además, también hay una visión estratégica en la Comuna en relación a la seguridad, en el sentido de que el Poder Popular debe disponer de su propia estructura de defensa independiente a la del Estado, aunque el gobierno de turno pueda ser en algún momento aliado político (Caona).

En la actualidad, la estructura de seguridad de la que dispone la Comuna es valorada por la población de manera muy positiva, como pudimos recoger en diversas entrevistas de nuestro trabajo de campo. La mayoría de las personas consultadas indican que sienten una diferencia muy marcada entre el territorio gobernado por la Comuna y otros barrios aledaños, ya que en estos últimos la inseguridad es mucho mayor. "Yo cuando camino por la Comuna me siento tranquila, no es como en otras partes de la ciudad" (Jorgelis Soto, vecina de la Comuna). "Si te das cuenta aquí hay muy pocas rejas en las ventanas, porque la gente se siente más segura" (Elisabeth Torrelles, vecina de la Comuna). La observación realizada durante nuestro trabajo de campo también fue muy valiosa en relación a ese aspecto, ya que la sensación de seguridad que se siente es muy superior a la que se puede sentir en otras partes de la ciudad[2].

6. CONCLUSIONES

Tras casi 15 años de andadura como comuna, El Panal 2021 se ha convertido en una experiencia muy reconocida y muy valorada por diversos agentes del país (otras comunas, gobierno...) y del exterior (experiencias similares). Una experiencia muy valiosa como proyecto, como sujeto y como proceso, a pesar de las inevitables contradicciones y, sobre todo, a pesar de un contexto nacional en el que la crisis económica y el bloqueo sufrido en los últimos años ha llevado al país a una situación límite.

En relación a la experiencia como proyecto nos gustaría subrayar que su revolucionaria 'ética de la emancipación' no ha podido avanzar todo

---

2 El autor residió en Caracas durante 5 años y en los últimos años ha viajado regularmente al país. Durante todas las visitas que ha realizado a la Comuna desde el año 2014 ha sentido siempre más seguridad que otras partes de la urbe.

lo que estaba previsto, en gran medida debido a la crisis citada. Sin embargo, a su vez, hay que poner en valor las dinámicas concretas en clave de democracia directa y de producción de lo común. Específicamente las prácticas de democracia desde la base, desde lo comunitario, son una de las fortalezas de la Comuna, ya que en los últimos años han conseguido mantener un nivel de participación en las asambleas muy alto, ejemplar para muchas comunas en el país. Paralelamente, El Panal se ha destacado como un proyecto productivo y reproductivo muy exitoso, ya que ha conseguido generar un músculo económico que le ha permitido mejorar las condiciones de vida de su población, a pesar de la dura crisis por la que está atravesando Venezuela.

Si queremos extraer alguna conclusión en cuanto a la experiencia como sujeto, deberíamos reivindicar fundamentalmente dos aspectos. En primer lugar, la claridad política a la hora de considerar prioritario, en el día a día, la construcción y el fortalecimiento del 'Poder Popular'. Y más aún, los esfuerzos dirigidos a este fin, ya que la promoción de un poder alternativo, comunal, desde abajo, está dando sus frutos concretos. La Comuna ha logrado convertirse en un poder político y económico real, frente al Capital y al Estado. En segundo lugar, este poder popular real, tangible, está expandiéndose más allá de los límites territoriales de El Panal, gracias a la articulación con otras Comunas. Aunque incipiente, la red de Comunas se está erigiendo como una instancia nacional del Poder Popular con capacidad de negociación.

Por último, si queremos lanzar una última reflexión general de la experiencia como proceso, la principal conclusión que podemos extraer es que, tras 15 años de andadura, el proceso de construcción de lo nuevo frente a lo establecido ha logrado avances significativos. Aunque quizás, los niveles de autonomía logrados no son los deseados, es indudable que El Panal ha pasado de ser un deseo a una realidad tangible. El Panal es un agente de poder con la suficiente fuerza como para plantear exigencias al Estado y, a su vez, un actor político con la suficiente inteligencia colectiva como para entender la necesidad de aliarse con lo público, para enfrentar con más eficacia la arremetida actual del Capital contra el país.

Bibliografía

Álvarez, V. (2010). Del Estado burocrático al Estado Comunal. La transición al socialismo de la Revolución Bolivariana. Caracas: CIM.

Asamblea Nacional Constituyente (1999). Constitución de la República Bolivariana de Venezuela. Caracas: Gaceta Oficial Extraordinaria, n° 36.860.

Asamblea Nacional (2010a). Ley Orgánica del sistema económico comunal. Caracas: Asamblea Nacional.

Asamblea Nacional (2010b). Ley Orgánica de las Comunas. Caracas: Asamblea Nacional.

Asamblea Nacional (2010c). Ley Orgánica del Poder Popular. Caracas: Asamblea Nacional.

Azzellini, D. (2018). Construyendo utopías concretas: el movimiento comunero en Venezuela. Revista Convergencia, 76, pp. 191-214.

Borón, A. (2014). "El socialismo del siglo XXI: breves notas sobre algunas experiencias recientes, y otras no tan recientes, en América Latina". En Coraggio, J.L. y Laville, J. Reinventar la izquierda en el siglo XXI. Hacia un diálogo Norte-Sur. Buenos Aires: Universidad Nacional de General Sarmiento.

Cabrera, M. y Escobar, L. (2014). "Equidad de género y economía social y solidaria: aportes de la economía feminista". En Jubeto, Y.; Guridi, L. y Fernández, M. Diálogos sobre economía social y solidaria en Ecuador. pp. 211-281. Bilbao: Hegoa-UPV/EHU.

Cameron, J. (2010). Struggles for Local Democracy in the Andes. Colorado: Lynne Rienner Publishers.

Carrasco, C. (2014). "Economía, trabajos y sostenibilidad de la vida". En REAS. Sostenibilidad de la vida. Aportaciones desde la economía solidaria, feminista y ecológica. pp. 27-42. Bilbao: REAS.

Cattani, A. (2004). "La otra economía: los conceptos esenciales". En Cattani, A. La Otra Economía. Porto Alegre: Editorial Altamira. pp. 23-30.

Ceceña, A. (2008). Derivas del mundo en el que caben todos los mundos. México: UNAM.

Cicariello, G. (2016). Construir la Comuna. Estudios Latinoamericanos, 38, pp. 145-157.

Coraggio J. L. (2016a). La economía social y solidaria: niveles y alcances de acción de sus actores. El papel de las universidades. En Puig C. (coord.). Economía Social y Solidaria: conceptos, prácticas y políticas públicas. Bilbao: Hegoa.

Coraggio J. L. (2016b). Movimientos sociales y economía. En Coraggio J. L. (comp.). Economía Social y Solidaria en movimiento. Buenos Aires: Ediciones UNGS.

Coraggio J. L. (2016c). Sobre las relaciones entre economía, democracia y revolución. Cadernos Prolam/USP, 15(28), pp. 108-124.

Denis, R. (2001). Los fabricantes de la rebelión. Caracas: Editorial Primera Plana.

Deza, A. (2012). La construcción del poder popular en la economía de una etapa de transición al socialismo. Tesis doctoral. Carabobo: Universidad de Carabobo.

Gambina, J. y Roffinelli, G. (2011). La construcción de alternativas más allá del capital. En Piñeiro, C. Cooperativas y socialismo. Una mirada desde Cuba. La Habana: Editorial Caminos.

García Jané, J. (2012). Autogestión y cooperativismo. En García J.; Ruggeri, A. y Iameti, A. Autogestión y Economía Solidaria. Bilbao: REAS. pp. 9-13.

Harnecker, M. (2010). Inventando para no errar. América Latina y el socialismo del siglo XXI. Barcelona: El Viejo Topo.

Hinkelammert, F. y Mora, H. (2013). Economía, vida humana y bien común. Reflexiones sobre Economía Critica, 25, pp. 1-133.

Iturriza, R. (2016). El chavismo salvaje. Caracas: Editorial Trinchera.

Lander, E. (2006). "Marxismo, eurocentrismo y colonialismo". En Borón, A. (coord.). La teoría marxista hoy. Problemas y perspectivas. Buenos Aires: CLACSO. 209-243.

Laville, J. (2016a). Economía solidaria y movimientos sociales. Una mirada desde Europa. En Coraggio J. L. (comp.). Economía Social y Solidaria en movimiento. pp. 213-230. Buenos Aires: Ediciones UNGS.

Laville, J. (2016b). La economía social y solidaria frente a las políticas públicas. En Puig C. (coord.). Economía Social y Solidaria: conceptos, prácticas y políticas públicas. Bilbao: Hegoa.

Lebowitz, M. (2006). Construyámoslo ahora. El socialismo para el siglo XXI. Caracas: Centro Internacional Miranda.

Linares, J. (2017). Simón Rodríguez: proyecto político y planificación (República real, economía social y educación popular). En González X. y Ruiz F. (ed.). Pensar desde el Sur: Venezuela desde las Ciencias Sociales y Humanidades: interpelaciones y horizontes. Tomo II. Caracas: IVIC. pp. 335-343.

Lissidini, A. (2010). Democracia directa en América Latina. Entre la delegación y la participación. Buenos Aires: CLACSO.

Mazzeo, M. (2014). Introducción al Poder Popular. Santiago: Tiempo Robado.

Monedero, J. C. (2013). Hacia el socialismo bolivariano: el legado de Chávez como teoría caribeña de la praxis. En Bonilla, L. (coord.). El legado de Chávez. Reflexiones desde el pensamiento crítico. Caracas: CIM. pp. 108-137.

Orrego, B. (2019). Democracia comunitaria y configuración de apuestas políticas de gobiernos indígenas en Latinoamérica. Ciencia Política, 14(27), pp. 227-249.

Parker, D. (2006). ¿De qué democracia estamos hablando?. Revista Venezolana de Economía y Ciencias Sociales, 12(1), pp. 89-99.

Pérez Orozco, A. (2014). Subversión feminista de la economía. Aportes para un debate sobre el conflicto capital-vida. Madrid: Traficantes de Sueños.

Quijano, A. (2000). Colonialidad del poder, eurocentrismo y América Latina. En Lander, E. (comp.) La colonialidad del saber. Eurocentrismo y ciencias sociales. Perspectivas latinoamericanas. Buenos Aires: CLACSO.

Razeto, L. (2010). "¿Qué es la economía solidaria?". Papeles de relaciones ecosociales y cambio global, 110, pp. 47-52.

Red Economía Alternativa Solidaria (REAS) (2011a). Carta de la Economía Social y Solidaria. Bilbao: REAS.

Red Economía Alternativa Solidaria (REAS) (2011b). "Experiencias de economía social y solidaria: compartiendo estrategias y aprendizajes". Papeles de Economía Solidaria, 2, pp. 1-75.

Ruggeri, A. (2011). Reflexiones sobre la autogestión en las empresas recuperadas argentinas. Estudios, I-I, pp. 60-79.

Singer, P. (2009). Relaciones entre sociedad y estado en la economía solidaria. Iconos. Revista de Ciencias Sociales, 33, pp. 51-65.

Uharte, L. M. (2008). Venezuela: del ajuste neoliberal a la promesa de Socialismo del Siglo XXI, HAOL, 16.

Uharte, L. M. (2017). Las comunas en Venezuela: poder popular y economía comunal. En Betancourt, R. Construyendo socialismo desde abajo: la contribución de la economía popular y solidaria.pp. 266-276. La Habana: Editorial Caminos.

Uharte, L. M. (2020). Las comunas en Venezuela: un ensayo de democracia política y económica. En Garzón, O.; Sallerin, M. y Uribe, E. Venezuela, la révolution bolivarienne 20 ans après. pp. 87-95. París: L'Harmattan.

Villoro, L. (2006). Democracia comunitaria. Artículo de la conferencia en el Auditorio Raúl Bailleres. México.

Zovatto, D. (2014). Las instituciones de la democracia directa. En Lissidini, A.; Welp, Y. y Zovatto, D. (comp.). Democracias en movimiento. Mecanismos de democracia directa y participativa en América Latina. pp. 13-70. México: UNAM.

Entrevistas

Caona, A. (14-01-2019). Vocera del grupo coordinador 'Instancia de Comuneras/os. '23 de Enero'. Caracas.

Contreras, Juan (25-04-2014). Vocero de la Coordinadora Simón Bolívar. '23 de Enero'. Caracas.

Fernández, J. (30-01-2019). Miembro del Colectivo Alexis Vive. '23 de Enero'. Caracas.

González, I. (21-01-2019). Miembro del Colectivo Alexis Vive. '23 de Enero'. Caracas.

Guerra, J. (16-01-2019). Miembro del grupo coordinador 'Instancia de Comuneras/os. '23 de Enero'. Caracas.

Hidalgo, A. (29-04-2014). Ex viceministro de Economía Comunal. Ministerio de Comunas. Caracas.

Iturriza, R. (9-05-2018). Ex ministro de Comunas. Caracas.

Jayaro, M. (25-01-2019). Trabajadora de la empresa textilera. '23 de Enero'. Caracas.

Longa, R. (12-01-2019). Vocero principal de la Comuna. '23 de Enero'. Caracas.

Lugo, J. (17-01-2019). Coordinador de empresa textilera. '23 de Enero'. Caracas.

Márquez, M. (29-01-2019). Trabajadora de la empresa textilera. '23 de Enero'. Caracas.

Pacheco, G. (28-01-2019). Trabajadora de la empresa textilera. '23 de Enero'. Caracas.

Pereira, J. (24-2019). Responsable de la panadería. '23 de Enero'. Caracas.

Prado, A. (23-04-2014). Vocero de la Comuna 'El Maizal'. Entrevista grabada. Comuna El Maizal. Estado Lara.

Reinosa, M. (23-01-2019). Coordinadora de vivienda y hábitat. '23 de Enero'. Caracas.

Rodríguez, Lupe (21-04-2014). Vocera de la Coordinadora Simón Bolívar. '23 de Enero'. Caracas.

Salas, S. (24-05-2018). Vocero del Centro de Planificación Económica. '23 de Enero'. Caracas.

Soto, Jorgelis (27-01-2019). Vecina de la comuna. '23 de Enero'. Caracas.

Torrelles, Elisabeth (26-01-2019). Vecina de la comuna. '23 de Enero'. Caracas.

Capitulo VIII

"Serán sus propios dueños" Dos proyectos de democracia económica en Estados Unidos

ATENEA JIMÉNEZ
KEVIN A. YOUNG
MIKEL ANGULO

1. INTRODUCCIÓN

A lo largo de la Historia, si bien con mayor o menor éxito –según el caso–, el ser humano ha buscado respuestas colectivas a problemas comunes. Diríamos incluso que la cooperación es una condición antropológica (Azzellini, 2021) que se potencia en el proceso de transformación consciente para ser libre. José Bonilla afirma al respecto: "el Comunalismo humano nace precisamente empujado por la necesidad de superar nuestras insuficiencias naturales para poder sobrevivir y continuar la reproducción como especie. La Comuna es un acto consciente y la Autogestión es un logro también consciente..." (Bonilla, 2019). Actos, logros que se materializan justamente en ese devenir concreto y consciente que es la práctica colectiva de la organización, y a cuya manifestación política se le ha venido dando, en los últimos siglos, el nombre de Comuna.

Nuestra aproximación a la hegemonía y la democracia comunal, sin embargo, se perdería en lo abstracto si no abordásemos ciertos casos de estudio como los que nos conciernen aquí. En este sentido, se puede afirmar que a día de hoy florecen experiencias organizativas a lo largo y ancho de todo el planeta, espacios cuya existencia misma nos habla por sí sola de una oposición franca y directa al sistema capitalista y, por qué no, también a la propia época, máxime si el caso de estudio se ubica en uno de los centros de poder mundial, llevado a cabo por colectivos que forman parte del "proletariado extenso" y que consideramos constituye "una anticipación social y política" de lo emancipatorio.[1]

---

[1] Miguel Mazzeo (Mazzeo, s.f.) usa el término aludiendo a todos los seres humanos con conciencia de clase que deben vender su fuerza de trabajo para vivir.

Así que echemos un vistazo, en primer lugar, a ese proyecto impulsado por el Centro Obrero del Valle Pionero (Pioneer Valley Workers Center) en Massachusetts, Estados Unidos, pues qué mejor que el análisis de una experiencia concreta para ilustrar la tentativa de emancipación de la clase trabajadora en lo que llevamos de siglo. En segundo lugar, nos acercaremos hasta el Estado de Mississippi, en concreto hacia la capital del mismo, Jackson, para conocer de primera mano otra de las organizaciones punteras en la lucha contra el racismo y por la democracia económica, Cooperation Jackson. La primera experiencia la hemos abordado con una investigación cualitativa mediante entrevistas semi-estructuradas, mientras la segunda experiencia la hemos abordado desde el análisis documental de textos sobre el proyecto que han publicado los protagonistas de la experiencia. De esta manera, esperamos poder ofrecer una muestra significativa y actualizada de la potencialidad organizativa y revolucionaria de esos amplios sectores de población, ubicados social, económica y políticamente en los márgenes, y tradicionalmente denominados minorías (étnicas, por lo general), pero que en su tentativa de emancipación constituyen un verdadero ejemplo de conciencia de clase y praxis autónoma y colectivista al mismo tiempo.

1. PIONEER VALLEY WORKERS CENTER

El Centro Obrero es una organización sociopolítica cuyo objetivo es proteger los derechos de los y las trabajadoras, así como entretejer espacios autogestionados para edificar una nueva forma de comunidad. Bajo los auspicios del Centro Obrero se está desarrollando un experimento de economía solidaria liderado por inmigrantes latinoamericanos. Una parte de esta red consiste en una cooperativa agrícola que se llama Riquezas del Campo, establecida en 2019 en un pueblo rural. Además de abastecer a las familias de los trabajadores que son dueños de la finca, se envía una parte importante de la producción al programa de Apoyo Mutuo. Programa que consiste en la distribución de comida gratuita en las comunidades urbanas de la región. Estos dos proyectos representan un esfuerzo por satisfacer las necesidades urgentes de las comunidades más vulnerables, al mismo tiempo que sientan las bases para un sistema económico y social diferente, más igualitario y más justo. Aunque esta red sea incipiente, es sin duda una ventana que permite vislumbrar horizontes emancipatorios alternativos y, por lo tanto, representa una bonita oportunidad para conocer el proceso de construcción del proyecto de la democracia comunal en un contexto particular.[2]

1.1. El contexto geográfico y social

El Centro Obrero existe desde el año 2014 y se ubica en la parte occidental del estado de Massachusetts, Estados Unidos. Desde la invasión europea en la zona hace cuatro siglos, el llamado Valle Pionero se ha caracterizado principalmente por pueblos más o menos pequeños dentro de un terreno agrícola donde se cultiva una amplia gama de frutas, verduras, hierbas, tabaco y productos lácteos. El Valle ha sido el sitio de varios proyectos cooperativos a lo largo de los siglos, desde las iniciativas importantes de la comunidad abolicionista a mediados del siglo diecinueve (Clark, 1995) hasta una variedad de proyectos alternativos hoy en día (Cornwell, et al., 2014).

Actualmente, la economía agrícola se desarrolla merced a la coexistencia productiva de una serie de fincas pequeñas y medianas con una fuerza laboral de aproximadamente 3.800 trabajadores. Hay varias ciudades pequeñas notables, siendo Springfield la de mayor tamaño. Ésta se caracteriza por su periferia de terrenos campestres, hasta tal punto que muchos de los obreros empleados en fincas residen en las ciudades y trabajan fuera de ellas. Así que hay vínculos sociales y laborales entre el campo y la ciudad. La demografía racial, por su parte, y al igual que en todo Estados Unidos, es algo distinta a la que predomina en muchas regiones del mundo, en el sentido de que, por lo general, la gente del campo es blanca, mientras que la de los centros urbanos suele ser de color en su mayoría. Los dueños de las fincas en el Valle son también blancos en su mayoría, sean grandes o pequeñas empresas, y suelen contratar a los inmigrantes latinos como principal fuerza laboral.

El Centro Obrero llevó a cabo una encuesta de cientos de trabajadores de finca en el Valle, los resultados de la cual ofrecen un dibujo preciso de su perfil y las condiciones laborales. Según la encuesta, el 70% de la fuerza laboral se compone de ciudadanos no estadounidenses: el 89% lo representan gente de color y el 55% son mujeres, aunque este último dato a lo mejor sobrestima el porcentaje real debido a los sesgos de la muestra –re-

---

2 La información en esta sección proviene de diversas conversaciones formales e informales con miembros y personal del Centro Obrero, incluyendo de los proyectos de Apoyo Mutuo y Riquezas del Campo. Sólo en el caso de las entrevistas formales se citará la fuente.

lativamente pequeña–. En cuanto al resto de resultados, se aprecia que el 88% no percibe horas extra cuando trabaja más de 40 horas semanales, el 76% no tiene permiso de conducir, el 88% no tiene días pagados si enferma, el 31% de las mujeres experimenta acoso sexual en el lugar de trabajo y el 45% no puede acceder a un baño en las fincas. Condiciones de extrema vulnerabilidad que empeoraron aún más en la era del coronavirus. Por ejemplo, la mayoría de los encuestados informa de que sus patrones no les suministraron mascarillas y que se vieron obligados a continuar sus labores productivas sin poder mantener la distancia social. Casi el 100% ha perdido ingresos con la pandemia y ha tenido que acudir a los llamados bancos alimentarios y/o el programa de apoyo mutuo que se describe más abajo. No existe, por lo demás, sindicato agrícola alguno en las fincas del Valle, y el 51% tiene miedo de que se le despida si se queja.[3] Estas condiciones son típicas y recurrentes en las fincas de Estados Unidos, donde históricamente la legislación laboral ha incluido excepciones (tanto formales como informales) para el beneficio de los patrones en la agricultura –excepciones poco sorprendentes dado el gran porcentaje de trabajadores latinos y afroamericanos que tradicionalmente ha trabajado en el sector (Linder, 1992; Costa, Martin, Rutledge, 2020; Parikh, 2021).

1.2. "Serán sus propios dueños": la construcción del poder popular

Es en este contexto que surge el Centro Obrero como espacio para la organización y cooperación entre los trabajadores de distintos sectores y empresas. En la última década, el Centro Obrero ha recorrido un camino no siempre cómodo, y casi siempre pedregoso, en aras de la construcción del poder popular. El número de sus miembros ha crecido paulatinamente, la mayoría de los cuales son inmigrantes procedentes de México y Centroamérica que trabajan en las industrias hotelera y agrícola, aunque hay también de otros países e industrias y una cantidad también significativa de trabajadores miembros nacidos en Estados Unidos, además de una extensa red de voluntarios de la comunidad. Los cuerpos más importantes dentro del Centro son los dos comités obreros con sedes sitas, respectivamente, en las ciudades de Springfield y Northampton, y organizados según el lugar de residencia de sus miembros (Sierra Becerra, 2020). Estos comités abiertos operan en calidad de punto de visibilidad y acceso de cara a los nuevos

[3] Estos resultados provienen de un informe interno del Centro Obrero que pronto saldrá oficialmente en su sitio web (https://pvworkerscenter.org/).

participantes, y son asimismo las entidades que toman las decisiones más importantes en el seno de la organización. Riquezas del Campo y el programa de Apoyo Mutuo surgieron de los comités, que son quienes votaron para dedicar una porción grande del presupuesto y de la energía colectiva a esos proyectos.[4]

Tanto el proyecto mismo como el motivo de la mayoría de los individuos por sumarse a él nacen directamente de los abusos y la privación del sistema capitalista dominante. Si bien los organizadores poseían, de entrada, una visión ideológica (en el sentido de pretender crear una institución alternativa que serviría de modelo para otras), el impulso inicial partía de las necesidades inmediatas. Se inició la distribución de alimentos en los meses de invierno hace ya varios años –el antecedente del programa más extenso que surgió luego con la pandemia– porque los miembros de ambos comités coincidían en que les faltaba comida en esos meses. Muchos de ellos eran trabajadores de temporada en las fincas. Riquezas del Campo echó a andar como una respuesta colectiva de los comités precisamente a la inseguridad alimentaria y a la falta de dignidad en los centros de trabajo capitalistas.

Claudia Rosales, una salvadoreña que lleva trabajando cinco años en las fincas privadas de la región, cuenta lo siguiente: "Presencié muchos abusos por parte de los empleadores," lo que le "motivó" para incorporarse en el Centro Obrero en 2016 y participar en el lanzamiento de la cooperativa en 2019.[5] Entre los abusos más flagrantes, menciona que sus patrones negaban el descanso a la hora del almuerzo y que castigaban a los trabajadores indocumentados que se ausentaban del trabajo aunque fuera por razones médicas verificables. El maltrato siempre era más pronunciado en el caso de los trabajadores no blancos e indocumentados, reflejando la estrategia patronal de dividir la fuerza laboral para incrementar la explotación. "En los lugares donde yo trabajé, los patrones tenían más prioridad en

---

4 En 2020 la organización tenía un presupuesto de alrededor de U.S. $620,000, el cual cubrió los salarios de siete organizadores pagados así como diversas otras operaciones y programas. Se gastó unos $34,000 para "incubar" Riquezas del Campo y otros $90,000 para suministrar las distribuciones de alimentos tales como frijoles, masa de maíz, aceite y verduras frescas. Además el programa de Apoyo Mutuo recolecta donaciones alimentarias de fincas y mercados en la región. En 2020 también se recaudaron $510,000 para un "fondo de solidaridad" que benefició a 1,450 personas afectadas por la pandemia. El 32% del presupuesto del Centro provenía de las donaciones de miembros de la comunidad, el resto de las subvenciones por parte de entidades exteriores tales como las fundaciones. Estos datos se reportan en un informe titulado "2020 Impact Report", enviado a los donantes del Centro Obrero en mayo de 2021.

5 Entrevista, 28 de mayo de 2021.

la gente blanca, más que todo en la gente que son de acá," a quienes les daban "todos los privilegios." Se aprovechaban del precario estatus de los indocumentados, suponiendo que, "por miedo," esos trabajadores no se quejarían. Estas quejas abundan en los relatos de los trabajadores de finca en la zona.

Leninn Torres, un mexicano que se incorporó al proyecto en 2020 y que actualmente trabaja como coordinador de la red de apoyo mutuo, confiesa haberse involucrado "por el hecho de haber sido afectado" por la pandemia.[6] Fue la pérdida del trabajo la que le llevó a ello. Al igual que Claudia, Leninn era plenamente consciente de su experiencia de la explotación, manifestada en la falta de "salarios buenos" para los trabajadores del campo y la "inseguridad alimentaria" de las personas vulnerables. Recalcó, a su vez, el sufrimiento de los niños, "los más vulnerables." Las deficiencias alimentarias que presenciaba en Estados Unidos "reflejan –según él– un poco lo que yo viví de niño" en su pueblo natal, en México.

Estas experiencias concretas y particulares han condicionado profundamente las formas y las prioridades de los dos proyectos. La primera prioridad es, por supuesto, satisfacer las necesidades inmediatas. Ante un sistema que según Leninn "no sirve," se pretende construir uno "más eficiente". Riquezas del Campo permite que los trabajadores dueños, según agrega Claudia, "puedan tener sus propias fuentes de ingresos y no puedan ser abusados directamente por un empleador, sino que ellos serán sus propios dueños". La creación de la cooperativa refleja una conciencia de que, sin cambiar el sistema económico, no se puede lograr la emancipación, pues la producción puede existir sin el capitalista que la comanda, mientras que sin los trabajadores no puede haber producción, y ésta, por supuesto, puede ser comunitaria y autogestionada (Bonilla, 2019). Claudia dice que "la construcción del poder de los trabajadores debe de incluir la construcción del poder económico a través del desarrollo de cooperativas de los trabajadores".

Por otro lado, el programa de Apoyo Mutuo se orienta a la provisión de alimentos básicos, pero dentro de un marco organizativo que los diferencia claramente de la mera caridad o el servicio. El equipo coordinador de Apoyo Mutuo encuesta regularmente a sus redes de miembros (casi 500 entre dos grupos de WhatsApp). Después se comunica con la cooperativa y con varias empresas donantes para registrar las preferencias de los consumidores. Se paga a Riquezas del Campo por la porción de la comida que

---

[6] Entrevista, 1 de junio de 2021.

viene de allí para así fomentar el crecimiento de la cooperativa, utilizando fondos del Centro Obrero para el pago; las demás donaciones no se pagan. Este tipo de vínculo entre la producción y el consumo es una faceta clave de diversos proyectos de esta índole, ya que permite a los participantes escaparse (en cierto grado) del mercado capitalista (Akuno y Nangwaya, 2021. p.83; Jiménez y Young, 2019). Los organizadores del programa hacen un esfuerzo constante por combatir el estigma que a veces conlleva la aceptación de un repartimiento gratuito, insistiendo en que "no hay gente más merecedora que otra", y que "todos se merecen la abundancia," según cuenta Andrea Schmid, una organizadora del Centro.[7] También aprovechan el momento de entrega de alimentos para conversar con los trabajadores sobre sus situaciones actuales y para repartir folletos en los que se fomenta la concienciación política: "Conozca sus Derechos", rezaba el título de uno de ellos. Así, el reparto de alimentos resulta ser también "una oportunidad para la educación política", en el sentido de los valores que se promueven. Relata, por lo demás, que este esfuerzo "ha generado un cambio en las perspectivas de muchos de los miembros en cuanto al significado de la comida gratuita".

Otra faceta clave de la red son los mecanismos para la toma de decisiones, los cuales marcan otro contrapunto al sistema capitalista, que reserva las decisiones más importantes para un número reducido de agentes o, lo que es lo mismo, tiranos. Los entrevistados ponen mucho énfasis en estos mecanismos democráticos y su aporte al desarrollo de los liderazgos de la base. Claudia cuenta que "creemos en la toma de decisiones democráticas" y "en el poder de los trabajadores, para que puedan organizarse juntos y puedan tener ese liderazgo". Leninn recalca la importancia de que los miembros puedan "tomar sus propias decisiones". Este principio rige el accionar de los comités obreros y, dentro de la cooperativa, las decisiones de los trabajadores dueños.

Una tercera faceta, íntimamente ligada al resto del trabajo, es el antirracismo. Dado el carácter fuertemente racializado de la explotación en la industria agrícola y en los demás ámbitos de la vida de los inmigrantes latinos, este enfoque reviste especial importancia. No solo se rechazan las manifestaciones más obvias del racismo, sino que también se discute cómo estructurar los proyectos (incluido el propio Centro Obrero) para no reproducir las jerarquías raciales imperantes en la sociedad. Esto implica la inversión de un gran esfuerzo consciente para desarrollar las habilidades y

---

7 Entrevista, 1 de junio de 2021.

la confianza de los trabajadores, muchos de quienes llegan al Centro con escasa experiencia organizativa, con niveles de alfabetismo bastante bajos y con no poca timidez. A este respecto, el Centro ha atravesado toda una serie de problemas y fallas internas en más de una ocasión, fallas que han minado el trabajo en curso y han representado un desafío a su desarrollo. El carácter mixto de la dirección del Centro, en la que se incluían varias personas blancas con unos niveles de educación formal e ingresos más altos que los de la media, generó ciertas tensiones. Sin embargo, a través de un proceso interno de autocríticas, se ha llegado a identificar la necesidad de encarar estos problemas y de resolverlos en la práctica. Un proceso que actualmente, y según nuestros informantes, está ya dando sus frutos.

Cabe notar, eso sí, y por añadir un breve comentario a nuestra descripción de la experiencia, la falta de un lenguaje abiertamente ideológico entre los organizadores y miembros del Centro Obrero. No se debate, por ejemplo, la teoría marxista o anarquista. Kropotkin no es una fuente recurrente en las reuniones del equipo de Apoyo Mutuo, y éste tampoco se refiere al concepto gramsciano de la hegemonía en sus folletos. Los relatos de los organizadores, con todo, y la práctica diaria de la red reflejan, sin embargo, una comprensión y un conocimiento altamente sofisticados de la realidad política y social. No hay divorcio, por así decir, entre la atención a las necesidades urgentes del pueblo y la construcción de instituciones alternativas, sino que esos objetivos se entremezclan. Para Claudia, sin ir más lejos, la cooperativa abastece a la comunidad a la vez que representa un modelo radical, un intento por "crear organizaciones económicas alternativas que representan directamente los intereses de los trabajadores". En el futuro, espera ver la creación de otras cooperativas de trabajadores, "de cuidado de niños," agrícolas y de otros tipos. Entre los objetivos más amplios de la red, Leninn menciona el de "demostrar que el sistema capitalista que existe en este país tal vez no sea lo ideal para seguir adelante". Tal meta política coexiste para él con el objetivo más inmediato de "apoyar a las personas que lo necesiten". Entre un planteamiento enfocado en las necesidades concretas y cotidianas de la comunidad y la promoción de una visión política más amplia o de mayor alcance no hay la menor contradicción, según él. Y es que la experiencia cotidiana es precisamente la base de esa comprensión más amplia de la realidad de su entorno, menos ideológica en cierto sentido, pero no por eso menos consciente, más pasiva o sumisa.

Efectivamente, los cuerpos teóricos tienen un papel importante, pero las experiencias nacen de las necesidades y/o aspiraciones compartidas, la reflexión sobre la práctica para satisfacer esas necesidades, así como la teorización propia, tienen un espacio privilegiado en el ejercicio de edificación de la nueva vida. Lefebvre sostenía, en este sentido, que la teoría de un movimiento debe ser creada por sí mismo, se trata de la dialéctica de lo concebido y lo vivido, el entrelazamiento de lo teórico y lo práctico en continuo movimiento (Ross, 2016, p.87-88). Y Marx nos recordaba permanentemente que la "vida social es, en esencia, práctica". Por lo tanto, todos los misterios que desvían la teoría hacia el misticismo no encuentran su solución racional sino en la práctica humana y en la comprensión de esa propia práctica (Marx, 1845).

Este punto cobra un interés especial en el relato de Andrea, una joven hondureña que, a diferencia de casi todos los miembros, ha recibido un alto nivel de educación formal. Cuando empezó su trabajo de organizadora hace ya varios años, no dudó en abordar temas abiertamente políticos con los trabajadores. Cuenta que, de esa manera, solía ver "velarse los ojos de la gente". Ahora, en cambio, y sobre todo en la primera toma de contacto con una persona nueva, pone el énfasis en las experiencias concretas, en las historias cotidianas. No es que los trabajadores no puedan entender cierta teoría política o cierta doctrina ideológica, sólo que éste no es el punto de partida. Antes bien, y en sus propias palabras: "la gente ha vivido toda la mierda que estamos luchando por terminar". En este contexto, la educación política puede empezar con la creación de "un espacio donde las personas puedan hablar de lo que están manejando".[8] La práctica del Centro Obrero, a este respecto, ha llegado a parecerse bastante al modelo de la "pedagogía del oprimido" del brasileiro Paulo Freire.[9] Y lo que es más, esos espacios tienden a incorporar a trabajadores de diversos sectores (restaurantes, fincas, paisajismo, etc.), haciendo, como quien dice, de puente entre dichos sectores y la organización del Centro. Esto promueve la puesta en común de experiencias y la sensibilización recíproca de los y las participantes –lo cual es también, a su vez, una excelente forma de educación política–. La empatía que resulta de estos intercambios ha tenido un gran impacto en el trabajo del Centro, por ejemplo cuando la decisión

---

8 Igualmente, al enraizarse en los proyectos "muy concretos" de Riquezas del Campo y el Apoyo Mutuo, el Centro ha podido mantener el entusiasmo de los miembros actuales a pesar de la pandemia. Las otras campañas (por ejemplo, una legislativa) son todavía importantes pero no son "lo que mantiene comprometida a la gente".

9 Sin que el propio Freire aparezca en los relatos. Freire empezó sus cursos de alfabetización con "palabras generadoras" relacionadas con la vida cotidiana de los participantes, como base de discusión y "concientización" (Freire, 1968).

de priorizar una campaña a favor de los trabajadores del campo fue apoyada por los demás obreros en los comités.

1.3. El apoyo mutuo y la revolución

Todo esto nos lleva a cuestionar las actitudes desdeñosas de algunos críticos de izquierda frente a los proyectos de apoyo mutuo e iniciativas de base similares.[10] Cierto es que estos proyectos no son revolucionarios en sí, y que pueden caer en la trampa del "servicio" o la "caridad" si carecen de un contenido político y organizativo que conduzca hacia la transformación y la confrontación del sistema dominante. De hecho, algunos organizadores del Centro Obrero identifican este desafío como algo que aún les queda por encarar adecuadamente. Porque hay margen de maniobra suficiente para mejorar y fortalecerse en la senda, siempre difícil, hacia la emancipación. Pero tampoco es que se haya creado un programa centrado simple y llanamente en la caridad, en un concepto despolitizado de la solidaridad, como alegan algunos críticos del concepto de apoyo mutuo y de lo que éste implica.

2. COOPERATION JACKSON

2.1. Antecedentes: de la República de Nueva África al Plan Jackson-Kush

No se entenderían el arraigo ni la profundidad del movimiento conocido como Cooperation Jackson si no tuviéramos en cuenta el movimiento político de partida, antecedente directo a nivel histórico y sobre cuyas bases se cimentó luego la expresión más reciente de autodeterminación del pueblo Negro en el Sur de los Estados Unidos.

El origen del actual movimiento lo encontramos en el Gobierno Provisional de la República de Nueva África, del cual Chokwe Lumumba, elegido alcalde de Jackson en 2013, fue miembro y representante político. La República de Nueva África fue el intento de creación de un país independiente formado mayoritariamente por afroamericanos. Su territorio correspondería a los actuales estados de Luisiana, Misisipi, Alabama, Georgia

---

10 Ver por ejemplo Breslauer (2020). Para una refutación, ver el trabajo de Spade (2020).

y Carolina del Sur, aunque hay quien incorpora también algunos condados del norte de Florida y el este de Texas. La República fue promulgada en marzo de 1968 y tuvo su andadura principalmente en la década de los 70, cuando el racismo estructural y la opresión de clase vivían un tremendo recrudecimiento (se multiplicaban los asesinatos contra la comunidades Negras, aparte de otras formas de violencia), y la lucha por los derechos civiles y políticos de esas mismas comunidades representaba una de las mayores trincheras populares contra el orden hegemónico.

El Plan Jackson-Kush fue planteado por parte de la organización del Pueblo de Nueva África y la organización Malcolm X Grassroots Movement (también conocida como MXGM) entre 2004 y 2010.[11] En un contexto marcado por los estragos ocasionados por el huracán Katrina, y frente a la negligencia y la corrupción imperantes en el ámbito de las instituciones públicas, abogaba por una reactualización progresiva y ascendente del programa de la República, esto es, por la autodeterminación de las personas de ascendencia africana y la transformación socialista del Estado de Jackson (y, por extensión, de todos aquellos territorios que actualmente pertenecen al estado colonial de los EEUU.). El programa y la estrategia de Cooperation Jackson, en la medida en que defienden el control de los medios de producción por parte de la clase trabajadora Negra de Jackson y el desarrollo de fuerzas de producción regenerativas y ecológicas, entroncan pues directamente con el Plan Jackson-Kush y los objetivos de la República de Nueva África, y encarnan en la práctica el movimiento por la democracia económica como "preludio de la transición democrática hacia el ecosocialismo". Una "macroestrategia ideológica", según Kali Akuno, cuya aplicación, no obstante, dista mucho de ser de índole estática, ya que la organización se plantea como un organismo "dinámico" en tanto que trata de adaptar las prácticas a las realidades concretas del espacio y el tiempo, así como de asegurar una coherencia entre unas y otras (Akuno y Nangwaya, 2021, p.30).

2.2. Objetivos, bases y programa específico

El principal programa y estrategia de Cooperation Jackson pretende conseguir cuatro objetivos básicos:

---

[11] Para más información, consultar "The Jackson-Kush Plan and the Struggle for Black Self-Determination and Economic Democracy" de Kali Akuno en http://navigationthestorm.blogspot.com/2012/05/the-jackson-kush-plan-and-struggle-for.html.

1. Poner la propiedad y el control de los medios de producción directamente en manos de la clase trabajadora Negra de Jackson, Misisipi.
2. Construir y facilitar el desarrollo de las fuerzas de producción regenerativas y ecológicas de Jackson.
3. Transformar democráticamente la economía de la ciudad de Jackson, la del estado de Misisipi y la de todas las regiones del sudeste de los EEUU.
4. Avanzar hacia los objetivos del Plan Jackson-Kush, es decir, la autodeterminación de las personas de ascendencia africana y la transformación radical y democrática del estado de Mississippi (lo cual, desde su punto de vista, supone el punto de partida del proceso de descolonización y transformación radical de los EE.UU.).

Ahora bien, tales objetivos no surgen de la nada, sino que tienen en cuenta el lugar donde se persiguen y las condiciones socioeconómicas del sujeto político al que pretenden interpelar, educar y movilizar. Existe un consenso más o menos generalizado sobre el papel que cumplen las clases subalternas y racializadas en un estadio de desarrollo económico marcado por los procesos de globalización, automatización y externalización empresariales. Diferentes diagnósticos apuntan en una misma dirección, y es que la economía de los EE.UU. ya no necesita la fuerza de trabajo de la población Negra con escasos recursos, por lo que ésta ha pasado a convertirse –a ojos del orden económico y social del imperio– en un problema creciente que requiere una solución.

Por parte del gobierno de los EE.UU., se presenta una estrategia múltiple a fin de resolver tal problemática, la cual se basa en tres ejes principales: incorporación limitada, contrainsurgencia y control social masivo. La alternativa del Plan Jackson-Kush y de Cooperation Jackson se opone diametralmente a tales medidas y puede expresarse en términos antagónicos: entre los ambiciosos objetivos mencionados anteriormente, Akuno y sus compañeros destacan el siguiente: "frenar la creciente amenaza y devaluación de las clase trabajadora Negra" mediante la asunción de las contradicciones existentes, por supuesto, pero eso sí, siempre con la vista puesta en la autodeterminación de las clases populares, el control de la economía y la democracia de base.

La propia ciudad de Jackson, capital del Estado, se concibe como un núcleo urbano en permanente transformación, y es asimismo el emplazamiento clave a la hora de diseñar y promover estrategias políticas de largo alcance que tienen que ver con el gobierno y la administración locales (a través, sin ir más lejos, de los presupuestos participativos, la transparencia gubernamental y una buena gestión fiscal, aparte de la propia economía colaborativa). Si la soberanía nacional como proyecto político dejó intactos los mecanismos de control y explotación del modo de producción capitalista (no son pocas las experiencias dadas en pleno siglo XX, de sobra conocidas), ahora se trata de desarticular las relaciones sociales que están a la base de dicho modo de producción, y de hacerlo con vistas a revertir toda una tendencia de décadas de desinversión, desindustrialización, despoblación, desocupación y subempleo crónicas, fracaso escolar y unas infraestructuras anticuadas y decadentes. Para todo lo cual se tiene conciencia, por supuesto, de la limitada repercusión del plan de transformación en el ámbito local, pues una estrategia de emancipación popular y masiva debe necesariamente ir más allá del restringido marco de actuación de una localidad particular, y consolidarse primero ahí para luego dar el salto, tanto cuantitativo como cualitativo, en otras direcciones, rumbo a otros horizontes (en el estado, en el país y, por qué no, en el conjunto de la sociedad de clases).

2.3. Estrategia electoral integral y asambleas populares

Hemos destacado el importante papel que otorga el Plan Jackson-Kush al gobierno y la administración locales. Cooperation Jackson promueve, en efecto, un plan electoral integral apoyado en los órganos de autodeterminación local, una forma híbrida de concebir el poder de clase que constituye, por lo tanto, un caso digno de mención en el estudio de la democracia comunal y la hegemonía popular.

La organización MXGM considera que en el momento actual de la lucha por la liberación Negra es necesario que el movimiento esté firmemente comprometido con la construcción de lo que sus impulsores denominan "doble poder". En ese sentido aluden, por un lado, a la conformación de un poder autónomo al margen del Estado (es decir, del gobierno) basado en las asambleas populares y, por otra, a una participación limitada en la política institucional, y cuya finalidad estriba en la elección de candidaturas provenientes de las propias asambleas de votantes. Se trata de impulsar campañas que favorezcan la consolidación de fuerzas políticas independientes, más allá de los partidos que a día de hoy monopolizan el panorama político de los EE.UU. Además de la elección de Chokwe Lumumba para el Consejo Ciudadano en 2009, y su ascenso a la alcaldía en 2013, pueden señalarse otros tantos éxitos del movimiento[12] como ejemplos de ese doble poder en los que la integración de diferentes planos de actividad en una misma línea estratégica repercute positivamente sobre el conjunto del movimiento, estableciéndolo clara e inequívocamente como sujeto político de primer orden.

Algunos autores señalan además la crisis de infraestructuras como uno de los retos más acuciantes para los gobiernos locales y la administración pública en general, lo que quedó más a la vista que nunca con la crisis del sistema de agua en Jackson en 2022. Pero entendiendo la crisis como una ventana de oportunidades, y no sólo como un desafío, para las clases populares, Cooperation Jackson quiere construir una "nueva economía" basada en el desarrollo de cooperativas y generar puestos de trabajo "verdes", salarios dignos y óptimas condiciones laborales. Así pues, en un futuro el proyecto se centrará en proveer un número significativo de servicios públicos a la ciudadanía y ofertar puestos de trabajo en obras y construcciones públicas, desarrollar una buena planificación urbana de la ciudad, así como apostar por el desarrollo económico, la educación, el sistema de salud, el de transporte y la seguridad ciudadana.

Las asambleas populares, por su parte, están diseñadas para funcionar como mecanismos para conseguir la autodeterminación Negra y la autonomía política de los pueblos oprimidos y las clases explotadas en todo el Estado. Sin ellas, todo ese programa político de corte institucional carecería de fundamento en la práctica, aparte de que a la larga podría verse sometido a ataques, dificultades y reversiones de todo tipo. Frente al paradigma convencional de la política de masas, propio del Estado liberal y la democracia burguesa, son la herramienta práctica fundamental, medio y fin, al tiempo, de una democracia directa verdaderamente popular y de base. Las asambleas son órganos de expresión y participación en las que no existe ningún tipo de jerarquía, a pesar de contar con la facilitación de un orden del día establecido por los diferentes comités que forman parte de las coordinadoras populares". Éstas funcionan, a su vez, como "brazo ejecutor" de la asamblea, y están formadas por "los diferentes grupos de

---

12 Campañas para la elección del primer sheriff Negro del condado de Hinds en 2011, para que las hermanas Scott salieran de la prisión (lo que lograron en enero de ese mismo año), para librar al transporte público de la ciudad de los recortes impuestos por el exalcalde Johnson, y la aprobación de la ordenanza municipal contra los perfiles raciales en Jackson, por citar tan sólo algunos ejemplos (Akuno/Nangwaya, 2021: 141-142).

trabajo que ponen en marcha las propuestas que surgen desde este órgano" (Akuno y Nangwaya, 2021, p.164).

Este modelo asambleario hunde sus raíces en la larga tradición histórica del estado de Misisipi, especialmente vinculada al movimiento de liberación Negro. Sus orígenes se remontan a los círculos espirituales y de oración que organizaban –a menudo, clandestinamente– las esclavas Africanas con el objetivo de expresar su humanidad, construir y mantener la comunidad, fortalecer sus espíritus y organizar la resistencia (Akuno y Nangwaya, 2021, p.164). En la actualidad, sus funciones continúan siendo esenciales para la supervivencia de la comunidad, en la medida en que organizan y promueven proyectos sociales autónomos y autogestionados y ejercen como instancia de presión política y vehículo de demandas ciudadanas frente a los gobiernos conservadores y las fuerzas sociales alineadas con la explotación.

Es así, desde la asamblea entendida simultáneamente como institución y proceso, como se persiguen los distintos objetivos del movimiento, habida cuenta de la contingencia política de cada coyuntura y las resistencias que ese doble poder está condenado a despertar, tarde o temprano, entre sus adversarios más directos. La consideración de la coyuntura adquiere así una relevancia significativa para el movimiento, y lo hace en términos de presión contrahegemónica, pues la adaptación del plan a la misma exige una alternancia de disposiciones que van desde las acciones de posicionamiento (construcción de alianzas, movilización de recursos, cambios en los discursos sociales dominantes) hasta las de maniobra (participación en confrontaciones abiertas con los cuerpos represivos del capital y el Estado) (Akuno/Nangwaya, 2021, p.177).

2.4. Hacia la democracia económica: economía cooperativa y estrategia sindical

Al igual que en gran parte del llamado Sur Profundo (Deep South), el desarrollo colonial de Misisipi se ha basado históricamente en la extracción continua de los recursos naturales de la región. La extracción de madera y la plantación de cultivos extensivos como los del algodón, la caña de azúcar, el tabaco y el arroz sirvieron para la exportación a gran escala, la acumulación de capital en manos privadas y la apertura del comercio colonial a los mercados internacionales en el periodo de consolidación de los mismos. Cabe añadir que la mano de obra entonces empleada era de carácter fundamentalmente esclavista, y que es ésta, junto con la dependencia del sector extractivista, una de las inercias que arrastra el modelo económico aún vigente en la zona, un modelo que todavía no ha sido capaz de desprenderse de su pasado histórico y de su función dentro del país, por no también al interior del sistema capitalista global.

La transición hacia la llamada democracia económica, en armonía con los objetivos de la Economía Social y Solidaria (por sus siglas ESS, aunque con sus matices y salvando las distancias), pasa pues por la autoorganización desde la base y, partiendo desde ahí, a una escala cada vez más amplia de la clase trabajadora en su conjunto, en otras palabras, por la coordinación autónoma de las trabajadoras a través de organismos de participación (sindicatos, asambleas, etc.) y no sólo en sus puestos de trabajo, sino también allí donde viven, juegan, rezan o estudian. El objetivo de dicha autoorganización es que los trabajadores tomen decisiones colectivas y democráticas sobre cómo, cuándo y para qué sirve su fuerza de trabajo, y también sobre cómo pueden llevar a cabo acciones colectivas para cambiar el rumbo de su propia vida y, a su vez, el de sus propias acciones.

El programa específico de Cooperation Jackson comprende diversas líneas de actuación en aras de lo que identifican como su "visión de ciudad en transición". Como dicen en su propia página web[13], el objetivo de esa red emergente de iniciativas cooperativas e instituciones de la Economía Social y Solidaria es "la transformación de la economía y el orden social de la ciudad mediante la aplicación de un nuevo modelo económico donde el barrio y la clase trabajadora sean las propietarias de las empresas, y basado en la sostenibilidad de los procesos de producción, distribución, consumo y reciclaje/reutilización". Para ello, se parte de una hipótesis cooperativista como punto de partida y anclaje de una federación más extensa de redes de apoyo mutuo y empresas locales, las cuales, junto con los centros formativos, las emisiones de crédito y la gestión de tierras comunitarias, convergen en una hoja de ruta común, colectivista a media y gran escala y autogestionada al mismo tiempo.

La ciudad sostenible, productiva y autosuficiente en términos económicos, y la ciudad solidaria, es decir, garante de los derechos humanos, y democrática en última instancia, son, en resumidas cuentas, una y la misma ciudad. Todo ello favorece el aumento y fortalecimiento de la conciencia de clase al interior de las comunidades, la institución de distintas formas de apoyo mutuo y solidaridad entre sus integrantes y la construcción de nuevos estándares y valores sociales asociados a los principios democráticos,

---

[13] Para más información, consultar www.cooperationjackson.org.

ecológicos y humanitarios. Lo que en otros términos, o mejor dicho en la práctica, se traduce como instauración de una "nueva cultura democrática" (Akuno y Nangwaya, 2021, p.35)

2.5. Comunidades sostenibles

Just Transition Program es el nombre bajo el cual se engloban las diferentes iniciativas de transición democrática hacia una forma de sociedad ecológicamente más sostenible.[14] Poner fin a la crisis medioambiental, climática y de derechos humanos que hoy en día amenaza a comunidades como la de la clase trabajadora Negra de Misisipi pasa, como ya se ha señalado más arriba, por la organización social y la ejecución de un programa integral que proteja el medio ambiente, reduzca las emisiones de carbono y distribuya la riqueza de forma equitativa. El objetivo de este plan es acabar con la dependencia sistémica respecto a la industria de los hidrocarburos y poner freno al crecimiento sin límites propio del sistema capitalista. Mediante una tupida red de cooperativas interconectadas e interdependientes entre sí, se pretende abordar la precaria condición (energética y laboral al mismo tiempo) a la que nos abocan la escasez de recursos, los vaivenes del mercado y la cada vez mayor probabilidad de catástrofes medioambientales, de la que el huracán Katrina, como es bien sabido en la región, constituye el ejemplo más reciente, devastador y trágico.

La Iniciativa de Comunidades Sostenibles (*Sustainable Communities Initiative*, SCI), consta de cuatro elementos básicos: las cooperativas ecológicas, la construcción de una ecoaldea, el impulso de la soberanía alimentaria y la reforma de la Ley de Transición Justa. En Jackson existen actualmente numerosos proyectos inmobiliarios, aparte de otras tantas proyecciones urbanísticas, dentro de la tendencia global generalizada que se conoce como gentrificación, y que obliga a abandonar sus espacios de convivencia a grandes sectores de población autóctona (especialmente clases populares y racializadas). Las presiones especulativas y el aumento del precio del suelo representan una dificultad añadida a la hora de garantizar derechos básicos como el de la vivienda, y son un vector de acumulación más en la estrategia capitalista global. De ahí que la confrontación entre las comunidades y las fuerzas gentrificadoras en la ciudad de Jackson se postule como

---

14 Para una definición de "transición justa" parecida a la promovida por Cooperation Jackson, ver Movement Generations Just Transition Zine en http://movementgen.electricembers.net/justtransition/.

una lucha en toda regla por el propio espacio urbano, hasta el punto de que se trazan líneas de defensa (es el caso de la denominada "línea de fortificación", que debe su nombre a la Fortification Street). Los agentes especulativos y gentrificadores saben de la existencia de intereses contrapuestos en la zona, y responden con un aumento de la presión, nuevas inversiones y planes cada vez más ambiciosos. Pero precisamente por eso es ése el punto donde las vecinas de los barrios del área oeste de Jackson pueden decir alto y claro: "no pasaréis" (Akuno y Nangwaya, 2021, pp.70-71).

Las fuerzas impulsoras de estos procesos de gentrificación no son sólo de índole económica. Uno de los objetivos políticos de la facción reaccionaria de Jackson es reducir significativamente el volumen de población Negra, en perfecta consonancia con las políticas públicas represivas y racistas propias de la administración burguesa y liberal. Visto el éxito de una candidatura como la de Chowke Lumumba,[15] es lógica la animadversión que puede suscitar en las élites blancas una proporción de población como la que presenta Jackson, donde más del 80% de los habitantes es de origen afroamericano y donde la simpatía hacia líderes como Lumumba posee un claro componente étnico. Disputar el espacio físico de la ciudad es, por tanto, sólo una parte del plan de choque en el que consiste la SCI; el espacio político también ha de ser disputado, aunque su telón de fondo sea el mismo: y es la reacción permanente y violenta de una minoría blanca frente a lo que consideran una apuesta contrahegemónica popular cada vez más potente.

Podríamos profundizar con algo más de detenimiento en otras propuestas concretas promovidas por Cooperation Jackson como la autonomía energética, la red de cooperativas con base agroecológica y comunitaria, etc. Es digno de mención, por ejemplo, el intento de generar economías circulares en el ámbito local en base a una ecuación de producción agroecológica, distribución equitativa y consumo responsable. En el caso de las Rural/Urban Production Networks, se trata de un mercado protegido que conecta las ciudades-núcleo con las cooperativas agrícolas adyacentes "a través de la compra colectiva por parte de las cooperativas urbanas y la creación de restaurantes cooperativos, centros alimentarios, centros de procesamiento de comida, empresas de producción de alimentos", etc. (Akuno y Nangwaya, 2021, p.95).

---

15 Falleció el 25 de febrero de 2014 a consecuencia de un paro cardíaco. Ahora es su hijo, Chokwe Antar Lumumba, quien ostenta la alcaldía de Jackson y trata de mantener vivo el proyecto iniciado por su padre. Fue elegido en 2017.

El aspecto a destacar, con todo, sigue siendo el protagonismo de las comunidades –entendidas éstas como eje vertebrador de la democracia económica y la autogestión obrera. Las comunidades integran la diferencia entre lo urbano y lo rural, en lugar de excluir a un polo en favor del otro, una diferencia que en la gran mayoría de movimientos emancipatorios supone siempre un reto material e ideológico a partes iguales. Pero es precisamente mediante una comprensión integral de la economía y la política como se supera la ya clásica dicotomía campo/ciudad, tan anclada en los parámetros capitalistas modernos.

3. CONCLUSIÓN

Es la forma de entender el sujeto político, por tanto, como comunidad de lucha y organización de masas, como se aborda la necesidad de emancipación de la clase trabajadora (predominantemente Negra en Misisipi, de origen latinoamericano en Massachusetts). Ambos proyectos avanzan desde la experiencia en la construcción de la democracia económica, siendo ésta una parte esencial de la democracia comunal, con la participación determinante de las trabajadoras y con planificación económica para la autogestión, entendiendo que ello amerita la edificación de la democracia política en un proceso constituyente permanente para entretejer la nueva vida. Vida comunitaria que no puede prescindir del apoyo mutuo como nexo social, pues no otra es la apuesta contra el individualismo, la competitividad y la despolitización reinantes en el seno de la sociedad burguesa.

Se trata de una de las claves de las propuestas políticas que llega desde los Estados Unidos, a saber, un colectivismo bien arraigado en la cotidianeidad que, con todo, cuenta con infraestructuras, métodos organizativos y una estrategia política propia. Si bien muchos proyectos de apoyo mutuo resultan estar despolitizados y hasta pueden llegar a distraer de las luchas colectivas, el resultado no es inevitable. Por lo contrario, las experiencias aquí perfiladas muestran que los proyectos políticos emancipatorios no deben dejar de lado las necesidades materiales. En resumidas cuentas, no hay por qué divorciar el abastecimiento inmediato de los objetivos más "políticos". Pues son éstos, en definitiva, los que se perfilan ya en el horizonte hacia el que nos dirigimos los y las desposeídas desde el momento mismo en que tomamos conciencia de nuestra situación, de nuestro entorno, y avanzamos juntas, día a día, rumbo a la emancipación.

Bibliográficas

Akuno K. (2017). Build and Fight: The Program and Strategy of Cooperation Jackson, en Jackson Rising: The Struggle for Economic Democracy and Black Self-Determination in Jackson, Mississippi, ed. Akuno, K., y Nangwaya, A. Daraja Press: Ottawa.

Akuno, K., y Nangwaya, A. (e.a.) (2021), Jackson en revuelta. La lucha por la democracia económica y la autodeterminación negra en el sur de los EEUU, Descontrol, Barcelona.

Azzellini, D. (2021). La Comuna y los desafíos de hoy. Recordando los 150 años de la Comuna de Paris", ponencia del 1er Congreso Internacional de Democracia Comunal. Sitio web: https://www.youtube.com/watch?v=jVmOhhS6488&t=547s.

Bonilla, J. (2019). Una propuesta para la construcción del socialismo en Venezuela (papel de trabajo).

Breslauer, G. (2020). Mutual Aid: A Factor of Liberalism. Regeneration, 27 de noviembre de 2020. Sitio web: https://regenerationmag.org/mutual-aid-a-factor-of-liberalism.

Clark, C. (1995). The Communitarian Moment: The Radical Challenge of the Northampton Association. Cornell University Press: Ithaca.

Cornwell, J., Johnson, M., y Trott, A. (2014). Building Co-operative Power: Stories and Strategies from Worker Co-operatives in the Connecticut River Valley. Levellers Press: Amherst.

Costa, D., Martin, P. y Rutledge, Z. (2020). Federal Labor Standards Enforcement in Agriculture, en Economic Policy Institute. Sitio web: https://www.epi.org/publication/federal-labor-standards-enforcement-in-agriculture-data-reveal-the-biggest-violators-and-raise-new-questions-about-how-to-improve-and-target-efforts-to-protect-farmworkers/.

Freire, P. (1968). Pedagogía del oprimido, Siglo XXI: Mexico D.F.

Jiménez, A., Young, K. A. (2019). Venezuela frente las sanciones. Sitio web: https://www.youtube.com/watch?v=R7aqGjwry0k.

Linder, M. (1992). Migrant Workers and Minimum Wages: Regulating the Exploitation of Agricultural Labor in the United States. Westview: Boulder.

Marx, K. (1845). Tesis sobre Feuerbach. Sitio web: https://www.marxists.org/espanol/m-e/1840s/45-feuer.htm.

Mazzeo, M. (s.f.). "Una objetividad impuesta, un mundo de distorsiones", en La comunidad (auto)organizada. Notas para repensar una política popular (inédito).

Parikh, R., Quintero, C., y Freeman, H. (2021, agosto). The Fruits of the Past: The Unfair Consequences of Excluding Massachusetts Farmworkers from State Labor Law Protections and How the Fairness for Farmworkers Act Will Remedy That Injustice. Fairness for Farmworkers Coalition. Sitio web: https://lira.bc.edu/work/ns/71b95114-9a34-49c3-8fcf-259202df019f.

Ross, K. (2016). El lujo comunal. El imaginario político de la Comuna de París, Akal: Madrid.

Sierra Becerra, D. C. (2020). "Harvesting Hope: Building Worker Power at the Pioneer Valley Workers Center." Meridians 19(1): pp. 209-36.

Spade, D. (2020). Mutual Aid: Building Solidarity During This Crisis (and the Next). Verso: Nueva York.

Capítulo IX

La Guardia Indígena: motor de los cuidados y de las transformaciones[1]

RAÚL ZIBECHI

Y seguiremos peleando
mientras no se apague el sol

Himno Nasa

1. INTRODUCCIÓN

Junio de 2008, vereda El Damián, resguardo de Tacueyó, en la Cordillera Central, departamento de Cauca. En el fondo de una profunda hondonada, el río Palo recoge las aguas que bajan bravas de las montañas. De sus laderas casi perpendiculares se prenden los cultivos campesinos: bananos y café, yuca, frijol, papa y maíz. Desde mediados de marzo en esta geografía quebrada se producen combates entre los guerrilleros de las FARC y el ejército que se asentó, como suele hacerlo, en el punto más alto de la montaña. Después que los soldados volaron un almacén de explosivos de la guerrilla, provocando la muerte de un indígena nasa, heridas a catorce y el derribo de las viviendas en un radio de más de cien metros, los 800 pobladores de las dos veredas vecinas, El Damián y La María, se refugiaron en la escuela rural elegida como lugar de "asamblea permanente", centro de reunión en casos de emergencia. Sobre la escuela, una gigantesca bandera blanca atada sobre una larguísima caña, pretende disuadir a los armados. Más de la mitad son niños; el resto madres y ancianos.

La Guardia Indígena acompaña a los comuneros siguiendo las instrucciones de la Asociación de Cabildos Indígenas del Norte del Cauca (ACIN), que señala en una cartilla que en casos de emergencias la población debe acudir a espacios de "resistencia indígena definidos en asamblea, espacios para la protección, la reflexión y el análisis comunitario", para resistir jun-

---

[1] Este trabajo contó con los aportes de Berta Camprubí y de Didier Chirimuscay, comunicadores residentes en territorio indígena del Cauca, a quienes agradezco su invalorable colaboración.

tos "respetando la diversidad y la diferencia, para que la tierra del futuro sea un tejido de conciencias colectivas y de autonomías en equilibrio y armonía con todos los seres de la vida" (Zibechi, 2008).

El coordinador de las guardias de la región, Luis Alberto Mensa, de 42 años, porta un bastón de mando como único signo de autoridad, como todos los guardias que lo acompañan. Mientras recorremos la zona de conflicto, explica que "la guardia, que siempre existió entre los nasa, se vino a oficializar para hacerse visible en el 2001 a raíz de una serie de conflictos. Aquí la gente no creía que llegaría el conflicto armado porque esta era una zona histórica de las FARC, pero entraron los paramilitares y nos mataron mucha gente y las asambleas decidieron instalar guardias permanentes". Para la defensa del territorio, no utilizan armas sino que promueven la formación y la organización para fomentar la autoprotección de las comunidades. Sus estrategias de resistencia consisten en promover la soberanía alimentaria, las alertas tempranas, las huertas comunitarias y, sobre todo, los procesos de formación entre los que incluyen asambleas permanentes de reflexión y decisión, el fortalecimiento del derecho y de las autoridades propias.

La Guardia Indígena tiene un enorme prestigio. En 2004 recibió el Premio Nacional de Paz que otorgan todos los años un conjunto de instituciones, desde las Naciones Unidas hasta los principales medios colombianos. En efecto, se trata de una de las experiencias más originales con que cuenta movimiento social alguno. "No somos ejércitos armados, no somos guerrilla, simplemente somos comunidad al servicio de las comunidades", se define a sí misma la propia Guardia (Zibechi, 2008).

Sin embargo, a escasos metros de donde estamos, debajo de los bananos ya no se ven cafetales, sino plantaciones de coca que crecen en las laderas soleadas a más de dos mil metros de altitud y son, de hecho, el principal cultivo visible. Más que una contradicción, propongo reflexionarla como una radical ambigüedad del movimiento indígena colombiano, que atraviesa todas sus manifestaciones, sus estructuras organizativas y limita la enorme potencia creativa del movimiento. No la hoja de coca, sino la dependencia del capitalismo y del Estado, que atraviesan todo el proyecto indígena del Cauca pero no lo condicionan, los tensionan y ponen a prueba su potencial emancipatorio.

***

El Consejo Regional Indígena del Cauca (CRIC) fue fundado el 24 de febrero de 1971, en el marco de una extensa lucha por la recuperación de tierras y por la liberación del *terraje*[2]. En ese momento federaba a siete cabildos, mientras que 50 años después está constituido por 115 cabildos y once asociaciones de cabildos de los ocho grupos étnicos reconocidos, que están establecidos en 26 de los 39 municipios del Cauca y agrupados en nueve zonas.

Los 84 territorios indígenas o resguardos del Cauca, suman 500 mil hectáreas en un departamento que tiene casi 1,5 millones de hectáreas. La población indígena rural es de alrededor de 300 mil personas, unas diez mil viviendo en ciudades. El grupo mayoritario es el nasa[3] o paez, seguido del yanacona, misak o guambiano, totoró, kokonuko y eperara, mientras los grupos inga y pubenense suman pocos miles de personas.

El 2,5 % de los colombianos son indígenas de más de 500 comunidades, dispersos por toda la geografía nacional, hablan más de 60 lenguas y están agrupados en 670 resguardos. El Cauca es el departamento que presenta la mayor diversidad geográfica y cultural, tiene costas en el Pacífico, gran parte en la Cordillera Central, donde viven la mayoría de los indígenas, y en el Macizo Colombiano, y es cuna de los grandes ríos del país, en particular el Magdalena, el Cauca y el Caquetá. El 22% de la población es indígena, otro 22% es afrodescendiente y el resto son mestizos o blancos.

2. LA RADICAL AMBIGÜEDAD DEL MUNDO INDÍGENA NASA

Los asesinos de la gobernadora indígena Sandra Liliana Peña Chocué fueron condenados a 60 años de cárcel. La decisión se tomó en una asamblea multitudinaria en el corregimiento de Siberia, en la zona Sath Tama Kiwe, en la que estuvieron presentes las 127 autoridades indígenas, las asociaciones y la Consejería Mayor del CRIC como jueces naturales. La audiencia pública sentenció a los dos responsables del asesinato de la "mayora" Sandra Liliana, gobernadora de la comunidad de La Laguna-

---

2 Renta que pagaban los indígenas trabajando varios días a la semana o al mes para el patrón, por vivir en un terreno concedido por la hacienda, que en realidad fue usurpado por los terratenientes a los comuneros.

3 La Guardia Indígena nace entre los nasa que además de representar más del 60% de la población indígena del Cauca, es el colectivo más activo y fue cuna del movimiento.

Siberia, municipio de Caldono, "a pagar 60 años de cárcel sin ningún tipo de beneficio judicial". La asamblea decidió que se destruyeran las armas y el material incautado por las autoridades y la Guardia Indígena durante la investigación (Cric, 2021).

Los dos condenados son indígenas, reconocieron su delito durante la audiencia y fueron declarados culpables, de desarmonizar el territorio y la comunidad, de estar involucrados con el narcotráfico y los grupos armados. En la resolución de la asamblea, no sólo se declara víctima a la persona asesinada sino también a la familia, la comunidad del resguardo indígena La Laguna, al gobierno propio y a la pervivencia física y cultural del pueblo nasa, así como al proceso organizativo indígena.

Los asesinos dijeron que les pagaron 10 millones de pesos para asesinar a la gobernadora, el 20 de abril de 2021, de los cuales finalmente recibieron cinco millones provenientes de bandas al servicio del narcotráfico. Miembros de la comunidad aseguran que la asesinaron "por hacer control territorial, limpiar el territorio, liberar la madre tierra de los cultivos que hoy solo traen muerte y desolación". La gobernadora Sandra Liliana se caracterizaba por su claridad política en la *Minga hacia Adentro,* lo que la llevó a trabajar para destruir los cultivos de hoja de coca, lo que motivó su asesinato.

Fueron entregados a la Fiscalía General de la Nación, para su posterior reclusión en la penitenciaría de San Isidro, Popayán, en la modalidad conocida como "patio prestado". Se trata de que el Estado le presta a la autoridad indígena sus instalaciones para que comuneros indígenas cumplan su condena. La modalidad surgió en 1999, cuando las autoridades indígenas decidieron recurrir a los establecimientos carcelarios del Instituto Nacional Penitenciario y Carcelario (INPEC) para hacer cumplir las condenas impuestas en el marco de la "justicia restaurativa" indígena (Granda, 2011).

Tradicionalmente las autoridades nasa y de otros pueblos indígenas que integran el CRIC, se guían por los preceptos de armonía y equilibrio entre las personas y la naturaleza. Cuando alguien rompe esos "principios de vida", se busca recuperar la armonía a través de ciertas prácticas espirituales o "remedios" (para remediar), pero ante el aumento de casos graves (violaciones y asesinatos), decidieron acudir a los centros carcelarios del INPEC. Entre los años 2005-2010 había un promedio de 653 indígenas encarcelados, de los cuales el 28% pertenecen al pueblo nasa. Los delitos de mayor incidencia en su orden son homicidio y rebelión.

La "justicia propia" con sus autoridades, normas y procedimientos ancestrales, fue reconocida en la Constitución de 1991, cuando se reconoce a Colombia como un Estado multiétnico y pluricultural. El problema que quiero profundizar, es que la realidad del pueblo nasa, como componente mayoritario del CRIC, muestra "la contradicción entre la cosmovisión y la práctica en el ejercicio de la justicia propia" (Granda, 2011, p.49). Esta situación ilustra, como las que aparecen a lo largo de este trabajo, la radical ambigüedad del mundo indígena del Cauca: construyen instituciones autónomas pero funcionan con recursos estatales; asumen formas propias en la educación y la salud, pero las promotoras y promotores son financiados por el Estado. Las contradicciones pueden ampliarse aún más, ya que en los resguardos indígenas abundan los cultivos ilícitos, por lo cual la presencia de grupos armados (desde disidencias de las FARC hasta narcotraficantes y paramilitares) es habitual y la Guardia Indígena encuentra enormes dificultades para ponerles límites.

3. LA CONSTRUCCIÓN DEL CRIC Y DE LA GUARDIA INDÍGENA

La fundación del CRIC se realizó sobre la base de un programa de siete puntos: recuperar la tierra de los resguardos, ampliarlos, fortalecer los cabildos indígenas, no pagar terrajes, hacer conocer las leyes sobre indígenas y exigir su aplicación, defender la historia, lengua y costumbres, y formar profesores indígenas "para educar de acuerdo con la situación de los indígenas y en su respectiva lengua" (CRIC, 1983).

El CRIC nace en una masiva asamblea de dos mil delegados de siete cabildos y otros tantos resguardos, que eligen un comité ejecutivo que no pudo funcionar por la represión de los terratenientes a su débil organización inicial. Recién su segundo congreso, en septiembre del mismo año 1971, pudo formular su programa. Su estructura organizativa cuenta con una dirección colegiada, la Consejería, que se renueva cada dos años que la definen como un colectivo de líderes escogidas por las propias comunidades a quienes se les elige mediante una asamblea regional".

Se ha dotado de tres grandes proyectos, político, económico y cultural, que implementan programas en las áreas de educación, salud, capacitación, jurídica, comunicaciones, producción, cooperativas y fondos rotatorios, cuentan con cinco ejes transversales: mujer indígena, jóvenes, medicina tradicional, territorio y medio ambiente. Las diversas instancias del CRIC se coordinan con la autoridades tradicionales o mayores, con los cabildos y asociaciones de cabildos y a nivel nacional con la Organización Nacional Indígena de Colombia (ONIC).

La unidad básica del gobierno son los cabildos, que cuentan con reconocimiento constitucional como autoridad tradicional. El cabildo es una herencia de la Colonia que "ha sido reformulado y asumido como organización propia, con autoridades nombradas colectivamente" (Sandoval, 2008, p.39). Son la máxima autoridad en un resguardo y entre las comunidades que lo eligen, es el modo propio de ejercer autoridad y es una de las principales tareas que asume el CRIC desde su fundación.

Los cabildos impulsan el trabajo comunitario o mingas, han conformado organizaciones económicas independientes del Estado, fomentan la medicina tradicional, la educación y la justicia propia. El gobernador, figura colonial también, es la máxima autoridad, secundado por alcaldes, fiscal y tesorero que integran la directiva del cabildo, mientras los alguaciles representan a cada vereda o comunidad, pudiendo oscilar entre 20 y 60 integrantes, dependiendo del tamaño del resguardo.

En principio los cargos no son remunerados porque se consideran un servicio a la comunidad, aunque algunos gobernadores y miembros de la directiva perciben salario. Cuatro son los objetivos del CRIC que deben guiar a los cabildos: unidad, tierra, cultura y autonomía. Todos los cabildos cuentan con Guardia Indígena, que es considerada una pieza clave para la existencia del poder propio. Siendo la cultura un punto de partida ineludible, se proponen concretar "la autogestión y autonomía indígenas", en la convicción de que no alcanza con que la Constitución del Estado colombiano declare la aceptación de la existencia de los pueblos indígenas, porque sus propósitos "se logran mediante la lucha política y la lucha por la tierra en alianza con los demás sectores explotados y oprimidos del país" (Sandoval, 2008: 43).

En 1994 surgió la que probablemente sea la más importante asociación: la ACIN, Asociación de Cabildos Indígenas del Norte del Cauca. Desarrolla importantes programas de salud, educación, economía, desarrollo comunitario, jurídico y de comunicación. En 2005 la ACIN convocó a las comunidades negras y campesinas mestizas de la región a un encuentro interétnico, que resolvió la creación de "una región autónoma interétnica" en los municipios del norte del Cauca. Entre los proyectos productivos de esta asociación, destacan una estación piscícola, una procesadora de lácteos y una planta de jugos de frutas (Rudqvist y Anrup, 2013, p.533).

El desarrollo educativo es notable: miles de niños y niñas acuden a 156 escuelas y han construido un centro de educación superior indígena. Se trata del Cecidic (Centro de Educación, Capacitación e Investigación para el desarrollo integral de la comunidad) dedicado a etnoeducación, economía y agroindustria. Ha creado escuelas de capacitación técnica en agroecología, artes y oficios, formación política, pedagógica y una escuela de comunicaciones.

En centro surge en 1990, cuando las comunidades de la región de Toribío recuperan un espacio de 96 hectáreas, labran la tierra, siembran y levantan cercos de noche para evitar la represión, hasta que se la entregan al cabildo "para materializar los sueños y esperanzas comunitarias" (Yatacué, 2019, p.78). Cientos de comuneros se involucraron en los trabajos para levantar las primeras edificaciones, instalar una finca productiva, espacios de artes y oficios y las áreas administrativas.

El Cecidic tiene un mandato comunitario que consiste en apoyar al pueblo nasa desde la "pedagogía del sentir, el pensar y el actuar desde el corazón" para que se formen las nuevas generaciones en su cultura, sus costumbres, su lengua y en sus territorios (Yatacué, 2016). Los principales programas de estudio son: el fortalecimiento del Sistema Educativo Indígena Propio a través de la revitalización de la pedagogía comunitaria; fortalecer la lengua nasa (*nasayuwe*); el acompañamiento comunitario para fortalecer la autonomía familiar y colectiva; investigación comunitaria y formación y capacitación para la vida digna en el territorio.

Una de las organizaciones que se fortalecen en este proceso de recuperación de la ancestralidad, la pedagogía comunitaria y "la práctica de la espiritualidad nasa" considerada como "un acto profundamente revolucionario" (Yatacué, 2019, p.89), es la Guardia Indígena, entendida como uno de los núcleos del pueblo nasa, de su identidad y su proyección hacia el futuro desde el cuidado del territorio.

4. LOS VARIOS MUNDOS QUE COEXISTEN EN EL MUNDO INDÍGENA

Las llamadas "formas económicas propias" que define el CRIC, incluyen desde empresas y tiendas comunitarias, hasta asociaciones grupales y núcleos familiares, en general de pequeño o mediano tamaño, descentralizadas en la extensa geografía del Cauca, a través de las más diversas actividades: agroindustrias lácteas, ganaderas y piscícolas, minería en pequeña escala, manejo de fuentes de agua y bosques, y ecoturismo. Todas ellas son propiedad de las comunidades y son administradas colectivamente.

En las regiones que gobiernan los cabildos no existe la propiedad estatal, ni grandes empresa con alta concentración de capital fijo y trabajadores, sino la señalada combinación de unidades familiares, asociativas y comunitarias. En el municipio de Toribío, con más de 30 mil habitantes, se han puesto en marcha 70 unidades piscícolas: 51% corresponden a unidades familiares, 40% son asociativas y el 9% comunitarias (Kwe'sx Toritrucha, 2017).

La producción de truchas ha alcanzado niveles masivos, de 140 toneladas anuales, que permiten no sólo abastecer a las familias del municipio sino "exportar" a supermercados de la región e incluso al exterior. La principal productora es la empresa comunitaria Juan Tama, que además de producir 30 toneladas de truchas es la encargada de la recepción de la producción de las demás unidades, del fileteado, envasado y transporte del producto. El conjunto de unidades ha creado 109 empleos directos y 919 empleos temporales para el proceso de evisceración.

La empresa comunitaria Juan Tama fue creada en 1997 "por la comunidad joven del resguardo", impulsada por el municipio a cargo de un indígena nasa y financiada por los tres cabildos, el "Proyecto Nasa[4]y la cooperación internacional. Me parece necesario destacar, en este punto, que pese a tratarse de una empresa "grande" (para el tamaño de la producción de un municipio pequeño), han conseguido que la gestión no escape de las manos de las comunidades. Algo similar sucede con otros emprendimientos, que se guían por los principios de respeto a la naturaleza y a la cosmovisión nasa.

Aunque los excedentes suelen volcarse en la necesidades del resguardo definidas por las autoridades del cabildo, en acuerdo con las comunidades, eso no implica que no existan desigualdades ni relaciones sociales capitalistas en el interior de los emprendimientos, así como sucede en todos los espacios indígenas que se definen autónomos.

El que fuera director del Cecidic, Diego Yatacué, lo explicita de forma elocuente cuando analiza los "nuevos problemas" que debe enfrentar el proceso nasa:

> Se dio libertad y derechos para la gente, pero no se educó en los deberes, por ello tenemos una alta degradación social y familiar, jóvenes sin orientación de los padres y expuestos al modernismo y al consumismo; un afán por conseguir dinero sea cual fuere su origen, sea por ejemplo: de cultivos de uso ilícito, negocios medidos por rentabilidad (aumento de consumo de

---

4 El Proyecto Nasa surge en Toribío en 1980, "para dar respuesta a la división que se presentaba entre los resguardos de Toribío, Tacueyó y San Francisco, alentada por cuestiones políticas e intereses partidistas que impedían el avance de la organización y el reconocimiento de los valores como pueblo indígena" (ACIN, 2007). Fue el primero de los varios planes de vida que se dotaron algunos cabildos.

agro-tóxicos), la promoción de un turismo que no ha tenido suficiente análisis sobre sus desafíos; la minería ilegal, pero legal en territorios indígenas.

Una dependencia alta a programas del Estado como Familias en Acción; dependencia a los recursos del Estado para la operación del sistema de salud y educación, de los mismos cabildos indígenas, entre otros.

En síntesis una falsa autonomía de las familias y personas que, por contar con el dinero suficiente para comprar su equivalente, piensan que han logrado superar la pobreza, las necesidades y ven la comunitariedad, la autoridad indígena y hasta la del Estado como obstáculos, como verdaderos enemigos (Yatacué, 2019. p.80).

Sin embargo, durante la pandemia esta "radical ambigüedad" del mundo indígena continuó moviéndose, tal vez de forma más acelerada. La difusión de las "ferias de trueque", forma de intercambio de productos y saberes entre diversas comunidades y regiones, es una de las manifestaciones más vigorosas durante los primeros meses de la pandemia. El trueque es una de las prácticas de lo que denominan como "economía propia", en el marco de la economía comunitaria que definen como "autonomía para la vida", que consiste en mantener la armonía con la naturaleza con el objetivo de "vivir en alegría, disfrutar la armonía donde se conjuga lo material y lo espiritual, la energía y el cosmos, el *tul* (huerta) y los sitios sagrados, el ordenamiento natural y los mandatos comunitarios" (ACIN, 2012).

Durante la pandemia el CRIC decidió una *Minga Hacia Adentro*, con el objetivo de fortalecer la comunidades a través de la armonización entre personas y con la naturaleza, profundizar la autonomía alimentaria, diversificar los cultivos y revitalizar las autoridades propias. Cerraron el territorio movilizando 7.000 Guardias Indígenas que controlan 70 puntos de ingreso y salida de los resguardos. Consideran que el trueque es una alternativa económica y política anti-neoliberal. Un miembro de la Asociación de Cabildos Ukawe's' Nasa C'hab, explica: "Se hace trueque entre productos de los diferentes climas, se establecen puntos de encuentro y de intercambio, en los que prima la necesidad, no el valor porque no se trata de intercambiar equivalencias sino lo que se necesita" (Zibechi, 2020a, p.100).

El trueque es una práctica ancestral, pero además es un modo de solidaridad y reciprocidad que permite fortalecer la economía propia. Como puede apreciarse, el no uso de dinero, el intercambio entre productos de tierras frías y de tierras calientes, no por equivalencias (un kilo por un kilo) sino primando las necesidades, implica que están potenciando relaciones sociales no capitalistas. Del mismo modo, las familias se organizan para en viar alimentos a los indígenas que viven en ciudades, quienes les retribuyen no con dinero, sino con productos de higiene y aseo que no producen las comunidades. Estamos hablando de procesos que encararon miles de familias que intercambian con las ciudades cientos de toneladas de alimentos, en una relación que apunta a potenciar la solidaridad y las prácticas no mercantiles, en la medida que "el trueque nos ayuda a romper la dinámica del individualismo y fortalece lo comunitario" (Zibechi, 2020a, p.101).

El trueque no debe reducirse a una práctica económica, ya que abundan los intercambios de saberes, encuentros donde se pone en juego "nuestro ejercicio de gobernabilidad territorial, espiritual, económico y social para la pervivencia como pueblos indígenas" (CRIC, 2020). Las ferias de trueque incluyen música andina, obras de teatro, danzas y bailes, rituales de armonización y "trueques educativos", con el objetivo de fortalecer los usos y costumbres, entre ellos la economía propia, la justicia propia y la reflexión sobre las prácticas culturales de las comunidades.

En esta situación, los pueblos del Cauca vuelven a considerar el trueque como una estrategia de resistencia al sistema capitalista como hicieron durante mucho tiempo, aunque tendía a debilitarse. Pretendo enfatizar que las prácticas van cambiando, que las relaciones sociales no son inmutables y se modifican al calor de situaciones nuevas y extremas, a las que las comunidades responden en base a una cultura, una historia y una identidad concretas.

Algo similar está sucediendo respecto a las formas de elección de autoridades en algunos resguardos. Desde hace varios años, por los menos en el norte del Cauca, se viene abandonando la práctica electoral tradicional de elegir a gobernadores y demás autoridades por listas mediante una campaña de propaganda, similar a la que se utiliza para elegir representantes estatales. En su lugar, empiezan a elegirse personas con criterios "espirituales". Cada vereda propone a la persona que considera más idónea, según los principios de cosmovisión nasa y en asamblea del cabildo los mayores eligen a los seis o siete más adecuados para ocupar cargos[5].

En efecto, en el marco del paro y la minga nacional, por lo menos cuatro territorios del Cauca decidieron retomar los criterios del "gobierno propio". La Asociación de Autoridades Ancestrales Nasa Çxhâçxha, que impulsa estos gobiernos, sostiene que "el cabildo no es nuestro, es algo impuesto desde afuera", por lo que en junio de 2021 realizó "un proceso

5 Intercambio con Berta Camprubí, 12/09/2020.

de mingas de pensamiento de la mano con los mayores", para fortalecer la autonomía en base a la orientación espiritual de los comuneros con más experiencia (Asociación Nasa Çxhãçxha, 2021a).

En un resguardo en la región de Tierradentro, la mayoría de las personas elegidas para cargos fueron "autoridades ancestrales", en una ceremonia realizada junto a una laguna (que tienen especial importancia en la cosmovisión nasa), donde "con un baño de armonización al ritmo de flauta y tambor, las nuevas autoridades recibieron la fuerza de los ancestros para emprender este camino lleno de retos y aprendizajes" (Asociación Nasa Çxhãçxha, 2021b). Luego danzaron en espiral "acompañados de los mayores espirituales, la guardia indígena, líderes indígenas" y otras asociaciones.

5. LA GUARDIA INDÍGENA COMO MOTOR DE LA DEMOCRACIA COMUNITARIA

Cuando los pueblos del Cauca, y de modo particular los nasa que son la mayoría absoluta, se refieren a la Guardia Indígena, se remontan a la historia de la resistencia de cinco siglos. "La Guardia Indígena es un proceso de resistencia que se puede mirar desde el año 1500", explica Alfredo Muelas, coordinador de la guardia entre 1999 y 2004 (Sandoval, 2008, p.47). Para otros autores, la guardia "es hija legítima del tiempo y la historia (...) heredera de las seculares luchas nasa" (Murillo, 2015, p.70). En todo caso, se trata de un organismo ancestral propio, "un instrumento de unidad, resistencia y autonomía étnica y territorial" (ídem).

Las referencias históricas revelan la importancia de la memoria de resistencias y luchas en la construcción de la nueva Guardia Indígena que emerge a comienzos del siglo XX, ante la permanente agresión que sufren las comunidades por parte del ejército, los paramilitares y también la guerrilla, en el marco del extenso conflicto armado colombiano.

Algunos autores periodizan hasta cinco momentos previos a la Guardia Indígena actual. El primero se registró en torno a 1500, de la mano de La Gaitana, cacica de la región Tierradentro, que lideró a miles de guerreros indígenas contra los españoles entre 1539 y 1540; el segundo momento fue protagonizado por Juan Tama en 1700, cacique de Vitoncó entre 1682 y 1718, cuya lucha dejó como legado 71 títulos coloniales por los cuales la corona española reconoció legalmente los territorios indígenas (Sandoval, 2008, p.48).

El tercer momento fue la lucha de Manuel Quintín Lame a comienzos del siglo XX. Movilizó a miles de indígenas de varios departamentos para la recuperación de tierras y contra el terraje, limitó la expansión de las haciendas cuando los pueblos se levantaron en armas contra los terratenientes, reescribió la historia indígena, sufrió persecución, fue encarcelado en 108 ocasiones y se convirtió en "el primer pensador indígena" de Colombia (Vega, 2002, p.101). Quintín Lame hizo escuela, sus escrito circularon de mano en mano en talleres, asambleas y círculos de lectura y su pensamiento sigue vivo hasta hoy, habiendo jugado un papel determinante en la creación de las principales organizaciones nasa, sobre todo en el CRIC y la Guardia Indígena (Quintín Lame, 2005).

El cuarto momento es precisamente la formación del CRIC, en 1971, que retoma los tres procesos mencionados. Nace en un momento de represión generalizada y de lucha de los campesinos pobres en el marco de la Asociación Nacional de Usuarios Campesinos (ANUC), en el seno de la cual los indígenas toman conciencia de su diferencia de identidad, historia y cultura. Los siete puntos del programa del CRIC se hacen eco de los objetivos de Quintín Lame que había fallecido en 1967, cuando el movimiento indígena estaba en plena lucha contra el terraje (Muelas, 2005). Algunos historiadores del movimiento sostienen que "la actual Guardia Indígena es la del pasado pero en el presente", aunque "ha sufrido cambios adaptándose a las condiciones políticas, sociales, económicas y religiosas en tiempos específicos" (Sandoval, 2008, p.50).

El quinto momento se produjo en la década de 1980, con la formación del Movimiento Armado Quintín Lame (MAQL). Esta organización armada guerrillera integrada por indígenas, "no buscaba tomar el poder sino que velaba por la seguridad de las comunidades indígenas contra los asesinados pagados por los terratenientes –llamados "pájaros"- y contra los brazos armados del Estado que amenazaban a las comunidades" (Rappaport, 2004, p.73). Esta guerrilla nunca fue autónoma sino que el reclutamiento y la educación de los combatientes estaba íntimamente ligado a los cabildos, al punto que puede decirse que "el Quintín Lame fue otra manera de Guardia Indígena, fue la defensa armada del territorio" (Sandoval, 2008, p. 51).

Cuando los combatientes decidieron nombrar al grupo con el nombre de Quintín Lame, debatieron también los nombres de Juan Tama y Cacica Gaitana, lo que revela la impronta de la historia en la lucha de las comunidades. En ese momento Quintín era desconocido en las comunidades y también entre la mayoría de los dirigentes, pero el MAQL jugó un papel determinante en la "diseminación del pensamiento lamista" que ha ocurrido básicamente por vía oral (Rappaport, 2004, p.87). En efecto, quienes reeditaron la obra de Lame eran miembros del MAQL, lo que evidencia que la Guardia Indígena (tanto la actual como las anteriores) juegan un papel decisivo no sólo en los cuidados comunitarios sino también en la educación comunitaria.

La Guardia Indígena actual surge hacia finales del siglo XX y se presentó "de manera visible en Jambaló en el año 2000, con la desinstalación de laboratorios para procesar cocaína", haciendo controles nocturnos para evitar una masacre porque se trataba de confrontaciones no armadas con paramilitares, guerrillas y ejército (Sandoval, 2008, p.53). Está integrada por miles de jóvenes, niños, mujeres y adultos, elegidos por sus comunidades para servir en tareas de "vigilancia, control, alarma, protección y defensa de nuestra tierra en coordinación con las autoridades tradicionales y la comunidad" (CRIC, 2015).

Se la considera "un instrumento de resistencia, unidad y autonomía en defensa del territorio", no como un mecanismo policial sino como "un mandato de las propias asambleas, por lo que depende directamente de las autoridades indígenas", para defenderse de todos los actores que agreden a los pueblos. No utilizan armas y sólo esgrimen su bastón de mando, lo cual le imprime un valor simbólico a la guardia. Los guardias no son remunerados, son voluntarios que se forman en talleres sobre resistencia pacífica, legislación indígena, derechos humanos, estrategia y emergencias. Ejercen el control territorial con retenes ubicados a la entrada y salida de los resguardos.

La estructura de la guardia es muy sencilla y se ordena de abajo arriba: cada vereda o comunidad elige en asamblea diez guardias y un coordinador; luego se elige un coordinador por resguardo y otro para toda la región, siempre en acuerdo con los gobernadores de los cabildos. Los guardias son elegidos por dos o tres años, según acuerden los cabildos. En el Norte del Cauca hacia 2010 había 3.500 guardias, pero su número oscila según los conflictos que existan, la fortaleza del cabildo y de las comunidades.

Entrevisté a Luis Alberto Mensa en 2008, cuando coordinaba todas las guardias de la región: "La formación es nuestro aspecto más importante y la hacemos a través de talleres en los que se discuten derechos humanos y la ley nuestra, la ley originaria. Priorizamos la formación política por sobre los ejercicios físicos" (Zibechi, 2008). Los talleres son obligatorios y duran varios días. En ellos participan líderes comunitarios que relatan la historia, usos y costumbres del pueblo nasa. Luego cada coordinador replica los mismos talleres en su vereda. "Somos formadores de organización, somos protección de la comunidad y defensa de la vida sin involucrarnos en la guerra", sigue Mensa. El coordinador de la Guardia del resguardo Huellas, Manuel Ul, sostiene que la educación política que brindan "contribuye a evitar que los jóvenes se integren en los grupos armados".

Como la participación en la Guardia Indígena es voluntaria, los vecinos de la vereda y las autoridades del cabildo colaboran en el mantenimiento de la huerta familiar y en ocasiones hacen mingas para desbrozarla, sembrar o cosechar. En la formación de los guardias se trabaja intensamente la cosmovisión nasa que rechaza la violencia, practican formas de defensa a través de alertas y se interponen entre los armados, en grupos grandes para disuadirlos de atacar a la comunidad. Para convocar a la Guardia utilizan las emisoras en lengua originaria y los celulares y en apenas cuatro horas pueden juntar cientos de guardias de un resguardo.

El aspecto central de la Guardia Indígena es que "representa y es depositaria real y simbólica de la alteridad" (Sandoval, 2008, p.53). Alteridad que se plasma en una historia diferente a la de afrocolombianos, mestizos y criollos blancos; que se visualiza en una cosmovisión propia, en la identidad y la cultura nasa, en la forma de relacionamiento con la Madre Tierra, y que se reconoce en una variedad de ceremoniales que siempre apuntan a revivir la historia como memoria viva y a buscar la armonía entre las personas y entre éstas y el entorno natural. La alteridad es también política. "La alteridad nasa no pretende la toma del poder político, ni la confrontación armada contra sus agresores, todo lo contrario, reclama autonomía y respeto a su pueblo y su cultura dentro de los límites del Estado, sin trascender sus territorios, su ser y su pensar" (Sandoval, 2008, p.56).

La alteridad nasa explica la necesidad de autonomía, pero de ella también deducen su rechazo a la guerra y la violencia. Don Pedro vive en Caloto desde hace 60 años. Sirvió a su pueblo como gobernador del cabildo de Huellas, alcalde mayor y secretario, forma parte del proceso de Liberación de la Madre Tierra y pertenece a la primera generación de luchadores nasa que dieron vida al CRIC. En su pueblo se lo considera *mayor*, al que pude entrevistar durante la pandemia sobre este tema:

> Entre nosotros no existía la guerra sino el equilibrio y la armonía, pero la llegada de los colonos fue el comienzo de una guerra por el territorio. La liberación de la madre tierra es la forma de reconstruir nuestra historia, reconstruyendo nuestro territorio. No queremos guerra pero tenemos que defendernos. Para nosotros, defendernos es recuperar tierras y reconstruir nuestra memoria histórica es nuestro modo de enfrentar esta política neoliberal de destrucción. El Estado ha creado una estrategia a través de la educación para someternos y

> para que perdamos nuestra cultura. Nos matan los paramilitares y nos matan ideológica y políticamente con la educación. El objetivo es seguir perviviendo y la guardia se encarga de proteger la comunidad. Pero a veces toca pelear y salir a la ofensiva[6].

Por "ofensiva" entiende paros, mingas y movilizaciones para que el Estado cumpla con los acuerdos en entrega de tierras, salud y educación. Uno de los lemas del CRIC reza: "Cuentan con nosotros para la paz, nunca para la guerra".

Miguel de 44 años, vive en el resguardo de López Adentro, que se formó en la década de 1970 con casi tres mil comuneros, compartiendo territorio con la población afro. "No tomar el arma no es un síntoma de debilidad sino una cultura y una cosmovisión diferentes a las del opresor". Si la cultura y la cosmovisión son diferentes a la hegemónica, no pueden actuar del mismo modo que los militares, los paramilitares ni los movimientos revolucionarios. "Nosotros hablamos de construir, de manera conjunta, pero los alzados en armas quieren construir a través de la fuerza de las armas y hablan de tomarse el poder, mientras nosotros hablamos de administrar bien, de nuestra vida sencilla. Esa guerra no es de nosotros, nos la quieren imponer e involucrar a nuestros jóvenes".

La Guardia Indígena defiende la autonomía y el autogobierno, el proyecto nasa o "plan de vida" y ha sido definida como "una minga en resistencia para la protección y el control territorial con acompañamiento humanitario y solidario para la defensa de la vida" (Sandoval, 2008, p.61). Enraizada en las tradiciones culturales y en la historia larga de su pueblo, defiende la vida, protege al pueblo, encara cuidados colectivos en base al derecho propio. En las manifestaciones es protección; en las asambleas y rituales es acompañamiento y vigilancia; en las crisis graves como los secuestros de dirigentes o asesinatos, actúa masivamente para rescatar o disuadir a los violentos, empuñando sus bastones de mando y sus pañoletas. En los momentos críticos actúan como lo señala un lema nasa, "todos somos guardias", porque se trata de la comunidad organizada y movilizada en la autodefensa colectiva, motivada por su mística trabajada en rituales.

Pero esa es apenas la parte exterior o visible. Lo menos visible son las tareas de la Guardia hacia el interior del mundo indígena. Por un lado, la Guardia no se manda sola, obedece a los cabildos, a las comunidades

---

6 Intercambio con Don Pedro y con Miguel, 25/09/2020. Por razones de seguridad, ambos prefirieron adoptar nombres ficticios.

y a los mayores y mayoras que son las autoridades simbólicas y éticas. En este sentido, no hay separación entre Guardia y comunidad, como la que existe entre Policía y sociedad. Por otro lado, su labor de formación es particularmente intensa entre los jóvenes que a menudo son tentados por las guerrillas y sobre todo por el narcotráfico para integrar su filas. Según el estudio de Sandoval, hay tres dimensiones de la acción de los grupos armados en el mundo indígena: al incorporar jóvenes a sus filas dividen a las comunidades; desestructuran el movimiento indígena y de ese modo buscan aniquilarlo (Sandoval, 2008, pp.91-92).

La formación tiene varias dimensiones. Una de ellas es la capacitación en la Escuela de Derecho Propio, en la Escuela de Medicina Tradicional y en las diferencias instancias educativas, incluyendo en lugar destacado el *tulpa* (fogón) en diálogo y escucha con los mayores así como en la participación en los rituales de armonización. La Guardia juega de ese modo un papel de regulación interna para mantener la armonía, porque es una fuerza cohesionadora, como la define Sandoval. Cada seis meses o una vez año participan en rituales donde se armoniza el bastón y a los guardias, dirigidos por médicos tradicionales (*thé walas*), que incluyen baños en los ríos, ceremonias que fortalecen la solidaridad y la reciprocidad. Rituales que son "expresiones de la resistencia nasa", porque estamos ante personas que enfrentan situaciones muy violentas que a menudo ponen en riesgo sus vidas (Sandoval, 2008, p.75).

6. CONCLUSIONES: GUARDIA INDÍGENA, REVUELTA POPULAR Y HORIZONTE DE CAMBIOS

El paro nacional que duró más de dos meses comenzó en Cali, epicentro del movimiento, a las 5.30 de mañana del 28 de abril de 2021, con el derribo de la estatua del fundador de la ciudad, el conquistador Sebastián de Belalcázar, por un grupo de indígenas misak. Las 58 autoridades de los tres pueblos misak enjuiciaron al conquistador por "genocidio, acaparamiento de tierras y violación de mujeres en el período de la conquista española" (Echeverri, 2021). La destacada participación de los pueblos originarios en la revuelta tuvo en la presencia de miles de Guardias Indígenas en los "puntos de resistencia" de Cali[7], un momento estelar por su significado de solidaridad y compromiso con las y los jóvenes urbanos.

---

[7] En Cali se formaron 25 "puntos de resistencia", espacios colectivos de convivencia en barrios populares o centrales, en los que participaron jóvenes y personas

En una de sus intervenciones más notables, la Guardia consiguió detener a uno de los civiles armados que dispararon contra manifestantes en Cali. Giovannny Yule dinamizador de la Guardia Indígena, dijo que los manifestantes llamaron a la guardia porque estaban siendo atacados por hombres armados. "La guardia debe ser pacífica, sin armas, porque solamente el ejercicio organizativo y colectivo de la comunidad, es capaz de neutralizar a cualquier persona que esté armada", dijo a los medios a la vez que hizo un llamado para que los habitantes urbanos "constituyan guardias comunitarias" que actúen de manera colectiva para neutralizar a quienes atenten contra la vida (Infobae, 2021).

La larga revuelta colombiana focalizada en las grandes ciudades, es la oportunidad para que los sectores más dinámicos del movimiento indígena, entre ellos y en lugar destacado la Guardia Indígena, avancen en una suerte de revitalización del movimiento para acotar las principales "ambigüedades" que anclan a los pueblos al sistema, y potenciar los aspectos transformadores que lo ponen en cuestión.

A fines de octubre de 2020 se realizó la *Minga Indígena, Negra y Campesina*, que arrancó en el suroccidente, en el Cauca, continuó en Cali, recorrió varias ciudades y pueblos para llegar ocho días después a Bogotá. En todo su recorrido, la Minga dialogó con poblaciones que comparten sus mismos dolores, en un país que se desangra por la violencia narco-militar-paramilitar, con cientos de líderes sociales asesinados.

En la Minga hacia Bogotá participaron ocho mil miembros de pueblos originarios, negros y campesinos, fue escoltada por la Guardia Indígena, con especial protagonismo de las mujeres y los jóvenes. Fue recibida y acompañada por miles de personas que vienen luchando contra la represión de cuerpos militarizados. En Colombia hay entre 40 y 60 mil guardias de autodefensa de los pueblos, según las diversas fuentes, entre los 115 pueblos indígenas de Colombia. Cada pueblo cuenta con sus propios territorios: palenques negros y zonas de reserva campesina se suman a los resguardos indígenas, conformando un tapiz multicolor de resistencias y dignidades.

---

de todas las edades, modos de construcción comunitaria que fueron defendidos por las "primeras líneas", integradas por jóvenes de ambos sexos. Hubo también "primeras líneas" de madres para proteger a sus hijos, de religiosos y hasta de militares retirados, en varias ciudades del país (Muñoz, 2021).

En este crecimiento en curso, podemos distinguir, nuevamente, dos dimensiones: hacia fuera y hacia adentro. Esbozar lo que está sucediendo en ambas, es una suerte de conclusión provisoria de este trabajo.

Hacia fuera se registra una expansión horizontal de las guardias. Si a comienzos del milenio se podían contar por centenares, durante la pandemia sólo el CRIC movilizó siete mil Guardias para controlar el ingreso y salida de los resguardos. Esta notable multiplicación se consolidó durante los meses de revuelta. Pero la expansión más notable es la que se produjo en los últimos años hacia los pueblos negros y campesinos.

En 1993 se crea el Proceso de Comunidades Negras en Palenque, Alto Cauca, que hoy incluye 140 organizaciones de base y consejos comunitarios que se proponen defender "la autonomía político-organizativa propia" (PCN, 2021). En 2009 se crea la primera Guardia Cimarrona en Palenque y en 2013 se realiza el primer Congreso Nacional de Comunidades Negras que oficializa la Guardia. Las Guardias Campesinas, por su parte, que se formalizan en la década de 2010, se inspiran en su antecedente de las guardias cívicas de 1974 en el marco de la ANUC. A partir de 2018 se realizan todos los años encuentros interétnicos e interculturales de guardias (Rojas y Useche, 2019).

Como señala el citado trabajo, "la historia de cada guardia y su nivel de consolidación son distintos, como también es claro que muchos de los problemas que enfrentan son compartidos" (Rojas y Useche, 2019: 34). Las Guardias Campesinas, por ejemplo, son en realidad redes comunitarias para defender el territorio que no tienen la permanencia ni la estructura organizativa de sus pares indígena y cimarrona. Sin embargo, la existencia de un espacio de relación entre estas diversas guardias, permite asegurar que la rica experiencia nasa se está sembrando no sólo entre los demás pueblos originarios de Colombia, sino ahora también en las ciudades, algo que años atrás parecía imposible.

Hacia adentro, la tarea de la Guardia Indígena puede palparse, indirectamente, en el fortalecimiento de los gobiernos propios y en las diversas iniciativas que se aglomeran en el tiempo en el entorno de la revuelta: el Primer Encuentro de Jóvenes de la Primera Línea en Huila a comienzos de julio, el III Encuentro Regional de Educación en el marco de las normas del SEIP a fines de junio, el encuentro para fortalecer las estrategias pedagógicas de la educación propia la primera semana de julio en Tierradentro, la XVI asamblea de mujeres indígenas que muestra la creciente participación de las mujeres en todos los niveles de la organización Asociación Nasa Çxhãçxha (2021c).

Quiero destacar que la revuelta es el motor de los cambios en Colombia y que la Guardia Indígena no se contentó con defender los resguardos sino que bajó a Cali, se involucró con los jóvenes en lucha y de ese modo se empapó del ambiente que reina en las ciudades. Entre cinco y siete mil indígenas nasa organizados como Guardia, participaron directamente en la revuelta, en particular los más jóvenes. No fueron a dirigir ni a dar órdenes, sino a acompañar las movilizaciones (Vargas, 2021).

Esto no puede más que fortalecer el espíritu activista de la Guardia. Prueba de ello son debates como los que propone el Tejido de Comunicación de la ACIN, otro de nudos más avanzados del movimiento, como el siguiente texto en plena revuelta titulado: "No se triunfa si no se piensa la autonomía por fuera del Estado y si hay autonomía con patriarcado" (Tejido de comunicación ACIN, 2021).

Durante las celebraciones de los 50 años del CRIC, semanas antes de la revuelta, se escucharon voces autocríticas como las de Gentil Guejia, nasa de la región de Tierradentro que trabaja en la educación desde la *tulpa*: "Valoramos la fuerza que tiene el CRIC, la capacidad de convocatoria, pero la forma en que se ha institucionalizado también la cuestionamos, por ejemplo, con la educación, ahí estamos en un camino prestado todavía" (Camprubí, 2021).

En esa dirección camina la reflexión de Aida Quilcué, una de las voces más respetadas del mundo nasa: "Revisémonos hacia adentro. Hagamos lo que ustedes, la comunidad, han denominado la Minga hacia Adentro, ir hacia la vida que nos identifica a nosotros desde las raíces, eso es parte de la resistencia". En su opinión, es la forma de profundizar la alteridad del mundo indígena, para poder contener y superar la "invasión política, cultural y espiritual de 500 años" (Camprubí, 2021).

APÉNDICE

Cuadro 1. Municipios del Cauca

Cuadro 2

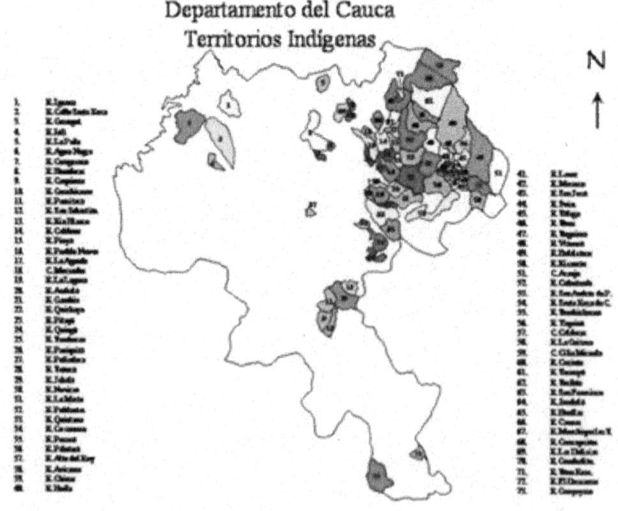

Cuadro 3. Estructura política del CRIC

Cuadro 4. Sistema de decisión y control

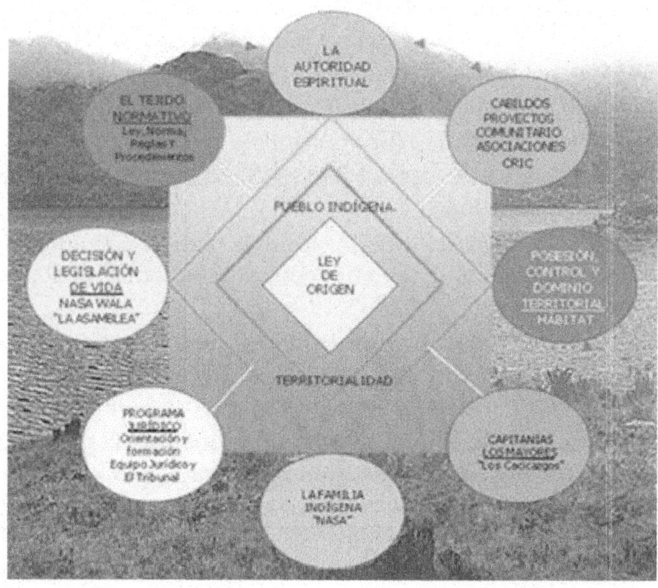

Bibliografía

Asociación de Cabildos Indígenas del Norte del Cauca-ACIN (2012). Tejido Económico Ambiental, en https://nasaacin.org/tejidos-y-programas/tejido-economico-ambiental/ (Consulta 2/07/2021).

Asociación de Cabildos Indígenas del Norte del Cauca-ACIN (2007). Proyecto Nasa: Resguardos de Toribío, San Fransisco y Tacueyo, en https://www.grupotortuga.com/Proyecto-Nasa-Resguardos-de (Consulta 2/07/2021).

Asociación Nasa Çxhãçxha (2021a). Conversatorio sobre la estructura de gobierno propio y contexto nacional, 15 de junio en https://tierradentro.co/conversatorio-sobre-la-estructura-de-gobierno-propio-y-contexto-nacional/ (consulta, 2/07/2021).

Asociación Nasa Çxhãçxha (2021b). Estructura de gobierno propio en Togoima-Páez, 26 de junio en https://tierradentro.co/estructura-de-gobierno-propio-en-togoima-paez/ (consulta, 2/07/2021).

Asociación Nasa Çxhãçxha (2021c). PEBI-CRIC Realizó el III Encuentro Regional de Educación en el marco de las normas del SEIP, 30 de junio en https://tierradentro.co/pebi-cric-realizo-el-iii-encuentro-regional-de-educacion-en-el-marco-de-las-normas-del-seip/ (consulta, 25/07/2021).

Camprubí, Berta (2021). El CRIC colombiano cumple medio siglo de lucha indígena, El Salto, 7 de marzo en https://www.elsaltodiario.com/pueblos-originarios/-el-cric-colombiano-cumple-medio-siglo-de-lucha-indigena (consulta, 25/07/2021).

Consejo Regional Indígena del Cauca-CRIC (2020). Primer trueque de semillas propias e intercambio de productos en el norte del Cauca, en https://www.cric-colombia.org/portal/primer-trueque-de-semillas-propias-e-intercambio-de-productos-en-el-norte-del-cauca/ (Consulta 2/07/2021).

Consejo Regional Indígena del Cauca-CRIC (2021). 60 años de cárcel para asesinos de la gobernadora indígena Sandra Peña Chocué, Consejo Regional Indígena del Cauca, 30 de abril en https://www.cric-colombia.org/portal/60-anos-de-carcel-para-asesinos-de-la-gobernadora-indigena-sandra-pena-chocue/

Consejo Regional Indígena del Cauca-CRIC (2015). Guardia Indígena, en https://www.servindi.org/actualidad/123279 (Consulta 5/07/2021)

Consejo Regional Indígena del Cauca- CRIC (1983) Nuestras luchas de ayer y de hoy, Cartilla Nª1, CRIC, 3ª. edición.

Echeverri, J. (2021). Cali, sucursal de la resistencia, Periferia Prensa, 8 de junio en https://periferiaprensa.com/index.php/component/k2/item/2592-cali-sucursal-de-la-resistencia (consulta, 6/07/2021).

Granda Abella, M. S. (2011). El "patio prestado frente a los principios de la justicia restaurativa", Criterio Libre Jurídico, Facultad de Derecho y Ciencias Políticas de la Universidad Libre–Cal Vol. 8, Nª 2, julio-diciembre, pp. 47-62.

Infobae (2021). "Minga indígena capturó a hombre que estaría implicado en tiroteo contra manifestantes en Cali", 8 de mayo en https://www.infobae.com/america/colombia/2021/05/08/video-minga-indigena-capturo-a-hombre-que-estaria-implicado-en-tiroteo-contra-manifestantes-en-cali/ (consulta, 7/07/2021).

Kwe'sx Toritrucha (2017). Pisicultores del territorio ancestral de Toribío en https://kewextoritrucha.wordpress.com/2017/08/28/pisicultores-del-territorio-ancestral-de-toribio-kwesx-toritrucha/ (Consulta 2/07/2021).

Muelas, L. (2005.) La fuerza de la gente, Bogotá, Instituto Colombiano de Antropología e Historia.

Muñoz, L. (2021). Colombia: en el barrio de Puerto Resistencia, hasta los predicadores marchan, France 24, 7 de mayo en https://www.france24.com/es/am%C3%A9rica-latina/20210507-protestas-colombia-cali-puerto-resistencia-guardia-indigena-pueblo-nasa (consulta, 25/07/2021).

Murillo, N. (2015). La Guardia Indígena Nasa: Formas de defensa de la vida y la Madre Tierra en Toribío-Cauca, Tesis de Sociología, Bogotá, Universidad Santo Tomás.

Proceso de Comunidades Negras-PCN (2021). ¡Somos Proceso de Comunidades Negras en Colombia!, en https://renacientes.net/quienes-somos/ (consulta 7/07/2021).

Quintín Lame, M. (2004). Los pensamientos del indio que se educó dentro de las selvas colombianas, Cali, Universidad del Cauca.

Rappaport, Joanne, Manuel Quintín Lame hoy, en Quintín Lame, M. (2004). Los pensamientos del indio que se educó dentro de las selvas colombianas, pp. 51-93. Cali: Universidad del Cauc.

Rojas, Axel y Useche, V. (2019). Guardias indígenas, afrodescendientes y campesinas en el departamento del Cauca. Historia política y estrategias de defensa territorial, Popayán, Universidad del Cauca.

Rudkvist, A. y Anrup, R. (2013). Los cabildos caucanos y su guardia indígena, Papel Político, Vol. 8, N° 2, pp. 515-548. Bogotá: Pontificia Universidad Javeriana.

Sandoval, E. (2008). La Guardia Indígena nasa y el arte de la resistencia pacífica. Bogotá: Ediciones Colección Étnica.

Tejido de Comunicación ACIN (2021) No se triunfa si no se piensa la autonomía por fuera del estado y si hay autonomía con patriarcado, 26 de mayo en https://www.cric-colombia.org/portal/no-se-triunfa-si-no-se-piensa-la-autonomia-por-fuera-del-estado-y-si-hay-autonomia-con-patriarcado/ (consulta, 15/07/2021).

Vargas, L. (2021). La Guardia Indígena protege a los manifestantes en Cali, 27 de mayo en https://gatopardo.com/noticias-actuales/la-guardia-indigena-protege-a-los-manifestantes-en-cali/ (consulta, 25/07/2021).

Vega, R. (2002). Gente muy rebelde. 2.Indígenas, campesinos y protestas agrarias. Bogotá: Pensamiento Crítico.

Yatacué, D. (2016). El CECIDIC: Veinte años tejiendo sueños y esperanzas en la comunidad nasa, 22 de diciembre, en https://www.semillas.org.co/es/el-cecidic-veinte-aos-tejiendo-sueos-y-esperanzas-en-la-comunidad-nasa#_ftn2 (consulta, 1/07/2021).

Yatacué, D. (2019). "Cecidic: el enfoque pedagógico comunitario, hacia el camino del sentir, pensar y vivir con corazón nasa", tesis para Licenciatura de Pedagogía de la Madre Tierra, Universidad de Antioquia, Medellín.

Zibechi, R. (2008). "Colombia: autoprotección indígena contra la guerra", Servindi, 10 de abril en https://www.servindi.org/node/42833 (consulta, 28/06/2021).

Zibechi, R. (2020a). Tiempos de colapso. Los pueblos en movimiento, Málaga, Zambra.

Zibechi, R.l (2020b). "Liberando a la madre tierra", El Salto, 6 de octubre en https://www.elsaltodiario.com/pueblos-originarios/nasa-haciendas-masacres-cric-colombia-liberando-madre tierra (consulta, 6/07/2021).

Capitulo X

El municipalismo democrático en Bakur[1] como una experiencia de la democracia comunal: contexto, fundamentos y actualidad

ÖZGÜR GÜNES ÖZTÜRK
BERIVAN SARIKAYA

1. INTRODUCCIÓN

En el contexto de las democracias liberales, el gobierno municipal es el órgano que rige el ayuntamiento y ejerce el liderazgo político, contando con la legitimidad democrática que le otorga la ciudadanía. Los gobiernos municipales velan por proporcionar los bienes y servicios públicos que son de interés colectivo a los cuales deberían tener derecho de acceso todas las personas que viven en un municipio o en una villa. La organización política y administrativa de los estados liberales se estructura, por un lado, a partir de la división horizontal de poderes—el ejecutivo, el legislativo y el judicial—y por otro, a base de la división vertical en niveles de gobierno: territorios asociados, estados federados, comunidades autónomas, municipios. Esta última división, sin duda, varía de acuerdo al sistema político de cada país. En el escenario de estructuración política moderna, el estado delega o comparte su soberanía y el poder político que monopoliza o distribuye competencias entre otros entes de diferentes niveles de gobierno conforme al grado de descentralización y desconcentración que permite alcanzar su política. De esta manera se determina la capacidad política de cada territorio o municipio al menos en cuanto a una de las dimensiones de empoderamiento: gobernanza. El interés particular en la esfera y la gobernanza local, en gran medida reside en las posibilidades que emergen

[1] La región kurda en el sudeste de Turquía se llama en kurdo "Bakurê Kurdistanê" y el significado de la palabra Bakurê en castellano es el norte. Nosotras en este capítulo optamos por la denominación Bakur para referirnos a al Kurdistán del Norte con el fin de no reproducir discursivamente el sometimiento del territorio kurdo a las lógicas del estado turco.

en cuanto al ejercicio de la democracia directa gracias a la descentralización del poder estatal *hacia abajo* (Fiszbein, 1997). Pero, por otra parte, se argumenta que la transferencia de soberanía hacia las estructuras de poder supranacionales (*hacia arriba*) es producto de los mecanismos gubernamentales del capitalismo global, que significa una privatización de la autoridad pública y la capacidad política de los pueblos o comunidades políticas (Goikoetxea, 2018).

Los gobiernos municipales tienen diversas y variadas funciones como organizar y prestar los servicios municipales, satisfacer las demandas relacionadas con la ciudadanía que vive en una localidad determinada, liderar la administración municipal, entre otras. Los vecinos y las vecinas de un municipio esperan que los gobiernos locales electos cumplan su compromiso de una manera efectiva y actúen de acuerdo a los principios democráticos; es decir, que respondan con eficiencia a las necesidades de la comunidad local en un proceso democrático en el que la ciudadanía pueda formar parte usando su derecho político de participación en los asuntos públicos. En este sentido, los gobiernos municipales se consideran una de las herramientas más potentes para ejercer la democracia directa y la participación ciudadana a nivel local. En términos de la democracia liberal, se considera imprescindible garantizar la libertad y la autonomía de los gobiernos municipales, para poder alcanzar una sociedad plenamente democrática.

Además, en el actual contexto de medidas de austeridad caracterizado por la desinversión en el sistema público de bienestar, el incremento de las formas de pobreza y exclusión social, y la intensificación de las desigualdades que se plasman en el espacio urbano en la forma de la segregación urbana, diversos análisis destacan que emerge un movimiento municipalista (Rubio-Pueyo, 2017; Russell, 2019; Thompson, 2021) que se caracteriza por la "radicalización democrática" del ámbito local. De hecho, los nuevos enfoques centrados en la esfera local comparten la misma premisa de que existe una crisis de la democracia liberal, o con otras palabras una privatización de la democracia[2] en el marco nacional de muchos contextos. Es por eso que es van emergiendo nuevos modelos de democracia comunal o comunitaria con diferentes fuentes teórico-prácticas que algunos de ellos se ponen en marcha en territorios concretos, como por ejemplo el munici-

---

2 Goikoetxea (2018) define la privatización de la democracia como un "proceso por el cual todos los mecanismos, discursos y estrategias utilizados para empoderar y capacitar a la población terminan privatizados y empoderando sólo a los poseedores de capital" (p.16).

palismo libertario, (Bookchin, 1991; Bookchin y Biehl, 2009); *el c*onfederalismo democrático (Öcalan, 2012); el municipalismo democrático (HDK[3], 2013) o el municipalismo comunal (Iglesias Fernández, 2021, 2022).

Thompson (2021) identifica el "nuevo municipalismo como un movimiento social global naciente que busca transformar democráticamente el estado local y economía" y sostiene que "la novedad del nuevo municipalismo reside en una orientación reformista, radical y recientemente politizada hacia el estado (local), al imaginar nuevas formaciones institucionales que incorporen lógicas urbanas en lugar de estatales" (pp.317-318). Según Monterde (2019) el nuevo municipalismo o "el municipalismo del cambio", específicamente en el contexto del estado español, es solamente una aproximación transitoria para comprender las experiencias surgidas después de las elecciones municipales de 2015, que forman parte de "una tradición de recuperación de la democracia (...) en el espacio donde se hace y se materializa la política: la ciudad" (p.34). Por su parte, Roth (2019) destaca que este nuevo municipalismo se aprende practicando dado que, por un lado, no existía una hoja de ruta definida para seguir, y por otro, el hecho de practicarlo sirvió y sirve para ver los límites de diferentes actuaciones y estrategias vinculantes. Roth (2019) identifica cuatro elementos del nuevo municipalismo: (1) La articulación de la crítica a la democracia representativa, sobre todo por parte de la "gente común" sin experiencia previa en el activismo político que empezó a verse como la verdadera "dueña" de la política. (2) La doble conclusión a la que llegaron muchas personas con experiencia en movimientos sociales; por un lado, para ellas estaba claro que sería imposible lograr ciertos objetivos políticos sin tomar el poder institucional y por otro, había que entrelazar diferentes espacios de lucha (como vivienda, ecología o feminismo) y centrarlas en la dimensión local. (3) Implementación de la perspectiva feminista en las políticas públicas locales y *feminizar* las formas de hacer política. (4) Tejer una democracia participativa en el ámbito local para que las personas puedan incidir en procesos de toma de decisiones (pp. 62.63)[4]. Antes de

---

3 El Congreso Democrático de los Pueblos es una organización creada el 15 de octubre de 2011 en Turquía con la unión de numerosas organizaciones y partidos políticos de izquierda, tanto prokurdos como otros. HDK es la abreviatura del nombre en turco *Halkların Demokratik Kongresi* de esta organización, el cual preferimos usar para evitar confusiones entre diferentes estructuras que también les referiremos a lo largo de este capítulo.

4 En cuanto a la participación ciudadana, es necesario mencionar al menos dos puntualizaciones. Primeramente, Bonet y Martí (2011) nos recuerdan que

cambiar nuestro contexto socio-geográfico de aproximación a la idea del "municipalismo de cambio", es necesario añadir, al menos, un elemento imprescindible que tiene que ver con la implementación de "una alternativa al modelo neoliberal de ciudad (...), una nueva economía solidaria que articule la ciudad, los barrios como herramientas de autogestión popular" (Miró, 2018, p.23). En pocas palabras, no basta con la descentralización administrativa sin contar "con una economía social y solidaria que permita sostener la vida productiva y reproductiva protagonizada por las comunidades locales, vecinales".

La idea del nuevo municipalismo se expresa en el contexto del estado turco como "municipalismo popular"[5]. Consideramos necesario exponer muy brevemente la lógica del municipalismo popular y trazar el contexto en que nació esta idea para entender, luego, las diferencias entre este municipalismo y el municipalismo democrático como una experiencia de democracia comunal que se intentó impulsar en Bakur.

---

pueden participar en una planificación urbana distintos actores del territorio y de diversas maneras. Las personas que analizan la participación en las políticas públicas tienen la responsabilidad de considerar todos los actores que participan en el ciclo de estas políticas y la estructura de las relaciones de poder que hay entre ellos: aquellas que ejercen una presión sobre el ciclo sin desarrollar una participación formalizada (especialmente los grupos de interés empresariales que pueden tener su agenda propia respecto a la planificación urbana) y también los movimientos sociales urbanos que participan mediante la acción de protesta (p.333). Seguidamente, hace falta tener presente un desafío crítico alrededor de la idea y las dinámicas de participación que se conoce en los debates posdemocráticos como "la tiranía de la participación". Cooke y Kothari (2001) argumentan que la noción de participación se está instrumentalizando en una amplia variedad de agendas políticas, muchas de las cuales están muy lejos de ser "radicales". Además, subrayan que los enfoques participativos muchas veces conllevan una romantización del "conocimiento local" y que incluso pueden imponer y reproducir, en lugar de deshacer, las relaciones de poder existentes.

5 La *nueva* praxis municipalista a la cual nos hemos referido hasta ahora se reconoce en Turquía como *Toplumcu Belediyecilik* (en turco) que se podría traducir en castellano como "Municipalismo Popular". El término *toplumcu* (en turco) hace referencia a un posicionamiento de consciencia en cuanto a los problemas de la sociedad o de los pueblos y una fuerza de voluntad de abordarlos con responsabilidad colectiva. En cambio, la experiencia del municipalismo del movimiento kurdo se reconoce como "Municipalismo Democrático" (HDK, 2013).

La idea del municipalismo popular en Turquía se desencadenó en los 70 en el contexto de una democracia en disputa marcada por el desarrollo del pluralismo democrático, la aceleración de la urbanización, el crecimiento de los movimientos de masas y por tres golpes de estados (Zürche, 2004; Öncü, 1988). Dos factores fueron muy decisivos en el surgimiento de prácticas municipalistas populares. Por un lado, el empobrecimiento de las clases populares y la intensificación de las desigualdades sociales, comparando con las dos décadas anteriores, que hizo que la gente acudiese más a los gobiernos locales en búsqueda de soluciones para su situación y que entes locales se viesen obligados a responderles en un contexto de serios recortes de las transferencias del gobierno central (Öztürk y Gül, 2012, p.382). Por otro, el municipalismo popular emergió como componente de un proceso de política urbana contra la hegemonía del estado central dado que en esta década una buena parte de las ciudades estaban gobernadas por un partido diferente al que gobernaba el estado y plantearon por primera vez en la historia de Turquía la demanda de autonomía del gobierno urbano[6] (Batuman, 2010).

El municipalismo popular, que tuvo oportunidad de ponerse en práctica en algunos municipios de Turquía en diferentes períodos, se ha conceptualizado con diferentes argumentos, pero con dos fundamentos compartidos que eran el fortalecimiento de la democracia participativa a través de los comités populares y la movilización de los recursos locales como por ejemplo vivienda, alimentación y transporte a favor de la comunidad (Ergun y Gül, 2009). De acuerdo con la Declaración del Municipalismo Popular (2014) elaborada por la *Asociación de Investigación, Asistencia y Formación de los Gobiernos Locales* (YAYED, acrónimo en turco), el municipalismo popular protege al pueblo contra de la destrucción que provoca la crisis multidimensional del capitalismo. Algunos de los principios de base del municipalismo popular que define esta declaración son "remunicipalización, igualdad social, solidaridad, protección del entorno natural e histórico, gestión democrática, municipalismo productivo y solidario, cultura de la vida comunitaria y conciencia urbana, igualdad de género y apoyo a la cultura y las artes, entre otros (YAYED, 2014. p.723-728).

---

6 Güler (2013) señala a la Comuna de París como la base ideológica y política del municipalismo popular y el municipalismo socialista. Por su parte, Batuman (2010) sostiene que las políticas del municipalismo popular contribuyeron a la formación de "clases trabajadoras urbanas" como actor social en Turquía.

A pesar de que en el contexto de Turquía las prácticas del municipalismo popular se asocian con las formaciones socialdemócratas, los principios fundamentales del municipalismo popular como 'gestión democrática', 'municipalismo productivo y solidario', 'protección del medio-ambiente', 'igualdad de género' constituyen la política municipal de los ayuntamientos gobernados por el Partido de las Regiones Demócratas (a partir de ahora BDP) (Gün, 2015, p.16) y por El Partido Democrático de los Pueblos (a partir de ahora HDP) en el territorio kurdo de Turquía, definido como Bakur en el resto del texto. Sin embargo, el horizonte del municipalismo democrático va más allá de los significados de estos términos que también usan la mayoría de los partidos liberales e incluso los de centroderecha. De acuerdo con el modelo del municipalismo democrático, el cual vamos a tratar de exponer, estos principios ganan radicalidad por referirse a un conjunto de prácticas que pretenden construir una realidad emergente de democracia comunal.

Porque se intenta fomentar una organización social desde una visión integral, sin separar lo ecológico (diferente del 'respeto al medio ambiente' como un añadido) de lo económico, considerando lo ecológico como un anclaje en su problematización social, político y económico; reconociendo que no se puede derrocar el patriarcado como una estructura de explotación de la vida y energía de las mujeres, dejando intacto las relaciones de producción, reproducción y distribución capitalista con un simple ejercicio del principio de la 'igualdad de género'. También sabiendo que el municipalismo democrático debería superar la idea de fomentar un 'municipalismo productivo y solidario' con el propósito de construir una economía comunal-democrática que se realizaría a través de asambleas, comunas y cooperativas. Dado que el municipalismo democrático busca desde un punto más integral "desarrollar un nuevo tipo de democracia en lo político, económico, cultural, en el derecho, en la moral, como base para la construcción de una sociedad solidaria" (Rauber, 2008, p.10) se podría valorar como una de las manifestaciones de la democracia comunal, como una realidad en continua construcción y definición. Pero, antes de detallar el municipalismo democrático es necesario perfilar el contexto histórico y sociopolítico en que emergió y mostrar brevemente su vínculo con el movimiento de liberación del pueblo kurdo en Turquía. Esta contextualización es especialmente relevante porque sostenemos que el municipalismo democrático ha de entenderse tanto una praxis de autodeterminación que va mucho más allá del gobierno de la ciudad en términos liberales, como la única posibilidad de ejercer la voluntad política del pueblo kurdo en las condiciones actuales de Turquía.

2. EL CONTEXTO HISTÓRICO Y SOCIOPOLÍTICO EN QUE EMERGE EL MUNICIPALISMO DEMOCRÁTICO EN BAKUR

Turquía es uno de los países con una estructura de estado unitario donde existen conflictos de interés entre el gobierno central y los gobiernos municipales, principalmente debido a su centralización administrativa y la voluntad de concentrar todos los poderes administrativos en manos de los funcionarios estatales[7]. Los gobiernos municipales son elegidos mediante las elecciones municipales que se realizan cada cinco años y cada gobierno municipal debería poseer fuentes de ingresos para cumplir sus funciones y sus cargos. La mayor parte de los ingresos de los gobiernos municipales son de naturaleza no tributaria y provienen del presupuesto estatal. A pesar de que existen otros ingresos fiscales provenientes de tasas, subvenciones y préstamos, los gobiernos municipales tienen una cierta dependencia a la hora de satisfacer y cubrir todas las necesidades de los vecinos y vecinas. Esta dependencia financiera se considera una de las herramientas de poder y control que utiliza la administración central sobre los gobiernos municipales. Teniendo presente que Turquía es uno de los países donde hay disparidades regionales más altas entre los 29 países de la OCDE[8], la desproporción en la inversión de gasto público estatal a nivel nacional y a nivel municipal se convierte en una herramienta todavía más potente de control político del gobierno central sobre los municipios. Aunque una distribución equitativa de los ingresos de naturaleza no tributaria entre los distintos municipios sería una de las soluciones para paliar mínimamente esta disparidad regional, el estado turco se apropia de más del 40% del Producto Interior Bruto (PIB) generado en Turquía y transfiere menos del 13% de esta riqueza a los gobiernos municipales.

Por otra parte, Turquía es miembro del Consejo de Europa desde el 9 de agosto de 1949 y ratificó la Carta Europea de Autogobierno Local el 9 de di-

---

7 En Turquía existen dos tipos de administraciones locales. Por un lado, están las instituciones gubernamentales locales que se encargan de promover las leyes, los estatus y las decisiones del gobierno y de ejecutar las órdenes del Ministerio del Interior en su región. Por otra parte, están las administraciones municipales donde los cargos son elegidos por los votantes residentes en los diferentes municipios.

8 Véase *OECD Regions and Cities at a Glance 2020* publicado en noviembre 2020 accesible a través de https://www.oecd.org/cfe/oecd-regions-and-cities-at-a-glance-26173212.htm

ciembre de 1992[9], la cual entró en vigor en territorio turco el 1 abril de 1993, con restricciones en el cumplimiento de algunas de las diez cláusulas establecidas en la Carta. Estas restricciones están relacionadas con la autonomía local, autonomía administrativa, uso de responsabilidades locales, supervisión de los gobiernos locales, uso de recursos financieros, consulta con las autoridades locales, subvenciones no condicionadas, derecho a la cooperación internacional, derecho a buscar recursos judiciales y derecho a afiliarse a sindicatos y asociarse en asociaciones y fueron adoptadas como una medida de protección de la constitución turca y de la soberanía nacional.

En síntesis, la legislación turca, a pesar de incluir algunas regulaciones de acuerdo con los principios de la Carta Europea de Autogobierno Local, presenta deficiencias serias en términos de autonomía y gobernanza democrática. En este contexto de fuerte custodia de la administración central, es una evidencia que los gobiernos municipales no tienen mucha capacidad de convertirse en herramientas para construir ni siquiera una democracia formal en términos liberales.

Por otro lado, la descentralización es especialmente imprescindible para avanzar hacia una democracia, sobre todo en contextos como Turquía, en los que en un mismo país existe más de una nación y la tradición estatal está muy lejos de reconocer las identidades minorizadas nacionales, étnica-lingüísticas y religiosas en términos social, cultural y jurídico. Además, teniendo en cuenta la concentración territorial del pueblo kurdo en la Región de Anatolia Oriental y en la Región de Anatolia del Sureste[10]—las regiones más perjudicadas por la disparidad de la distribución de la renta regional y la militarización del conflicto entre el pueblo kurdo y el estado turco—la autonomía de los gobiernos municipales devienen clave en cuanto a la construcción de la paz en condiciones de equidad y de igualdad.

De acuerdo con el tema que nos ocupa, no es necesario retroceder hasta los inicios del conflicto entre el estado turco y el pueblo kurdo, por eso nos limitaremos a hacer una breve contextualización a partir de los acontecimientos de las últimas dos décadas, en las que empezaron a manifestarse en el marco del movimiento de liberación del pueblo kurdo las ideas de la "nación democrática", "república democrática" y "autonomía democrática".

---

[9] Véase https://www.boe.es/buscar/doc.php?id=BOE-A-1989-4370

[10] Sin embargo, hay una movilización intensa del pueblo kurdo a otros territorios no kurdos y las metrópolis de Turquía como Estambul, Ankara y Esmirna, por la cual cosa nuestra mirada centrada en territorios que reconocemos como históricamente kurdos puede parecer limitada.

La primera década del siglo XXI puede ser definida como el segundo período del conflicto (Öztürk, 2018), o como período de descentralización o el proceso de *Diálogo* o el de *Paz* (Çiçek, 2018). Esta descripción puede representar una contradicción dado que se refiere a un período más del conflicto y a la vez usa nociones como diálogo o paz. La razón de esta denominación se debe a la evolución de una etapa en que las buenas intenciones rápidamente quedaron reducidas a la nada[11].

El triunfo electoral del *Partido de la Justicia y el Desarrollo* (a partir de ahora AKP) en las elecciones del 3 de noviembre de 2002 marcó el inicio de un nuevo período en Turquía. El AKP, en el momento de su aparición en el espacio político de Turquía, se presentó como una formación diferente de sus predecesores, mucho más innovadora e independiente del movimiento *Milli Görüş*[12]. Entre los principios fundamentales que difundía el AKP al inicio de su actividad política, estaba el de definirse como una opción viable para la *umma*[13], cambiando totalmente el sujeto político al que se dirigía, contrariamente a la tradición política secular del país. La

11 Aunque consideramos relevante explicar los hechos que nos llevan a hacer esta afirmación, la temática central de este capítulo es exponer fundamentos del paradigma del municipalismo democrático que se intentó poner en práctica en Bakur y su condición actual. Teniendo presente la extensión que pueda tener esta exposición, no desarrollaremos esta afirmación explicando los acontecimientos, especialmente entre 2009 y 2016, que condujeron al proceso definido como de diálogo a un endurecimiento del proyecto de unidad nacional. Entre los acontecimientos más tempranos de este período nombraríamos la operación KCK (*Koma Komalên Kurdistán*, en kurdo; Confederalismo en Kurdistán, en castellano) dirigida directamente contra la estructura organizativa del movimiento kurdo, con un número total de detenciones de casi 4.000 personas, de las cuales 1.700 fueron encarceladas. Y la ilegalización del DTP a finales de 2009, considerándolo una amenaza contra la unidad del país que también provocó inhabilitación de algunas políticas kurdas por un período de cinco años.

12 El Movimiento *Milli Görüş* (Perspectiva Nacional, en castellano) es un movimiento del islam político de Turquía, con presencia en muchos países. Varios partidos políticos en Turquía fueron fundados por militantes de este movimiento, y algunos de estos partidos fueron ilegalizados por violar el principio del secularismo establecido en la constitución turca. El AKP, a pesar de que sus fundadores lo niegan, se subscribe a esta corriente.

13 La *umma* es un término árabe que se refiere al conjunto de los creyentes del profeta Mahoma, más allá de los orígenes étnicos y las identidades nacionales. Aparte del AKP, también existen otros movimientos políticos del Oriente

finalidad de este cambio de sujeto, de la nación por la *umma*, era la construcción de la nación en base a referencias religiosas compartidas. Este discurso se presentaba como un discurso más integrador para las naciones minorizadas del país, especialmente para el pueblo kurdo, haciendo referencia a la identidad religiosa común más allá de la identidad nacional (Saraçoglu, 2013, 2014; Saraçoglu y Demirkol, 2015). Esta política aparentemente integradora del AKP se manifestaba en sus declaraciones constantes e insistentes que afirmaban su voluntad de solucionar el conflicto con el pueblo kurdo y su aparente compromiso con los derechos humanos. Además, su presentación a nivel internacional como un modelo de islam bueno y moderado para todos los países de Oriente Medio y el inicio de las negociaciones por la plena adhesión de Turquía a la Unión Europea, en las que la solución del conflicto con el pueblo kurdo era una de las condiciones principales; alimentaron la esperanza de que el AKP encabezaría una transformación estructural. Así, se empezó un proceso de diálogo y de paz, aunque este proceso de conciliación también se evaluó, por un lado, como ocultamiento de la destrucción política, económica y cultural que viven los kurdos como consecuencia de la cuestión kurda (Ercan, 2009) y por otro, fue definido como un reparto de poder político entre el movimiento de liberación del pueblo kurdo y el estado turco con el fin de institucionalizar el poder de representación política del movimiento kurdo sobre el pueblo kurdo, en lugar de suprimirlo. Sin embargo, coincidimos con Ercan con que esta iniciativa no fue nunca materializada, tal como propuso el gobierno del AKP. Contrariamente a la voluntad manifestada, el gobierno del AKP continuó negando la opción del reparto del poder, llevando a cabo una política de reducción de la fuerza de representación del movimiento kurdo en el proceso de diálogo. Mientras el gobierno pronunciaba un discurso de solución de la cuestión kurda, continuaban vigentes las operaciones de detenciones de los militantes del Partido de la Sociedad Democrática (a partir de ahora; DTP) que perjudicaban a la estructura organizativa legal que representaba el pueblo kurdo.

Durante este mismo período, el movimiento de liberación del pueblo kurdo empezó a reinventarse a través de una serie de transformaciones que apostaban por una solución política del conflicto (Akkaya y Jongerden, 2013; Saraçoglu, 2014). Por un lado, el líder del Partido de los Trabajadores de Kurdistán (*Partiya Karkerên Kurdistan*, a partir de ahora PKK), Abdullah Öca-

Medio que emplearon este término para dirigirse a los y las musulmanas de diferentes países, como por ejemplo los Hermanos Musulmanes.

lan empezó a desarrollar un nuevo proyecto político durante la preparación de su defensa jurídica. Este nuevo proyecto político se basa en el concepto de república democrática, que posteriormente se convertirá en el concepto de confederalismo democrático, y propone introducir nuevas líneas ideológicas y políticas que supusieron un gran cambio estratégico, desde el planteamiento basado en la lucha armada hacia la "transformación democrática" (Ayboğa, Flach, Knapp, 2017; Akkaya y Jongerden, 2013). A través de este paradigma, el cual explicaremos más detalladamente con sus implicaciones en el modelo municipalista, se imaginaba una nueva república en Turquía realmente democrática. Así se rechazaron las reivindicaciones de un estado independiente kurdo, porque se suponía que la liberación del pueblo kurdo no podía conseguirse a través de la construcción del estado, sino más bien reforzando la democracia en el conjunto del país.

El movimiento articuló y empezó a materializar este cambio, ocupando mucho más aún el espacio político legal a través de campañas civiles, reivindicando el derecho a la educación en kurdo, la defensa de los derechos culturales, las demandas de reconocimiento de la identidad kurda, etc. En este período, a diferencia de la década anterior, el pueblo kurdo llegó a visibilizar más sus demandas políticas mediante movimientos masivos, que incluso empezaron a verse como un "movimiento de sociedad civil" tanto en el territorio kurdo como en las grandes metrópolis a las que durante los años 90 se desplazó a un gran número de personas kurdas (Ersanli, 2012; Uçarlar, 2012; Saraçoglu, 2014).

3. LA EXPERIENCIA DEL MUNICIPALISMO DEMOCRÁTICO COMO PROYECTO

Para entender más adecuadamente el contexto en que nace la idea del municipalismo democrático en Bakur deberíamos explicar, aunque sea muy brevemente, la idea del confederalismo democrático como proyecto. El confederalismo democrático aparece el 2000 tras una autocrítica del movimiento que veía hasta entonces la forma de estado como una solución para la emancipación del pueblo kurdo. Este cambio profundo en el enfoque filosófico de la organización y de su horizonte de lucha se manifestó por parte de PKK como un reconocimiento de que interpretar el derecho a la autodeterminación con la forma única del estado era un error (Akkaya y Jongerden, 2013). El proyecto de confederalismo democrático está muy ligada a la idea de 'democracia radical' como una conceptualización diferente de la democracia liberal, como destaca el líder del movimiento kurdo Öcalan desde principios de 2000. Más adelante, en 2005, se declaró el modelo de Confederalismo Democrático que tanto el PKK y como todo el movimiento de liberación del pueblo kurdo adoptarían como un cambio de paradigma, y que se convertiría en la base de la revolución en Rojava, Kurdistán Occidental.

En este contexto, el octubre de 2007 se estableció el *Koma Civaka Demokratîk* (a partir de ahora KCD[14]) (Congreso de la Sociedad Democrática, en castellano) con el fin de unir a todas las organizaciones de la sociedad civil kurdas bajo un mismo paraguas[15]. Así también el DTP se incorporó íntegramente a la agenda política de Turquía y empezó a expresar de forma más abierta su proyecto político de autonomía democrática, de acuerdo con el concepto de confederalismo democrático (Akkaya y Jongerden, 2013, p.155). Posteriormente, el KCD, el 14 de julio de 2011, declaró la autonomía democrática del pueblo kurdo de forma unilateral. En esta parte del capítulo, expondremos el "confederalismo democrático" y la "autonomía democrática" como proyecto, centrándonos explícitamente en el municipalismo democrático basado en la economía comunal, porque son

---

14 En este texto, cuando nos referiremos a este congreso como una estructura, usaremos la abreviatura KCD de acuerdo con el nombre en kurdo *Koma Civaka Demokratîk,* pero cuando nos referimos a las declaraciones de diferentes acciones vinculantes (como por ejemplo el congreso de 2011 o la conferencia del 2014) usaremos la abreviatura DTK (Congreso de la Sociedad Democrática).

15 El Congreso de la Sociedad Democrática declaró la autonomía democrática el 14 de julio de 2011 en Bakur. La declaración leída por Aysel Tuğluk, diputada del DTP apuntaba: "La autonomía es el sistema de vida natural de todas las sociedades. La autonomía democrática no es la destrucción de un Estado, ni la creación de uno nuevo. Tampoco es un sistema estatal. Es el sistema en que todo el pueblo participa en el autogobierno de su propio territorio sin mediación del Estado. Es la expresión de un sistema en el que todos los sectores del pueblo, especialmente las mujeres y los jóvenes, crean su propia organización democrática y hacen política en sus propias asambleas de manera directa, partiéndose de una ciudadanía libre e igualitaria. Por lo tanto, se basa en el principio del poder y la autosuficiencia. La autonomía democrática no es un cambio de fronteras y símbolos, sino que es el nuevo contrato social que reconoce tanto los valores de los diferentes pueblos de la región dentro de los límites comunes, como recoge de otros comunes dentro de los límites definidos conjuntamente" (DTK, 2011). Desde este momento, el KCD reúne todas las formas de organizaciones del movimiento de liberación del pueblo kurdo sobre una base democrática.

dos marcos políticos muy entrelazados, y al mismo tiempo continuaremos dar referencias a la evolución del contexto histórico-político.

Para explicar la perspectiva emancipadora del proyecto del confederalismo democrático, primero de todo hay que destacar el impulso que hay detrás para pensar la democracia y las vías de su logro y ejercicio independiente de la forma política de estado-nación, porque en el modelo de estado nación las identidades colectivas, nacionales, cultura-étnicos son instrumentalizas y convertidas en objeto de luchas de poder. Según la lectura del movimiento kurdo, en este modelo la política de la identidad se ha transformado en un mecanismo continuo de destrucción social. Esto obliga a todas las luchas que cercan una transformación social real en buscar formas políticas en qué la identidad nacional deje de ser un instrumento de dominación y de hegemonía. Es por eso, según Öcalan, la cuestión es formar la base moral-política y económica en qué todas las identidades y subjetividades diferentes pueden vivir sin ser antagónicas entre sí, sin ser excluyentes entre sí. Es precisamente a partir de esta premisa se construye la idea de la nación democrática, que es uno de los fundamentos del confederalismo democrático (Bayhan, 2016, p.147). De acuerdo con Aslan (2022) "la reinterpretación de Öcalan es negativa en la misma medida que es afirmativa, porque mientras afirma la identidad kurda, niega el nacionalismo que es parte de su construcción identitaria. En este sentido, plantea una nueva forma de lucha que rechaza al estado-nación tanto como rechaza el nacionalismo" (p.145). Por eso, en el proyecto del confederalismo democrático la autonomía no está entendida como el derecho a la autodeterminación de las naciones, sino de comunidades (Aslan, 2022, p.141). Es decir, hay un cambio de sujeto que ejerce su derecho de autonomía. Además, Aslan destaca un elemento muy relevante en relación con las discusiones sobre la autonomía que tiene que ver con el carácter activo, y *en movimiento*, del concepto: la autonomía debe ser entendida como el proceso de la construcción de la revolución, no como revolución *per se* (p.38), sin duda, mucho menos como un estatus que se adquiere en términos liberales. Tampoco "se refiere solamente un conjunto de debates teóricos, sino a las prácticas que surgen todos los días en diferentes partes del mundo" (p.136) que están una dinámica de aprendizajes mutuos.

Si la autonomía democrática significa el ejercicio de derecho de las personas a determinar sus propios asuntos económicos, sociales y culturales, esto requiere de manera indispensable una organización socioeconómica anticapitalista, dado que cuenta con el principio de que las personas (o a las comunidades) tengan el máximo control sobre la propiedad y distribución de los recursos que implica un sistema integral de autogestión sin ningún tipo de mediación. De acuerdo con Bayhan (2016), al igual que no se puede entender el nacionalismo de manera independiente de la forma de estado moderno y del capitalismo, no se puede evaluar el argumento de la nación democrática, independientemente del modelo confederal de sociedad y del contexto de la economía política autogestionada (p.148). Así que es imprescindible distinguir conceptualmente la socialización de la economía de la nacionalización. Mientras la nacionalización de la economía no rompe su lazo con el modelo capitalista, la socialización de la economía implica la administración de los recursos y las actividades económicos por parte de estructuras comunales, como consejos de base afiliados organizados en barrios, municipios, ciudades, y territorios (Ayboğa, Flach, Knapp, 2017, pp.121-122).

El municipalismo democrático se deriva de esta configuración porque este paradigma requiere de manera esencial estructuras de base organizadas en sus propios territorios. En el caso de la experiencia en Bakur, esta estructura se intentaba fundar en forma del municipalismo democrático. El proyecto de municipalismo democrático tiene su origen en el enfoque neo-anarquista de la ecología social de Murray Bookchin y su concepto de municipalismo libertario. Para Bookchin (1992), la forma de construir una sociedad ecológica pasa por el sistema confederado. El sistema confederado es una unión de descentralización, autosuficiencia e interdependencia. En el sistema confederado de Bookchin, la figura que tienen el poder y la legitimidad para elaborar políticas son las asambleas populares territoriales, mientras que la implementación y coordinación de las políticas está bajo el poder y responsabilidad de la asamblea confederada. En este sistema, el mayor grado de poder está concentrada en la base. En este marco de pensamiento, Bookchin (1971) desarrolla la noción de municipalismo libertario que se lleva a cabo, principalmente a través de la autogestión democrática del municipio mediante asambleas populares democráticas. Estas asambleas locales de los barrios, pueblos o aldeas funcionan con el principio de la democracia directa, donde se toman todas las decisiones políticas relacionadas con la gestión de los asuntos comunitarios. Además, en las asambleas democráticas el valor político transformador no se consigue, según Bookchin (1992), en el consenso de la mayoría, sino que en el mayor grado de disidencia y libertad de expresión de ideas, porque solamente el conflicto fomenta una sociedad ecológica y libre. Para el municipalismo libertario también es imprescindible, un enfoque municipalista y confederal de la economía. Este enfoque rechaza una economía nacionalizada o colectivizada. Lo que busca es que todos los recursos y actividades económicas sean puestos en la custodia de la comunidad, la de los vecinos en asambleas libres. Por principio, la economía municipal funcionaría de acuerdo con la política de la comuna guiada por las necesidades de la comunidad. La perspectiva de Bookchin, como es bien sabido, influyó el pensamiento de Öcalan y la propuesta político del movimiento kurdo: el confederalismo y también el municipalismo democrático. En esta misma línea, el KCD definió en nombre del movimiento kurdo que en el marco de la autonomía democrática, la economía debería ser una economía comunal, democrática, ecológica y libertaria de las mujeres (Aslan, 2022, p.215):

> "Nos proponemos establecer nuestra autogestión económica en la autonomía democrática, y creemos que el paradigma democrático, comunitario, libertario de las mujeres, ecológico, igualitario y solidario basado en la autosuficiencia promovido por Abdullah Öcalan, el líder del pueblo kurdo, será la solución para una economía de la trampa de los paradigmas individualistas y estatistas, centrándose en la emancipación humana, la naturaleza y la mujer es, básicamente, socializar la economía" (DTK, 2014).

Dicho todo esto, cuando nos preguntamos cómo fue la experiencia del municipalismo democrático en Bakur nos encontramos con los obstáculos que mencionamos anteriormente. El proyecto de municipalismo democrático de Bakur se quedó atrapado entre un horizonte complejo y una coyuntura sociopolítica muy dura, principalmente originada por la represión del estado turco y las guerras interminables de la región que también amenazan el pueblo kurdo. Aunque el Partido de las Regiones Demócratas (BDP) como el partido que gobernaba la gran mayoría de los municipios de Bakur[16] intentó llevar a cabo un municipalismo basado en este para-

---

16 Cabe mencionar que el Partido de Paz y Democracia, fundado el 2008, es la organización previa del Partido de las Regiones Demócratas (BDP), ya que el Partido de Paz y Democracia cambió el nombre el 11 de julio de 2014 en su tercer Congreso celebrado en esta fecha. El BDP obtuvo 1.738,372 votos (4,18%) y ganó en 97 municipios del territorio kurdo en las elecciones municipales del 30 de marzo de 2014. Es decir, el BDP gobernaba la inmensa mayoría de Bakur antes de que fueron destituidos todos los co-alcaldes tras la declaración del Ministerio del Interior de Turquía el día 11 de septiembre de 2016. Véase los resultados de las elecciones municipales del 2014 en: https://www.ysk.gov.tr/doc/dosyalar/docs/2014MahalliIdareler/BelediyeBaskanligi2014.pdf En las elecciones municipales del 31 de marzo de 2019, formaciones y partidos políticos pro-kurdos anunciaron que habían formado una alianza electoral en qué el BDP formaba parte. Esta alianza entró a las elecciones bajo el paraguas del Partido Democrático de los Pueblos (HDP) y obtuvo 1.951,185 de los votos (4,52%). Véase en: https://www.ysk.gov.tr/doc/dosyalar/docs/2019MahalliIdareler/KesinSecimSonuclari/2019Mahalli-Liste-3.pdf Sin embargo, este resultado no conllevó cambios en la política represiva

digma, pero las condiciones no fueron nada favorables. El contexto que marcaba los contornos de *poder hacer* de los gobiernos municipales no eran propicios para que se desarrollara el municipalismo democrático en su sentido completo, porque estos gobiernos estaban sometidos a la vigilancia del estado turco centralista que no reconoce la subjetividad de pueblo kurdo como tal, ni su voluntad de libre ejercicio del derecho de autonomía municipal, posteriormente también se les negó el ejercicio del derecho a la participación política. No obstante, las prácticas que tenían intención de fundar el municipalismo democrático en Bakur y la experiencia de los municipios kurdos son igualmente relevantes.

Antes de nombrar estas prácticas en la siguiente parte es muy importante destacar la impresión que causa en la mayoría del pueblo kurdo el hecho de que los partidos políticos que le representan ocupa el gobierno de los ayuntamientos[17]. Es muy necesario captar la emoción colectiva que nos hace referencia, una de las personas que entrevistamos en el marco de esta investigación para concebir la importancia que tiene empezar a construir su proyecto de municipalismo más allá de las prácticas transformadoras que puede articular este modelo municipalismo:

> Soy kurdo y tengo más de 60 años. No he visto nunca en mi vida que Ankara [en referencia al Estado turco] escuche de verdad a los nuestros problemas y que demuestre voluntad para solucionarlos. Nosotros conocemos los ayuntamientos desde que los gobiernan nuestros partidos. Vamos, exponemos nuestras demandas y ellos hacen lo que pueden. ¿Si yo fuera a Ankara, quién me escucharía? ¡Nadie!. Si intentas explicar cómo fue la alegría de toda esta ciudad el 1999 cuando ganamos las elecciones, no lo lograría porque era todo un festivo, un entusiasmo compartido que no lo habíamos vivido nunca. Por fin, la segunda institución más grande de la ciudad representaba nuestra identidad, nuestro pueblo (ASP).

---

del estado turco ejercida mediante administradores judiciales en los municipios de Bakur.

17 Preferimos hablar en tiempo presente, aunque nos estamos refiriendo en un fenómeno que tiene casi veinte años de historia y aunque hoy en día hay una negación del libre ejercicio de la voluntad política del pueblo kurdo, porque de acuerdo con nuestra tesis creemos que el impacto emocional colectivo que crea el hecho de que los municipios kurdos sean gobernados por los y las representantes elegidos y elegidas por el mismo pueblo sigue siendo actual. Dicho esto, recordamos que el Partido de la Democracia del Pueblo (HADEP, fundado en 1994) fue uno de los primeros partidos que representó el pueblo kurdo, presentó por primera vez en las elecciones legislativas en Turquía en 1995 y posteriormente a las del año 1999. Después de les elecciones del 1999, HADEP empezó a gobernar 37 municipios de Bakur.

La cita anterior, además de expresar la emoción colectiva que vivió el pueblo en el primer momento que *su* partido ganó las elecciones, también hace referencia a una cuestión primordial que tiene que ver con el hecho de que los ayuntamientos, es decir, los gobiernos locales, son figuras de referencia donde únicamente ejercen su poder político. La máxima representación que atribuye una mayor parte de la población a los ayuntamientos como estructuras únicas que representan su identidad y su voluntad política hace que estas estructuras tengan un valor simbólico-político muy elevado, muchísima más de lo que tiene cualquier estructura local de otros territorios de Turquía. Así expresan dos personas entrevistadas:

> Yo no me siento ciudadana de Turquía. Yo soy de Mêrdîn. El Estado nunca me ha representado. Estamos excluidas. El parlamento tampoco me representa. Nuestros diputados [se refiere a los diputados del HDP] están en prisión. Quien nos representaba era el Ayuntamiento. ¡Y me dicen que soy ciudadana! Qué mentira. Un ciudadano puede elegir a sus dirigentes (LKJ).
> ¿Qué quieren decirnos con esto de asignar Kayyum[18]? ¿Quieren demostrarnos que no vale nuestro voto? ¿Nosotros no somos capaces de elegir a nuestros gobiernos? ¿Somos bobos o qué?(...) ¡No pueden determinar nuestra voluntad política mediante abusos! (CGH).

Justo aquí cabe abrir un paréntesis para explicar el contexto que menciona la última cita para comprender la razón por la cual la mayoría de las personas entrevistadas comentan experiencias que se quedaron en el pasado. El 11 de septiembre del 2016, el Estado turco inició una operación de destitución de los gobiernos municipales electos del Partido de las Regiones Demócratas (BDP) en Bakur con la declaración del Ministerio del Interior de Turquía. Durante la operación, el estado nombró administradores judiciales a 95 municipios gobernados por el BDP, incluidos 3 metropolitanos, 7 ciudades, 63 municipios y 22 pueblos, cesando sus cargos municipales electos y 93 co-alcaldes fueron detenidos. Las co-alcaldías destituidas han sido acusadas de complicidad con organizaciones terroristas y de desperdiciar dinero público dando apoyo económico al Partido de los Trabajadores del Kurdistán (PKK). En sustitución de los gobiernos electos cesados, el gobierno central asignó administradores judiciales que la mayoría de las cuales eran funcionarios del estado, gobernadores de las distintas

---

18 La palabra *kayyum* tiene un significado legal y define a la persona nombrada para la administración de una determinada mercancía o para la realización de un determinado trabajo. De acuerdo con esta definición, *kayyum*, es decir, los administradores judiciales pueden asignarse a instituciones privadas ya empresas incautadas por el estado a causa de irregularidades cometidas.

provincias y distritos del territorio kurdo, es decir, asignó figuras que ya representaban el estado en estos territorios. Estas operaciones se llevaron a cabo bajo el estado de emergencia declarado por el Consejo de Ministros de Turquía el 21 de julio de 2016, a raíz del intento de golpe de estado fallido del 15 de julio de 2016. Este contexto de destituciones de los gobiernos electos se articuló conjuntamente con la clausura de los medios de comunicación kurdos, de las organizaciones de la sociedad civil kurda y el cese de miles de funcionarios públicos que trabajaban en Bakur. A pesar de que haya pasado más de cinco años y ya se celebró las elecciones municipales del 31 de marzo del 2019, por desgracia, la anulación del ejercicio de la voluntad política del pueblo kurdo sobre los gobiernos de sus municipios sigue vigente[19]. Dejamos a un lado la usurpación de la voluntad del pueblo kurdo por parte del gobierno del AKP y recuperamos las prácticas y dinámicas por las cuales se construye el poder popular kurdo como el sujeto principal del confederalismo democrático en Bakur. Así, explicaremos los principios fundamentales y las prácticas de los ayuntamientos gobernados por el BDP y el HDP (en el período posterior a las elecciones municipales del 2019) como agentes del municipalismo democrático.

4. EL SUJETO Y LAS PRÁCTICAS DEL CONFEDERALISMO DEMOCRÁTICO EN BAKUR

Ya hemos mencionado que el cambio del paradigma del movimiento de liberación del pueblo kurdo también conllevó un cambio intrínseco del sujeto que busca ejercer su derecho de autonomía. Tanto la conceptualización de autonomía—simplemente, ya no está comprendida como el derecho a la autodeterminación de las naciones, sino de comunidades—como el sujeto que construiría esta autonomía varió. Esto, sin duda, requirió transformar estrategias, dinámicas y prácticas de la construcción de la autonomía de la comunidad y del poder popular. De hecho, sin las prácticas que persiguen romper el legado con un ideal antiguo, sin este proceso transformador ni se construye ni se apodera el 'nuevo' sujeto revolucionario, en el cas que nos ocupa este sujeto es el pueblo kurdo constituyente del municipalismo democrático. Como dice Mendez (2020) "no hay sujeto

---

19 Véase los acontecimientos posteriores a las elecciones del 20219 en el informe detallado del HDP titulado *Seizure of Will and Realities on Trustees* publicado en 24 de febrero de 2021 que es accesible en: https://hdp.org.tr/en/seizure-of-will-and-realities-on-trustees/15113/

sin un proyecto a traés del cual se constituye y expresa y, viceversa, ningún proyecto sin un sujeto que lo lleva" (p. 11).

El municipalismo democrático que se puso en práctica el movimiento kurdo, como ya hemos dicho, forma parte del paradigma del confederalismo democrático, pero no como una pieza de un conjunto de prácticas, sino que es un *modus operandi* de este paradigma en un territorio concreto que es Bakur. No cabe duda que Bakur, el Kurdistán norte, no tiene las mismas condiciones políticas, socioeconómicas y geopolíticas que Rojava dónde desde hace nueve años se está dando la construcción de la autonomía con la voluntad de trascender el capitalismo mediante la 'economía social'. Con otras palabras, si entendemos la 'Autonomía Democrática' como la forma de implementación del Confederalismo Democrática, hace falta destacar que esta implementación se difiera en sus detalles de una región de Kurdistán a otra. A continuación nombraremos las estructuras y prácticas principales de la implementación de este paradigma en Bakur.

En esta última parte del capítulo expondremos las prácticas socioeconómicas de base popular y las de los gobiernos municipales basadas en las decisiones consensuadas del KCD. Aunque no contamos con una experiencia perdurable de los consejos populares, comunas y cooperativas en Bakur por culpa de la represión del estado, es relevante explicar sus formas organizativas. Mientras estas últimas estructuras no tuvieron condiciones para consolidarse, el movimiento kurdo está representado en los gobiernos locales de Bakur casi desde hace veinte años, a pesar de afrontar con la misma represión. Además, conviene repetir que las acciones del municipalismo democrático en el caso de Bakur son cruciales para la articulación del confederalismo democrático en este territorio concreto.

4.1. Consejos populares y comunas

El paradigma Confederalismo Democrática supone un sistema de comunas y consejos para superar el modelo de estado-nación y permitir una verdadera democracia basada en la libertad de los pueblos y de las mujeres, en la ecología y la pluralidad. En este sistema, la cuestión de la liberación de las mujeres se intentó que sea transversal, igual que en todo el movimiento kurdo también organizado en el marco de partidos políticos. El 2007, el mismo año que se estableció el KCD, se empezaron a establecer los llamados 'consejos populares' en barrios donde durante dos décadas el movimiento de liberación del pueblo kurdo estuvo presente a través de organizaciones clandestinas y los partidos políticos legales. Como organización de base, los consejos populares incluyen gran parte de la base de la sociedad. Dentro de estos consejos populares, hay comités formados por cientos de militantes políticos. Los consejos populares de barrios eligen sus delegados para que le representen en un segundo nivel que es el del distrito, que incluye un municipio y los pueblos de su alrededor. En los consejos populares de segundo nivel el 40 % de integrantes provienen de organizaciones de la sociedad civil, los partidos políticos kurdos, los gobiernos municipales, otros grupos minorizados étnico-religiosos y algunas veces también participaban algunas personas referentes intelectuales. Este mismo balance también se reproduce en el nivel de la provincia, y por último, también en el congreso más importante de KCD de Bakur, que se reunía en condiciones normales cada seis meses con 501 delegados. Dentro de las organizaciones de la sociedad civil se incluyen los movimientos sociales y las organizaciones políticas de los principales sectores de la sociedad, que aumentaron con el tiempo de nueve a catorce. Este aumento de nombre de los sectores, consideramos que es una expresión del crecimiento del KCD en su conjunto. En los años 2014 y 2015, cuando el KCD tuvo su momento organizativo más consolidado ya que contaba casi en todos los municipios kurdos consejos populares de barrio que interactuaban con la mayoría de la sociedad. Es imprescindible que los consejos populares sean más fuertes y representativos del conjunto del pueblo para que toda la estructura sea más democrática.

La comuna es la estructura social base de toda la estructura organizada con la idea del confederalismo democrático. La comuna tiene una organización horizontal y esta formada por personas que conviven y comparten todo tipo de retos que tienen que ver con el territorio y la organización social de ese territorio. Mientras en Rojava la comuna—que elige sus delegados de los respectivos consejos de barrios y consejos de ciudad, y finalmente del gobierno cantonal—está situado en el centro del sistema social y que es el núcleo principal de la nueva sociedad que se intenta construir, en Bakur como consecuencia de la diferencia entre estructuras sobre el terreno, los consejos populares de barrios y comunas rurales se organizaron como experiencias paralelas. Mientras en las zonas urbanas los consejos populares se organizaron primero en nivel de barrio, a partir de 2007 se empezó a desarrollar las primeras comunas en docenas de pueblos rurales de la provincia de *Colemêrg* (*Hakkari* en turco). Las comunas de los pueblos también contaban con un consejo en qué cada pueblo era representado con 2 o 3 delegados (el nombre de delegados dependía de la población de pueblos) que uno de los cuales era una mujer, y que los y las delegados se cambiaban cada seis meses. En cuanto a los principios más concretos de las comunas, la violencia machista era totalmente prohibida y que mientras las mujeres que la hayan sufrido cuentan con el apoyo de la comuna, se cortaban todos los vínculos de los agresores con la comuna. En los pueblos de la comuna la caza era prohibida, y era obligatorio sembrar aproximadamente 500 árboles frutales cada año, además de proteger la vida natural y el bosque para preservar el equilibrio ecológico. También se intentó construir cooperativas de ganadería y agricultura. A principios de 2015 comenzó una campaña para establecer comunas en varias provincias de Bakur que fueron destruidas a partir del verano de mismo año por las operaciones militares del estado turco:

> Todo el trabajo que sembraron los consejos populares de barrios de Amed fueron criminalizados por el estado turco porque queríamos imaginar de manera organizada un otro tipo de sociedad, una otra forma de vivir (KJM).

4.2. Economía comunal, cooperativas y la práctica ecologista

La idea de la economía comunal es un elemento constructor indispensable del proyecto marco de confederalismo democrático y fue uno de los retos principales del municipalismo democrático. En la economía comunal todos los sectores de la sociedad deben poder participar en los procesos de decisión en cuanto a la producción, planificación, consumo y distribución de la economía. Los consejos populares y las asambleas de las comunas son espacios dónde se deberían tomar todas las decisiones que afectan la vida económica, así se garantiza la socialización de la economía. Esta manera de funcionar se considera esencial para gestionar colectivamente y democráticamente todos los recursos y trabajos. Democratización de la economía está muy ligada a transformar el rol y espacio que ocupan las mujeres en la sociedad porque de acuerdo con los principios políticos del proyecto, una economía que no conlleva emancipación de las mujeres no puede ser capaz de construir la sociedad democrática que se proyecta. Es decir, la economía comunal anticapitalista debería ser *per se* una economía antipatriarcal. La figura de la mujer, según Öcalan es esencial porque tanto el trabajo de la mujer como el valor que produce su trabajo no son reconocidos de ninguna manera en la modernidad capitalista, pues una de las maneras fundamentales para romper el lazo con esta modernidad es crear una economía comunal con los espacios propios de las mujeres. Además, la economía comunal es una economía ecológica consciente de toda la destrucción que causó la industrialización juntamente con sus prácticas de urbanización en el territorio kurdo que moldeó definitivamente la organización social. Por eso, para la economía comunal es esencial construir una economía ecológica que pone límites a la industria o la reformula como la ecoindustria. Éstas y otras cuestiones similares se debatieron en la Conferencia de la Economía Democrática que se llevó a cabo el 8 y 9 de noviembre de 2014 en *Wan* (*Van* en turco). Uno de las personas que entrevistamos define esta conferencia de la siguiente manera:

> Yo fui a Wan desde Amed con muchas preguntas y dudas en mente. Habíamos leído mucho sobre la idea de economía comunal y la crítica que hacía Öcalan del capitalismo. Como proyecto nos entusiasmaba mucho, y como gente de clase trabajadora teníamos mucho más a ganar que perder con la transformación que se proyectaba. Pero nosotros nacimos en Bakur y vivimos en Bakur, especialmente en Amed que es una metrópoli dónde el capitalismo está muy instalado. Sé que en Rojava sí se puede, pero en Bakur, no era fácil imaginar otra economía. Igualmente fue muy instructor en todos esos debates que hicimos en la conferencia (BIS).

En el transcurso de tiempo entre el 2013 y 2016 se inició el Movimiento de Ecologista de Mesopotamia (MEM)[20] y se establecieron comisiones de ecología en los ayuntamientos gobernados por los partidos kurdos. En la etapa inicial, el MEM tuvo el desafío de encontrar formas de reunir a todos los grupos integrantes en torno a cuestiones y campañas, y establecer una estructura de trabajo permanente y confiable. El objetivo principal es conseguir que la crítica y la perspectiva ecológica social tenga más peso político en las estructuras como en el KCD, los consejos populares y en las asambleas de los partidos políticos para tener más fuerza necesaria en la lucha contra los numerosos proyectos y políticas destructivos y explotadores del estado turco. Así, frente a los proyectos destructivos del gobierno del AKP, cada vez más personas comenzaron a cuestionar las políticas estatales en el conjunto del territorio de Bakur. No solo las políticas sobre la identidad

---

20 La primera conferencia del MEM se llevó a cabo el 23 y 24 de abril de 2016 también a Wan. En esta conferencia participaron 100 delegados de diferetes provincias de Bakur como por ejemplo Amed, Dilok (Gaziantep), Riha (Sanliurfa), Mêrdîn y Bedlîs (Bitlis) juntamente con activistas de los movimientos como Plataforma Antinuclear, Resistencia Verde, Mar Negro en Rebelión, Defensa de los Bosques del Norte, Campaña de los Derechos del Agua, entre otros. También participaron los y las representantes de las estructuras como KCD y partidos como HDP. La declaración final de la conferencia destacaba que la base de la Trinidad Ciudad-Estado-Clase y la acumulación de dominación capitalista crea una vida improductiva y sin aliento para una sociedad enfrentada a la naturaleza con toda clase de destrucción. Se destacó que hacía falta fortalecer la lucha ecológica contra la modernidad capitalista que desplegó sus máximas fuerzas destructivas a través de las políticas del gobierno del AKP.

kurda, los derechos colectivos, la educación, los derechos de las mujeres, la militarización, sino también las de economía, energía, agricultura, etc., se convirtieron cada vez más en el foco de la lucha política. A partir de la lucha de MEM cada decisión económica o proyecto de inversión empezó a ser percibido de manera más crítica y pasar por el filtro los principios ecologistas.

En el mismo periodo también se fundaron y se activaron cooperativas de mujeres (Eko-Jin), especialmente en las ciudades grandes como Wan, Amed y Mêrsîn y también se empezó a construir la comuna agrícola de Amed[21]. Estos son ejemplos de las prácticas llevadas a cabo con el propósito de establecer un autogobierno económico en Bakur. Una iniciativa adicional en el terreno económico es la Cooperativa de Investigación KED[22] (*Ked* es una palabra kurda y significa trabajo) que se fundó con la finalidad de llevar a cabo investigaciones en torno de la economía comunal y social. Esta iniciativa compartía de alguna manera la observación de que aunque los conceptos de democracia y economía comunal son herramientas políticas sólidas y que había más 'facilidad' para llevarlos a cabo en el contexto de la experiencia de Rojava, en Bakur los retos eran muy diferentes y habría que reflexionar sobre modus operandi de la economía comunal o social en Bakur a base de investigación sobre la realidad socioeconómica de esta parte de Kurdistán.

---

21 Sugerimos a quienes quieren profundizar sobre la implementación de la economía democrática, el capítulo 'Una economía alternativa' del libro de Ayboğa, Flach, Knapp (2017) y el capítulo 'Economía anticapitalista en Rojava' del libro de Azize Aslan (2022) que también incluye los debates sobre la perspectiva de economía social y las cooperativas en términos de terreno organizativo. A pesar de que estos dos trabajos son centrados en Rojava son referentes para comprender mejor la perspectiva económica del proyecto.

22 Uno de los autores de este capítulo, Ercan Ayboğa es uno de los portavoces del MEM y quien ha trabajado extensamente sobre la dimensión ecológica del confederalismo democrático. Sugerimos sus dos artículos si se quiere profundizar más sobre la cuestión ecológica Bakur: "Ecology Discussions and Practices in the Kurdish Freedom Struggle" en https://theanarchistlibrary.org/library/ercan-aybo-a-ecology-discussions-and-practices-in-the-kurdish-freedom-struggle y un otro artículo del cual Ayboğa es coautor: Jongerden, J., Akıncı, Z.S.,and Ayboğa, E., (2021) "Water, Politics and Dams in the Mesopotamia Basin of the Northern Middle East: How Turkey Instrumentalises the South-Eastern Anatolia Project for Political, Military and Strategic Interests." Tigris and Euphrates Rivers: Their Environment from Headwaters to Mouth. Springer, Cham. (pag.383-399) . https://link.springer.com/chapter/10.1007/978-3-030-57570-0_16

Ha pasado más ocho años desde la Conferencia de la Economía Democrática (Wan, 2014) y seis años del inicio de la última ola de operaciones de represión del estado turco sobre Bakur y los ayuntamientos gobernados por el BDP y el HDP cabe destacar una reflexión crítica en cuanto a las decisiones que se tomaron en fundación de las cooperativas que comparten por lo menos tres personas entrevistadas en el marco de esta investigación. Estas informantes destacaron, por un lado, el conflicto entre la realidad social y el horizonte económico-político que se perseguía. En las ciudades grandes como Amed o Wan, los sectores como empresarios y comerciantes, a pesar de su compromiso la idea de luchar para liberación del pueblo kurdo, no comprendían o incluso no compartían la forma por la cual el movimiento kurdo proponía construir esta liberación, como expresa una de ellas:

> No solamente hemos fallado por las condiciones de guerra en curso, sino que también por la falta de compromiso de una parte de la sociedad con los principios de nueva organización económica. Es cierto que no tuvimos ni tiempo suficiente ni margen de maniobra para al menos complementar la primera fase de consolidar un poco las cooperativas. Sin embargo, la dificultad no fue solamente esto. Hay sectores que han interiorizado mucho el capitalismo, viven en barrios ricos de las ciudades kurdas, y no quieren perder sus privilegios. En mi opinión ellos estarían conformes a vivir en un estado kurdo, como un estado-nación cómodos con el sistema capitalista, para ellos las cooperativas eran entidades de sociedad civil dónde las mujeres pobres entraban al mercado laboral (YKP).

Por otro lado, cuestionaron desde una postura autocrítica el rol de los ayuntamientos en el proceso de construcción de las cooperativas. Los gobiernos de los ayuntamientos fueron pioneros en apoyar las iniciativas de las cooperativas, especialmente las de mujeres, de acuerdo con el proyecto político del KCD, con el municipalismo democrático, porque construir una nueva economía era indispensable[23]. Los ayuntamientos, de acuerdo con esta perspectiva, fomentaron las cooperativas con sus recursos tanto

---

[23] Podemos decir que estas reflexiones no son singulares, sino que están compartidas también por algunos figuras importantes del movimiento kurdo. Véase, por ejemplo, algunas de las sugerencias de la Declaración Final del Simposio de Agricultura del HDP: 24-Las cooperativas/asociaciones/sindicatos deben ser independientes de los municipios. 25-Debe establecerse una comisión independiente para supervisar las cooperativas. 26-Debe democratizarse la ley de cooperativas y trabajarse legislativamente para establecer un régimen tributario exento o privilegiado. Esta declaración es accesible en turco: https://hdp.org.tr/tr/hdp-tarim-sempozyumu-sonuc-bildirgesi/12710/

materiales, como en cuanto a apoyo logístico, como facilitaciones en la venta de los productos de estas cooperativas. Sin embargo, este apoyo no estaba mediada con un sistema de subvenciones públicas como se está dando a países occidentales, sino fueron un tipos de amparo que, según algunas mujeres entrevistadas fue un error:

No pretendo culpar a nuestras gobernantes en los ayuntamientos porque no lo tuvieron fácil, pero reconozco que el error de no cortar el cordón umbilical entre los ayuntamientos y las cooperativas nos hizo pagar una factura cara. Su apoyo debería haber sido solamente en la etapa de fundación. Después deberíamos haber afrontado las dificultades, por ejemplo, a la hora de sacar al mercado nuestros productos. Nosotras de alguna manera seguíamos confiadas porque los ayuntamientos eran nuestros. Muchas cooperativas no se han consolidado lo suficiente como para valerse por sí mismas. En algunos casos, han sido incluso complacientes, y la confianza depositada por los municipios ha debilitado estas iniciativas totalmente contrario a la lógica del cooperativismo que se había destacado en el KCD (OUU).

Cabe destacar que estas reflexiones se hacen en un contexto en que los gobiernos electos de los ayuntamientos eran destituidos y substituidos por los administradores judiciales. Estos administradores del estado, llevaron a cabo una serie de acciones con bastante rapidez en los ayuntamientos ocupados. Según integrantes de los equipos municipales de los gobiernos del BDP y posteriormente del HDP, los administradores ya tenían previsto con antelación los tipos de cambios que afectarían al funcionamiento de los ayuntamientos. Entre estos cambios destacan la supresión de todos aquellos servicios relacionados con las políticas de economía social—en las cuales la perspectiva de género era transversal –que se habían logrado en la mayoría de municipios:

> El estado turco no es un oso sino una serpiente. No lucha confiando solamente a su fuerza, es un mecanismo mucho más inteligente. Delante de esto, nosotras deberíamos haber sido igual de previsoras. Recuerda qué fue con la destitución de nuestros gobiernos locales: cerraron las cooperativas porque tomaron el cordón umbilical que ligaba a uno a otro (OUU).

En este marco es significante referenciar las observaciones críticas de Aslan (2022) que destaca que el movimiento, a pesar haber adoptado el principio de construir autonomía basada en la idea de confederalismo democrático y adoptar el proyecto de municipios libertarios de Bookchin, Bakur está lejos de lograr este desafío. Según ella, esto ocurre por dos razones. Primero, porque la mayoría del pueblo kurdo todavía no ha abandonado la idea de que hay la posibilidad de lograr un 'estado kurdo', y de manera muy vinculada a la primera razón, esto pasa porque en el debate sobre la autonomía los sujetos políticos mantienen su tendencia a adoptar la perspectiva dominante defendiendo la postura de negociar con los estados-naciones de la región preocupados por hacer reconocer la legitimidad de su lucha (p.138). Nosotras, a parte de recordar de nuevo la violencia permanente del estado turco que niega este proyecto, añadiríamos a estas razones como mínimo dos más. Por un lado, el gran reto de realizar un proyecto de autonomía y práctica democrática comunal cuando en todo el contexto regional se organiza de manera totalmente contraria—en este sentido creemos que es importante recordar la existencia de la región autónoma de Kurdistán iraquí como un organismo reconocido dentro de la República federal de Iraq— en medio de guerras interminables en la región. Por otro lado, debemos recordar que en los sistemas políticos actuales las proyecciones que acumulan más poder y legitimidad y consiguen obediencia masiva se da sobre la base del *habitus*, como explicaba Bourdieu. Dado que tanto la idea de democracia comunal, como el proyecto del confederalismo democrático, entre muchas otras perspectivas transformadoras parten de una crítica al liberalismo político, nuestra perspectiva en cuanto a la práctica colectiva de los pueblos, es decir, a la actuación de los cuerpos, debería integrarse a su análisis el conjunto de tecnologías de poder disciplinarias y biopolíticas (Noguera y Goikoetxea, 2021, p.72). A partir de estas últimas reflexiones pasamos a exponer de manera resumida los principios fundamentales y acciones principales del municipalismo democrático que concluirán esta sección.

4.3. Principios fundamentales y acciones principales en el proceso del municipalismo democrático

Los principios constituyentes del municipalismo democrático que pusieron en marcha los gobiernos del BDP y posteriormente HDP en Bakur parten del confederalismo democrático: la liberación de la mujer, democracia radical comunal y enfoque ecológico y la sostenibilidad ecológica de la vida. En este sentido, como una acción transformadora y totalmente antagónica a la práctica política de la democracia formal de otros partidos políticos fundados en Turquía es del sistema de co-presidencia y co-alcaldía de los partidos kurdos. Este modelo está creado para garantizar la representación equitativa de las mujeres en los procesos de formulación e implementación de políticas basadas en la igualdad y la libertad de género. Sin embargo, el surgimiento de este modelo no se debe entender como una 'estrategia' de los partidos creada en despachos, sino como resultado de una profunda experiencia de lucha de las mujeres kurdas desde los 80 dentro del mismo movimiento kurdo[24]. El municipalismo democrático ligado a la idea de la democracia radical, ecológica, comprometido con la liberación de las mujeres ha sido aceptado por la gran mayoría del pueblo kurdo. Dado que esta práctica tiene un carácter muy radical por el contexto de Turquía y que además también fue aplaudida por los sectores de izquierda de otras regiones no kurdas del país, provocó mucho recelo en las elites políticas. De manera que, fue la primera práctica que atacaron y eliminaron mediante las operaciones de la destitución de co-alcaldías y sus detenciones y encarcelaciones:

> Esta decisión es totalmente política. Había una competencia clara. Nosotros habíamos elegido a unos gobiernos formados por dos alcaldes: un hombre y una mujer, porque creemos que ellos juntos nos podían gobernar de la mejor manera. ¿Qué ha dicho, qué ha hecho el gobierno central?, no reconoció nuestra voluntad, dijeron que no podemos tener una voluntad política distinta y nos impuso su gobierno (YKP).

Sin duda, el modelo de co-alcaldía no es el único que demuestra el compromiso político con la liberación de mujeres del municipalismo democrático. Junto a éste también se incrementaron el número de integrantes mujeres en los consejos municipales. Por ejemplo, tras las elecciones de

---

24 Una lectura obligatoria es el libro editado por Gültan Kışanak (alcaldesa destituida de Amed y quien está encarcelada desde 2016) y publicado en turco el 2018 y finalmente en inglés el 2022 por el Pluto Press: *The Purple Color of Kurdish Politics Women Politicians Write from Prison.* Como expresa literalmente Kışanak: "Este libro se ha centrado únicamente en las experiencias de mujeres en prisión que han estado involucradas en la política local y general. Expresar de dónde venimos como mujeres, qué distancias hemos recorrido, qué obstáculos enfrentamos y cómo tenemos el poder de hacer frente al sistema dominado por hombres; quisimos unir nuestro trabajo, esfuerzos, memorias, las duras y hermosas vivencias, y explicar cómo trasladamos estás vivencias a la lucha por la libertad de las mujeres y dejar una huella en la historia. Todas pasamos por los mismos caminos, enfrentamos las mismas dificultades, luchamos por existir como mujeres en un campo dominado por hombres. Las experiencias de lucha de las mujeres kurdas en el campo político no solo hacen visible esta compleja alianza del sistema dominado por los hombres, sino que también revelan la determinación y determinación de las mujeres. Aunque estamos contando las experiencias de mujeres kurdas que pasaron por una gran lucha, cavando un pozo con una aguja, en el campo de la política democrática, lo que está escrito es la historia de todas nosotras" (2018).

2014, la cifra de mujeres miembros de los consejos municipales aumentó de 190 a 363. Se construyeron consejos municipales de mujeres, departamentos de políticas de mujeres y se establecieron directivas políticas dirigidas a las mujeres. Además para defender los derechos humanos de las mujeres, provocar un cambio en la cultura patriarcal muy instalada a la sociedad y también combatir con desigualdades interseccionales que experimentan muchas mujeres kurdas, los ayuntamientos ofrecían cursos de alfabetización en la lengua kurda, guarderías con enseñanza con la lengua kurda, formaciones profesionales dirigidas a las mujeres con la finalidad de aumentar su autonomía económica, crear centros sociales de mujeres en cada municipio, y fomentar el cooperativismo entre mujeres fueron algunas de las acciones de los ayuntamientos. Cabe decir que la mayoría de estas acciones fueron anuladas por los administradores judiciales que destituyeron la co-alcaldía:

> DIKASUM del Ayuntamiento de Amed tenía una casa de acogida para mujeres que habían sufrido violencia. Ahora le han encerrado y han ordenado que su equipo trabaje en otros lugares de una forma bastante más pasiva. Incluso hoy nos hemos enterado de que cerraron otras casas de acogida en otros municipios por diferentes razones, como por ejemplo que no eran seguras, que no se acogían a la normativa, etc. ¡Todo son excusas! ¡Están eliminando las ganancias! (...) Las mujeres disponían de estos servicios para desarrollar sus proyectos (UUI).

Las acciones a favor de la enseñanza y el uso de la lengua kurda de los gobiernos municipales es primordial tanto para combatir la minorización y marginalización del kurdo a causa de las políticas negacionistas del estado turco, como para confirmar que gracias a la práctica política de los ayuntamientos, el pueblo kurdo pasa de reivindicar un derecho innegable como por ejemplo la escolarización en la lengua materna, a poder escolarizar sus hijos e hijas al menos en las guarderías que usan el kurdo como lengua vehicular de sus enseñanzas. Pero no solamente en este ámbito se resguardaba el kurdo, sino también en los ámbitos culturales y artísticos, como por ejemplo impulsando las obras de teatro en kurdo[25]. Estas acciones cultu-

25 Los gobiernos municipales, además, trataron incluir otras lenguas minorizadas de la región a sus acciones municipalistas. Por ejemplo, el Ayuntamiento Metropolitana de Mêrdîn trató de construir una experiencia de gobierno municipal en cuatro idiomas mediante la inclusión de los idiomas kurdo, árabe y siríaco, además del turco en sus publicaciones. Por otro lado, el Ayuntamiento Metropolitana de Amed utiliza dos dialectos de la lengua kurda: kurmancî y zazakî también en sus publicaciones.

rales también fueron el objeto de violencia del estado con la acusación de que cada una de ellas era una manifestación de la propaganda terrorista, así se violó los derechos colectivos del pueblo kurdo, como lo expresa una de las entrevistadas:

> En Amed teníamos nuestro teatro. Podíamos ver obras de teatro en nuestra lengua, en kurdo. Teníamos la oportunidad de demostrar a nuestros hijos que nuestra cultura y nuestra literatura también tienen tesoros, como cualquier cultura. ¿Mira cómo está ahora? El kayum cerró el teatro dejando a todos sus trabajadores sin trabajo (YKP).

En cuanto al principio político de defender la naturaleza y las relaciones ecológicas, de acuerdo con el MEM siempre es necesario detener los proyectos destructivos y explotadores y cambiar radicalmente los modelos de vivienda, producción, consumo, movilidad, etc. Todo esto se puede hacer solamente cuando se desarrolla una democracia radical con procesos de toma de decisiones transparentes e inclusivos que no permite que los pequeños círculos pueden influir decididamente en la decisión política. Y cuando existe una economía basada en la solidaridad y una democracia comunal se puede prevenir la gran destrucción ecológica a largo plazo. Esto fue y es el desafío más difícil de lograr mediante el ejercicio del municipalismo democrático en las condiciones existentes en Bakur. Por un lado, debido al hecho de que todavía faltaba fomentar una mirada crítica con el criterio ecológico establecido y tener unos mecanismos de control en cuanto a las decisiones económicas y urbanísticas. Por eso, había personas y figuras que actuaban de manera contraria a la política ecologista. Se observó que las decisiones como las de la planificación urbana no rompieron realmente con las prácticas de la modernidad capitalista y que algunas alcaldías fueron cooptadas por empresarios locales para obtener licitaciones, etc. Además la opresión que ejerce el estado turco, que causa principalmente una discontinuidad en las políticas y acciones de los ayuntamientos, hicieron que sea todavía complicado establecer esa mirada crítica ecologista y abandonar las formas de crecimiento destructivo del capitalismo en este territorio. Así lo expresa una de las personas entrevistadas en el marco de esta investigación:

> Establecer consejos populares en barrios, cambiar las formas de participación política del pueblo a las decisiones, o todo lo que han hecho con las mujeres protestando sin parar la cultura machista... todo esto de alguna manera encontró sus canales y sus herramientas de presión, pero lo de ecología social, sobre todo cambiar este modelo tan aislante de urbanización que hay en ciudades kurdas, que marca tanto las diferencias estructurales entre las clases sociales, que rota la comunicación y entendimiento entre diferentes sectores

> de la sociedad, esto lo veo muy difícil de cambiar aunque estemos en poder en los ayuntamientos (UUI).

Aunque todos los grandes proyectos municipales fueron obligados someterse a una evaluación de impacto ecológico y social y que se contaba con intentos de crear organismos administrativos adicionales para promover enfoques ecológicos a nivel de distrito, y que los delegados del Movimiento Ecologista de Mesopotamia (MEM), por principio participaban en las comisiones de ecología y en los grupos de trabajo que creaban política relacionada con la agricultura, las *ecociudades* y la economía comunal, las operaciones del estado turco ha frenado el progreso de estos hechos. En este sentido, también es interesante la observación de anota Kı⊠anak (2018, p.60): "Aunque la idea de que *los municipios tienen muchas oportunidades, dejen que los municipios las hagan* está justificado en cierto sentido, también trajo su propia desventaja. Si bien ha habido algunos cambios en el marco de la reivindicación del "gobierno municipal democrático-ecológico", el estilo "burocrático" y de "tendencia a actuar como funcionarias" en los municipios sigue siendo el mayor handicap de los gobiernos locales.

Por último, en cuanto al principio de establecer una forma de democracia radical y comunal, las prácticas de los ayuntamientos no diferenciaron la ruta que estableció el KCD. Como hemos mencionado anteriormente, los y las delegadas de los gobiernos municipales formaban parte de los consejos populares de segundo nivel, pues formaban parte de una estructura asamblearia presente en el conjunto de Bakur. Además, el municipalismo democrático, como una manifestación de la lógica de democracia comunal, trataba tomar como base la idea del poder popular, entendida como "el proceso a través del cual los lugares de vida (de trabajo, de estudio, de recreación, etc.) de las clases subalternas se transmutan en célula constituyente de un poder social alternativo y liberador que les permite ganar posiciones y modificar la disposición del poder y las relaciones de fuerza y, claro está, avanzar en la consolidación de un campo contrahegemónico" (Mazzeo y Stratta, 2007, p.11). Por eso, en realidad, la democracia comunal como idea, práctica y horizonte en construcción, se trataba que sea transversal en las principales acciones y principios de este municipalismo que acabamos de nombrar.

5. CONCLUSIONES

En este capítulo tratamos de exponer el municipalismo democrático en Bakur como una experiencia de la democracia comunal, situándolo tanto en su contexto histórico-político como en cuanto al paradigma macro al cual pertenece. Esto era un desafío para la autoría de este texto porque deberíamos exponer esta experiencia que creemos que trata de sustentar la lógica de la democracia comunal, en un contexto en qué se debió paralizar varias veces a causa de la hostilidad perdurable de un estado que no permite que crezca ningún tipo de autonomía en los territorios que controla y en condiciones de conflictos bélicos prolongados en Oriente Medio. Dejando que el estado turco *permitiera* crecer un proyecto que tiene un horizonte de construir una democracia comunal basado en poder popular; que reconoce y trata de posibilitar la reproducción de la pluralidad cultural y lingüística; y operar como un mecanismo que pretende combatir el patriarcado, la política del gobierno de AKP apunta todo lo contrario. Los municipios kurdos de Bakur, su población, sus gobiernos municipales que trataban de fomentar un modelo democrático, afrontan con un gobierno central que tiene la finalidad de restablecer el centro en lo local, imponiendo una construcción identitaria de una nación ficticia como turco y musulmán sunita, extendiendo y concentrando su dominio (Çiçek, 2015). Es decir, el municipalismo democrático, como un proyecto emancipador para el pueblo kurdo de Bakur, se enfrenta con el estado turco que opera contra uno de los elementos imprescindibles de este municipalismo, que es descentralización de la soberanía política y administrativa, el ejercicio del derecho para autonomía y autodeterminación desde una perspectiva integral que incluye dimensiones políticas, económicas, sociales y culturales. Así reiteramos la tesis de este capítulo que el proyecto de municipalismo democrático ha de entenderse tanto una praxis emancipadora de autodeterminación que va mucho más allá del gobierno de la ciudad en términos liberales, como la única posibilidad de ejercer la voluntad política del pueblo kurdo en Turquía. Dicho esto, también reconocemos que estas mismas condiciones que nos hacen sostener esta tesis, también se convierte en uno de los grandes handicaps del movimiento de liberación del pueblo kurdo en Bakur porque de alguna manera le encierra en los límites de discusiones en cuanto a la guerra, la construcción del diálogo y demandas a favor de derechos culturales y lingüísticos (Aslan, 2022, p.137).

Bibliografía

Akkaya, A. H., y Jongerden, J. (2013). Confederalism and autonomy in Turkey: The Kurdistan Workers' Party and the reinvention of democracy. In The Kurdish Question in Turkey. Routledge.

Akkaya, A. H., y Jongerden, J. (2013). Confederalism and Autonomy in Turkey. The Kurdish Question in Turkey: New Perspectives on Violence, Representation and Reconciliation, p.186-204.

Aslan, A. (2022). Economía anticapitalista en Rojava. Las contradicciones de la revolución en la lucha kurda. México. Bajo Tierra A.C.

Ayboğa, E. (2018). Ecology Discussions and Practices in the Kurdish Freedom Struggle with a focus on North Kurdistan (Bakur). Komun Academy.

Ayboğa, E., Flach, A. y Knapp, M. (2017). Revolución en Rojava. Liberación de la mujer y comunalismo. Barcelona: Descontrol.

Batuman, B. (2010). Toplumcu Bir Belediyecilik Modeli:" Yeni Belediyecilik Hareketi" 1973-1977. Mülkiye Dergisi, 34(266), pp.223-241.

Bayhan, Z. (2016). Soykirimci Ulus-Devlet Paradigmasindan Çikis. Demokratik Ulus. Belge Yayinlari.

Biehl, J., y Bookchin, M. (2009). Las políticas de la ecología social. Municipalismo libertario, Barcelona, Virus editorial.

Bonet y Martí (2011) El gobierno local: descentralización y autonomía. Universitat Oberta de Catalunya

Bookchin, M. (1971). Post-Scarcity Anarchism. London: wildwood House.

Bookchin, M. (1991). Libertarian municipalism: An overview. Green Perspectives, 24, (pp. 1-6)..

Bookchin, M. (1992). Urbanization without cities: The rise and decline of citizenship (Vol. 171). Black Rose Books Limited.

Çiçek, (2015). Merkezileşme, dekonsantrasyon, desantralizasyon (I-II-III). Birikim. Accessible en el archivo de Birikim Dergisi. https://birikimdergisi.com/kisiler/cuma-cicek/8637

Çiçek, C. (2018). "Süreç": Kürt çatışması ve çözüm arayışları. İletişim Yayıncılık.

Cooke, B., y U. Kothari. (2001). Participation: The New Tyranny? London: Zed Books,

DTK (2011). Demokratik Özerklik Ilan Belgesi. Diyarbakir. Accesible en https://www.kcd-dtk.org/

DTK (2014). Demokratik Ekonomi Konferansi Sonuç Bildirgesi. Accesible en https://demokratikmodernite.org/demokratik-ekonomi-konferansi-sonuc-bildirgesi/

Ercan, H. (2009) Şeş û Yek: Kürt Meselesi, Gülen Cemaati ve Bir Karşı- Propaganda Girişimi Olarak "Tek Türkiye" Dizisi. EnToplum ve Kuram. Núm. 1. Mayıs (Mayo) 2009.

Ergun, C., y Gül, H. (2009). Toplumcu Belediyecilik ve Kent Kapılarını Sermayeye Açan Anahtar Olarak Kentsel Dönüşüm. En Yerel Yönetimlerde Sosyal Demokrasi Toplumcu Belediyecilik: Teorik Yaklaşımlar, Türkiye Uygulamaları, der. Kamalak, İ. y Gül, H, (pp. 295-332).

Ersanli, B. (2012). Demokratik Özerklik: StatüTalebi ve Demokratikleşme Arzusu. En (Ed.) Ersanlı, B., Özdoğan, G.G., Uçarlar, N. Türkiye Siyasetinde Kürtler: Direniş, Hak Arayışı, Katılım. İletişim yayınları.

Fiszbein, Ariel. (1997). "The Emergence of Local Government Capacity: Lessons From Colombia". World Development 25(8): (pp. 1029-1043).

Goikoetxea, J. (2018). Privatizar la democracia: capitalismo global, política europea y Estado español. Icaria.

Güler (2013) "Toplumcu Belediyeciliğin Doğuş Koşulları Üzerine". Içinde Yerel Y.netimlerde Toplumcu Belediyecilik: Teorik Yaklaşımlar, Türkiye Uygulamaları, editör İhsan Kamalak ve Hüseyin Gül, (pp. 125–58). İstanbul: Kalkedon Yayıncılık.

Gün, S. (2015). Neo-liberal Küreselleşme Sürecinde Değişen Yerel Eğilimler Sosyal Politika Uygulamaları ve Emek Politikaları Bağlamında Tunceli Belediyesi. Toros Üniversitesi İİSBFBD Sosyal Bilimler Dergisi, 2(4). HDK (2013). 3. Genel Kurul Kararları Accesible en: https://www.halklarindemokratikkongresi.net/3-genel-kurul-kararlari/533

Iglesias Fernández, J. (2021). Lecturas Sobre Municipalismo Comunal. Como Desmontar el Poder desde Dentro. Editorial: ZAMBRA-BALADRE. ISBN: 978-84-123883-7-4

Iglesias Fernández, J. (2022). La Riqueza del Común lo Municipal y lo Comunal como Modelo Alternativo al Capitalismo. Editorial: ZAMBRA-BALADRE. ISBN: 978-84-123883-1-2

Jongerden, J., Akıncı, Z.S., and Ayboğa, E., (2021) "Water, Politics and Dams in the Mesopotamia Basin of the Northern Middle East: How Turkey Instrumentalises the South-Eastern Anatolia Project for Political, Military and Strategic Interests." Tigris and Euphrates Rivers: Their Environment from Headwaters to Mouth. Springer, Cham. (pag.383-399) . https://link.springer.com/chapter/10.1007/978-3-030-57570-0_16

Kışanak , G. (2022). The Purple Color of Kurdish Politics Women Politicia*ns Write from Prison.* Published by Pluto Press in Nov 2022. Paperback ISBN: 9780745347080

Monterde, A. (2019). De la emergencia municipalista a la ciudad democrática. En Roth, L.C. et al. (2019).Ciudades Democráticas. La Revuelta Municipalista en el Ciclo post-15M. Barcelona: Icaria editorial.

Noguera, A. y Goikoetxea, J. (2021). Estallidos. Revueltas, clase, identidad y cambio político. Bellaterra edicions. ISBN: 978-84-18684-88-3

Öcalan, A. (2012). Kürdistan Devrim Manifestosu: Kürt Sorunu ve Demokratik Ulus Çözümü. Diyarbakir: Ararat.

Öncü, A. (1988), "The politics of the urban land market in Turkey: 1950–1980," International Journal of Urban and Regional Research, vol. XII, 1, s. pp.38–64.

Öztürk y Gül, (2012). "Sosyal Belediyecilik Sosyal Devlete ve sosyal Haklara Bir Alternatif mi?", http://www.sosyalhaklar.net/2012/Bildiriler/Ozturk-Gul.pdf (Erişim Tarihi:12.03.2015).

Öztürk, Ö. G. (2018). Informe sobre les violacions dels drets humans arran de la destitució dels governs municipals electes al territori kurd de turquia, 2016-17. CIEMEN: Barcelona. ISBN: 978-84-17190-46-0

Roth L.C. (2019). Democracia y Municipalismo. En Roth, L.C. et al. (2019). Ciudades Democráticas. La Revuelta Municipalista en el Ciclo post-15M. Barcelona: Icaria editorial.

Rubio-Pueyo, V. (2017). Municipalismo en España. Nova York, Rosa Luxemburg Stiftung.

Russell B (2019) Beyond the local trap: New municipalism and the rise of the Fearless Cities. Antipode 51(3): pp.989–1010.

Saraçoğlu, C. (2013). Akp, Milliyetçilik ve Dış Politika: Bir Milliyetçilik Doktrini Olarak Stratejik Derinlik. Alternative Politics/Alternatif Politika, 5(1).

Saraçoglu, C. (2014). Kürt meselesinde 2000'li yıllara genel bir bakış. Sosyolojik Araştırmalar. Núm 4-abril 2104, (pp.8-12).

Saraçoğlu, C., y Demirkol, Ö. (2015). Nationalism and foreign policy discourse in Turkey under the AKP rule: Geography, history and national identity. British Journal of Middle Eastern Studies,42(3), (pág. 301-319).

Thompson, M. (2021). What's so new about New Municipalism?. Progress in Human Geography, 45(2), pp.317-342.

Uçarlar, N. (2012). *Kürtçenin Direnişi ve Siyasalın Geri Dönüşü.* En (Ed.) Ersanlı, B., Özdoğan, G.G., Uçarlar, N. Türkiye Siyasetinde Kürtler: Direniş, Hak Arayışı, Katılım. İletişim yayınları. 2012.

YAYED (2014). *Toplumcu Belediyecilik Bildirgesi. Accessible en: http://www.yayed.org/uploads/yuklemeler/MAN%C4%B0FESTO.pdf*

Zürcher, E. J. (2004). Turkey: A modern history: IB Tauris. *BIOGRAPHICAL SKETCH.*

Capitulo XI

Asambleas territoriales a partir de la Revuelta Popular de 2019 en Chile: una aproximación exploratoria en torno a la Democracia Comunal

FELIPE ARAOS SÁEZ
IGNACIO ABARCA LIZANA
UNAI VAZQUEZ PUENTE

1. INTRODUCCIÓN

El objetivo general del capítulo es presentar un conjunto de experiencias de asambleas territoriales en Chile, a partir de la Revuelta Popular de 2019. Es una investigación cualitativa y exploratoria, el muestreo es no probabilístico, accidental o casual, se realizan entrevistas individuales, semiestructuradas y los resultados se analizan mediante la técnica de análisis de contenido. Las y los participantes pertenecen a la Asamblea Territorial del Marga-Marga (V Región de Valparaíso), Asamblea Territorial Villa Portales (Región Metropolitana) y Asamblea Territorial Pudahuel Sur (Región Metropolitana). Las principales coincidencias en los resultados se asocian a características de las asambleas territoriales, tales como la horizontalidad, apertura a la participación popular, autogestión en el territorio e independencia o autonomía. Las principales divergencias se relacionan con el uso del voto como método de toma de decisiones al interior de la asamblea territorial y los métodos para abordar las problemáticas en torno a violencias machistas u otro tipo de violencias. Las principales discusiones planteadas a partir del estudio señalan la ausencia o debilidad de posicionamientos comunes acerca de distintos ejes políticos consultados, así como una especie de carácter dual vinculado a la dimensión local de las asambleas territoriales. El capítulo abre y cierra con reflexiones y debates alrededor del concepto en desarrollo de Democracia Comunal, en relación con la experiencia de las asambleas territoriales.

2. ANTECEDENTES HISTÓRICOS DE LAS ASAMBLEAS TERRITORIALES Y SU RELACIÓN CON EL CONCEPTO DE DEMOCRACIA COMUNAL

Los orígenes de lo que se podría identificar como organizaciones populares de tipo asamblearias, horizontales en su modo de funcionamiento, masivas y proletarias en su composición social y de clase, territoriales por su forma de asentamiento y autónomas en relación a los poderes del Estado y el capital, en la región chilena, pueden rastrearse hacia los inicios del Siglo XX en las nacientes y crecientes urbes del país. De aquí en adelante, es posible registrar un continuo de experiencias organizativas las cuales, por los rasgos generales esbozados y por sus contenidos históricos concretos, se asociarán con el concepto en desarrollo de la Democracia Comunal.

Como primera experiencia se destacan los procesos iniciales de organización obrera y popular durante el primer cuarto del Siglo XX, con el desarrollo de mutuales obreras, mancomunales, sociedades de resistencia y clubes sociales, principalmente en el norte del territorio nacional en las zonas mineras, anteriores a las conformaciones burocráticas del sindicalismo chileno desde las décadas del 20' y el 30' (Artaza, 2014). Las mancomunales, mutuales y demás organizaciones afines cumplían, a grandes rasgos, funciones de autogestión de las necesidades materiales inmediatas de las y los trabajadores y sus familias, en un contexto de condiciones extremas de miseria, las cuales comprendían cuestiones elementales para la sobrevivencia y reproducción de la clase trabajadora, tales como ahorros colectivos y solidarios a emplearse en casos de accidentes o despidos, herramientas colectivas para los cuidados de salud, entre otros apoyos entre y para las familias obreras (Artaza, 2014).

Otro proceso histórico relevante de mencionar es el movimiento de pobladores y pobladoras de tomas de terrenos a mediados del Siglo pasado, las cuales surgieron y se expandieron como una forma de resolver la problemática habitacional que alcanzó un nivel crítico en el contexto de los procesos migratorios desde el campo hacia la ciudad. Dicho fenómeno popular, en primera instancia, proliferó de manera completamente independiente de la institucionalidad estatal, dando lugar a conquistas que más tarde se volvieron emblemáticas, como es la población La Victoria en Santiago, una de las primeras y más grandes tomas de terreno urbano del continente latonoamericano (Garcés, 2004).

Para continuar, el breve período del gobierno de la Unidad Popular (70' al 73'), en el marco de una agudización acelerada e intensa de las luchas de clases, produjo como uno de sus fenómenos característicos el desarrollo de las organizaciones populares conocidas como Comandos Comunales de Trabajadores (Leiva, s/f) y Cordones Industriales (Gaudichaud, 2004), las cuales, dentro de procesos de lucha irregulares y convulsos, se proyectaban como organizaciones autónomas con sentido de poder revolucionario. Miguel Enriquez, histórico dirigente del Movimiento de Izquierda Revolucionaria chileno (MIR), explicó que "[...] había, a la vez, y aquí llegamos a los Comandos Comunales, que ir estructurando al interior de esta particular situación órganos autónomos del pueblo, órganos autónomos de clase, que fueren independientes de las clases dominantes. Esos órganos autónomos son los que empiezan hoy a germinar en los Comandos Comunales" (Enríquez, 1972, p.4).

Como último antecedente a ilustrar, en el contexto de la dictadura cívico-militar (1973-1990) se desarrollaron importantes movimientos y organizaciones populares que luchaban, simultáneamente, contra la represión y por la autodefensa de la vida en las poblaciones, y contra el hambre, la miseria y por la sobrevivencia material en el marco de la grave crisis económica de inicio de los 80'. En dicha situación, se generaron movimientos de resistencia popular y de clase relacionados con la autoorganización en función de la alimentación y el soporte de necesidades materiales básicas, principalmente mediante las ollas comunes (Garcés, 2004), las cuales, al masificarse a lo largo del territorio nacional, se convirtieron en instancias de encuentro, reunión y discusión política para sectores del pueblo trabajador que ejercieron resistencia y enfrentamiento contra el régimen de Pinochet (Goicovic, 1996).

El anterior repaso, sucinto y sintético, tiene por objetivo respaldar el argumento de que las asambleas territoriales, multiplicadas a lo largo y ancho de todo el territorio nacional desde el origen mismo de la Revuelta Popular el 18 y 19 de octubre de 2019, no son realmente una novedad histórica, en este sentido no surgen "espontáneamente", sino que, por el contrario, son una respuesta popular dotada de contenido histórico, provista de memoria histórica autoorganizativa orientada a dar soluciones concretas ante las necesidades sociales y políticas del presente (Garcés y Milos, 1983).

De tal manera, así como las asambleas territoriales no son, en rigor, una novedad histórica en la región chilena, tampoco lo son a nivel de una mirada global. Es posible iniciar este estudio señalando que las asambleas territoriales son expresión a nivel local de un fenómeno multiplicado a escala mundial, manifestado a través de muy diversas experiencias, con distintas formas y situado en diferentes contextos a lo largo del tiempo, que es el desarrollo de formas organizativas en el seno de la clase trabajadora y los sectores populares, diferenciadas, opuestas y antagónicas a la articulación social impuesta por el poder burgués, ya sea en su formato de extremo autoritarismo y supresión de las "libertades civiles" de la democracia burguesa, o de "apertura" (siempre provisoria) de regímenes de democracia representativa o liberal. Aquí es donde aparece el concepto genérico de "Democracia Comunal", para referir, en principio, a un conjunto indeterminado de experiencias de ejercicio del Poder Popular, la organización territorial, la autogestión popular y la acción directa, a escala mundial, en el marco de la Era Capitalista.

3. LA REVUELTA POPULAR DE 2019 EN CHILE Y LA PROLIFERACIÓN DE ASAMBLEAS TERRITORIALES

Los acontecimientos desatados a partir del 18 y 19 de octubre de 2019 en Chile, antecedidos inmediatamente por las evasiones masivas del transporte público en la capital, pero de más larga data por el período abierto por la transición pactada a la democracia burguesa desde el 90' del Siglo pasado (Moulian, 1994), generaron una situación política sin precedentes en la historia chilena, poniéndose en evidencia de forma radical, directa y violenta, a través de un movimiento generalizado de protestas populares, las problemáticas y contradicciones propias de la sociedad chilena y, particularmente, del "modelo" chileno de capitalismo en su formato económico y social híperliberal, con su entramado de desigualdades, abusos, malos tratos y carencias materiales, sociales y culturales (Goicovic en Abarca, 2020). De manera abrupta, la imagen creada de Chile como el "Oasis de Latinoamérica" era desmentida y hecha añicos ante los ojos del mundo entero (Silva en Abarca, 2020).

Los primeros días de Revuelta, hasta los primeros dos o tres meses, se expresaron de forma sumamente intensa y radical, marcados por la extensión y generalización de la protesta popular, la movilización de masas autoconvocada y espontánea y altos niveles de enfrentamiento callejero entre los sectores populares y las fuerzas represivas, particularmente Carabineros de Chile (Rosas en Abarca, 2020). A su vez, estos procesos de lucha estuvieron acompañados de manera importante por un rápido y cualitativo desarrollo de la organización popular, asentada en el espacio de territorios o localidades, desde el comienzo mismo de la Revuelta, con fines de: agrupar y entrelazar a los sectores populares movilizados; "reapropiarse" lugares relevantes de cada territorio para la organización popular como fueron plazas y otros centros urbanos; servir a la preparación, reserva y retaguardia de ciertas dinámicas de enfrentamiento callejero; promover procesos de autoeducación popular y comunitaria; favorecer la deliberación y la participación política horizontal y directa de las comunidades; así como, desde las coyunturas asociadas a la pandemia, brindar respuesta comunitaria a las necesidades sanitarias, económicas y de alimentación de la población local (Abarca, 2020).

Indudablemente, el intenso fenómeno de la Revuelta trajo consigo álgidos debates al interior mismo de las organizaciones territoriales, provocando incluso divisiones en su seno, o cuanto menos, conformaciones organizativas de distinto carácter y orientación. Así es como, explicado de modo esquemático, se expresaron desde el mes de octubre de 2019 dos formas organizativas en los territorios: por un lado, los cabildos ciudadanos, más institucionales e inclinados a los canales legales para avanzar en las demandas populares, asociados al llamamiento y la política impulsada por Unidad Social, que era un conjunto de organizaciones sociales afines a partidos de izquierda, principalmente el Frente Amplio y el Partido Comunista (Salinas, 2020); y, por otro lado, las asambleas territoriales autoconvocadas, constituidas por sectores de pobladores y militantes más críticos a la institucionalidad y los partidos políticos en general, mayoritariamente localizadas en territorios más vulnerables socioeconómicamente y/o con mayor tradición de protesta (Albert y Köhler, 2020).

Durante el periodo de Revuelta, la Unidad Social recopiló datos sobre instancias deliberativas sostenidas por cabildos, donde se contabilizaron 1.233 reuniones a lo largo del país (Unidad Social, 2021). Es difícil dar cuenta de la real magnitud e impacto que tuvieron a la larga estas convocatorias, puesto que no existe un seguimiento ni una continuidad de ese entramado organizativo. Pero, lo que sí se puede sostener es que los movimientos territoriales se vieron, desde el momento del estallido, atravesados y tensionados por un conjunto de debates, posicionamientos y toma de decisiones (Zambrano y Huaiqui, 2020), las cuales se pretende diagnosticar y graficar a continuación a partir de entrevistas realizadas a participantes de asambleas territoriales y de los respectivos análisis de casos. Cabe recalcar que la presente investigación se basa en las asambleas territoriales y no en cabildos, ya que se considera que estos últimos respondieron más bien a la situación coyuntural y tendieron a desaparecer, mientras que las asambleas muestran de mejor manera una correlación con los procesos históricos de la organización popular y por esto se explicaría su mayor duración en el tiempo, viendo cómo se mantienen hasta el día de hoy, así sea de forma limitada.

4. ANÁLISIS DE LAS ENTREVISTAS Y RESULTADOS

Las entrevistas realizadas a participantes de asambleas territoriales arrojaron diversos resultados, distintas perspectivas, diferentes énfasis, planteamientos cercanos entre sí, coincidencias y divergencias. Para empezar, se presentan los elementos comunes hallados en las distintas respuestas, los cuales fueron sintetizados por el equipo investigador como los que poseen mayor relevancia investigativa, de acuerdo a las preguntas que orientan el estudio.

Coincidencias en los resultados:

La mayoría de las y los participantes hicieron mención al rol jugado por organizaciones locales previas al surgimiento de la asamblea territorial, llámese colectivos territoriales, brigadas de difusión local, clubes deportivos, artísticos, musicales y sociales en general, escuelas populares u otras organizaciones de carácter político, es decir, que se orientaban según un proyecto más amplio y sistémico, las cuales habrían funcionado localmente varios años antes de la ocurrencia de la Revuelta Popular en 2019.

> Estamos en una zona bastante organizada, la revuelta es un reencuentro que da lugar a la asamblea, luego de un tiempo de inactividad [...]. El primer contacto nace con el objetivo puntual de coordinar los esfuerzos de distintas individualidades y colectividades ya existentes en la zona, en esa dinámica surge la asamblea (Asamblea Territorial Marga Marga, participante 2, 2022).

La anterior referencia coloca un énfasis en el punto de vista de las asambleas territoriales como producto de procesos históricos precedentes. Más en el fondo, invita a concebir la Revuelta Popular como el punto de mayor intensidad, hasta este momento, de un largo ciclo de luchas de clases y movilizaciones populares desarrolladas desde los años 2.000, al calor del cual sucedieron vastas series de experiencias organizativas, luchas y movimientos que luego dan cuerpo al ciclo de las asambleas territoriales en 2019.

Se observan igualmente coincidencias en los planteamientos de las y los participantes acerca del contexto socio-histórico del surgimiento de la asamblea territorial y la funcionalidad que vino a cumplir. Al respecto, todos consideran, de una u otra manera, que las asambleas territoriales se generaron en el contexto y la necesidad de canalizar organizadamente, en el marco local de los territorios, la energía desatada en la Revuelta Popular desde el 18 de octubre de 2019. En este sentido, se puede entender, de acuerdo a los relatos, que las asambleas territoriales juegan, en el contexto de la Revuelta Popular, un papel de canalización de fuerzas sociales, agrupamiento territorial, encuentro de los sectores movilizados y alineamiento alrededor de propósitos políticos comunes.

> La Asamblea nace a modo de contención política, territorial y emocional, con el objetivo de plantearse preguntas sobre la sociedad, cuestionar al sistema. (Asamblea Territorial Marga Marga, participante 1, 2022).

En este punto aparece planteado el fenómeno de la asamblea territorial como canal, la asamblea-canal. ¿Canal de qué? Pues de una masa de fuerzas sociales, energías sociales, aspiraciones populares y discursos de carácter político. Cierto que, como se verá a lo largo de los análisis, sin un desarrollo organizativo significativo y duradero.

Otro elemento destacado de manera transversal por las y los participantes es la importancia de la horizontalidad en las formas organizativas. Lo anterior caracteriza claramente todos los espacios asamblearios, los cuales, con el objetivo de desarrollar relaciones sociales emancipadoras en las diversas esferas de la vida social, se proponen erradicar aquellas relaciones sociales que, en el presente o en el futuro, pudieran adoptar un sentido vertical, de jerarquía u opresión, ya sea con una connotación de género, mando, prestigio o imposición de un sujeto o un grupo sobre el resto, en cualquier caso.

> Se rechazan las formas rígidas por ser conflictivas, se veía la asamblea como espacio abierto [...], las responsabilidades eran rotativas, dependientes de las necesidades y la disponibilidad[...]. Se generaban propuestas en el momento y se decidía en el lugar qué era lo óptimo, llegando a un consenso (Asamblea Territorial Marga Marga, participante 2, 2022).

Se presenta así el concepto de horizontalidad en tanto un método, una forma de organizarse social y territorialmente, como también en tanto una perspectiva ético-social, donde las formas organizativas horizontales contienen una idea proyectual acerca de cómo deben ser las relaciones sociales, sin jerarquías, ni imposiciones, ni mandos ni privilegios de alguien o de algún grupo por sobre el resto. Las formas de expresión de la horizontalidad se ven reflejadas en el quehacer del día a día en las asambleas territoriales, tanto en las formas deliberativas y de resolución de problemas, como en las responsabilidades políticas de la asamblea. Es posible incluso hacer juicio de la potencialidad emancipadora de una asamblea, a partir, pero no exclusivamente, del avance y desarrollo de las prácticas horizontales.

Sobre el funcionamiento mismo de la asamblea territorial, por lo general se caracteriza el espacio como abierto a toda la población, es decir, inclusivo y no excluyente por fundamento, libre de procedimientos de selección y exclusión (tema aparte vendría a ser el de las exclusiones por motivos de ejercicio de violencias machistas o de otro tipo al interior de la asamblea, el cual se toca más abajo), realizando un esfuerzo constante por mostrarse públicamente e invitar a nuevas personas a incorporarse, en la intención de crecer, llegar a nuevos sectores populares y no limitarse al grupo de quienes ya forman parte y se conocen. En una línea similar, las y los participantes señalan un rol de formación política permanente por parte de la asamblea, tanto hacia dentro como hacia fuera de los márgenes de la misma, en el sentido de no quedarse en la comodidad de lo que ya se sabe y lo que ya se tiene, sino que hacer el ejercicio de cuestionarse, aprender, aprehender e integrar conocimiento permanentemente.

> No hay una visión emancipadora única ni hegemónica, sino que más bien es la suma de las múltiples visiones individuales (Asamblea Territorial Marga Marga, participante 1, 2022)

Este elemento resalta el carácter de la asamblea abierta. No pueden concebirse las asambleas territoriales si no es desde un fundamento de apertura social y territorial, de masividad y no exclusión. Nuevamente, aquí se refleja un rasgo de la asamblea territorial relacionado con la fuerza, la masa, las masas movilizadas, como también, ligado a un concepto más bien ético-social de la integración popular, en tanto que una crítica categórica a la segregación característica de la sociedad de clases capitalista. Esto es un fenómeno que vale la pena rescatar, debido a sus particularidades y sus propuestas para el desarrollo de una vida íntegra popular, que tiene su germen inicial en la asamblea misma.

Se presenta en los planteamientos políticos de las y los participantes, de forma común, una reivindicación en torno del control territorial y la autodefensa que ejercen los espacios asamblearios en el marco de un barrio o población específica, conforme a las necesidades locales y el desenvolvimiento concreto de la movilización, con desiguales niveles de discusión y ejecución en cada localidad. De todas maneras, los relatos coinciden en sostener que, aun en plena Revuelta Popular el 2019, el así llamado "control territorial" se manifiesta de forma parcial y limitada a jornadas o momentos de alta confrontación con las fuerzas represivas, pero sin llegar a consolidarse un control popular efectivo y duradero de una zona (a lo menos en las asambleas territoriales que han sido estudiadas).

> Quienes habitamos el espacio sabemos más, el territorio para quien lo habita [...], debemos construir el poder popular a partir de la articulación de territorios (Asamblea Territorial Villa Portales, 2022).

Se plantea en la anterior referencia la perspectiva del control territorial por parte de las asambleas territoriales, con fines de autodefensa, de desarrollo comunitario, incluso de una visión de autonomía política y administrativa en cuestiones tales como la elección de dirigentes o encargados de ciertas áreas (administración de espacios comunes, insumos y abastecimiento, servicios territoriales de salud, educación, etc). Sin expresarse, aun en la Revuelta misma (salvo contadas y parciales situaciones momentáneas), como un fenómeno altamente desarrollado y extendido, sino más bien como una visión política y social.

Otro elemento indicado de manera transversal por las y los participantes es la noción de la autogestión como método organizativo y emancipatorio, practicable en sus respectivos territorios, haciendo de principio orientador del quehacer organizativo concreto e inmediato en las localidades.

> Hay un planteamiento colectivo sobre las emancipaciones, asociado a romper con esa individualidad que genera el capitalismo en las personas (Asamblea Territorial Pudahuel Sur, participante 2, 2022).

De manera similar a lo que se ha venido analizando, la autogestión es concebida como pilar de la práctica territorial, aquí y ahora, al mismo tiempo que como perspectiva de un proyecto social dotado del desarrollo de comunidades autoorganizadas, capaces concretamente de resolver (de forma interconectada, no aisladamente) necesidades materiales tales como la alimentación, el trabajo y los ingresos, procedimientos de salud, déficit habitacionales, u otras más bien intangibles como la expresión de las culturas, las artes y las pedagogías. Diversas asambleas llevaron a cabo una gran labor en estas materias, a pesar de limitaciones materiales importantes se disputó la hegemonía de estas labores sociales con las municipalidades en algunos casos, siempre llevado de la mano de un trabajo político que lo acompañó.

Asimismo, se menciona de forma transversal la idea de la independencia del Estado y sus instituciones por parte de las asambleas territoriales, como un principio profundamente rector de las prácticas organizativas y las decisiones del momento concreto. A pesar que, en algunos casos, se habla de acercamientos puntuales en cuanto a exigencias territoriales, por ejemplo con un gobierno local municipal.

> Este sistema se levanta en la base del deterioro de los cuerpos y el territorio, de poner condiciones de supervivencia, somos antagónicos a todo esto, valoramos el quehacer individual y colectivo, junto con el desarrollo del territorio (Asamblea Territorial Marga Marga, participante 2, 2022).

Se llega así a conceptos determinantes para la comprensión del fenómeno de las asambleas territoriales en Chile, como son la independencia y la autonomía, los cuales se expresan popularmente, de manera clara, en una calificación que las propias asambleas se dieron a sí mismas como "autoconvocadas". Vale relatar que, como muchos símbolos que nacieron de la Revuelta Popular de Octubre de manera "espontánea" entre las masas movilizadas (considérese la referencia del "Negro Matapacos", la bandera chilena dada vuelta con negro y blanco, entre muchas más), las asambleas se llamaron a sí mismas Asambleas Territoriales Autoconvocadas. Esto quería expresar, de forma bastante radical, un sentido de autonomía de las organizaciones populares desde un punto de vista político, productivo, organizativo, social y cultural, donde son las organizaciones del pueblo quienes se autoconvocan, no respondiendo a llamado alguno de los partidos políticos del sistema. Casi todas las asambleas se denominaron "Asamblea Territorial Autoconvocada (ATA)" seguido del sector de ubicación, por ejemplo Barrio Yungay, Plaza Bogotá, etc.; mientras que, a diferencia, cuando se escuchaba una asamblea que se llamara "Asamblea Popular", normalmente eso guardaba relación con una composición más militante de izquierda, menos masiva y con menor capacidad de arraigo territorial.

Las y los participantes coinciden, a su vez, en la relevancia concedida al desarrollo de las coordinaciones locales entre asambleas territoriales de una zona relativamente cercana (por ejemplo, al interior de una región o ciudad del país), levantadas a partir de 2019, lo cual permitiría desarrollar acciones o campañas coordinadamente a nivel regional, en el marco de jornadas de protesta popular, eventos por la libertad de las y los presos políticos, iniciativas de autofinanciamiento, encuentros entre territorios donde se producen debates políticos, etc.

Hay una preponderancia de las demandas locales-territoriales, "de adentro pa' fuera", en relación a otras cuestiones de carácter más nacional, estructural y sistémico. Se favorecen formas de coordinación horizontal en las distintas dimensiones, local, comunal, regional y nacional (Asamblea Territorial Pudahuel Sur, participante 1, 2022).

De esta manera, un siguiente concepto que surge es el de articulación, como un ejercicio fundamental para el desarrollo de las asambleas territoriales hacia sus objetivos de transformación territorial, estructural y sistémica. Esta necesidad generó distintas instancias que buscaron lograr esta articulación, tanto a nivel más local, en las comunas y/o regiones, como a nivel nacional. Es indudable reconocer que estas experiencias fueron un fracaso, por distintas razones, pero que tuvieron un aprendizaje popular muy importante y que no quita la necesidad principal de unidad de las asambleas y espacios de organización política-social.

En cuanto a las perspectivas que las y los participantes de asambleas territoriales avizoran a futuro, todos hicieron mención, de uno u otro modo, de la necesidad de mantener la organización territorial generada a lo largo del tiempo para continuar la lucha por las demandas sociales fundamentales que dieron origen al proceso de Revuelta Popular. En este sentido, se consideraría un tipo de "derrota" la eventualidad de ver desintegradas o desmanteladas las bases de organización popular y territorial desarrolladas durante los últimos años.

> La asamblea como un nuevo tipo de institución popular. Se enfatiza la prioridad sobre la construcción de poder propio, en contraste a las elecciones u otros procesos de carácter institucional (Asamblea Territorial Pudahuel Sur participante 1, 2022).

Como se puede ver, se realiza una referencia a la necesidad de continuidad de los procesos organizativos, territoriales y sociales gestados al calor de la Revuelta Popular de 2019, puesto que la misma movilización se explica, muy nítidamente, que la institucionalidad democrática burguesa no será capaz de responder a las necesidades vitales de los pueblos, sino únicamente los pueblos mismos y sus comunidades de forma autoorganizada.

Por último, las y los participantes persisten, de alguna manera, en reivindicar y sostener aquello que podríamos llamar como "planteamientos destituyentes", en el sentido de lo que sería una remoción profunda y radical del orden político, económico y social propio del capitalismo y el régimen de democracia burguesa, aún cuando la fuerza transformadora de la Revuelta Popular, en perspectiva, se observa y entiende que viene a la baja desde las jornadas de Octubre 2019 hasta la actualidad.

> Mantenemos la idea de un desborde que pudiera ocurrir [...]. La salida que tuvo la clase política diluyó un poco esa energía que teníamos, aunque sigue ahí, latente. La realidad es dinámica y cambiante. Nos estamos organizando (Asamblea Territorial Pudahuel Sur participante 1, 2022).

Se señala la validez y la vigencia de pensar en un "proceso destituyente" con una perspectiva destituyente, en relación a los sectores agrupados en torno al poder político burgués, sus personajes, sus representantes y sus instrumentos políticos de dominación. Esta es una mirada que quedó truncada, evidentemente, a la luz de los hechos posteriores de reflujo de la movilización popular, pero que se expresaba claramente por las asambleas territoriales estudiadas.

Divergencias en los resultados:

Por otro lado, aparece en el cruce de entrevistas determinadas divergencias, las cuales, al igual que con las coincidencias, fueron sintetizadas por el equipo investigador como las de mayor relevancia investigativa en relación a las preguntas que orientan el estudio.

Una de ellas se relaciona con el uso del voto como método de toma de decisiones al interior de la asamblea territorial, en caso de presentarse diferencias. Al respecto, algunos relatos informan que, ante la circunstancia de no alcanzar acuerdos internos como resultado del debate político, se procede a votar, primando la posición de la mayoría simple sobre el conjunto de la asamblea. Otros espacios dan cuenta de la opción prioritaria por el consenso, de manera tal que, a diferencia del método anterior, en éstos se resuelve únicamente sobre las temáticas y en los tiempos que se genere el consenso, quedando de este modo el mecanismo de toma de decisiones mediante el voto en condición de inexistente o, a lo sumo, excepcional. Mientras que otros participantes no se pronunciaron o no respondieron claramente sobre el asunto.

> Las decisiones se toman en asamblea, mediante democracia directa. Se delibera, se intenta llegar a consenso. Si existen disensos, se trata de conversar hasta llegar a un consenso. En caso de no existir [consenso], se vota [...] mayoría simple (Asamblea Territorial Pudahuel Sur participante 1, 2022).

Surge en la anterior referencia una cuestión fundamental, estratégica, relacionada con las formas de tratamiento de las diferencias al interior de una organización social. Es decir, acerca de cómo se lleva a la práctica la posibilidad de disentir, cómo se busca y se consiguen los consensos y cómo la organización conserva su unidad y cohesión, más allá de las diferencias particulares.

Otra divergencia acerca de la cual se considera relevante hacer mención, se relaciona con los métodos para abordar las problemáticas en torno a violencias machistas u otro tipo de violencias sucedidas al interior de la asamblea, así como los protocolos de resolución de conflictos internos. Al respecto, una asamblea indica que el medio que emplean para tomar decisiones es un equipo denominado “comisión de ética”, de unas cinco personas aproximadamente, nominadas al azar por el pleno de la asamblea, revocables en cualquier momento que el mismo así lo estime, quienes poseen la confianza y la atribución de deliberar acerca de un conflicto y tomar una resolución, la cual es acatada por la asamblea en su conjunto. Mientras que en el resto de las asambleas, con uno u otro matiz, dicha atribución se halla reservada para el pleno de la asamblea, no para un equipo particular al interior.

> Sí hemos tenido conflictos. Existe una comisión de ética, que es rotativa, de unas cinco personas. Entre comillas "duerme la comisión". Y cuando surge

> un conflicto, esa comisión investiga, entrevista, evacúa un informe y son esas mismas personas las que deciden, con total confianza. Esta comisión es paritaria. Son personas al azar, que van rotando cada cuatro meses (Asamblea Territorial Pudahuel Sur participante 1, 2022).

De este modo, se plantea la problemática en torno a las formas de resolución de conflictos al interior de las asambleas territoriales, en términos prácticos u operativos y en términos del sentido moral que las y los integrantes de las asambleas territoriales pretenden imprimir a sus organizaciones.

Un último nivel de divergencias registrado se liga con una característica general de las asambleas consultadas, de acuerdo a la cual las centralidades políticas, énfasis, acentos temáticos e incluso estilos, se encuentran fuertemente atravesados por las condicionantes locales y territoriales específicas de proveniencia, las cuales son distintivas unas de otras. En este sentido, se observan centralidades y enfoques del trabajo asambleario relacionados con circunstancias locales, por ejemplo, de eventos represivos de especial impacto en un territorio; o con una circunstancia territorial asociada a los efectos contaminantes de la megaindustria y la escasez hídrica; o la composición social y geográfica de una determinada comunidad habitacional, etc. Quiere decir que, más que divergencias políticas de proyecto, se destacan en este punto diversas circunstancias locales, territoriales y regionales en las cuales las asambleas existen, se desarrollan y desenvuelven precisamente con una connotación local.

> Otro momento importante fue enero del 2020, para la PSU [ex Prueba de Selección Universitaria], fue un momento fuerte. Aquí en Pudahuel Sur fue el atropello de un joven por parte de los pacos. Se organizó la población y nos activamos rápido. Por esos días también fue el asesinato del Neco, también de acá del territorio. Se visibilizó, incluso en la tele, el territorio Pudahuel Sur. Ese primer momento fue importante para afiatarnos (Asamblea Territorial Pudahuel Sur participante 2, 2022).

Se presenta un último elemento producto de los análisis de las entrevistas, que es el concepto de heterogeneidad de las asambleas territoriales, conforme a las condicionantes locales, como se acaba de explicar. A modo de resumen, se puede afirmar que las asambleas territoriales en Chile, surgidas al calor de las jornadas de protesta de octubre de 2019, son, en general: arraigadas localmente, horizontales, abiertas, masivas y no excluyentes, orientadas al control territorial local, autogestionadas, autónomas y autoconvocadas, articuladas entre sí y heterogéneas en su particularidad territorial; son, finalmente, organizaciones populares que fungen como instrumentos de canalización de fuerzas sociales y políticas transformadoras, con intencionalidad destituyente, provistas de un conjunto de elementos morales, éticos y normativos que prefiguran y proyectan un modo de organización social contrapuesto al régimen de sociedad capitalista, patriarcal y colonial dominante.

5. DISCUSIONES Y CONCLUSIONES PRELIMINARES

Un primer eje de discusión que el equipo investigador desea proponer, se vincula con el carácter político de las asambleas territoriales en el contexto histórico abordado, procurando apuntar hacia una caracterización política de acuerdo a lo entregado por las y los entrevistados. En este sentido, el equipo investigador destaca una ausencia o debilidad de discusiones y posicionamientos comunes por parte de las asambleas acerca de distintos ejes consultados en la pauta de entrevista, como por ejemplo: posición sobre las formas sistémicas de dominación capitalista, patriarcal, colonial u otras; sobre las formas de propiedad y de trabajo; sobre las visiones emancipadoras a escala global; o sobre nociones estratégicas relacionadas con el "poder popular" u otro tipo de sentidos estratégicos.

En torno a dichos ejes consultados, las y los entrevistados expresaron alguna de estas respuestas: contestaron más bien a título personal, dejando en claro que se trataba de un posicionamiento propio, no compartido necesariamente por el colectivo asambleario; enfatizaron que la asamblea lo había discutido alguna vez, pero no existían consensos; señalaron que nunca se había discutido o se había hecho muy escasamente, sin resultados claros; o la pregunta se tendió a omitir, de lo cual se podría desprender que no habría un contenido colectivo por aportar.

Acerca del punto de discusión anterior, se pueden plantear las siguientes preguntas para la reflexión: ¿En qué dimensión o grado las asambleas territoriales en Chile, en el contexto histórico estudiado, asumen proyectos políticos emancipatorios de acuerdo con una comprensión sistémica y una práctica correspondiente? ¿Cuáles son las limitaciones políticas e históricas de las organizaciones territoriales estudiadas, en cuanto a las nociones de proyectos emancipatorios? ¿Cómo entender y explicar tales limitaciones? ¿Cómo avanzar en el sentido de su superación?

En relación a las anteriores interrogantes, las asambleas territoriales sí asumen proyectos políticos emancipatorios en la dimensión de planteamientos generales, más bien abstractos, de futuro. Pero, en cuanto dichos planteamientos van adquiriendo mayores grados de concreción, de asentamiento en la materialidad, de presión o premura para transitar por un camino práctico de forma colectiva, no encuentran los consensos políticos necesarios al interior de las asambleas. En tal punto, las asambleas territoriales se topan con la situación de que no presentan las fuerzas requeridas para, como se señalaba más arriba, realizar efectivamente un ejercicio de autogestión productiva, o de control territorial, o de articulaciones populares contundentes sostenidas en el tiempo. Todas ellas son perspectivas políticas manifestadas por las y los integrantes de las asambleas territoriales, pero con un cierto grado de impotencia real, evidenciada en las correlaciones de fuerzas reales entre los sectores populares movilizados y las fuerzas de la preservación del orden social burgués.

Siguiendo esta línea de análisis, se podría plantear que las limitaciones políticas de las asambleas territoriales se ubican en la ausencia de un consenso (genérico) acerca de la revolución, de concebir una revolución, de proponerse una revolución. Es decir, en las dificultades para plantearse seriamente una revolución y, desde allí, debatir colectivamente las preguntas estratégicas pertinentes, por ejemplo, acerca de cómo se ejerce presión popular para alterar efectivamente las relaciones productivas y realizar una transformación del modelo productivo capitalista que opera en este país; cómo se materializan "procesos destituyentes" de las élites políticas y de los organismos de fuerzas represivas; o cómo se conquista autonomía real en relación con el dominio de los mercados, tanto del punto de vista del consumo como del trabajo. Entonces, sucede en la práctica que las asambleas territoriales sostienen una noción de autonomía, independencia de clase, horizontalidad, participación no excluyente, pero sin una decisión común sobre el rumbo revolucionario concreto de ese proceso del cual las asambleas son parte. En otras palabras, se manifiestan intenciones destituyentes, emancipatorias, anticapitalistas, antipatriarcales y anticoloniales, pero sin una clara decisión revolucionaria asumida de forma práctica. Así las cosas, se fue evidenciando con el paso de los meses una verdadera interrupción del desarrollo político y organizativo de las asambleas territoriales autoconvocadas.

Las y los integrantes de asambleas territoriales, los movimientos populares y los sectores de izquierda tienen el gran desafío de ampliar, masificar e instalar territorialmente los debates en torno a las concepciones revolucionarias como vía de transformación. Si aquello no está presente y no se visualiza lo suficiente por parte de los sectores populares, termina sucediendo que se expresan voluntades de cambios, relativamente coyunturales, en instancias de "estallidos", sin posibilidades de materializarse como proyecto de sociedad a largo plazo. La asamblea-canal se revela, así, como canal solo al corto plazo, como canal limitado al quehacer más inmediato (por ejemplo, de realizar protestas u otro tipo de convocatorias sociales), pero no como canal de proyecto emancipatorio.

Respecto de cómo avanzar en un sentido de superación de esas limitaciones: probablemente, realizando lecturas y balances colectivos acerca de los procesos políticos y sociales acontecidos estos últimos años en Chile, en medio de un ejercicio incesante de recomposición y reactivación popular, desde el seno de los sectores populares, en un esfuerzo de reorganización.

De lo recién esbozado para la discusión se puede desprender otro elemento de debate, el cual tiene que ver con el carácter eminentemente local de las asambleas territoriales. A propuesta del equipo investigador, se sugiere que es posible hacer alusión a una especie de dualidad característica de las asambleas territoriales, consustancial si se quiere (a lo menos en el actual contexto histórico) donde, por un lado, la dimensión de lo local constituye un potencial organizativo y posibilita una fuerza social movilizada por demandas concretas, capaz de llevar adelante labores relevantes de autogestión y autoorganización de porciones de la población en el marco de un territorio específico; al mismo tiempo que, por el otro lado, la dimensión local constituye una especie de límite, en el sentido que la mirada de la asamblea territorial, de manera predominante, no sobrepasa los márgenes de la localidad territorial y la inmediatez temporal en cuanto al alcance y la profundidad de las transformaciones proyectadas.

Es posible sugerir la pregunta, en este sentido concreto, acerca de las posibilidades y las capacidades reales de las asambleas territoriales en este contexto histórico para desarrollar e impulsar algún tipo de proyecto político de carácter más estructural, nacional, regional y globalmente hablando. ¿De qué formas avanzar de lo local hacia lo global? ¿Cuáles podrían ser las propuestas y aportes de las organizaciones territoriales para un proyecto transformador de connotaciones estructurales? ¿Cuáles son las falencias actuales? ¿Cuáles son los tramos ya caminados?

Siendo enfáticos con un problema de centro, existe una dificultad relacionada con el hecho que el carácter territorial de las asambleas se expresó como "localismo". Sería posible trascender de lo local hacia lo global si las articulaciones y redes territoriales se plantearan objetivos políticos de proyecto transformador y emancipador, a largo plazo. Pero eso no ha ocurrido en las recientes coyunturas, porque la dedicación o la mirada práctica de quienes componen las asambleas territoriales ha estado más bien concentrada en lo local, en la cuestión inmediata espacial y temporalmente, mientras que los asuntos genéricos, sistémicos, políticos en el sentido de totalidad, la verdad es que fueron delegados al poder político tradicional, a los partidos y los agentes del aparato de Estado burgués. Por eso, nuevamente, se nos presenta el desafío de vincular la perspectiva política revolucionaria, un proyecto emancipatorio, con una práctica revolucionaria concreta, que sea capaz de convocar y aglutinar de forma masiva.

Un posible plan de superación tendría relación con la conformación (hacia el mediano plazo, a lo largo de esta década) de experiencias sociales efectivas de autogestión y resolución colectiva de necesidades concretas de las comunidades, siempre en perspectiva de lucha, subversiva, destituyente, apuntando a las bases de la sociedad capitalista y patriarcal.

Las posibilidades actuales tienen que ver con la existencia de una experiencia de lucha y organizativa incorporada en el repertorio consciente de los pueblos. Con demandas populares sentidas que continúan siendo claras y vigentes para toda la clase trabajadora. Mientras que las falencias actuales, como se ha insistido, se relacionan con una falta de rumbo político común en sentido estratégico.

Finalmente, sobre la base de lo ya cuestionado y reflexionado, se propone un punto de discusión política alrededor del concepto en desarrollo de Democracia Comunal. Si se quiere preguntar acerca de si las asambleas territoriales, en el lugar y tiempo histórico abordado, se corresponden con expresiones de Democracia Comunal, debería contestarse, a juicio de quienes suscriben, que sí indudablemente. Dado que, a lo menos en la dimensión local-territorial, durante todo el tiempo que duró una coyuntura social y política sumamente intensa en el país, fueron éstas (principalmente) quienes aglutinaron socialmente a los sectores populares en conflicto con la institucionalidad política dominante, organizaron las reivindicaciones populares, sustentaron procesos de lucha y resistencia de masas y pusieron en práctica formas de autogestión territorial y acción directa. Ahora bien, junto con la anterior afirmación, corresponde asimismo interrogarse si las experiencias de Democracia Comunal, para ser consideradas como tales, requieren o no de una mirada proyectual, en el sentido de las perspectivas políticas transformadoras, más abarcadora, generalizada y sistémica que el propio radio cercano de organización territorial, orientada a conseguir como proyecto de pueblos, y no únicamente de comunidad local, la superación del sistema capitalista, patriarcal y colonial imperante. En esta segunda dimensión resaltada, debe señalarse que las asambleas territoriales en la región chilena surgidas a partir de la Revuelta Popular de 2019, han expresado experiencias incipientes y parciales de lo que podría entenderse, en términos generales, como Democracia Comunal.

Siguiendo este argumento, las nociones asociadas a la Democracia Comunal podrían contribuir a visualizar caminos históricos que sobrepasen el localismo territorial, y que brinden elementos para pensar una sociedad radicalmente opuesta al sistema capitalista, patriarcal y colonial, sobre bases sociales concretas a desarrollarse aquí y ahora, en el ejercicio organizativo de los pueblos. La Democracia Comunal sería algo así como la profundización histórica de lo que las asambleas territoriales en Chile venían construyendo y haciendo, en estos territorios del sur de Nuestra América, desde la Revuelta Popular de 2019.

Las limitaciones que se pueden apuntar de este estudio se relacionan fundamentalmente con la dimensión acotada de la muestra entrevistada (cinco participantes en total) y su ubicación reducida solamente a dos regiones del país; ambas, por lo demás, correspondientes a la zona central del mismo (Región de Valparaíso y Región Metropolitana). Posiblemente a consecuencia de lo anterior, otra limitación que podría mencionarse es la impresión producida de una relativa homogeneidad en las respuestas y los posicionamientos políticos del conjunto de voceras y voceros de asambleas territoriales consultados, lo cual, posiblemente, habría resultado menos homogéneo y más diverso en la medida que fueran entrevistadas más organizaciones territoriales, de distintas procedencias del país, con distintas experiencias a comparar.

Las proyecciones que podrían desarrollarse a partir de este estudio se siguen directamente de las limitaciones apuntadas, en el sentido de continuar la misma investigación exploratoria, con idénticas o similares preguntas orientadoras y pauta de entrevista, con un mayor volumen de asambleas abordadas a lo largo y ancho de la región chilena, recogiendo, dentro de lo posible, una mayor heterogeneidad de procedencias, experiencias, prácticas y perspectivas políticas.

Bibliografía

Abarca, I. (2020). Las asambleas populares en Chile 2019-2020: bases de la Revuelta Popular. Apuntes Críticos N° 5, Santiago de Chile, Editorial Kurü Trewa.

Albert, C y Köhler, T. (2020). Yo me organizo en la plaza: las cientos de asambleas que surgieron tras el estallido social. CIPER. Recuperado de https://ciperchile.cl/2020/02/14/yo-me-organizo-en-la-plaza-las-cientos-de-asambleas-que-surgieron-tras-el-estallido-social/

Artaza, P. (2014). De lo social a lo político en el movimiento social salitrero: el caso de la mancomunal de obreros de Iquique, 1900-1909. Concepción : Atenea N° 509.

Enríquez, M., (1972). Intervenciones de Miguel Enríquez en el foro político: “El poder popular y los comandos de trabajadores”, CEME–Archivo Chile.

Garcés, M. (2004). Los movimientos sociales populares en el Siglo XX: balance y perspectivas. Política N° 43.

Garcés, M. y Milos, P. (1983). Cuadernos de Historia Popular. Serie Historia del Movimiento Obrero, N° 1. En torno a la historia del movimiento obrero y popular, criterios de periodización. Taller Nueva Historia. Santiago: CETRA/CEAL.

Gaudichaud, F. (2004). Poder Popular y Cordones Industriales. Testimonios sobre el movimiento popular urbano chileno. 1970-1973. Santiago: LOM Ediciones.

Goicovic, I, (1996). Movimientos sociales en la encrucijada. Entre la integración y la ruptura. Viña del Mar: Última Década N° 5, CIDPA.

Goicovic, I. en Abarca, I. (2020). Contribuciones en torno a la Revuelta Popular. Santiago de Chile, Editorial Kurü Trewa.

Leiva, S, (s/f). El MIR y los Comandos Comunales: poder popular y unificación de la movilización social. CEME (Centro de Estudios Miguel Enríquez), Archivo Chile.

Moulian, T. (1994). Limitaciones de la transición a la democracia en Chile. Facultad Latinoamericana de Ciencias Sociales (Flacso), Proposiciones n° 25.

Rosas, P. en Abarca, I. (2020). Contribuciones en torno a la Revuelta Popular. Santiago de Chile, Editorial Kurü Trewa.

Silva, R. en Abarca, I. (2020). Contribuciones en torno a la Revuelta Popular. Santiago de Chile, Editorial Kurü Trewa.

Unidad Social, Universidad de Chile, Universidad Católica del Norte, Universidad de Tarapacá, Universidad de Tarapacá, Universidad Arturo Prat, Universidad de Santiago, Universidad Tecnológica Metropolitana, Universidad de Valparaíso, Universidad de Concepción, Universidad de La Frontera, Universidad de Los Lagos y Universidad Austral de Chile. (2021). Demandas prioritarias y propuestas para un Chile diferente : sistematización de 1.233 cabildos ciudadanos . Recuperado de: https://doi.org/10.34720/wk9d-dp94.

Zambrano, C; Huaiqui, V. (2020). Geo Constituyente: cabildos y asambleas autoconvocadas. La recuperación de espacio público por parte de la organización popular. Revista Planeo N° 42, Ciudades Rebeldes. Recuperado de http://revistaplaneo.cl/2020/01/08/geo-constituyente-cabildos-y-asambleas-autoconvocadas-la-recuperacion-de-espacio-publico-por-parte-de-la-organizacion-popular/

Capitulo XII

Mutualismo, investigación y control popular en la Italia de la crisis. El ejemplo del bien común 'Ex Opg Je So' Pazzo' en la construcción de la democracia comunal.

MATTEO GIARDIELLO
COSIMO PICA

1. INTRODUCCIÓN

Este capítulo pretende reflexionar sobre las posibilidades de crear y desarrollar formas de democracia comunal en un contexto occidental, como el italiano, de fuerte capitalismo avanzado. Son muchos los experimentos que los movimientos sociales y las fuerzas progresistas italianas han puesto en marcha en los últimos veinte años, dando lugar a prácticas y formas organizativas también diferentes entre sí. Sin embargo, en el marco del debate de este volumen, resulta especialmente útil examinar un ejemplo específico reciente: el de los bienes comunes en Nápoles y, concretamente, la experiencia de la Ex Opg Je So' Pazzo que, con su práctica y forma organizativa, ha sido en los últimos años el motor de la construcción de una red de bienes comunes y casas del pueblo en toda Italia. Por ello, tras un breve excurso del contexto histórico y teórico en el que se desarrolla esta experiencia, se esbozarán las principales características de la construcción de la democracia comunal implementada en el seno de la Ex Opg Je So' Pazzo, recogidas a través de la observación participante en el terreno, de entrevistas con algunos adherentes, de la revisión de fuentes bibliográficas y de la comparación con otras experiencias en el contexto italiano. En las conclusiones se explicitarán algunas cuestiones derivadas del análisis de estas experiencias sobre las formas de desarrollar en Italia un proceso antagónico al capitalismo centrado en la democracia comunal y en el concepto de poder popular visto como un fin y una praxis, como camino y objetivo de emancipación colectiva en construcción (Mazzeo, 2014).

2. EL CONTEXTO HISTÓRICO-TEÓRICO

El sistema capitalista atraviesa una crisis multifactorial objetiva que se acentúa cada vez más incluso en los contextos "occidentales" que experimentaron una relativa burbuja de prosperidad socioeconómica entre finales de los años 60 y finales de los 90, especialmente en Europa. Hoy, la crisis se presenta en la vida material de la mayoría de la población como una crisis económica, social y medioambiental. Pero no sólo eso: esto alimenta un sentimiento cotidiano de escepticismo y desafección, de crisis de los sistemas democráticos liberales tradicionales, especialmente en las clases trabajadoras. Al mismo tiempo, especialmente en Europa, parece cada vez más complejo canalizar este sentimiento hacia formas organizadas de contestación y movilización que abran el camino a la construcción de propuestas de alternativas más o menos radicales a lo existente. En este contexto, la Italia de los últimos años es un modelo ejemplar de la crisis del sistema de representación de los partidos. Las causas son diversas, pero para entenderlas es fundamental partir del fin de los partidos de masas a finales de los años 80 y 90 y del progresivo proceso de fragmentación en el que se han visto envueltos también los movimientos sociales. A pesar de que no han faltado ciclos importantes de movilización y de que siguen existiendo movimientos sociales significativos (uno de ellos es el movimiento NO TAV), seguimos asistiendo a un constante retroceso de las reivindicaciones anticapitalistas y del protagonismo popular. Esta situación plantea algunos interrogantes sobre el planteamiento ideológico y la práctica y organización de las formaciones políticas progresistas italianas, tanto si se organizan en forma de partido, como de movimiento o de partido-movimiento. Uno de ellos se refiere sobre todo a la subestimación del segundo producto del capital, como lo define Lebowitz (2015), es decir, el cambio producido en los seres humanos, en el sujeto del trabajo. La producción no es sólo de bienes y servicios, sino también de personas con valores vitales. La falta de atención hacia la construcción de una alternativa que apunte al pleno desarrollo del ser humano y su protagonismo activo ha desincentivado la proliferación de prácticas auto organizadas capaces de forjar una conciencia y una hegemonía cultural (Gramsci, 2014) que se oponga a la capitalista.

2.1. El fin de los partidos de masas y el proceso de despolitización en Italia

La crisis del sistema tradicional de partidos es un fenómeno reconocido en la literatura. Desde los años ochenta, asistimos a un fenómeno de "descongelación" progresiva de las fracturas sociales tradicionales -en particular la existente entre el capital y el trabajo, fundacional del eje derecha-izquierda- con la aparición paralela de nuevos *clivajes* (Lipset, Rokkan, 1967) y el nacimiento de sujetos políticos diferentes y de modelos organizativos inéditos. La disolución gradual del "partido de masas" dio lugar a la aparición de nuevos modelos de partido[1] y, al mismo tiempo, se desarrolló una transición de la participación "total" a la "limitada y parcial" en la vida política, lo que refleja el progresivo debilitamiento de las identidades colectivas. Estas transformaciones fueron acompañadas de una crítica radical de la propia "forma de partido" y del triunfo de la dicotomía "establishment/ antiestablishment" (o "nosotros/ellos", "pueblo/casta") característica del "llamamiento populista". Según la teoría de los tres niveles expresada por los politólogos Katz y Mair, este progresivo alejamiento de las bases ha conducido al declive del "partido en la sociedad" y al consiguiente fortalecimiento del "partido en las instituciones" (Katz y Mair, 1995).

Durante casi cincuenta años, la historia republicana italiana ha visto enfrentarse esencialmente a dos grandes partidos y tradiciones políticas: la Democracia Cristiana y el Partido Comunista. Si el campo demócrata-cristiano, aunque fragmentado y diversificado, consiguió reinventarse en el paisaje político de la llamada segunda república, el campo comunista experimentó una crisis estructural a partir del giro de la Bolognina[2]

Un acontecimiento que marcó a generaciones enteras de militantes, rompiendo en unos días todo vínculo ideológico y práctico con una tradición impresionante. Sin entrar en los méritos de tal acontecimiento, que deben buscarse no sólo dentro de las dinámicas transnacionales ligadas al fin de la Unión Soviética, sino también dentro del progresivo y al treintañal retroceso del partido hacia posiciones reformistas, lo que queremos destacar es el paso simbólico y el intento de crear un sujeto socialdemócrata en Italia en los mismos años en que las principales fuerzas socialdemócratas europeas empezaban a ser las más afectadas por el declive de los partidos de masas.

Donald Sassoon analiza con detalle este fenómeno en su "Síntomas mórbidos" (Sassoon, 2019): las fuerzas socialdemócratas, según el autor, perdieron la confianza de sus votantes porque eran evidentemente culpables no sólo de alienar a su propia base, sino también de embarcarse en políticas de *austeridad*, recortes en el bienestar y los derechos sociales,

---

1 Como el "partido de la trampa", el "partido profesional-electoral", el *partido del cártel*, el "partido populista neoliberal".

2 Este nombre se utiliza convencionalmente para referirse al 20° Congreso del Partido Comunista, que marcó su disolución el 3 de febrero de 1991.

en definitiva, de ser "pro-mercado". Estas decisiones han hecho que la socialdemocracia se perciba cada vez más como una fuerza hostil a las necesidades básicas de quienes, hasta entonces, habían sido los principales interesados:

> Así que la socialdemocracia tradicional, el tipo de socialdemocracia que había prevalecido y que había estado en el gobierno a veces durante largos períodos, fue ampliamente derrotada no sólo en Europa, sino en casi todo el mundo. Nada de esto debería ser una sorpresa. La mayoría de los partidos democráticos abrazaron una política de austeridad, permitieron el estancamiento de los salarios, el aumento de las desigualdades y privatizaron los servicios públicos hasta un punto inimaginable hace treinta años. Esto tuvo un doble efecto negativo: hizo que los neoliberales pensaran que el sector privado tenía razón al decir que el sector privado podía gestionar mejor estos servicios y, cuando quedó claro que los servicios no habían mejorado especialmente, los socialdemócratas ni siquiera pudieron decir "se lo dijimos". Permitieron que aumentara la desigualdad y no se atrevieron a grabar a los ricos beneficiarios (Sassoon, 2019, p. 97).

En este contexto, en los últimos años se han desarrollado una serie de partidos con características innovadoras en su organización, práctica política y comunicación: los "partidos del movimiento". Como también han argumentado recientemente Della Porta, Fernández, Kouki y Mosca:

> La literatura sobre los partidos políticos ha descrito, de hecho, una doble tendencia: inicialmente una apertura a la sociedad civil, con el desarrollo de partidos ideológicos de masas, pero más tarde un acercamiento gradual de los partidos a las instituciones del Estado y un desapego de la sociedad. Es en este contexto evolutivo en el que el movimiento-partido surge como una innovación, pero también adaptándose en parte a las estructuras institucionales existentes (Della Porta, Fernández, Kouki, Mosca, 2017, p.14).

En los partidos de movimiento, coexisten en la misma organización dos tipos de ideales organizativos opuestos, el del partido político y el del movimiento social, como si, en cierto sentido, la frontera entre estas dos categorías se fuera difuminando y los dos mundos se fueran contaminando mutuamente. Según el politólogo Kitschelt: "los partidos del movimiento son coaliciones de activistas políticos que provienen de los movimientos sociales y que intentan aplicar la organización y la práctica estratégica de los movimientos sociales en el ámbito de la competencia partidaria" (2006, p.280).

Los principales partidos-movimientos son Podemos en España, La France Insoumise en Francia, SYRIZA en Grecia, el Bloco de Esquerda en Portugal,

Momentum[3] en Gran Bretaña. Al margen de las dificultades objetivas, de las limitaciones e incluso de los errores de las fuerzas políticas enumeradas anteriormente, es necesario subrayar que, en este panorama de movimientos partidistas, Italia ha sido una anomalía, con el ascenso del Movimiento 5 Estrellas. Aunque tiene una estructura organizativa evidente, típica del "movimiento de partidos", ha sido considerado por varios autores como un caso aparte, ya que actúa fuera del eje tradicional "derecha-izquierda" y emplea un tipo de populismo que ha sido definido como "populismo híbrido"[4].

El Movimiento 5 Estrellas (M5S) ha intentado incorporar algunas reivindicaciones de los movimientos sociales, en temas medioambientales y de renta, por ejemplo, pero nunca ha creado una dinámica dialéctica con ellos y no ha intentado alimentar ningún proceso político constituyente destinado a crear un horizonte de alternativa radical. Aunque el éxito electoral del M5S en 2018[5] fue el resultado de una combinación de factores, con el tiempo el principal fue esencialmente su capacidad de encarnar un sentimiento de aversión a la política tradicional, pero sin articularlo en formas de participación popular y movilización social. Su llegada al poder, con su alianza con la Liga[6] durante el primer gobierno de Conte en 2018-2019, acentuó su carácter reaccionario y securitario. La formación de un nuevo gobierno, tras el fin de la alianza con la Liga, junto con el principal partido de centro-izquierda, el Partido Democrático (PD), puso fin al momento populista y marcó el giro institucional y gubernamental definitivo del M5S. Se creó así un fuerte sentimiento de decepción y desafección entre gran parte de su electorado, especialmente en el Sur, donde había legitimado su ascenso explotando ciertas propuestas sociales como la renta de ciudadanía y encarnando un sentimiento de revancha antisistema más arraigado en aquellos territorios donde las desigualdades son mayores.

---

3 El Movimiento que coordinó la campaña electoral de Jeremy Corbyn dentro del Laborismo

4 Para distinguirlo del "populismo de derechas" y del "populismo de izquierdas", a los que pertenecen las fuerzas mencionadas. Para más información en Zulianello, M. (2020).

5 Partido más votado a nivel nacional, habiendo obtenido el 32 % de los votos, fruto de un gran consenso obtenido principalmente en las regiones del sur de Italia.

6 Partido de extrema derecha que siempre ha basado su propaganda política en el racismo y la xenofobia.

El decaimiento de la anomalía del M5S, que a pesar de sus peculiares características había recuperado en cierta medida algunas de las reivindicaciones de uno de los últimos ciclos de movilización en Italia, correspondiente a la fase más aguda de la crisis iniciada en 2008 y finalizada en 2011-2012, puso también de manifiesto una cierta dificultad de arraigo y organización de los movimientos sociales en la península.

2.2. *¿Cómo alimentar la participación popular en un contexto de crisis de la movilización social? La necesidad de nuevas formas de organización*

Para entender la fase de reflujo de la participación y las movilizaciones populares en Italia, coincidiendo con un progresivo retroceso de la capacidad agregativa y propositiva de las organizaciones sociales y políticas de izquierda, creemos útil detenernos en algunas características teóricas y prácticas de los movimientos sociales.

Los movimientos sociales no son organizaciones institucionalizadas, sino redes de grupos o individuos que utilizan formas no convencionales de protesta para perseguir y obtener objetivos de cambio social y político, normalmente unidos por una identificación colectiva interna y en conflicto con una autoridad o institución concreta. Los *partidos políticos*, por su parte, son organizaciones altamente estructuradas y burocratizadas, construidas con el objetivo de obtener poder institucional para sus dirigentes (Weber, 1922), lo que en democracia implica presentarse a elecciones políticas y a cargos públicos (Sartori, 1972) .

> Los movimientos no son organizaciones. Se trata más bien de redes de relaciones entre diferentes actores, que pueden incluir o no, según las condiciones, organizaciones con una estructura formal. Del hecho de que las organizaciones individuales puedan formar parte de un movimiento social no se deduce que puedan asimilarse a éste; al contrario, el concepto de movimiento social y el de organización reflejan dos dinámicas sociales diferentes (Della Porta, Diani, 1997, p.31).

Los movimientos sociales son redes relacionales que presentan una estructura organizativa que el politólogo italiano Panebianco llamaría "institucionalización débil": una estructura con un bajo grado de burocracia y sistematicidad, es decir, una estrecha interdependencia entre las distintas partes de la organización. En este sentido, este tipo de sujeto político está más abierto a su entorno, es "menos autónomo" y más proclive a reflejar las demandas de las bases:

> la institución débil, en cambio, es una organización tan dependiente de su entorno que se ve obligada en gran medida a adaptarse a su base social y ello en dos sentidos: en el sentido de que tiende a reflejar, a reflejar mecánicamente las demandas de su base, a trasladarlas directamente al ámbito político y en el sentido de que acaba transfiriendo en su interior el sistema de desigualdades que informa su base social, que encuentra ya preempaquetado en el entorno, por así decirlo (Panebianco, 1987, p.113).

Una organización que, por tanto, también deja una relativa libertad de organización y acción a sus manifestaciones territoriales, que pueden ser atravesadas -y en el peor de los casos determinadas- por actores externos. Los movimientos sociales pretenden conseguir resultados comunes en torno a cuestiones específicas, o más bien "fracturas", por las que se movilizan. Como en el caso de la sociedad civil, se sitúan en la esfera pública y persiguen un "bien común". A diferencia de otras redes colectivas, los movimientos sociales son desafiantes, en el sentido de que sostienen en su estrategia y en su práctica un reto, un conflicto, contra un oponente predefinido (el Estado, una autoridad, el titular del poder, etc.). Pero lo que diferencia a un movimiento social de una simple protesta y revuelta aislada es su carácter duradero: su acción es extensa y no a corto plazo. En la mayoría de los casos no están institucionalizados, en el sentido de que su funcionamiento principal está fuera y en conflicto con la esfera del gobierno y la política formal. Por esta misma razón, los movimientos sociales se caracterizan por repertorios específicos de protesta, que Della Porta y Diani definen como "las principales formas de acción utilizadas por los movimientos" (Della Porta, Diani, 2006) que cambian según el contexto y las estrategias adoptadas.

Una organización con baja institucionalización se basa a nivel participativo en un "sistema de solidaridad" más que en un "sistema de intereses", es decir, en la persecución de fines compartidos por todos los participantes más que en un equilibrio de intereses particulares necesarios para la supervivencia de la organización, y por tanto está dominada por una ideología clara y evidente. El concepto de "sistema de solidaridad" forma parte de la teoría elaborada por el sociólogo Alessandro Pizzorno (1966) para describir el desarrollo de la participación política, para quien un sistema de solidaridad es "un sistema de acción en vista de la solidaridad entre los actores", que crea así una comunidad de iguales en la que coinciden los fines de los participantes, mientras que un sistema de intereses es "un sistema de acción en vista de los intereses del actor". En este tipo de organización, la participación es de tipo "movimiento social" y no, como en un partido muy institucionalizado, de tipo "profesional". Los incentivos a la participación que prevalecen son colectivos o, más bien, basados en la identidad, en lugar de materiales (es decir, recompensas tangibles, como compensaciones monetarias, patrocinio o servicios de apoyo) o de ascenso de estatus (también denominados incentivos de poder).

Como señala gran parte de la literatura, la participación política en este contexto se activa mediante dos conceptos clave para el análisis de los movimientos sociales: las redes y las identidades. Los individuos suelen implicarse en acciones colectivas a través de sus conexiones personales con personas ya implicadas: estas conexiones les ayudan a superar los innumerables obstáculos y dilemas a los que la gente suele enfrentarse a la hora de decidir si se vuelve políticamente activa. Y no sólo eso: la cantidad y el tipo de redes individuales creadas dentro del movimiento también influyen en las posibilidades de que las personas permanezcan activas durante mucho tiempo, o por el contrario reduzcan su compromiso, o lo abandonen por completo tras breves periodos. La propia naturaleza de los movimientos sociales es muy fluida y no se basa en obligaciones formales de afiliación establecidas por estatutos o reglamentos. Precisamente por ello, el tipo de movimiento social viene determinado por el tipo de redes y relaciones sociales que se establecen. De hecho, los individuos no sólo se convierten en activos en un movimiento a través de sus conexiones previas, sino que también crean nuevas conexiones: se crean así "puentes" entre diferentes entornos organizativos, vinculando, por ejemplo, las organizaciones de los movimientos sociales con actores políticos o instituciones establecidas, u organizaciones movilizadas por diferentes causas. Los vínculos resultantes de la superposición de membresías no siempre se limitan a las organizaciones: los activistas individuales de los movimientos también participan con frecuencia en prácticas contraculturales y subculturales o, como se ha observado en los últimos años, en comunidades virtuales.

La construcción de la identidad es el otro componente esencial de la acción colectiva en los movimientos sociales. Los activistas se identifican como un solo cuerpo y se ven a sí mismos como personas vinculadas por intereses, valores e historias comunes, o divididos por estos mismos factores. La identidad se elabora a menudo con referencia a rasgos sociales específicos como la clase, el género, el territorio, la etnia o la lengua. Pero, y este es un factor en el que coinciden muchos autores, el proceso de identidad colectiva no implica necesariamente la extrema homogeneidad de los actores, ni su identificación con un grupo social distinto. Por el contrario, los actores suelen identificarse con colectivos heterogéneos que no siempre son compatibles entre sí en cuestiones fundamentales. Entender y poder resolver estas tensiones entre identidades es un problema central en el análisis de la eficacia de la acción colectiva (Della Porta, Diani, 2006). Es difícil asociar la identidad con el comportamiento estratégico, porque la identidad se desarrolla y se renegocia a través de diversos procesos: conflictos entre las auto y hetero-definiciones de la realidad; diversas formas de producción simbólica, prácticas colectivas y rituales.

De este breve examen teórico se desprenden claramente tres características peculiares de los movimientos sociales: la duración en el tiempo, la necesidad de trabajar en red y la construcción de una identidad colectiva (es decir, un sentimiento común). Desde 2011, en Italia ha habido una dificultad creciente en los tres aspectos. Más allá de algunas importantes luchas y disputas locales y sectoriales (como la que se dio contra el TAV en Valsusa, los movimientos por la vivienda en las áreas metropolitanas y las huelgas de los trabajadores de la logística y los puertos) no se han establecido movimientos sociales capaces de llevar las demandas y reivindicaciones surgidas de las movilizaciones a un nivel general de reclamo. La excesiva parcelación de las distintas realidades y la falta de una coordinación sólida y estructurada son factores relevantes para el progresivo retroceso del protagonismo popular.

En este marco de crisis, ¿cómo es posible recrear procesos participativos y un sentimiento común capaz de construir una alternativa radical?

Diversas realidades políticas y sociales han conseguido abrir espacios de democracia directa y protagonismo popular a través de prácticas de mutualismo en los barrios obreros, especialmente en las áreas metropolitanas. En un contexto de crisis económica y de aislamiento, agravado por la pandemia, la solidaridad desde abajo y entre iguales ha demostrado ser una práctica capaz de poner en marcha vías de emancipación colectiva.

Nápoles ha representado, y sigue siendo, un laboratorio de resistencia y de formas de autoorganización y autogestión que desafían la hegemonía capitalista. Entre ellas, una de las más significativas es la representada por la Ex Opg Je So' Pazzo, que más que otras se ha centrado en las prácticas mutualistas como ejercicio del poder popular.

3. EXPERIENCIA COMO PROYECTO: SOLIDARIDAD, INVESTIGACIÓN Y PARTICIPACIÓN: EL EJEMPLO DE LA EX OPG JE SO' PAZZO EN NÁPOLES

Era marzo de 2015 cuando decidimos ocupar la estructura del Ex Ospedale Psichiatrico Giudiziario [Ex Hospital Psiquiátrico Judicial, Ex Opg] di Sant'Eframo di Materdei, en lo que antes se llamaba el 'asilo penal', una institución penitenciaria en la que, hasta 2008, se habían encerrado entre sus muros cientos de personas que sufrían trastornos mentales. Una estructura inmensa, abandonada y vandalizada de la que, con el tiempo, habían sacado todo: herramientas, cables eléctricos, tuberías, incluso las camas y mesas que conformaban el mobiliario de la celda. Un lugar siempre vivido por los habitantes del barrio como lejano, hostil, como "un agujero negro" incrustado en las estrechas callejuelas de Materdei. De hecho, su estructura, aunque ha cambiado de uso a lo largo de los años, siempre se ha utilizado para fines alejados del tejido social del barrio: desde el recogimiento y la meditación del monasterio, hasta los gritos y el sufrimiento del manicomio (Strauss, entrevista, 2022).

Así es como Thomas Strauss, de 59 años, alemán pero napolitano de adopción, activista de la Ex Opg y concejal del II Municipio, jefe de grupo en el Consejo Municipal del partido-movimiento Potere al Popolo, comienza su visita a las instalaciones. La presencia de activistas adheridos a Potere al Popolo es alta: de hecho, fue desde la Ex Opg que se lanzó el proyecto de un movimiento nacional en noviembre de 2017, que participó por primera vez en la contienda electoral durante las elecciones políticas italianas de marzo de 2018. Pero vayamos por orden: El Ex Opg Je So' éazzo nació así en marzo de 2015 como una ocupación realizada por un grupo de colectivos napolitanos, entre los que se encuentran el Collettivo Autorganizzato Universitario (Colectivo Universitario Autogestionado, Cau) que incluye el componente estudiantil universitario, los Clash City Workers, un colectivo de trabajadoras y trabajadores implicados en la investigación y la lucha en el lugar de trabajo, los Studenti Autorganizzati Campani (Estudiantes autoorganizados de Campania, Sac) que incorpora el componente de la escuela secundaria, y el Spazio Me-Ti, un lugar de cultura, sociabilidad y actividad política fundado unos años antes en el centro histórico de Nápoles. Tras una temporada de movilización desde abajo, en la que también participaron otras realidades de los movimientos sociales napolitanos, fue reconocido como "bien común" de la ciudad de Nápoles dentro de la Resolución 446 de 2016 (la llamada "Delibera dei Beni Comuni") emitida por la entonces junta del alcalde Luigi De Magistris junto a otros ocho centros sociales, centros políticos y culturales (como "L'Ex Asilo Filangieri", "Lido Pola", "Villa Medusa", "Scugnizzo Liberato", "La Schipa", "Santa Fede Liberata", "Il Giardino Liberato"). La Resolución 24 de 2011, por la que se incluyó la noción de "bien común" en el Estatuto de la Ciudad de Nápoles, dice:

[...] Que es voluntad de la administración de Nápoles garantizar los bienes comunes:

- como utilidades funcionales para el ejercicio de los derechos fundamentales y el libre desarrollo del individuo;

- como bienes de pertenencia colectiva y social más allá de la distinción público-privado y propiedad-gestión;
- a través de la gobernanza pública participativa;
- para un uso justo;
- para proteger a las generaciones futuras;
- proteger los bienes comunes como el agua, como condición indispensable para garantizar, a través del derecho de todos al mínimo diario, el derecho a la vida (Ayuntamiento de Nápoles, Resolución nº 24 de 22 de septiembre de 2011).

A la pregunta "¿cuáles son las actividades mutualistas, sociales y culturales que os caracterizan como bien común?", Chiara Capretti, de 32 años, también activista del Ex Opg Je So' Pazzo y concejala del II Municipio, responde:

"En estos, ya, siete años hemos acogido unas 50 actividades fijas semanales gratuitas: cursos deportivos (danza, boxeo, kung fu, pilates, yoga, meditación, escalada deportiva); una cámara laboral y una mesa jurídica a la que acuden los trabajadores que necesitan asesoramiento y que quieren reunirse para organizarse y luchar contra los despidos, el trabajo no declarado y la privación de derechos sindicales; una mesa para los inmigrantes que necesitan ayuda con el papeleo de los permisos de residencia, la gestión de las solicitudes de asilo y el acceso a la asistencia sanitaria; una escuela de italiano y cursos de idiomas. También se han creado un gabinete de escucha psicológica y psiquiátrica y un ambulatorio que se han convertido en un punto de referencia para las personas sin hogar y los inmigrantes, pero también para todos aquellos que, a pesar de llevar una vida "normal", han caído por debajo del umbral de la pobreza con la crisis, lo que demuestra que el sistema nacional de salud, por desgracia demasiado a menudo, sobre todo en el sur, no garantiza la asistencia mínima necesaria. Para luchar contra este empobrecimiento galopante, recogemos medicamentos, ropa y juguetes que, gracias a la ayuda de algunas asociaciones, distribuimos regularmente a todos los necesitados. Durante la pandemia comenzamos a distribuir paquetes de alimentos, lo que continúa hasta hoy, ¡llegando a más de 150 familias! Tenemos un centro extraescolar abierto de septiembre a junio y una guardería compartida donde las madres se ayudan mutuamente a criar a los pequeños. Además (¡porque queremos el pan, pero también las rosas!) hemos activado muchos talleres de arte, como dibujo, fotografía, pintura, teatro, talleres creativos y de manualidades para niños" (Capretti, entrevista, 2022).

Para entender la cantidad de actividad y usuarios interceptados, un ejemplo entre todos es el Ambulatorio Popular: dentro de la Ex Opg Je So' Pazzo se ha construido un verdadero ambulatorio médico gracias al trabajo voluntario y las donaciones de más de 30 médicos profesionales flanqueados por residentes y estudiantes de medicina. Por ello, el popular ambulatorio se compone actualmente de 9 mostradores de especialistas que, en días fijos de la semana, ofrecen exámenes gratuitos a quienes reservan por correo electrónico o a quienes acuden directamente al mostrador. En cada primer registro, se solicita la cumplimentación de un cuestionario, que permitirá examinar exhaustivamente el estado del paciente e identificar otros problemas sociales relacionados. La visita al Ambulatorio Popular es, por supuesto, una primera consulta médica especializada que, en los casos más graves, incluye el acompañamiento a las instalaciones hospitalarias más cercanas y la ayuda para relacionarse con los médicos de otros hospitales. Las cifras del Consultorio Popular de la Ex Opg son impresionantes: más de 2500 visitas, 40 jornadas de prevención organizadas, 873 exámenes ecográficos, 281 exámenes de especialistas, 172 exámenes nutricionales, 335 encuentros en la mesa de escucha (Ex Opg Je So' Pazzo, 2018).

4. EXPERIENCIA COMO SUJETO: EL MUTUALISMO Y LA AUTOORGANIZACIÓN DE LAS CLASES SUBALTERNAS EN LA CONSTRUCCIÓN DEL PODER POPULAR

Para entender el declive social y político de estas prácticas, utilizamos una interesante herramienta desarrollada por la Ex Opg Je so' Pazzo, el 'Manual del Mutualismo', un pequeño volumen publicado en diciembre de 2018. En este volumen, los activistas del centro social napolitano resumen su método de trabajo, explican el valor político y social del mutualismo y el control popular, y pretenden ofrecer una pequeña "caja de herramientas" para todos aquellos que quieran emprender un camino similar.

Para los activistas, declinar su propia práctica política territorial también a través del mutualismo significa, en primer lugar, iniciar un proceso de organización y construcción de actividades solidarias en respuesta a las necesidades básicas de los habitantes de la zona o la ciudad en la que trabajan: un consultorio popular, una cámara de trabajo, una oficina jurídica para inmigrantes o trabajadores, una escuela italiana, una biblioteca y sala de estudio, actividades de lucha contra la pobreza -las llamadas redes de solidaridad-, actividades deportivas, teatro popular, actividades extraescolares para niños, etc., son algunos ejemplos de las actividades que se llevan a cabo a diario en las Case Popolo (Casas del Pueblo) de forma absolutamente voluntaria y gratuita (obviamente, con peculiaridades específicas para cada zona). Estos son algunos ejemplos de las actividades que se realizan cada día en el Case del Popolo de forma absolutamente voluntaria y gratuita (obviamente con peculiaridades específicas para cada zona).

Pero, ¿qué sentido tiene invertir el tiempo de los militantes y los recursos organizativos y logísticos del movimiento en esas actividades? ¿No se corre el riesgo de caer en el mero asistencialismo como fin en sí mismo?

A esta pregunta fundamental, Strauss responde:

> No realizamos actividades sociales gratuitamente, simplemente porque somos buenos chicos y tenemos un gran corazón, cualidades sin duda morales en la sociedad actual, pero que no son suficientes para transformarla. Hemos construido prácticas de solidaridad y mutualismo para interceptar, como decíamos, a los nuestros: los trabajadores, los desempleados, el frente amplio de las clases trabajadoras del país. Por tanto, la actividad social debe entenderse no en un sentido asistencialista, para suplir las carencias del Estado, sino principalmente como una escuela de lucha (Strauss, entrevista, 2022).

La cuestión es, por tanto, comprender el valor político de este tipo de actividades, es decir, cómo se puede pasar de un nivel meramente social a uno confictual y, por tanto, político. A este respecto, Capretti añade:

> Llevar a cabo actividades mutualistas y solidarias significa en primer lugar responder a las necesidades básicas de las personas. Esto nos permite, sobre todo, "poner un parche" a los efectos nocivos que la crisis económica de 2008 provocó en el cuerpo social del país, especialmente en las clases trabajadoras: la precariedad laboral o el desempleo total han provocado una progresiva proletarización de amplias capas de la sociedad italiana, agravando las desigualdades económicas y sociales y conduciendo a un progresivo empobrecimiento. A ello se suman las políticas de recortes y privatización de grandes sectores del bienestar, por lo que una parte considerable de la población -sobre todo en el Sur y en los suburbios- no tienen acceso a servicios básicos fundamentales, como la sanidad, la educación y el derecho a la vivienda, incluso a los "no vitales", como el acceso a los servicios de cultura, deporte y ocio. Dar una primera solución de fondo a todos estos problemas significa, en primer lugar, responder a las necesidades reales del cuerpo social que se pretende representar. Se comprenderá bien que este tipo de actividad permite también recrear una comunidad, una red de referencia que combate el individualismo, la competencia y la soledad que se crea en grandes sectores de la población, organizando un arma eficaz contra la guerra entre los pobres. Es un reto importante, porque en este mundo nos enseñan todo tipo de cosas, a hacerlo solos o a sentirnos incapaces, pero nadie nos dice lo mucho más gratificante y productivo que es hacer las cosas juntos, ayudándonos unos a otros, aprendiendo unos de otros, saliendo finalmente del yo para construir un nosotros. Aquí: la política es, por encima de todo esto, una forma de autoayuda colectiva, un antídoto contra el sufrimiento (Capretti, entrevista, 2022).

La Ex Opg es, por tanto, una comunidad que experimenta con pequeñas formas de autogobierno en la zona y que consigue grandes resultados al organizarse de forma autónoma y establecer prácticas de colaboración, solidaridad y superación de la competencia. Todo este inmenso trabajo tiene también resultados inmediatos sobre la imagen y la visibilidad de la organización: la gente empieza a confiar, a ver a ese grupo concreto, al movimiento, a la Casa del Popolo, como algo creíble, fiable, competente, útil, como un punto de referencia en el territorio. Al mismo tiempo, los que normalmente son objeto, meros receptores de las decisiones políticas y que muy a menudo sufren en su piel los efectos de la crisis, la precariedad y la pobreza, se convierten en sujetos de la acción política, en protagonistas en primera persona: "Sólo los trabajadores de las ciudades y provincias, los habitantes de los territorios donde insiste el desastre ecológico y el abandono social, sólo ellos pueden describir con plena conciencia las injusticias que sufren, sólo ellos pueden contar el verdadero funcionamiento de lo público y lo privado" (Ex Opg Je So' Pazzo, 2018, p. 18).

A través de estas prácticas también es posible entender más fácilmente cuáles son las necesidades básicas de la gente o, mejor dicho, qué es lo que la gente considera prioritario y sobre lo que es posible organizar una disputa y una movilización: éste es otro resultado fundamental que sólo y únicamente puede lograrse situándose dentro de las contradicciones e intentando resolverlas. De hecho, con demasiada frecuencia, según los activistas del Ex-Opg, los movimientos, los partidos, los colectivos, han proyectado hacia el exterior lo que consideraban que eran los problemas que sentía el pueblo, pero que muchas veces no resultaban ser tales. Este último posible riesgo se conjura con la posibilidad de realizar un verdadero trabajo de investigación en los territorios, que es una de las principales herramientas de la "caja de herramientas" propuesta por el centro social napolitano. Indagar a través del contacto directo y de la actividad diaria de una clínica, de una mesa jurídica, de una mesa de residencia, significa "ser capaz de fotografiar los puntos fuertes y débiles de las clases trabajadoras, para entender así con qué tácticas empezar, quiénes son nuestros amigos y nuestros enemigos en una situación determinada, y cuáles son los componentes más dispuestos a luchar" (Strauss, 2022). La investigación utiliza herramientas de análisis cuantitativo -como cuestionarios, construcción de bases de datos, etc.- y cualitativo -basado en la observación participante, testimonios, etc.- para poder comprender la situación en el propio territorio, las relaciones entre los sectores sociales y productivos, la condición laboral, las contradicciones raciales, de género y ecológicas que se producen, los planes de intervención sobre los que intervenir y los instrumentos a poner en marcha.

Capretti añade:

> Conocer los problemas del propio territorio no significa sólo tratar de resolverlos en la propia 'isla feliz' de la Casa del Pueblo -donde a lo sumo se puede resolver esa necesidad particular para esa persona en particular-, sino que necesariamente empuja a la organización inmediata de conflictos y luchas más complejas, que se lleven a cabo con los mismos sujetos encontrados en la actividad social y que se desarrollen en varios niveles -desde el nivel local hasta un nivel más amplio de lucha nacional contra determinadas políticas, decretos, leyes, etc.-. Luchas y conflictos que también pueden conducir a victorias que no sólo refuerzan la confianza en la organización y en el método seguido, sino que son verdaderos logros para el propio sujeto (Capretti, entrevista, 2022).

En este sentido, el 'Manual del Mutualismo' relata el ejemplo de la aprobación por parte del Ayuntamiento de Nápoles de la resolución número 100, de 29 de marzo de 2018, un acto que, al modificar el reglamento de la COSAP, prevé la revocación de la concesión de la ocupación de suelo público a las empresas que empleen trabajadores no declarados. La aprobación de esta resolución es el resultado no sólo de una fuerte campaña llevada a cabo contra el trabajo no declarado por la Cámara de Trabajo Ex-Opg (que ha movilizado a numerosos trabajadores apoyándola con la Mesa Jurídica en sus denuncias contra sus empleadores), sino también del trabajo de Control Popular contra la Inspección de Trabajo.

Las prácticas de mutualismo no pretenden sustituir el papel del Estado, sino que son herramientas de lucha para lograr cambios más generales. Precisamente para ello nació la práctica del Control Popular, que se define como la "columna vertebral" del trabajo del movimiento:

> En nuestro país, a día de hoy, siguen existiendo servicios públicos esenciales, y es nuestra tarea defenderlos, vigilando su funcionamiento desde abajo, criticándolo para redefinirlo a partir de nuestra experiencia de autogobierno que reflexiona constantemente sobre nuevas soluciones, y sin aceptar nunca de forma pasiva la idea de que no hay dinero porque lo hay, pero se gasta mal, alimentando una organización ineficiente de lo público, útil sólo para justificar la intervención privada (Ex Opg Je So' Pazzo, 2018, p.20).

El control popular consiste, por tanto, en organizar equipos de ciudadanos que acudan personalmente a comprobar el funcionamiento de las instituciones, a conocer los mecanismos de decisión y nombramiento de los responsables, a vigilar el gasto y el despilfarro o la apropiación de los fondos públicos, a comprobar que se respetan realmente los derechos humanos en los distintos ámbitos y, en su caso, a denunciar una práctica o legislación errónea o lesiva para la dignidad y los derechos de las personas. Este tipo de práctica es, por tanto, una de las expresiones más fuertes de participación y voz en la vida pública desde abajo, pero también una fuerte arma de reivindicación y lucha política en muchos ámbitos: desde los Centros de Acogida Extraordinaria de Inmigrantes (CAS) hasta los hospitales y instituciones sanitarias, desde las empresas y centros de trabajo hasta los colegios electorales. Para comprender mejor las modalidades de esta práctica, tomemos el ejemplo del Control Popular en los SAC que figura en el manual: se decide un número de días dedicados al control popular de un centro de acogida específico o de una zona concreta. Se crean equipos y en cada uno de ellos hay al menos un abogado o trabajador jurídico y uno o varios mediadores lingüísticos. Cada equipo se presenta en el centro de acogida asignado (cuya lista, señalan los activistas, se publica por transparencia en el sitio web de la Prefectura) como una asociación de voluntarios que ofrece servicios gratuitos a los migrantes. Una vez que consiguen entrar, el equipo comienza a recorrer el centro, comprobando la situación del saneamiento y convocando, si es posible, una reunión plenaria en la que se intenta entender si hay casos especialmente vulnerables (mujeres, menores, enfermos) y cuáles son los problemas reales del centro. A continuación, el equipo realizará un informe de la situación del centro que, si se considera demasiado grave, desembocará necesariamente en una disputa pública y mediática para exigir una mejora de las condiciones de acogida: los activistas de la Ex-Opg subrayan que la forma más fructífera de hacerlo es una protesta externa, preferiblemente al margen de los organismos competentes -como la Prefectura-, que no sólo consiga implicar a los habitantes del lugar, sino que promueva acciones comunicativas convocando a la prensa. Finalmente, para construir un marco organizativo estable en los centros de acogida, que ayude a supervisar desde dentro y fomente el protagonismo del componente migrante, es necesario convocar una asamblea mensual con el grupo de migrantes más activo en los centros visitados, y una asamblea bi-mensual con todos los migrantes que quieran seguir el plan de lucha más general.

5. CONCLUSIONES. LA EXPERIENCIA COMO PROCESO: LA RED DE CASAS DEL PUEBLO, PARTICIPACIÓN CIUDADANA Y DEMOCRACIA COMUNAL

De la experiencia de la Ex Opg nació, en 2017, una red nacional de espacios de mutualismo y autoorganización popular, llamada “Casas del pueblo”. Un nombre no aleatorio, que retoma una de las páginas más interesantes de la historia comunista italiana, la del fuerte arraigo territorial y la capacidad de ser un punto de referencia político, social y cultural dentro de las ciudades, así como una herramienta organizativa para las clases populares.

El sentido de la red es fijarse el objetivo de unir lo que ahora está dividido para construir una alternativa radical de emancipación colectiva del sistema capitalista. Empezando por la elección del nombre, queda clara la referencia teórica al poder popular, identificado como una idea y una práctica capaz de cuestionar lo existente y crear formas de democracia directa y autoorganización. Formada en medio de la crisis de representación política y del reflujo del conflicto de clases, la red de casas populares interpretó la necesidad de combinar potencias y potestades, "poder hacer" y "poder sobre", movimientos sociales y formas de organización política.

El sentido de la emergencia de la red se basa en la asunción de que un proyecto de emancipación colectiva hoy debe superar el mito de una posible desaparición rápida del Estado y la instauración de la democracia directa en una sociedad ideal sin conflictos (Artous, 2014), sino que debe proponer vías no burocráticas y no autoritarias para democratizar radicalmente el Estado y, al mismo tiempo, "revolucionar" la sociedad, para que todos tomen y transformen el poder.

Ello supone un largo proceso de acumulación de fuerzas y de arraigo territorial, activando vías para que los sujetos subalternos se expresen y se auto-organicen. Sobre todo, significa reparar esa "confianza" entre el pueblo y la política que ahora está completamente rota. Siguiendo el ejemplo de la Ex Opg, el poder popular constituyente puede surgir del espacio territorial o vecinal, del protagonismo de quienes habitan esos lugares y quieren transformarlos. Como muestra la experiencia del barrio de Materdei en Nápoles, existe una fuerza en los territorios urbanos periféricos capaz de (re)apropiarse de los espacios de vida, generando un contrapoder colectivo que se opone al poder constituido por el Estado y las instituciones burguesas, reivindicando la horizontalidad de la democracia, la lucha contra el racismo y el patriarcado, el derecho a la ciudad y las nuevas formas de producción autogestionada.

En este sentido, la red de "Casas del Pueblo" intentó generalizar la experiencia de Nápoles y proyectarla a nivel nacional, tratando de unir realidades similares y estimular el nacimiento de otras nuevas. En la parcelación de las realidades auto gestionadas y auto organizadas en Italia, la red ha creado una coordinación de estas bases de democracia directa comunal, de estos espacios de emancipación que representan las células de poder popular constituidas desde abajo, desde la comunidad, desde el territorio, pero que aspiran a desafiar la hegemonía de los de arriba, sus instituciones y sus leyes.

La construcción de la red de "Casas del Pueblo" fue acompañada de la formación de una entidad política nacional, Potere al Popolo (PaP), un partido-movimento que intenta poner en práctica un modelo organizativo basado en la democracia directa y la participación de las bases, mediante un enfoque antiautoritario y no burocrático. El núcleo del proceso constituyente de esta nueva formación política fue el trabajo mutualista de las "Casas del Pueblo". Dos eslóganes utilizados desde los inicios de PaP delinean claramente los ejes sobre los que se mueve su praxis y su elaboración teórica: "si nadie nos representa, ahora lo hacemos nosotros" y "luchar, crear, poder popular". La primera formulación es un claro llamamiento a la autoorganización y al rechazo de la delegación, fruto de años de luchas compartidas con diversos movimientos sociales de toda la península que habían asumido el lema "que se vayan todos" contra una clase política corrupta y servil a los dictados capitalistas. Y la segunda consigna surge de la historia del MIR chileno para reconectar con las experiencias que han intentado construir formas de autoorganización y poder popular, para tomar el poder ya la vez revolucionar la sociedad.

A pesar de la importante labor de las casas populares, las prácticas mutualistas y la construcción de experimentos de democracia comunal, el PaP sigue siendo, sin embargo, un experimento en ciernes que hasta ahora no ha logrado irrumpir con fuerza en la escena nacional y derrocar las relaciones de poder y la hegemonía capitalista. No obstante, los elementos expuestos hasta ahora representan una importante novedad dentro del panorama de las organizaciones políticas de los últimos años.

Entendiendo que la revolución es un proceso que se construye día a día, será necesario analizar los acontecimientos que se desarrollarán a largo plazo para comprender el impacto de este sujeto político en el avance de las prácticas auto organizadas, del protagonismo popular y del empoderamiento de las clases subalternas. En el marco político italiano, con la crisis de representación y el reflujo de la participación activa, experiencias como la de la Ex Opg y la red de casas populares podrán crecer si siguen probando, reintentando y experimentando en un intento de allanar el camino para una alternativa radical. En palabras del pedagogo y filósofo venezolano Simón Rodríguez, "o inventamos o erramos".

Bibliografía

Artous, A., (2014). Marx, el Estado y la política, Madrid: Sylone.

Boron, A., (2013). Aristóteles en Macondo: notas sobre democracia, poder y revolución en América Latina, Valparaíso: Construyendo América.

Della Porta D., Diani, M. (1997). I movimenti sociali. Roma: Carocci editore. Social movements: an introduction (second edition), (2006), Malden: Blackwell Publishing.

Della Porta D., Fernández J., Kouki H., Mosca L.. , (2017), Movement Parties Against Austerity, Cambridge, Malden: Polity Press.

Ex Opg Je So' Pazzo, (2018). Manual de mutualismo, Bruselas: Rosa Luxemburg Stiftung.

Gramsci A., (2014). Quaderni dal carcere, Torino: Einaudi.

Harnecker, M. (2015). A World to Build: New Paths toward Twenty-First Century Socialism, Nueva York: Monthly Review Press.

Katz, R. S., y Mair, P. (1995). Modelos cambiantes de organización y democracia de partidos: el surgimiento del Partido del Cartel. Party Politics, 1(1), 5-28. Doi: 10.1177/1354068895001001001.

Kitschelt, H. (2006). Movement Parties, en Katz R. y Crotty W. (2006), Handbook of Party Politics, Londres: SAGE Publications.

Lebowitz Micheal, A., (2015). The Socialist Imperative: From Gotha to Now, Nueva York: Monthly review press.

Lipset S. M., Rokkan S. (1967). Cleavage structures, party systems, and voter alignments: an introduction, en Lipset S. M., Rokkan S. (eds.), Party Systems and Voter Alignments, pp. 1-64. New York: The Free Press.

Mazzeo, M. (2014). Introducción al poder popular. El sueño de una cosa, Santiago: Tiempo Robado editoras.

Meszaros, I. (1995). Beyond Capital Towards a Theory of Transition, Nueva York: Monthly review press.

—. (2001). The Alternative to Capital's Social Order–From the 'American Century' to the Crossroads Socialism or Barbarism, Nueva York: Monthly Review Press.

Panebianco, A. (1982). Modelli di Partito. Organizzazione e potere nei partiti politici, Bologna: Il Mulino.

Pizzorno, A. (1966). Introducción al estudio de la participación política, Quaderni di Sociologia XV, 79 | 2019

Sartori, G. (1976). *Partiti e Sistemi di Partito,* Cambridge: Cambridge University Press

Sassoon, D. (2019). Síntomas mórbidos, Milán: Garzanti.

Weber, M. (1922). *Economia e Società,* a cura di Mommsen W. J., Meyer M., Palma., Donzelli Editore.

Zulianello, M. (2020). Varieties of Populist Parties and Party Systems in Europe: From State-of-the-Art to the Application of a Novel Classification Scheme to 66 Parties in 33 Countries. Gobierno y oposición, 55(2), pp. 327-347. Doi:10.1017/gov.2019.21

Capitulo XIII

La democracia comunal y cooperativa en la COPAVI: Gestión comunitaria en una cooperativa del Movimiento Sin Tierra de Brasil.

JANAINA STROZAKE
SAMUEL ORTIZ-PÉREZ
JUDITE STRONZAKE

1. INTRODUCCIÓN

El Movimiento de trabajadores y trabajadoras rurales Sin Tierra (MST) se ha convertido en uno de los movimientos populares más importantes de la historia de Brasil y, por tanto, del mundo. Una movilización de carácter político y popular, que rescata demandas socioeconómicas centenarias de luchas campesinas y de reivindicaciones políticas (Stédile, 2002), con la finalidad de seguir construyendo una nueva sociedad, tratando de confrontar así tanta injusticia, desigualdad social y desequilibrios territoriales existentes.

La fortaleza del MST se fundamenta en su organización social y política de base para demandar legítimamente la necesidad de aplicar una reforma agraria en todo el país (MST, 1995 y MST, 2005). Ello requiere de un cambio en la estructura y propiedad de la tierra que debe ir acompañada de bienestar social, dignidad histórica y una democratización económica integral. Es decir, se aboga por un cambio en el conjunto de la cadena productiva agroalimentaria y de las relaciones de trabajo agro-industrial principalmente, aunque no sólo, sino también de una democratización mucho más ambiciosa, de todos los aspectos de la vida humana en comunidad.

Para ello, desde sus orígenes, más concretamente a partir de la década de los años noventa (Concrab, 1995), se ha ido teorizando y constituyendo un complejo sistema de cooperativas diversificadas y geográficamente distribuidas en todo el territorio brasileño, cuya acción transcendental versa sobre el impulso de una nueva educación agroproductiva, así como una forma diferente de entender el trabajo en el campo, la campesinidad, el trabajo en comunidad y la convivencia, tanto en los *assentamentos* como en los *acampamentos* del propio Movimiento (Concrab, 2000)[1]. En esta misma línea, las cooperativas del MST suponen un instrumento estratégico de gran importancia (Concrab, 1997), una palanca para tratar de desestabilizar la lógica neoliberal, sobre todo en el ámbito rural, y una alternativa de praxis socioeconómica con la finalidad de reivindicar una reforma agraria obstaculizada por los intereses del latifundio, y más actualmente, amenazada por el dominio y la invasión del agronegocio (*agribusiness*) (Concrab, 2004b).

De manera que, el ejercicio de pensar en colectivo, el hecho de trabajar de forma cooperativa, y de convivir en un espacio común supone una práctica pedagógica transformadora en sí misma, promoviendo desde la militancia política, una participación directa sobre los procesos de decisión (Ramírez, 2011), la planificación y organización productiva, en su sentido más amplio (Martínez García y Martínez-Palacios, 2019). Asimismo, se despliega un protagonismo identitario y luchador como individuos *Sem Terra*, un proceso de dignificación humana y cultural como movimiento popular en el quehacer para la comunidad, en base a un despertar de la conciencia, de la cultura y la identidad colectiva, dignificando así el trabajo histórico del campesinado, y también de lo rural. Por tanto, la práctica cooperativista bien ejercida significa, sin embargo, un proceso (socio)territorializador (Martin, 2001) de gestión comunitaria que abre un importante horizonte de posibilidades para un cambio social.

En el presente capítulo se estudia una realidad de democracia comunal y cooperativa, en base a la experiencia de la *Cooperativa de Producão Agropecuária Vitória Ltda. –COPAVI-* del *MST*, una de las más transcendentes referencias en la historia reciente del movimiento campesino. Se trata, por consiguiente, de analizar aquellos elementos de mayor relevancia vividos en el asentamiento de la cooperativa, haciendo un análisis exhaustivo de su organización sociopolítica, su organización económica productiva, desde la transversalidad de una praxis de radicalidad democrática y de participación directa (Calle, 2011). Igualmente, se establece una visión singular de la concepción del trabajo cooperativo, la propiedad común de la tierra y de la vida en comunidad, atendiendo también a las contradicciones que afloran cotidianamente en el contexto actual, entre la supervivencia o de-

---

1 Cuando la palabra movimiento aparece en mayúscula – Movimiento – se refiere al propio MST.

cadencia, entre la integración o la sumisión al capital, entre la innovación tecnológica y las aplicaciones de los saberes tradicionales.

2. EL TRABAJO COOPERATIVO COMO PRAXIS DEMOCRÁTICA COLECTIVA EN EL MST

En un contexto de violencia y conflicto por la tierra (Morissawa, 2001), la propuesta de una cooperación práctica y del cooperativismo como instrumento de transformación (Concrab, 1996) ha sido teorizada y debatida desde el principio como una estrategia de resistencia y de oposición al capitalismo (Barrera Ramírez, 2007). Igualmente, la influencia de los movimientos cristianos de base, su vínculo germinal con la Teología de Liberación, ha marcado una vocación prioritaria en el MST para la constitución generalizada de grupos colectivos, asociaciones, *mutirões* y cooperativas, asentando las bases para una cooperación integral, no sólo de la cuestión productiva. Quizás, las cooperativas productivas, las agroindustriales, representan aquellas de mayor transcendencia por su impacto económico y financiero, pero también se requiere de una ayuda mutua y de la solidaridad, o sea, una cooperación ampliada en todos los aspectos de la vida, y a todos los niveles. Esta estrategia supone la manera más eficiente y posible de dotar a las familias asentadas de condiciones materiales para una vida digna, de acceder a medios de producción a personas que no tenían nada, y de posibilitar un desarrollo socioeconómico y duradero para las familias del Movimiento.

Cinco años después de su constitución, a principios de 1989 el MST realizó el 5° Encuentro Nacional en Sumaré (SP), donde los participantes definieron, entre otras, las pautas fundamentales para las familias de los asentamientos, se compuso el himno del MST, y fue escogida la nueva "palabra de orden": "¡Ocupar, resistir, producir!", que ha representado para el MST las tres fases fundamentales de la lucha por la tierra. De modo que este proceso supone el inicio de numerosas batallas para cambiar la sociedad, viviendo de manera cooperada, más organizada y demostrando la viabilidad de alternativas socioeconómicas y de convivencia colectiva.

En este sentido, las denominadas Cooperativas de Producción Agropecuaria (CPA) del MST se presentan como "una forma superior de organización de la producción compleja (...) porque se constituye como empresa de producción colectiva, gestión colectiva y trabajos colectivos" (Concrab, 1997, p.70), en el marco de un nuevo cooperativismo, alternativo, diferente y de oposición (Concrab, 1997, p.9), que ofrece a las familias asentadas una pautas de trabajo en comunidad en base a nuevos valores y principios organizativos para la sustentabilidad de una reforma agraria popular en Brasil (Gorgen y Stédile, 1991). Sin embargo, la divulgación del trabajo en cooperativas de producción colectiva no se ha extendido de forma mayoritaria (Concrab, 2004a), aunque sí ejercen un importante papel de influencia política, social y económica en el territorio donde se hallan.

En multitud de ocasiones, el cooperativismo convencional como alternativa ha desembocado con el tiempo en grandes empresas cooperativas y corporaciones cooperativas controladas por un pequeño grupo de dirigentes y que funcionan más como un supermercado de compra y venta que como una cooperativa de trabajo colectivo. Sin embargo, Raymond Williams (2011) alerta sobre la importancia de distinguir lo que es alternativo de lo que es opositor en el modo de producción capitalista. Es decir, lo alternativo coexiste con el capitalismo, puede ser tolerado por éste y no constituye una amenaza en sí mismo; por otro lado, lo opositor se configura como elemento antagónico a esa forma de organizar y funcionar la sociedad, sufriendo constantes intentos de cooptación o aniquilación por parte de las fuerzas hegemónicas. La COPAVI, integrada completamente en el marco teórico y militante de la agroecología y de la soberanía alimentaria del MST, se erige tanto como alternativa, en sus aspectos formales, como opositora, en su carga política, crítica y potencialmente transformadora.

Las CPAs del MST, en el marco del Sistema Cooperativista dos Assentados (SCA), y más actualmente en la estrategia de una Reforma Agraria Popular, se establecen como un espacio de democratización política y económica de la producción agroalimentaria, tratando de dirimir las contradicciones y las tensiones desde la práctica, la capacitación y formación técnico-política y el trabajo cooperativo. A partir de esta coordinación colectiva y la distribución cooperada de las tareas, la participación política y financiera de las cooperativas en el propio proyecto del MST; la estrategia de cooperación y cooperativismo se asume como un desafío de primera índole para los movimientos sociales del campo, en una alianza de nuevas posibilidades democráticas participativas (Starr et al., 2011).

También, desde el MST se propone una forma sustancialmente diferencial de entender el cooperativismo, frente a las relaciones gubernamentales, las condiciones institucionales, en ocasiones cambiantes, y el cooperativismo convencional, que no tradicional, absorbido por la lógica capitalista y las políticas neoliberales. En ese propósito de construir un espacio cooperativo (Ortiz-Pérez, 2015b), radicalmente colectivizado y democrático, las cooperativas del MST aportan un interés geográfico de primer orden para el aprendizaje de otros territorios.

3. LA COPAVI: GESTIÓN COMUNITARIA EN UN ESPACIO COOPERATIVO

En la región sur de Brasil, principalmente, el MST cuenta con un importante número de cooperativas de diferente naturaleza y actividad que tratan de llevar a la realidad empírica las teorías y proyectos planteados en el *Sistema Cooperativista dos Assentados.* Entre ellas se encuentra la Cooperativa de Producción Agropecuaria Victoria Ltda. (COPAVI), localizada en el municipio de Paranacity, estado de Paraná. Se trata de una cooperativa paradigmática para el conjunto de los *Sem Terra,* basada en una trayectoria de gestión democrática, participativa y autónoma, y caracterizada por su carácter comprometido con las familias de la misma cooperativa, pero también por su singular concepción de la cooperación, de la convivencia y la solidaridad para con todo el MST.

El inicio de la ocupación de la hacienda se llevó a cabo el 19 de enero de 1993 por unas veinticinco familias, miembros del MST. Años antes se había iniciado el proceso de expropiación de esta hacienda por parte del INCRA[2], pero hasta mayo del año 1994 no se obtuvo la regularización definitiva de la tierra. Desde el primer momento se decidió adoptar un tipo de organización en cooperativa, creándose la COPAVI como una de las primeras cooperativas del Movimiento. La peculiaridad más relevante recae en que la titularidad de la tierra se adjudicó a la misma cooperativa, siendo imposible fraccionar la tierra de manera individual ni redistribuirla en lotes independientes. La propiedad de la tierra y de los medios de producción iba a quedar totalmente colectivizada y basada en los principios del SCA de los Sin Tierra, con la finalidad de mejorar las condiciones de vida de las familias, abrir un campo de posibilidades de nuevas formas de organizarse social y políticamente, y como instrumento de acción estratégica en el devenir de la reforma agraria y la lucha por la tierra (Concrab, 1996).

---

2 Instituto Nacional de Colonización y Reforma Agraria, institución gubernamental responsable de estudiar y publicar información completa sobre las tierras que se encuentran en un conflicto social en todo Brasil.

Figura 1. Mapa de localización y usos principales del Asentamiento Santa María – COPAVI.

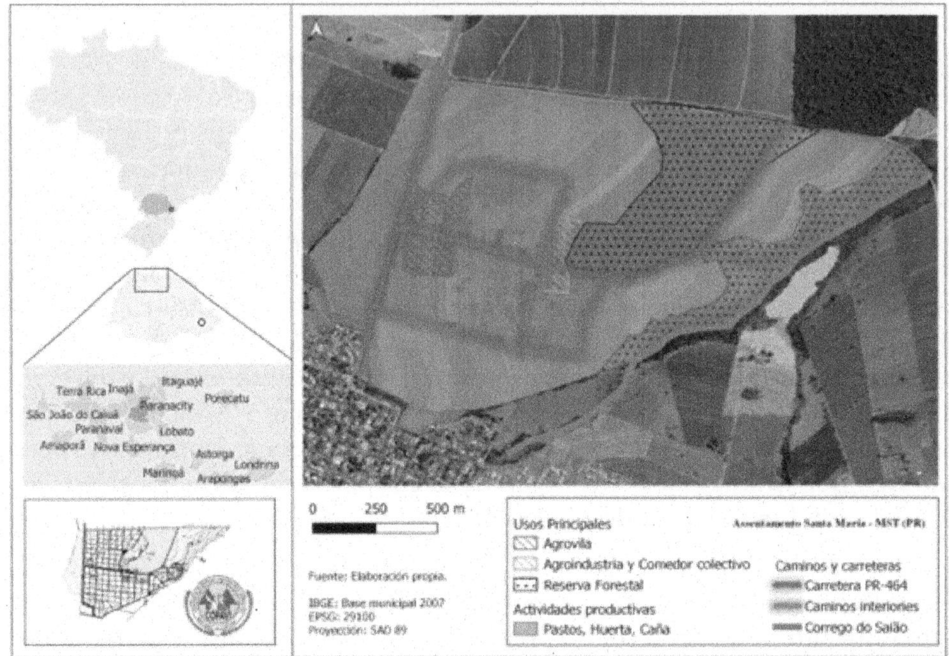

Fuente: Elaboración propia. Datos de la cooperativa COPAVI.

La COPAVI se sitúa en el *Assentamento* Santa María, en el municipio de Paranacity (PR-Brasil), localizada en el norte del estado de Paraná e integrada en la Brigada *Iraci Salete Stronzake* (Ortiz-Pérez, 2015a). Comprende un área aproximada de 256 hectáreas, que configura un único lote de tierra indivisible, en el que conviven y trabajan actualmente 23 familias, unas 83 personas, de las cuales 52 de ellas participan en los procesos productivos y de vida en cooperativa.

El espacio se encuentra completamente gestionado de manera colectiva y en su distribución se pueden identificar diferentes zonas: unas viviendas organizadas en forma de 'agrovila', con las casas y parcelas diseñadas según unos criterios y limitaciones acordadas, que representa una estructura a pequeña escala de un municipio rural; un área de recreo y de ocio (campo de juegos deportivos para el fútbol o el voleibol, zona infantil o de *ciranda*, y otros); iluminación pública, instalaciones de uso colectivo (comedor comunitario, espacio de reuniones, acceso a Internet, secretaría técnica, etc.); una extensa área para el pasto, huerta, y cultivo de caña de azúcar; una zona con una pequeña agroindustria para la producción de azúcar y derivados, y otra para la producción de lácteos y derivados, una panificadora, cada una administrada por sectores de trabajo; y, finalmente, un área protegida dedicada a la reserva forestal.

Luego, el presente estudio pasa por considerar aquellos elementos más relevantes vinculados a su organización sociopolítica, a la participación directa en la gestión de la cooperativa, a su organización socioproductiva y económica, y a la acción colectiva de los diferentes aspectos de la vida en comunidad.

3.1. Organización sociopolítica y democracia participativa

Entre las primeras condiciones para la democratización y acción autogestionada de la cooperativa se encuentra la participación directa de todos los miembros de la cooperativa (y/o del asentamiento) en la toma de decisiones, así como en una organización social horizontal, no jerárquica, basada en la autorresponsabilidad de cada persona y el compromiso con el colectivo.

Figura 2. Organigrama de la organización sociopolítica, económica y productiva de la COPAVI

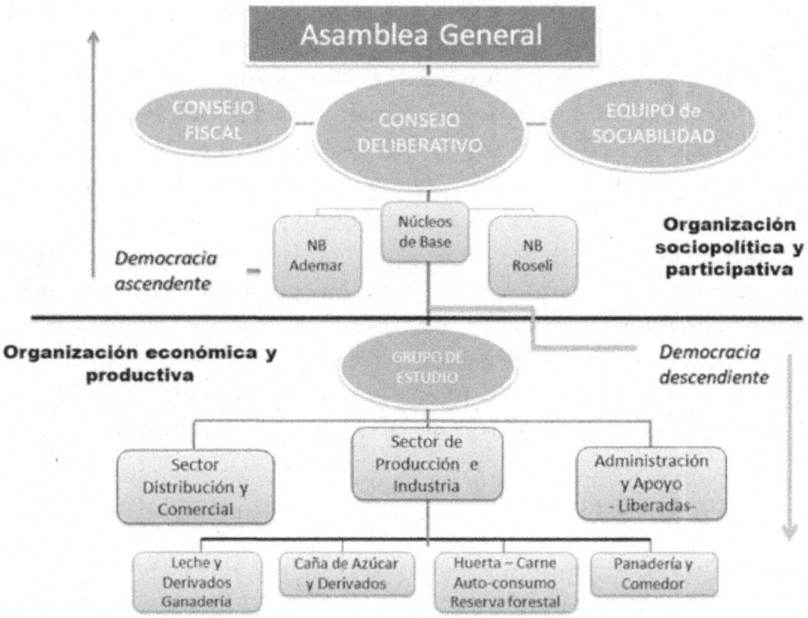

Fuente. Elaboración propia. Información de la COPAVI.

Desde el punto de vista del funcionamiento interno destaca, por un lado, una organización política, y por otro, la organización productiva (o ejecutiva) de la actividad cooperativizada. Desde esas dos perspectivas, la Asamblea General se convierte en el principal órgano colectivo de análisis y de decisión, reuniéndose, al menos, una vez al mes, y constituyéndose como un espacio de debate en comunidad, priorizando en todo momento los acuerdos por consenso.

En primera instancia, la *organización política* engloba la base social de la cooperativa, los Núcleos de Base (NB) (MST, 2003), y la coordinación general de la misma, que incluye el Consejo Deliberativo o Consejo Rector y el Consejo Fiscal. En los NB se efectúan los debates más cotidianos sobre todos los aspectos de la cooperativa, que pasan por los coordinadores de área y estudio, y posteriormente se dirimen en la Asamblea General. En ella tienen voz y voto todas las personas que conviven y trabajan en el asentamiento, o bien están asociadas a la cooperativa. La toma de decisiones no es inmediata, se trata de procesos de participación dinámicos y de discusiones continuas a través de los núcleos de base agrupados de manera plural[3]. En resumen, se establecen los mecanismos democráticos para que todas las personas que conviven en la cooperativa participen de las decisiones de la misma.

Los NB son la célula básica de la democracia en el MST y en todos sus espacios: cooperativas, asentamientos, campamentos, cursos, escuelas, etc. Son la base de la *democracia ascendente*, donde se discute todo y cualquier problema que atañe al colectivo, desde conflictos domésticos, problemas en el municipio, la política del país, en el mundo, hasta aquellas propuestas para el MST como movimiento social (Harnecker, 2002). Los NB están compuestos por grupos de entre 7 a 15 familias, o entre 5 y 10 personas en caso de los cursos en las escuelas. Cada NP está coordinado por una mujer y un hombre, de forma paritaria, que van a ejercer como coordinación colectiva del asentamiento, cooperativa, escuela, curso u otro espacio del Movimiento. Todas las demás personas miembros de un NB deben asumir tareas concretas en los sectores de actividad. En el caso de la COPAVI, los sectores de actividad se encuentran relacionados directamente con la producción de la cooperativa y a la organización y reproducción de la vida en el asentamiento.

---

[3] Ante una problemática concreta, se organizan grupos reducidos donde quedan representados todos los sectores productivos y políticos del Asentamiento. Debaten, argumentan, y acuerdan unas propuestas de actuación o soluciones. En la Asamblea general se exponen las propuestas de todos los grupos y se decide, preferentemente, por consenso.

En segundo lugar, la *organización productiva* y económica de la actividad cooperativa está compuesta por diversos sectores de trabajo: Producción Agrícola e Industria; Comercialización, Administración, Panadería, Apoyo y Servicio, que incluye el comedor colectivo, el mantenimiento de las casas y otras infraestructuras y tareas de logística, y el sector de Autosustento que cuida de la huerta, gallinas, producción de huevos, frutales, entre otras. Además, la COPAVI mantiene personas liberadas para la militancia en diferentes ámbitos del trabajo que son necesarias para el MST, los demás asentamientos y campamentos. En los sectores de actividad también se generan diferentes debates, aunque más centradas en las actividades productivas y la vida económica de la cooperativa. En estos sectores se implementan las ideas emanadas de los NB y definidas en las asambleas. Es el momento que en el MST se denomina *democracia descendiente.*

En relación también a una concepción de autogestión, como praxis democrática y de responsabilidad, es fundamental el continuo proceso de formación técnica y política, la cualificación en gestión y producción y la educación en valores cooperativos, para una elaboración eficaz de las diferentes tareas de trabajo. Otro elemento indispensable para facilitar la acción ética, democrática y participativa (Cortina, 2008) en el conjunto del proceso deliberativo de toma de decisiones es el acceso a la información, la transparencia, y la comunicación con el conjunto de la cooperativa. De modo que se deben utilizar todos los recursos a disposición que se tengan para ello, tales como lo tablones informativos del comedor, cartas, correos electrónicos, grupos de telefonía, entre otros. La información y formación crítica garantiza confianza, fluidez y dinamismo en la gobernanza de la cooperativa.

3.2. Organización socioproductiva y la distribución colectiva de tareas

En la actualidad, el trabajo se encuentra distribuido entre 83 personas, integradas en diferentes áreas de trabajo y tres líneas de producción de la cooperativa. De manera general, todas las personas con más de 14 años contribuyen de una forma u otra con las tareas establecidas en el asentamiento, y las personas asociadas a la cooperativa con más de dieciocho años aportan horas de trabajo de una ocho horas diarias, con una media de 192 horas de trabajo por persona al mes[4]. Asimismo, otra cuestión relevante es la planificación del ocio y las actividades lúdicas para los miembros de

---

[4] Datos ofrecidos directamente por la cooperativa COPAVI en enero de 2022.

la cooperativa, así como el descanso necesario como manera también de evitar la propia autoexplotación y dedicación impulsiva al trabajo. Todos los trabajadores y trabajadoras de la cooperativa tienen derecho a un tiempo de ocio determinado a la semana, y treinta días de vacaciones al año, planificadas y consensuadas, según cada sector productivo, para poder descansar sin mermar las propias exigencias del modelo productivo, como la actividad pecuaria, el corte de caña, el huerto o la agroindustria. En definitiva, el periodo de vacaciones pagadas se coordina según las necesidades y la temporada de la producción. En el caso de las mujeres, específicamente, se establece una libre elección de trabajar durante el periodo menstrual, con permisos de hasta unos tres días al mes, así como se ejerce una libertad de aportaciones de horas de trabajo durante el embarazo, mientras no sea perjudicial para la vida de ellas o de los bebés.

El trabajo se fundamenta en base a los criterios de la agroecología y la responsabilidad ambiental, la gestión orgánica de la producción, el tratamiento natural e integral del suelo, así como el cuidado de los animales y las plantas. Las técnicas agroecológicas se aplican conscientemente en base a un modelo productivo y comercial para generar productos saludables, incluyendo la búsqueda y aplicación de nuevas tecnologías dentro del campo de las técnicas (agro)ecológicas, tanto en el proceso de producción de lácteos como de la caña de azúcar, así como también con la aplicación de tecnología industrial y digital. La autogestión y democratización supone la aplicación adecuada de las técnicas más adecuadas para la mejora tanto de la productividad económica como de la vida de las personas trabajadoras y de los animales.

Los desayunos y las comidas de todas las personas de la cooperativa, incluyendo sus visitantes, es preparada por un equipo de cocina y servida colectivamente en el comedor de la cooperativa. La distribución de productos propios entre las cooperativistas (carnes de vaca, cerdo y pollo, yuca, boniato, yogurt, azúcar, panes, bizcochos, huevos, frutas, leche, queso, dulces, vegetales, y otras.) se realiza de acuerdo al número de personas en cada familia y sus necesidades. En el caso de aquellas personas responsables de las tareas administrativas o de gestión y asesoramiento, no significa que dejen de participar en el trabajo productivo con tareas más pesadas. La remuneración de la hora-trabajo varía en función de la dificultad, riesgo y conocimientos necesarios, por lo que la función mejor remunerada está en la caldera de la agroindustria de caña-de-azúcar, un trabajo de alta exigencia física y con riesgo de quemaduras, que supone empezar la jornada a las cuatro de la mañana.

El trabajo administrativo y burocrático se divide de forma que suponga una dedicación lo más eficiente posible. Además, existe un equipo cuya responsabilidad se basa en el cuidado de la vida social, el *Equipo de Sociabilidad.* Son personas escogidas en la Asamblea de la cooperativa, cuya tarea se centra en observar la participación y las relaciones sociales de todos los miembros de la misma; y si fuera necesario, tiene la capacidad de intervenir en la mediación de conflictos, promoviendo conversaciones entre las personas, contribuyendo a la resolución de los problemas internos, indicando posibles terapias, formas de integración y socialización. Véase que, desde 1998 las personas en COPAVI son acompañadas por el psicoanalista Pertti Simula, que desarrolla métodos para la gestión del conflicto en espacios de intensa convivencia entre personas que sueñan con un mundo mejor.

3.3. Independencia económica y autogestión: la superación de contradicciones

La parte más compleja y complicada de analizar es la independencia económica y la autonomía de gestión de la cooperativa, es decir, su capacidad de autogestión y viabilidad económica. De hecho, sería muy difícil encontrar cooperativas totalmente independientes y plenamente autónomas. Ello ha requerido, y todavía se requiere, un alto nivel de dedicación personal, de inversión económica y de compromiso político por parte de las personas trabajadoras del asentamiento, no sin contradicciones. En este sentido, las contradicciones representan el camino a recorrer, y suponen elementos de análisis crítico y de superación constante de las mismas con el objetivo de llevar a la práctica el programa de acción de las cooperativas y del propio movimiento de los *Sem Terra.*

Sobre la estrategia económica, ésta se sustenta en la cooperación integral de las diferentes fases productivas fundamentales: la producción, la transformación industrial, la distribución –comercialización- y, también el consumo consciente. La integración de todas las fases productivas es un objetivo que debe contribuir, al menos, a lograr progresivamente un elevado grado de integración y valoración de las diferentes tareas, teniendo en cuenta, de manera específica, la actividad económica de la cooperativa en cuestión. Atendiendo al organigrama de la COPAVI, la estructura socioeconómica se articula de la siguiente manera:

Sobre la producción agraria y pecuaria. La producción es íntegramente agroecológica, reduciendo o eliminando cualquier uso de abonos químicos o pesticidas industriales, y por supuesto, no se producen productos modificados genéticamente (OMG) ni se plantan semillas transgénicas. En la cooperativa se aplican abonos y repelentes naturales, y sirve de campo de prácticas para el aprendizaje sobre agricultura ecológica dentro de los programas de formación del MST. Si analizamos algunos ejemplos al respecto, cabe indicar que se han aplicado proyectos de repelentes naturales para garrapatas que afectaban a las vacas, basado en la aplicación de hojas de eucalipto que ellos mismos plantaban en su reserva forestal. Igualmente, los desechos de caña de azúcar se trituran y sirven para alimentar cerdos y vacas; a su vez, las heces de vaca abonan el huerto y la plantación de caña, estableciendo así una cadena productiva natural, en espiral, un proceso semejante al planteado ya en 1976 por John Seymour (2014). Es lo que el Movimiento denomina "aprender a amar la tierra", tratando así de estudiar las posibilidades que brinda la tierra, conocer su funcionamiento y aplicar este conocimiento para la obtención de productos de gran calidad y más saludables, con el fin de alcanzar su soberanía alimentaria. La cooperativa conserva una intensa actividad productiva en materia agrícola, la caña de azúcar, prioritariamente, y la agricultura en general, así como en materia ganadera para la producción de lácteos, y en segunda instancia de carne de vacuno o porcino. Cada sector productivo planifica y determina la actividad de manera autónoma pero coordinada. Una vez obtenida la materia prima, ésta se administra según las necesidades de la cooperativa, es decir, una parte pasa a la agroindustria para su transformación, otra para la comercialización exterior, o bien para el autoconsumo, pasando directamente al comedor comunitario o para las familias del asentamiento. Cabe subrayar que la huerta y la cría de animales están preferentemente dirigidas al autoabastecimiento y cobertura alimenticia de las familias, garantizando así una gran parte de sus propias necesidades.

Acerca del proceso de transformación agroindustrial y la creación de productos elaborados. La simple manipulación de la materia prima y la transformación de ésta en otro producto nuevo ya supone una primera actividad industrial, generando un valor añadido importante para cualquier actividad económica. La cooperativa ostenta una agroindustria propia para la elaboración de nuevos productos derivados de la caña de azúcar, como el azúcar *mascavo*, el melado, la *cachaça*, entre otros. Este proceso requiere de una inversión previa, capacitación técnica, 'saber hacer', infraestructura y otros insumos. Por otro lado, se produce leche fresca y derivados lácteos como queso y yogurt. La obtención de leche fresca y envasada precisa igualmente de instalaciones tecnológicas óptimas y de garantías de calidad para una seguridad alimentaria e higienización del espacio. Ambas representan la actividad productiva más importante para la cooperativa. Existe también una panadería que elabora panificados, galletas, dulces, y otras delicias gastronómicas artesanales de forma natural. Después de grandes esfuerzos y serias dificultades, gracias a las inversiones realizadas mediante la cooperación solidaria externa, la COPAVI presenta unas instalaciones adecuadas para continuar con la actividad.

Sobre la logística para la distribución y la diversificación de los canales de comercialización. Resulta relevante señalar la diversidad de posibilidades que se generan en materia de canales de distribución por parte de la cooperativa. En primer lugar, se advierte que se han establecido pequeñas dinámicas de trueque o de intercambios no monetarios de productos, bienes y servicios que atañen a la red de asentamientos y campamentos del MST, y que también se relacionan con otras cooperativas del Movimiento, escuelas de formación del MST, incluso con terceros (pequeños propietarios y comunidades de la zona). El objetivo de estos intercambios es poder garantizar una mayor oferta de productos a las familias, y el abastecimiento suficiente de la cadena productiva (caña de azúcar, por ejemplo), ya que no todos los asentamientos y cooperativas pueden producir absolutamente de todo. Se genera, en un segundo nivel, una especie de especialización productiva, de intercooperación y solidaridad entre el resto de cooperativas del Movimiento, atendiendo a sus posibilidades económicas y sus necesidades productivas, y también a su distribución geográfica. Se promueve, en este caso, una interrelación semi-comercial conjunta con otras CPAs, o CPPS/CPRS, CPS del MST, coordinadas por la Cooperativa Central (CCA), que facilita dicha integración de la comercialización y distribución a escala estadual (estado de Paraná) y Federal, es decir, en otros estados de Brasil (Ortiz-Pérez, 2015a). En este sentido, podríamos indicar que se trata de un limitado mercado interno para familias asentadas y acampadas, también para las escuelas del MST, con la finalidad de autoabastecerse de los productos elaborados por otras cooperativas, asentamientos, campamentos, o por los intercambios del MST a un precio, prácticamente, de coste.

En una tercera línea de comercialización, se encuentra la venta directa a través de mercados locales, mercadillo semanal (municipio de Paranacity), con productos de la marca COPAVI, o bien con la venta a domicilio en las áreas urbanas más cercanas, siendo que los productos de la COPAVI van directamente a las casas, entre dos y tres veces a la semana. El precio de los productos adquiere un valor agregado de un 15% sobre el coste de producción, aproximadamente, garantizando un precio bastante asequible para un producto de gran calidad, nutritivo y saludable, sin agrotóxicos ni pesticidas. Ello permite que las familias del MST se encuentren bien integradas social y políticamente en el municipio y que gocen de una gran aceptación y reconocimiento de su trabajo, por la calidad de sus productos, totalmente agroecológicos, y por la honestidad de su actividad campesina.

Como último canal, desde inicios del siglo XXI se han ido estableciendo procesos de exportación internacional de selectivos productos de la COPAVI-MST, para la venta de cachaça o el azúcar mascavo (natural), a través de canales de comercio justo y de venta en el seno de organizaciones de La Vía Campesina.

Cabe mencionar que hasta el año 2018, COPAVI participaba de los programas institucionales para abastecer a colegios, servicios municipales y estatales, como el Programa Nacional de Alimentação Escolar (PNAE) y el Programa de Aquisição de Alimentos (PAA). Sin embargo, tras la elección de Jair Bolsonaro para la presidencia de Brasil, los programas de adquisición de alimentos que estaban vinculados directamente con las comunidades campesinas para atender a grupos urbanos en situación de vulnerabilidad, hospitales, escuelas, y otros centros públicos que dependen del gobierno, están siendo drásticamente recortados[5].

Sobre el consumo consciente y responsable. En los últimos años, el consumo como acción política está siendo cada vez más reconocido, y va cobrando más interés en el propio Movimiento Sin Tierra. Desde la COPAVI, el autoconsumo y el consumo interno de productos propios del MST ha sido una línea estratégica importante, ya que abarata el coste de vida y facilita el acceso a una alimentación de calidad. Paulatinamente, desde el MST se ha ido asumiendo esta dinámica a partir de la cual van surgiendo grupos de consumo y tiendas específicas en las ciudades y municipios de todos los estados, concretamente en Paraná, como es la red *Armazém do Campo.* Queda patente que el consumo, como último eslabón en el conjunto de la cadena productiva, es esencial redirigirlo hacia un consumo responsable y político, y también cooperativo. El MST sigue impulsando una gran producción alimentaria que debe ser distribuida y consumida por las familias asentadas, comunidades rurales y por la población urbana en general, reinvirtiendo así en una mayor autonomía financiera.

3.4. Democratización económica: autonomía en la distribución de excedentes

En todo proceso productivo, tanto la organización del trabajo como la distribución de rentas sugiere un análisis más delicado y minucioso, ya que

[5] Recientemente, se está realizando un análisis sobre esta cuestión en el proceso de finalización de la tesis doctoral por parte de la autora del capítulo, Janaina Strozake, en el Programa de Doctorado Estudios sobre Desarrollo de la Universidad del País Vasco.

representa *a priori* la cuestión que genera más conflictos entre las personas. A este respecto, lo más importante, desde el punto de vista de la democracia comunitaria, es que son los socios y las socias de la cooperativa las que deciden libremente como gestionar esta distribución de la manera más justa posible atendiendo a la realidad de cada una. Es decir, no existen o no tienen por qué existir recetas mágicas generalistas. Es preciso destacar que no todas las personas del asentamiento han de ser socias de la cooperativa, particularmente no se inscriben los niños y las niñas y algunos cónyuges. De las 83 personas que viven en la *agrovila* del asentamiento, 52 personas son socias cooperadas, incluidas las personas liberadas. Sin duda, la adhesión a la cooperativa es libre y voluntaria, aunque la cooperativa establece unos requisitos mínimos (Chiariello, 2008), con una aprobación por mayoría mediante voto secreto en la asamblea. Como ya venimos señalando, la actividad cooperativa se divide en sectores productivos y son ellos los que proponen un plan de trabajo conjunto para llevar a cabo las tareas de producción y de administración de la cooperativa, atendiendo a las necesidades de cada sector (horarios de trabajo, planificación de la producción, gestión, etc.). La cooperativa adopta anualmente un presupuesto general que incluye, entre otras partidas, las retribuciones – debatidas en Asamblea -, cuyo valor por hora trabajada varía según el puesto de trabajo, su dificultad, riesgo, nivel de conocimiento, cualificación. No existen diferenciaciones de remuneración establecidas por cargos de dirección en la cooperativa. Posteriormente, se han venido ajustando éstos, de acuerdo a criterios de justicia, equidad o necesidad, introduciendo cambios e incentivos económicos correspondientes a responsabilidades asumidas o trabajos más forzados. Por ejemplo, ocasionalmente, se han aprobado incentivos económicos para aquellas personas que trabajan en el corte de caña de azúcar, aunque también se han contratado a personas externas por jornadas de trabajo, ya que requiere de un mayor esfuerzo físico y se precisa de mano de obra extraordinaria para el sector. Generalmente, no existen salarios, entendidos desde la concepción capitalista (Marx, 1975), sino un anticipo de la distribución de excedentes que se culminará al final del año en curso.

Todo ello depende de la situación coyuntural y del contexto económico en el que se encuentre la cooperativa. Por tanto, es difícil juzgar la distribución de rentas más allá de que existen los mecanismos notablemente democráticos y participativos, con la autonomía y la soberanía suficiente para decidir sobre ello. Por otro lado, es destacable el criterio rotatorio de los cargos de responsabilidad e incluso del trabajo por sectores. Es decir, se recomienda y se dan orientaciones aplicadas para que los miembros de la COPAVI no se acomoden en un solo sector, sino que aprendan a traba jar en todas las áreas productivas de la misma y se identifiquen con ellas, dentro de las posibilidades. Otro elemento a subrayar sería la oportunidad para la creatividad y la iniciativa personal para llevar a cabo un trabajo o tarea en el asentamiento-cooperativa. Todo ello fomenta un mayor sentido de pertenencia y de motivación para los trabajadores y trabajadoras. Se trata, en definitiva, de un nuevo proceso de formación social, de aprendizaje constante a través de unas relaciones de trabajo más humanas, con la autonomía suficiente para decidir colectivamente sobre la distribución de los excedentes generados por la actividad económica de la cooperativa.

Por su parte, las personas liberadas tienen una función específica de ayuda mutua y reciprocidad, y cuenta con unas 5 personas de acción militante a tiempo completo. Se encargan del asesoramiento técnico y productivo no sólo en la cooperativa sino también en otros campamentos y asentamientos del MST de la región, así como en otros estados. Aportan servicios relacionados con la inter-cooperación económica, las donaciones (ropa y comida), la solidaridad entre colectivos y movimientos sociales brasileños, y también la solidaridad internacional (en este caso con Haití o Cuba, concretamente). Algunas personas están más vinculadas a la Secretaría Regional o Estadual del MST, aunque viven en la cooperativa de la cual también están asociadas, y otras viven fuera. En muchos casos, reciben una ayuda de coste procedente de la propia Secretaría del estado de Paraná, y en consecuencia, renuncian a la retribución de la cooperativa, librando a ésta de un gasto que atribuye a otras funciones. Los esfuerzos de la cooperativa pasan paralelamente por demostrar su capacidad productiva y su rentabilidad, la eficiencia del trabajo colectivo, la eficacia y eficiencia de la agroecología, así como de las estrategias de una acción solidaria nacional e internacional. Por encima de todo destaca la voluntad de llegar al entendimiento y adoptar las medidas que satisfagan al individuo, pero más aún que beneficien al colectivo.

La cooperativa COPAVI también es fruto de la solidaridad. Una solidaridad surgida de la sociedad brasileña en su conjunto, pero también con el apoyo de organizaciones internacionales. Desde su constitución, ha sido objeto del recibimiento de ayudas de cooperación y del apoyo activista y profesional de colectivos de diferente índole: productores con semillas, auxilios de morada, combustible, trabajo, alimentos, cuidados, entre otros, así como la confianza de la vecindad del municipio de Paranacity, en otro ejemplo de interrelación campo-ciudad.

3.5. Formación técnica-política como sujeto transformador: democracia de clase

Tanto desde la cooperativa COPAVI como desde el propio Movimiento de los Sin Tierra en todo Brasil se fomenta la educación y la formación técnica y política de las familias que integran los asentamientos y campamentos del Movimiento (Fernandes y Stédile, 1999). He ahí donde emana una de las principales características y potencialidades del MST, y probablemente donde radica el fortalecimiento de su base social del presente y del futuro. Todas las personas desde la niñez son estimuladas en el estudio y la lectura (Castro Barbosa y Antero Leite (2018), siendo obligatoria la escolarización, o bien la integración en centros formativos especializados del propio MST, por ejemplo la Escola Milton Santos – EMS – en la ciudad Maringá (PR), los Institutos Agroecológicos Latinoamericanos (IALA) o en la Escuela Latinoamericana de Agroecología (ELAA) en el municipio de Lapa, cerca de la capital del estado, Curitiba (PR), sin olvidar la transcendencia que tiene para el conjunto del Movimiento la Escola Nacional Florestan Fernandes, en São Paulo (Casado Baides y Stronzake, 2016).

En suma, todas las personas tienen capacidad de decisión dentro de los parámetros estipulados, de forma que todas deben participar de la vida en comunidad de la COPAVI. Cada cual tiene sus tareas y sus responsabilidades, sin marginalización de mujeres, jóvenes o niños. Algunos miembros de la cooperativa tuvieron la oportunidad incluso de hacer viajes nacionales e internacionales en virtud del trabajo que realizaban. Esa expansión cultural seguramente no sería posible sin el trabajo colectivo en el seno del MST. Las familias asentadas ya cuentan entre sus miembros con varias personas que lograron concluir carreras universitarias, un hito impensable hasta el momento para el campesinado y los trabajadores rurales de la zona, y menos aún para las mujeres del campo (Carballo López, 2002).

De hecho, el propio movimiento en sí mismo ya constituye un sujeto pedagógico (Stronzake et al, 2002; Casado Bides y Stronzake, 2016). El proyecto escuela-cooperativa o escuela-comunidad del MST es un proyecto colectivo de formación de sujetos sociales hacia la materialización de una alternativa transformadora y real.

3.5. El devenir de una vida comunitaria y en cooperativa: antipatriarcal y anticapitalista

En la COPAVI se trabajan cotidianamente aspectos transcendentales para la vida en comunidad como el feminismo, la atención a la diversidad y otras capacidades, la libertad afectiva-sexual, la equidad entre las personas que conviven en el asentamiento, y la participación de la juventud. De la misma forma, el reparto de obligaciones se establece de acuerdo a sus condiciones físicas y psicológicas, atendiendo a la diversidad de cada cual.

De una forma pionera para el MST, existen unas relaciones muy avanzadas en materia de igualdad entre hombres y mujeres, con los mismos derechos en la práctica, ello no quiere decir que esté exenta de actitudes machistas en las relaciones de mayor intimidad o cercanas, en un contexto violentado por una cultura patriarcal arraigada en nuestra sociedad capitalista. A lo largo de sus casi 30 años, desde 1993, solamente una mujer fue presidenta de la cooperativa (2010 – 2013), sin embargo, se fomenta la paridad en la coordinación de los NB, y existe una presencia mayoritaria en el Consejo de Dirección, en funciones de tesorería, secretaria ejecutiva, y en la coordinación de sectores de actividad.

El papel de la juventud también es relevante dentro del funcionamiento de la cooperativa. Disfrutan de su propia organización juvenil dentro del asentamiento y en el seno del MST, incluso los niños y niñas gozan de su propia organización *Sem Terrinha*, encargadas de ciertas tareas en la cooperativa como la celebración de jornadas de formación para adolescentes, juegos infantiles, talleres culturales, eventos musicales, reciclaje, entre otras. En realidad, los niños y las niñas están bajo la responsabilidad de toda la comunidad cooperativa, en el que el propio colectivo debe cuidar de todas las personas de la COPAVI, independientemente de la familia a la que pertenezcan. Hay un puesto de trabajo remunerado por la cooperativa para las actividades extraescolares, y un colectivo que se ocupa de niñas y niños en las vacaciones escolares.

En consecuencia, en el contexto brasileño, la COPAVI ha supuesto para muchas familias el acceso a una serie de "lujos" que tiene mucho mérito, ya que son difícilmente accesibles para millones de familias, como es el hecho de tener trabajo y tierra para producir, tiempo para disfrutar del ocio, vivienda digna, y una relativa seguridad. La COPAVI del MST proyecta identidad y significación, lanzando un mensaje de que es posible vivir de otra manera.

Después de casi tres décadas, todas las casas de la *agrovila* tienen saneamiento instalado, agua potable en el grifo, procedente del pozo artesiano, energía eléctrica, televisor, nevera, lavadora de ropa, aparatos musicales, y más recientemente ordenadores, teléfono móvil, coche particular, que durante mucho tiempo había sido facilitado por la cooperativa como uso colectivo, que aún continua. De modo que, en la COPAVI, la cooperación, tal y como la proyecta el MST es completa, desde la fase de producción, pasando por la agroindustria, y la comercialización, incluso en las relaciones sociales de la propia comunidad o asentamiento, de manera que se podría entender como una propuesta de democracia radical comunitaria (Mouffe, 2012), o de otras posibles democracias (Sousa Santos y Mendes 2017), con una proyección no capitalista.

Por su parte, la investigación de González García (2012) indica cómo, con veinte años existencia, la COPAVI atravesaba un momento de cambio generacional no sin algunas dificultades y conflictos. En aquel momento entró en práctica el Equipo de Sociabilidad para mediar y aportar soluciones.

Otra gran aportación fue la evolución del propio MST, que en 2016 organizó el Colectivo LGBTI como parte de la organicidad interna del Movimiento, dando vida y voz a un colectivo hasta entonces silenciado. Para COPAVI significó un paso adelante en la solución de conflictos y la integración política de sujetos que se sentían muchas veces fuera de lugar. A día de hoy, 2022, en COPAVI hay siete sujetos LGBTI, todas en funciones de relevancia económica y política.

Un importante conector entre COPAVI, el MST, la Vía Campesina y otras organizaciones sociales del campo popular es la comprensión de la lucha de clases y su identificación como clase trabajadora, en el sentido discutido por E. P. Thompson (2012) y J. Strozake (2020), donde la experiencia de hacerse clase se vive en los momentos pedagógicos como las marchas, ocupaciones de latifundios, movilizaciones, trabajo productivo, reuniones, asambleas, coordinar y ser coordinado, donde la vida en el Movimiento Sin Tierra en sí misma es un proceso educativo, y la lucha de clases es el nexo material contra la explotación económica y las múltiples opresiones.

4. CONCLUSIONES

Atendiendo al análisis de organización y las prácticas desarrolladas en la COPAVI, se puede afirmar que esta cooperativa va más allá de representar una mera cooperativa de producción agroalimentaria, sino que reproduce un espacio cooperativo productivo, creativo y de convivencia, de vida en comunidad, basado en el apoyo mutuo, la cooperación y la solidaridad multidimensional, a diferentes escalas. Asimismo, la COPAVI también ha llegado a convertirse en una cooperativa de referencia ideológica y práctica, integrada en el Movimiento Sin Tierra, lo cual exige una gran responsabilidad y un fuerte compromiso político y social.

En conclusión, la construcción cotidiana de una democracia comunal y participativa, con diferentes niveles representativos, continúa siendo un desafío de primer orden para los movimientos sociales populares. Desde la COPAVI se han establecido algunas dinámicas de organización sociopolítica y productiva que alienta las posibilidades de superar las contradicciones de su propio devenir como cooperativa de producción y como espacio cooperativo democrático, constituyendo formas de acción transformadoras en aras de una emancipación humana.

La democracia solo se puede desarrollar en condiciones de igualdad económica, social, política y cultural, y todo el proceso formativo del MST y de la COPAVI busca conquistar ese horizonte. La autonomía relativa, la capacidad de autosustento, la articulación política y económica a nivel local, estatal, nacional e internacional, la formación y estudio constante, la rotación en las tareas, en especial en las tareas de dirección, son elementos imprescindibles para el ejercicio democrático en un grupo social; el cooperativismo en el MST muestra que, a pesar de muchas de las dificultades, es posible construir esa democracia comunal y efectiva.

COPAVI: 'VOCE ESTÁ EM UMA TERRA LIBERTADA'[6]

Bibliografía

Barrera Ramírez, M. (2007). Aproximación histórica al cooperativismo y su relación con la praxis desarrollada por el Movimiento de los Trabajadores Rurales Sin Tierra (MST). En Revista NERA. Núm. (10). (pp. 94-114). ISSN (1806-6755). Presidente Prudente. (SP).

Calle, A. (2011). Democracia radical. Entre Vínculos y utopías. Barcelona. Icaria.

Carballo López, M. (2002) Vem, teçamos a nossa liberdade: Mujeres líderes en el Movimiento Sin Tierra, Ceará (Brasil). Tesis Doctoral. Antropología Social, Cultural y Etnografía. Universitat Autònoma de Barcelona. "No publicada".

Casado Baides, B. (2020). Pedagogías políticas para disputar territorios. La experiencia educativa del MST. Bizkaia: Betiko.

Casado Baides, B., Stronzake, J. (2016). Los Cursos Latinoamericanos de la Escuela Nacional Florestan Fernandes del Movimiento de Trabajadores Sin Tierra de Brasil, En: Dañobeitia Ceballos, O. Experiencias de formación política en los movimientos sociales. Bilbao: Hegoa.

Castro Barbosa, G, Antero Leite, A. (2018). O Movimento Sem Terra: Uma educação para todos. V Congresso Nacional de Educação. Recife: Anais do V Conedu.

6 "Usted está en una tierra liberada" es el mensaje que la COPAVI ofrece a todas las familias asentadas y las personas visitantes cada día en el comedor comunitario.

Chiariello, C. L. (2008). Análise da gestão de cooperativas rurais tradicionais e populares: estudo de casos na Cocamar e Copavi. Disertação de Mestrado. Universidad Federal de San Carlos. São Paulo.

Concrab (2000). Assentamentos: Construir uma nova estrutura social no meio rural. En: MST. Reforma Agrária: Por um Brasil sem latifúndio! São Paulo: MST.

Concrab (1995). Perspectivas da cooperação agrícola nos assentamentos. Caderno de Cooperação Agricola, nº 4. São Paulo: MST.

Concrab (1996). Cooperativas de produção: questões práticas. Caderno de formação, nº 21, São Paulo: MST-Concrab.

Concrab (1997). Sistema Cooperativista dos Assentados. Caderno de cooperação agrícola, nº 5. pp. 76. São Paulo: MST.

Concrab (2004a). A constituição e o desenvolvimento de formas coletivas de organização e gestão do trabalho em assentamentos de reforma agrária. Caderno de cooperação agrícola, nº 11. pp. 9. São Paulo: Concrab.

Concrab (2004b). O agronegócio x agricultura familiar e a reforma agrária. pp. 103. Brasilia D. F: Concrab.

Cortina, A, (2008). Ética aplicada y democracia radical. Madrid: Tecnos.

Fernandes, B. M. y Stédile, J, P. (1999). Brava Gente. São Paulo: Editora Fundação Perseu Abramo.

González García, A. (2012). The effects of the School of Work approach in cooperative communities: a case study of COPAVI (Cooperativa de Produção Agropecuária Vitória), a sustainable community. Thesis de fin de master. School of Computing and Technology, University of East London, London.

Gorgen, A., Stédile, J. P. (Orgs.). (1991). "A Experiência do MST na Cooperação Agrícola", in Assentamentos, A Resposta Econômica da Reforma Agrária, Vozes, Petrópolis, RJ,

Harnecker, M. (2002). Sin Tierra. Construyendo Movimiento Social. Madrid: Siglo Veintiuno.

Martínez García, P., Martínez-Palacios, J. (2019). Diálogos entre la democracia participativa y la interseccionalidad. Construyendo Marcos para la justicia social. En Feminismos. Núm. (33) (pp. 13-20). ISSNe (1989-9998). Alicante: IUEG-Universidad de Alicante. Doi: doi.org/10.14198/fem.2019.33.00

Morissawa, M. (Org). (2001). A história da luta pela terra e o MST. São Paulo: Expressão Popular.

Martin, J-Y. (2001). Les Sans-Terre du Brésil. Géographie d'un mouvement socio-territorial. Paris: Harmattan.

Marx, K. (1975). "Trabajo asalariado y capital". En: Marx, K. y Engels, F.: Obras Escogidas. Madrid: Akal.

Mouffe, C. (Ed.). (2012). Dimensiones de democracia radical. Pluralismo, ciudadanía, comunidad. Buenos Aires: Prometeo Libros.

MST (1995). Programa de Reforma Agrária. Caderno de Formação nº 23. São Paulo: MST.

MST (2003). A Reforma Agrária que precisamos. Vamos debater nos núcleos de base. São Paulo: MST.

MST (2005). Marcha Nacional pela Reforma Agrária. V Mutirão nacional de formação. São Paulo: MST.

Ortiz Pérez, S. (2015). Territorialidad cooperativa y campesina del Movimiento de los Trabajadores Rurales Sin Tierra (MST) de Brasil. En Investigaciones Geográficas. Núm (64). (pp.57-72). ISSN (1989-9890) Instituto Interuniversistario de Geografía: Universidad de Alicante. DOI: https://doi.org/10.14198/INGEO2015.64.04

Ortiz Pérez, S. (2015b). Un espacio cooperativo. Soberanía alimentaria y solidaridad campesina internacionalista. Barcelona: Icaria.

Ramírez, A. (2010). Democracia participativa. La democracia participativa como profundización de la democracia. Valencia: Tirant lo Blanch.

Seymour, John (2014). La vida en el campo y el horticultor autosuficiente, Barcelona: Blume

Sousa Santos, B., Mendes, J.M. (Ed.). (2017). Demodiversidad. Imaginar nuevas posibilidades democráticas. México DF, México: Akal.

Starr, A., Martínez-Torres, M.E., Rosset, P. (2011). Participatory Democracy in Action: Practices of the Zapatistas and the Movimento Sem Terra. University of California Santa Cruz: Latin American Perspectives.

Stédile, J.P. (Coord.). (2002). A questão agraria hoje. Porto Alegre: UFRGS.

Stronzake, J., Zimmerman De Moraes, M., Moraes, I.A., Witcel, E. (2002). Pedagogia Da Terra – Turma Salete Strozake, En MST/Iterra, Pedagogia Da Terra, Veranópolis, Rio Grande Do Sul: ITERRA/MST.

Strozake, J. (2020). "A práxis do Movimento Sem Terra em diálogo com E. P. Thompson". En Gonçalves, A., Brito, L.; Vicente, L. (Coord.) Resistência Camponesa. Histórias de Teimosia e Esperança. Fortaleza: Editora Universidade Federal do Ceará.

Thompson, E. P. (2012). La formación de la clase obrera en Inglaterra. Madrid: Capitán Swing.

Williams, R. (2011). Base e superestrutura na teoria da cultura marxista, In: Cultura e Materialismo. São Paulo: Editora Unesp.

Capitulo XIV

El barrio libre de Errekaleor (País Vasco): la cultura heredada en la prácticas urbanas para la democracia comunal[1]

SAÚL CURTO-LÓPEZ
IÑAKI BARCENA HINOJAL

1. INTRODUCCIÓN

A la hora de seleccionar y analizar prácticas o dinámicas populares que guarden relación o que planteen posibilidades de desarrollo de lo que hemos denominado *Democracia comunal,* en el País Vasco nos encontramos con un amplio y rico abanico de experiencias históricas y contemporáneas. Al fin y al cabo, el concepto de *Democracia comunal* abarca una multiplicidad de prácticas y de lecturas que incluyen tanto las formas históricas de gestión comunal de recursos -con espacios de decisión y trabajos comunitarios asociados-, como todo tipo de iniciativas comunitarias (asociaciones vecinales y de barrio, gaztetxes y centros sociales), comunalistas o comunitaristas (pueblos okupados, iniciativas agroecológicas, ecoaldeas...), pasando por experiencias cooperativas de signo diverso y hasta por los procesos de lucha y resistencia revolucionaria que atraviesan la historia del país; desde antes de la dictadura franquista y contra ella, y posteriormente en el seno del llamado Movimiento Vasco de Liberación Nacional; pero también en los movimientos y agrupaciones sociales de carácter popular y autónomo, en las iniciativas de desobediencia civil o acción directa: el movimiento de okupación, las asambleas de parados y las luchas contra la exclusión social, el movimiento antimilitarista y por la insumisión, las luchas ecologistas (con el referente del movimiento anti-nuclear), el movimiento feminista o el trabajo en contra del racismo y las políticas que criminalizan la migración.

Cada una de estas experiencias de lucha y organización social, en su inmensa diversidad, alimenta y nutre el debate y la reflexión política so-

[1] Agradecimientos a Lidia Montesinos por los comentarios, recomendaciones y aportaciones que nos ha hecho para la realización de este capítulo.

bre qué es y cómo creemos que debería ser la democracia comunal, el papel activo fundamental que deberían tener las y los agentes sociales que habitan un territorio en la toma de decisiones sobre todos los aspectos que les afectan, y la forma de plantar cara al autoritarismo, a la gubernamentalidad capitalista y a la gestión empresarial y biopolítica de nuestras vidas. Evidentemente, y sin entrar en matices por cuestiones de espacio, todos estos procesos han atravesado contradicciones de muy diverso tipo, y se han enfrentado a ciertos límites en sus prácticas de lucha, incluso por diferencias internas o desacuerdos en torno a las estrategias a seguir. Por eso, siguiendo la propuesta de este libro monográfico, pensamos que el análisis crítico de este tipo de prácticas, proyectos y procesos de lucha es fundamental para pensar y construir esta idea de *democracia comunal*, indagando en las posibilidades que puede abrir la definición de un concepto compartido y transversal cuyos principios y matices se despliegan de forma diversa en cada territorio y en la materialidad de cada iniciativa concreta.

Con este objetivo general, para este artículo hemos seleccionado una experiencia que por sus características puede aportar elementos interesantes para la reflexión sobre la democracia comunal. Se trata del barrio libre de Errekaleor, una construcción barrial okupada y auto-gestionada, situada en el entorno urbano de Vitoria-Gasteiz, una ciudad con una historia propia de luchas y de prácticas de auto-organización vecinal (VV.AA., 2001; Gasteizko gaztetxea, 2018; VV.AA., 2013; Pascual, 2015; KTT, 2021). Aunque se trata de una experiencia menor dentro del espectro histórico de luchas sociales y organizaciones autónomas en el territorio vasco, el barrio de Errekaleor se ha convertido en un lugar referente de encuentro y de experimentación que ha generado reflexiones y prácticas que alimentan el debate político sobre la autonomía, la autogestión del territorio y la comunalidad.

Para analizar esta experiencia hemos utilizado una metodología de investigación cualitativa basada en la realización de 22 entrevistas formales[2] semi-estructuradas a las habitantes de Errekaleor, 26 entrevistas informales recogidas en el cuaderno de campo, observación participante en el barrio,

---

2 Las personas entrevistadas prefieren mantener el anonimato y por ello se pone exclusivamente la referencia de la persona entrevistada con letras identificativas (E1-E22). Para que la selección de la muestra suese lo más representativa posible, se buscó un equilibrio entre los siguientes criterios: edad, sexo-género, antigüedad en el proyecto, perfiles ideológicos, territorios de procedencia.

un grupo de discusión[3] (GD) sobre el poder barrial y análisis de documentación de carácter público e interno. La investigación[4] se ha desarrollado desde verano de 2019 hasta el verano de 2021.

1.1. Un apunte sobre "lo comunal" en Euskal Herria

Errekaleor conjuga aspectos de la cultura política radical y contestataria vasca con elementos de la cultura comunal rural que se ha desarrollado históricamente en Euskal Herria (y también en otros lugares del Estado español y de Europa) y que pervive en concejos y municipios de Araba y Nafarroa especialmente, tanto para la gestión agrícola y ganadera como para el trabajo forestal (Montesinos 2013; Algarra 2015; Contreras y Chamoux 1996; Gastón 2010; Pescador 2021; Lana Beasain, Iriarte Goñi, De la Torre...). Aunque los vínculos entre quienes mantienen estas prácticas y las iniciativas políticas contemporáneas son débiles en la práctica, la referencialidad y centralidad de conceptos y elementos como la asamblea o junta vecinal (*batzarre*) (Sastre 2013, 2018), el trabajo comunitario (*auzolan*) (Mitxeltorena 2011) o las redes de reciprocidad y apoyo mutuo en estos proyectos políticos ha ido creciendo en las últimas décadas, y se consideran aspectos culturales propios que pueden servir como herramientas de resistencia y de construcción de otras formas de vida (Vera y Madina 2012; Nabarralde...; Montesinos y Campanera 2017). La relación entre estas culturas comunales y la cultura cooperativa ya fue analizada en el contexto de las luchas políticas de los 70 y 80 (Zulaika, 1990), mostrando sus limitaciones; y se encuentran referencias en la documentación política de la época que no podemos referenciar aquí por cuestiones de espacio. Aún así, el cruce entre ambas culturas sigue interesando a distintos colectivos e iniciativas políticas en Euskal Herria (Auzolan Institutua, Biltzarre, Euskal Herritarron Biltzarren Elkargoa...), y es sin duda un elemento de interés para la democracia comunal. La adaptación de estas instituciones a contextos urbanos como el de Errekaleor es interesante para las prácticas de democracia comunal en el País Vasco ya que más del 60% de la población se acumula en zonas urbanas.

---

3 En el grupo de discusión participaron 8 personas diferentes de las entrevistadas para ampliar la muestra, se siguieron los mismos criterios de selección.

4 Este artículo forma parte de un proyecto de investigación doctoral financiado por una beca FPU 2017 del Ministerio de Educación español.

Desde el punto de vista histórico, se ha estudiado y documentado la gestión comunal de tierras, los concejos abiertos o *batzarres*, la gestión colectiva de otros recursos naturales (agua, bosques, molinos...), la organización de trabajos comunitarios o *auzolanak*, las prácticas colectivas políticas y económicas reguladas por el derecho pirenaico o el derecho consuetudinario en esta zona, concejos, batzarres...[5] (VV.AA., 2020; Ajangiz, 2015, Egin Ayllu, 2013; García Espín, 2021). Esta tendencia a relacionar lo histórico, su reinvención y apropiación, tiene un carácter a veces idealizado o esencialista de estas concepciones, pero que tiene predicamento, y también su traducción o desarrollo en ámbitos políticos donde no miran tanto al pasado aunque sí les sirve para legitimarse o fortalecer sus concepciones, tener modelos. Identificación con lo propio, lo vasco, lo popular, tradicional, pre-capitalista...

En esta línea, en el I Congreso Demokrazia komunal se organizó la mesa redonda titulada *La cultura comunal heredada en los procesos actuales* (coordinada por Lidia Montesinos) cuyo objetivo era conectar la cultura comunal "tradicional" y las instituciones que de ella perviven con procesos y experiencias de autoorganización y autogestión contemporáneas. Debatir y analizar, desde puntos de vista y experiencias diferentes, los límites y potencialidades de las instituciones históricas para impulsar o enriquecer los procesos actuales de lucha. Participaron colectivos y asociaciones que están trabajando *en* o *con* comunidades locales que mantienen vivas formas de decisión o gestión comunal, que custodian bienes comunales o que promueven prácticas comunitarias para vida en común desde el ámbito rural o de subsistencia. Los *batzarres* del Baztan, *Stop al expolio* de los comunales (contra la ley Montoro y la desaparición de las entidades menores), Asociación Iniciativa comunales (de ámbito estatal, con presencia en Nafarroa), el pueblo okupado y ekoaldea de Lakabe. Pero también *Araba Bizirik* y las iniciativas en contra del estractivismo y los proyectos de transición energética: Jornada Nuevos comunalismos frente al colapso ecosocial (Almazán). Estos debates y cruces siguen abiertos y en experimentación.

2. CONTEXTO SOCIO-HISTÓRICO DE LA EXPERIENCIA

Errekaleor no se puede entender sin comprender la historia de lucha vecinal y popular de Vitoria-Gasteiz, sin contextualizarlo en el tiempo y el

---

5 El derecho pirenaico es una denominación que se crea para nombrar el derecho consuetudinario que se considera común en la zona del Pirineo.

espacio. En este sentido, como ya hemos apuntado antes, cabe destacar la recuperación y reivindicación que se ha hecho de las Vecindades Vitorianas y sus concejos abiertos, formas históricas de gestión comunitaria de los barrios de la ciudad (Ajangiz, 2015, Egin Ayllu, 2013; García Espín, 2021), de las luchas obreras de la segunda mitad del siglo XX, con amplias movilizaciones por parte de organizaciones de trabajadoras y trabajadores (VV. AA., 2001), o de las dinámicas de los movimientos populares y contestatarios que se desarrollan desde los años 80 hasta nuestros días con distintas intensidades. En las últimas décadas, experiencias como la de la radio libre Hala Bedi (VV.AA., 2013), el movimiento en torno al Gaztetxe de la ciudad (Gasteizko gaztetxea, 2018), algunas asociaciones vecinales o el movimiento estudiantil y feminista, han generado una red de prácticas y experiencias que han sido la base para iniciativas como la de Errekaleor. De hecho, la okupación del barrio comienza en septiembre de 2013, en el contexto post-crisis económica de 2008, un momento en el que se desarrollan fuertes luchas en el seno del movimiento estudiantil y por la necesidad de espacios para la juventud como consecuencia de la dinámica popular que se desarrollaba en la ciudad. Es por esto que el factor espacial es fundamental en Errekalor, nace por la necesidad de recuperar espacios para la juventud para desarrollar formas de vida alternativas y espacios desde los cuales crear contra-cultura. Ese espacio se ha ocupado y tomado para ponerlo al servicio de la comunidad y de un proyecto transformador. Además de facilitar el acceso a la vivienda de manera comunitaria o de manera individual, en el barrio se organizan los espacios para el uso comunitario y social. En Errekaleor se ejerce el control del espacio por parte de la asamblea, en la cual se decide cómo gestionarlo. Así se ven como "una comunidad en un espacio territorial barrial que tiene capacidad y poder de definirse, gestionarse y organizarse a sí mismo soberanamente" (E11).

3. EL BARRIO LIBRE DE ERREKALEOR

Errekaleor Auzo Askea (Barrio Libre) es un barrio okupado situado en las afueras de la ciudad de Vitoria-Gasteiz. Fue construido en la década de 1950, como parte de la expansión industrial de la ciudad para albergar a las y los trabajadores que venían desde otras ciudades del Estado español. En 2002, el Ayuntamiento de la ciudad propuso la demolición del barrio para la construcción de un parque, lo que implicaba realojar a las y los vecinos en barrios colindantes (E5). Para 2013 la mayoría de las vecinas ya estaban fuera del barrio y fue entonces cuando varias estudiantes de la Universidad Vasca, que tiene el Campus cerca, comenzaron a okupar el barrio poco a poco. Actualmente lo habitan más de 120 personas que desarrollan un proyecto colectivo alternativo que busca generar formas de vida comunitaria. El barrio consta de 16 bloques, 32 portales, 192 viviendas, tres plazas, un frontón, un Gaztetxe, un cine, un bar y una casa de cultura (con ludoteca, biblioteca, imprenta popular y comedor comunitario), y varias hectáreas de terreno dedicadas a huertas comunitarias, pistas para bicicletas, árboles frutales, gallinero o espacios de esparcimiento.

El espacio del barrio es una de sus grandes potencialidades: es urbano, pero a la vez tiene grandes terrenos "que también le da una caracteríscta rural" (E9). El espacio es la base del proyecto, porque el proyecto se desarrolla con y en el espacio: "vives en el espacio, trabajas en el espacio, lloras en el espacio, construyes el espacio, y de esa manera hay una apropiación y una configuración del mismo (...) tu casa es todo el barrio, no sólo la casa. El espacio más allá de las casa también es tu espacio y se decide sobre el espacio" (E13). El espacio es organizado y desarrollado para usos colectivos en el desarrollo de la vida material y relacional. Así, la casa de cultura alberga varios espacios comunitarios como son el proyecto de la imprenta popular, la biblioteca, el *goxo-gune*, una ludoteca para los menores y el comedor comunitario. En el barrio existen dos plazas, un espacio chill-out, y otros espacios con bancos y sillas pensados para relacionarse. Hay un campo para jugar al fútbol y se han creado unas pistas para hacer saltos con bicicletas y patines. En el frontón del barrio se desarrolla el proyecto del gimnasio popular y talleres deportivos. Y en las tierras de alrededor del barrio se organizan y desarrollan las huertas comunitarias, utilizadas tanto por grupos de vecinas del barrio como por grupos de personas de fuera del barrio. Las huertas comunitarias son espacios donde la gente utiliza la tierra de manera colectiva para plantar plantas y alimentos. De hecho, tanto las huertas, como el gimnasio popular, así como las pistas de bicis cuentan con una asamblea propia auto-organizada que gestiona y decide sobre ese espacio, y que sirve como vehículo para que gente de fuera del barrio no sólo utilice el barrio sino que se apropie de él de manera activa convirtiéndose en actor protagonista del espacio, que lo hagan suyo" (E9).

3.1. Errekaleor Bizirik!: el proyecto de un barrio libre

Errekaleor forma parte de la "ciudad alternativa" que se viene prefigurando en la práctica social de diferentes movimientos de Vitoria-Gasteiz en las últimas décadas, tanto asociaciones vecinales, asambleas juveniles, como la radio comunitaria, colectivos feministas, antimilitaristas o ecologistas, en cuanto que "apunta hacia un significado urbano que representa la alternativa a la ciudad que surge de los intereses y valores de la clase dominante". Esa ciudad alternativa se va manifestando mediante "una red de comunidades culturales definida por el tiempo y el espacio, autogestionada políticamente con miras a la maximización del valor de uso para sus residentes" (Castells, 1986: 432). En este sentido, en el barrio se desarrolla una cierta ética de la emancipación (E1; E5), pues los planteamientos sociopolíticos de su asamblea general se basan en la construcción de un modelo social que apunte a la superación de diferentes opresiones: género, clase o raza (E7). Con estos objetivos, se han promovido diferentes debates en torno a ámbitos tan diversos como la utilización del idioma, los micro machismos, el funcionamiento asambleario, el antiespecismo o la producción.

Las y los habitantes de Errekaleor definen el barrio como "un proyecto diverso, tanto a las participantes como a la forma de ver la política" siendo a su vez "un proyecto que reúne en su interior otros muchos proyectos más pequeños y formas de hacer diferentes", y en ese sentido "no hay una única sóla línea política común y fuerte, sino que existen diferentes bases compartidas pero que luego se viven y experimentan de diferentes maneras" pero con la intencionalidad de "buscar formas de vida que no sean capitalistas" (E8). Es un proyecto que "tiene la recuperación del espacio como base, tanto de viviendas como de hectáreas de tierra" que pone "de manera colectiva diferentes proyectos y dinámicas en marcha para responder a las necesidades materiales del momento" pero también "para la revolución social" (E9). En las entrevistas realizadas, muchas protagonistas hacen referencia a los cinco puntos que definen el proyecto y que se acordaron de forma colectiva hace unos años: el asamblearismo, la autogestión, el anticapitalismo, el feminismo y el euskera. Pero además de esos puntos también se subrayan otros aspectos como el *auzolan*, la okupación, la asamblea y las redes, escuela política, trabajo, vida digna, respeto, cuidado mutuo, fusión de práctica y teória, compromiso colectivo, defensa del territorio, camino compartido, deconstrucción del individualismo, colectivización, interseccionalidad, herramientas para transformar la sociedad, deseo, aumentar la autogestión, modos no normativos de relacionarse, amor, exportable a otras experiencias, familia, guerra con el sistema, semilla de otra sociedad, revolución, autonomía, tomar en consideración el trabajo de otrxs, sinceridad, auto-organización, comunicación transparente, donar-dar un mínimo de tiempo al barrio, red, proyecto para unir el movimiento popular, aprendizajes de la lucha colectiva, conciencia, decisiones colectivas, ofensiva, (GD, 2020).

La mayoría de personas entrevistadas remarcan el atractivo y la potencialidad de Errekaleor; la intención de poner en marcha nuevas formas de vida fuera de las lógicas del capitalismo patriarcal. Se rechaza "el modelo de la economía de mercado, las relaciones mercantiles, las dependencia económica, así como la democracia representativa". Por ello, sus habitantes defienden que "el objetivo del proyecto es la construcción de formas de vida no capitalistas y alternativas al sistema, incluso llegando a un punto que demuestre que es posible" (E5). Se apuesta por habitar el espacio desde una perspectiva social que prefigure un modelo y dibuje formas de vida emancipadoras o alternativas a lo existente. Estas formas de vida se basan tanto en el aspecto relacional entres las personas que conforman la comunidad de vida en el barrio, como en el aspecto material para el desarrollo de la vida de la comunidad (organización social, vivienda, espacios colectivos para ocio y deporte, comida, o energía).

Desde esas dos vertientes se impulsa la idea de emancipación ante las limitaciones, opresiones y dependencias del sistema. Se intenta superar la dependencia material y económica para el desarrollo de la vida (vivienda, luz, comida, etc), así como poner en marcha nuevas formas de relacionarse entre la vecindad primando los valores de apoyo mutuo, solidaridad y cooperación frente al individualismo y el todos contra todos. Además, en sus diferentes espacios formales e informales ponen en cuestión las relaciones de poder que se dan en el barrio, generando dinámicas de autocrítica y herramientas colectivas-personales para la toma de conciencia sobre cómo operan en las dinámicas internas. Como veremos luego, en el barrio se habla de la experimentación con nuevas forma de sociedad basadas en una ética colectiva de emancipación para superar las diferentes "formas de opresión que atraviesan nuestras vidas" (E7). No obstante, diferentes personas remarcan la necesidad de definir mejor el proyecto común del barrio y, para ello, en el último año se está tratando de profundizar en la definición del proyecto, para buscar un horizonte comunitario más definido, "una especie de plan estratégico colectivo" (E14).

Respecto a ***la organización, el modelo de gestión y su contenido***, uno de los pilares del proyecto desde sus inicios es la idea de ***autogestión***. Aunque hoy por hoy no existen en el barrio proyectos productivos que rompan con la dependencia respecto al trabajo asalariado ("aunque se está intentando plantear un modelo de vida alternativo, la mayoría de las personas que vivimos aquí tenemos que recurrir a trabajar fuera por un sueldo como la mayoría de la sociedad" (E9), existe una posición colectiva práctica hacia la gestión colectiva tanto del espacio como de los recursos materiales.

> ...es un proyecto basado en la autogestión, en busca de un modo de vida diferente y que intenta crear instrumentos para resolver las necesidades mínimas para vivir, vivienda, alimentación, una comunidad social, espacio... (...) donde las decisiones sobre el espacio y la forma de vida que se desarrolla están

> en nuestras manos, y no en ningún otro lugar. Intentar ser dueñas de nuestra soberanía en los ámbitos importantes de la vida (E2).

Esta idea de autogestión se desarrolla en diferentes escalas y ámbitos. Por ejemplo, la asamblea gestiona de manera directa todos los aspectos relacionados con el barrio, tanto espaciales como culturales, económicos, políticos y relacionales. Por otro lado, la asignación de las viviendas y la gestión de las obras para acondicionarlas se lleva a cabo de manera autogestionada, y en muchos casos con altas cotas de trabajo comunitario y trasvase de conocimiento colectivo. Además, el barrio es autosuficiente energéticamente, pues se abastece de electricidad producida con placas solares, y hoy en día es la isla energética autosuficiente más grande de todo el País Vasco (Jara, 2018). Además, el barrio organiza y gestiona los recursos económicos y materiales necesarios para sustentar el proyecto, buscando la autosuficiencia económica, y también una agenda cultural bastante activa.

La organización del barrio se basa en la participación directa y en el asamblearismo (E3; E18). Sus formas de organización y participación colectiva cuestionan el modelo de democracia liberal (E5), ya que intentan superar el paradigma del gobierno representativo por la democracia directa y popular. Toda persona puede y es invitada a participar en las asambleas que se realizan cada mes o más a menudo según las necesidades del momento. La asamblea es el marco soberano donde se toman las decisiones más importantes sobre el presente y el futuro del barrio (E4; E8). Aunque normalmente no participan las 120 personas que habitan el barrio, dependiendo de los temas y de la época del año la participación puede llegar a ser alta, puede oscilar entre 30 y 80 personas. La dinamización de las asambleas está en manos de "la Koordi" (se explicará su funcionamiento más adelante), la cual hace la convocatoria y reparte el orden del día. Generalmente, hay puntos del orden del día exclusivamente informativos, otros de debate y otros sobre los que hay que tomar decisiones. Aunque la asamblea no ha desarrollado un marco teórico y formal sobre el desarrollo de una forma de autogobierno popular (como en otras experiencias comunales y comunitarias a lo largo del mundo: Venezuela, Chiapas, Rojava...), sí consideran que lo tienen: "igual no le llamamos autogobierno, porque utilizamos quizá otros términos, pero tener sí lo tenemos y practicamos" (E5). Aseguran que:

> nosotras decidimos lo que pasa en este espacio, en las casas, en los parques, está bajo nuestra decisión, decidimos qué pasa, quién entra o no, si son huertas particulares o comunes, decidimos qué color va a tener cada edificio, decidimos cómo vamos a gestionar nuestra convivencia, pero en Asamblea y de manera horizontal. Sí gobernamos este espacio y tomamos las decisiones oportunas para mantenerlo y desarrollarlo. En ese sentido sí es autogobierno (E5).

Remarcan que "las decisiones sobre el espacio y la forma de vida que se desarrolla está en nuestras manos, y no en ningún otro lugar. Intentar ser dueñas de nuestra soberanía en los ámbitos importantes de la vida" (E2).

Además de la asamblea, existen varios grupos de trabajo para responder a las necesidades del barrio. Estas comisiones se crearon a partir del segundo año de okupación del espacio y han tenido diferentes temáticas a lo largo del tiempo. En la actualidad existen cinco grupos de trabajo que se ocupan de aspectos estructurales para el barrio y tienen un funcionamiento propio con cierta autonomía para tomar decisiones en el ámbito que les corresponde: economía, comunicación, cultura, comité de *ongi-etorri* (bienvenida) y *Rkenergy* (suministro energético):

1. El grupo de economía, que existen desde el inicio, se dedica fundamentalmente a obtener recursos dinerarios para cubrir las necesidades que tiene el proyecto. Esto se obtienen principalmente mediante cuotas internas, la venta de material o actos culturales y conciertos.
2. El grupo de comunicación se encarga de la comunicación relacionada con el proyecto, tanto de la imagen que se proyecta del barrio hacia el exterior como de los contenidos generales que se difunden (cartelería, comunicaciones en redes sociales, etc.).
3. El grupo de cultura -que estuvo inicialmente unido al de economía y desde hace cinco años funciona como grupo propio- desarrolla la programación cultural del barrio, la organización de las fiestas y especialmente del aniversario del barrio.
4. El grupo de *ongi-etorri* es la comisión que se encarga de organizar, supervisar y gestionar el proceso que deben hacer las personas que quieran entrar a vivir en el barrio[6]. De todas formas, el proce-

---

6 Este proceso suele durar unos meses (de cuatro a seis) y se inicia con un periodo de acercamiento al barrio en el que la persona que quiere entrar participa en las dinámicas colectivas del barrio, sea en trabajos comunitarios, en la organización de actividades o en turnos de gestión. A cada persona se le asigna una "acompañante", una vecina del barrio que le explica el funcionamiento del barrio y que es el contacto directo de esa persona durante esos meses. El objetivo de este proceso es que la persona que quiere entrar en el barrio conozca el proyecto y vea si realmente tiene ganas de ser parte de la comunidad, y también que la asamblea valore su actitud hacia el barrio y el proyecto.

so se monitoriza desde la asamblea, que es la que toma la decisión última sobre si la persona entra o no a vivir en el barrio.

5. El grupo de *RKenergy* es el que gestiona y administra la energía que se genera con las placas solares. Supervisa la capacidad de obtener energía y también la forma de repartir su consumo en las diferentes épocas del año según las necesidades del barrio.

A partir de 2015, se creó un marco de coordinación en el que participa por lo menos una persona de cada grupo de trabajo y cuya función es, además de coordinar las labores y la información de los distintos grupos de trabajo, hacer frente a las necesidades que se van generando en el barrio. "La Koordi", que se reúne semanalmente, es también la responsable de convocar las asambleas, dinamizarlas y hacer operativas sus decisiones. Como se trata de un marco organizativo importante, donde se maneja mucha información y se llevan a cabo gestiones importantes "se decidió que la Koordi fuese rotativa para impedir que se generasen grupos de poder internos" (E5).

Además de la asamblea, los grupos de trabajo y la coordinadora, existen otros espacios, proyectos y dinámicas organizadas en las que se puede participar: una imprenta popular, un grupo de biblioteca, otro de ludoteca, una comisión de fiestas, un taller de bicicletas, un grupo de reciclaje de comida (se recoge en puntos donde se deshecha), un *tienda gratis* de ropa, las huertas, una panadería, el grupo de mujeres *Rklarre*, dos grupos de hombres que trabajan en torno a la masculinidad y un gimnasio popular. Además, se promueve la colaboración y la transmisión de conocimientos de manera informal, y también se organizan actividades de formación. Hay veces "que además de las charlas habituales, se han organizado cursos y seminarios de formación", pero "la mayoría de la transmisión de conocimiento se da manera natural en la dinámica del barrio mediante los trabajos colectivos, respondiendo a las necesidades concretas" (E13)

Una de las condiciones para poder vivir en el barrio, además de compartir su proyecto comunitario alternativo, es que las personas participen activamente en la dinámica social del barrio, en las asambleas, grupos de trabajo e iniciativas más concretas. No obstante "la participación es desigual: hay gente que participa en grupos de trabajo y no en las asambleas; gente que va a las dos; gente que va a la asamblea pero no toma la palabra... Hay diferentes participaciones y diferentes relaciones de poder" (E2). En general se invita a las vecinas a que participen, pero sin obligar a nadie. La clave suele ser crear un ambiente lo suficientemente bueno y atractivo para que incentive e ilusione a las personas a participar.

3.2. La construcción de una comunidad en la ciudad: *producción de lo común y poder propio.*

Todas las personas entrevistadas remarcan la potencialidad de vivir en comunidad como algo estructural en el proyecto de Errekaleor. En este sentido, al ser la convivencia en comunidad uno de los aspectos fundamentales del proyecto, la propia dinámica de Errekaleor aporta mucho en la generación y experimentación con todos los aspectos de la vida en colectivo (E1; E11). La ***producción de lo común*** es algo constante que se genera y se desarrolla mediante dinámicas y proyectos que "facilitan las necesidades en diferentes ámbitos, como el taller de bicicletas, o que se haga jabón, se recicle comida, la tienda gratis de ropa, el taller de serigrafía, las huertas, la panadería, la gestión de la energía..." y en ese sentido se facilita que alguna gente pueda "sacar algunos elementos necesarios para la vida fuera de la economía monetarista" (E9).

El proyecto en comunidad facilita la vida y eso se ve en muchas situaciones que se dan en el barrio, ante cualquier "necesidad que exista o tengas, puedes salir a pedir ayuda por la ventana y la gente responde, hay una gran predisposición a ayudar, lo cual te da mucha seguridad" (E6). "En comunidad todo es más fácil" (E3). Normalmente frente "a situaciones tanto materiales como de cuidados es fácil solucionar los problemas" (E9), pongamos tres ejemplo de ello. Uno, el día a día es más fácil en comunidad: ante cualquier necesidad concreta, saben que tienen cerca siempre alguien que les puede ayudar en lo real (compras, cuidados, pequeñas obras, problemas logísitos, etc...). Dos, la solidaridad colectiva: en pleno confinamiento una de las primeras decisiones fue generar una caja económica común para ayudar a las y los vecinos que estuvieran en situación de más precariedad. Tres, reducir la dependencia del sistema: se generan posibilidades materiales para el desarrollo de la vida tanto en la vivienda, la comida, las relaciones sociales, espacios de ocio, cultura, etc. que hacen poder ampliar la autonomía personal y colectiva respecto al sistema. La producción de lo común pasa por la generación colectiva de aspectos simbólicos, materiales, culturales y éticos que sirven para facilitar, organizar y desarrollar las formas de vida comunitaria. Tanto el espacio, las relaciones, lo material y lo inmaterial se ponen al servicio de la creación de la comunidad y del sostenimiento de la vida colectiva, donde se fusiona lo político y lo económico, lo personal y lo colectivo.

Lo común está relacionado con el poder colectivo, con la necesidad de enfrentarse a la construcción y producción de lo común de manera colectiva, cooperativa e interrelacionada. Se expresa en el lema popular: "solas no, juntas se puede todo" o "sola no puedes, con amigas sí". Las personas entrevistadas remarcan que en Errekaleor "se ve de una manera muy clara cómo se desarrolla uno de los conceptos importantes de la economía feminista: la idea de la interdependencia. La gente sabe que viene a un proyecto donde no vas a ser independiente al 100%, sino que vas a estar ligado a una comunidad, a una forma de funcionar, a una asamblea, a unos trabajos comunitarios, a la necesidad de aportar al barrio" (E8).

Pero la producción de lo común va más allá de la producción material, genera también formas de vida y relaciones diferentes, nuevas referencias colectivas y procesos de empoderamiento comunitario que pueden ser transformadores. En otros ámbitos de la vida, por ejemplo, apuntan que "en el barrio puedes vestirte y andar por la calle como te dé la gana, no se juzga y no hay la presión estética que puede haber fuera. Eso da libertad y genera seguridad para ser tú misma como te de la gana, algo que es mucho más difícil fuera. La comunidad aquí genera, entre otras cosas, seguridad y empoderamiento colectivo" (E13).

La producción de lo común también es reinventar, recuperar y replantear las relaciones colectivas y comunitarias. En contra del individualismo exacerbado en las ciudades, las entrevistadas apuntan que "aquí se replantea la idea de ser vecindad, algo que se está perdiendo en otras ciudades. Se llena de contenido lo que es ser vecina. No es tu amiga, pero no es una simple conocida. Forma parte de una red de apoyo mutuo, de confianza, de cercanía, de solidaridad. (E13). También resaltan los factores y aspectos positivos de vivir en comunidad y en espacios de características y valores comunitarios, por una parte "da la posibilidad de pensar y organizar la vida de otra manera, posibilidad de pensar y desarrollar las relaciones de otra manera, crear una red social más allá de la familia convencional o la pareja, facilidades organizativas para el aprovechamiento del tiempo de manera colectiva" (E8).

El *auzolan* (trabajo comunitario), junto con la cooperación y la solidaridad de la comunidad, son aspectos centrales en la construcción de la comunidad. Buena parte del trabajo que se desarrolla en el barrio, tanto el acondicionamiento de los espacios comunes como de las viviendas, se desarrolla mediante *auzolan*. Algunas veces se convocan de manera colectiva y otras veces se generan espacios de auzolan entre personas o vecinas de un bloque. El trabajo comunitario es algo que está insertado en la forma de vida del barrio.

En relación a la producción de lo común, hay que destacar que una de las características principales de *Errekaleor bizirik!* es que se trata de un proyecto que construye ***un sujeto colectivo***, una colectividad. Esta colectividad está formada por 120 personas que conforman distintas comunidades de pertenencia más pequeñas que se construyen en base a aspectos espaciales del barrio (bloques, portales, etc.) o por cuestiones de afinidad personal o política. Normalmente existen dos tipos de unidades convivenciales: los bloques de viviendas comunitarias y los bloques de viviendas particulares. En los bloques comunitarios la mayoría de los aspectos se desarrollan en comunidad, son habituales "los turnos para organizar las comidas, la limpieza o las compras" así como las "los trabajos comunitarios en la casa". Por otra parte, en la mayoría de los bloque comunitarios "existen asambleas operativas para organizar la logística de la casa, y también muchas veces hay asambleas o dinámicas emocionales para facilitar, analizar y trabajar la convivencia desde los sentires colectivos" (E4). Por lo tanto, se trata de un sujeto comunitario diverso, conformado mayoritariamente por jóvenes y estudiantes (la mitad aproximadamente), aunque también lo habitan algunas familias y personas más mayores. Además, es un sujeto cambiante, ya que mucha gente está de paso o lo habita solo durante los años de estudio en la universidad; aunque otras personas quieran vivan allí de forma permanente. En estas tramas comunitarias se da un conocimiento directo del vecindario, y se fomentan los valores del apoyo mutuo, la solidaridad y la empatía como base para las relaciones. No obstante, esto no quiere decir que no existan los conflictos, pero cuando éstos surgen se intentan solucionar de manera colectiva o mediante procedimientos concretos en función de sus características.

Por otra parte, Errekaleor también es un sujeto diverso en lo político, ya que "convivimos diferentes familias ideológicas del ámbito de la izquierda, podríamos decir" (E4). Desde fuera es posible "que parezca que somos un sujeto homogéneo y que piensa igual" pero en realidad "no todo lo alternativo es simétrico y tenemos muchas y diferentes formas de ver las cosas" (E9). Aunque es un sujeto "alternativo y de izquierdas" existe bastante diversidad (ideológica, de edad, de procedencia y de perspectivas)y ello puede generar dificultades a la hora de los debates y la toma de decisiones: "en los últimos años se han dado muchos debates debido a esa diversidad, conflictos internos que se han tenido que gestionar" (E9). A veces han tenido que ver con que Errekaleor es también un sujeto militante, y por lo tanto vivir en Errekaleor implica militar en Errekaleor. Las entrevistadas remarcan que se trata de una forma de vida intensa, porque lo político, lo personal y lo militante están totalmente relacionados. Por otra parte, la diversidad puede ser un activo importante: "puede ser una riqueza muy importante si se acierta colectivamente en su gestión" (E2).

En relación con este tema de la diversidad social y política, en los últimos meses se ha dado un proceso de reflexión y de autocrítica, y se ha planteado la opción de abrir el barrio a otros sectores sociales que se sitúan en los márgenes y que no están presentes en el perfil del vecindario del Errekaleor, cuestión que ha generado tensiones entre opiniones diversas. Hay quienes opinan que "Errekaleor se debería abrir a otros sectores de la sociedad que están en situaciones de exclusión social", aunque sea gente "que no tiene una cultura militante previa" (E6) y que, por lo tanto, es conveniente abrir el abanico de los perfiles que habitan el barrio. De esa manera, consideran que el barrio "podría ser una escuela de militancia también para otra gente para aprender a militar mediante un proyecto así", por que la mayoría de las veces "el perfil que se prioriza es un perfil que ya es militante" (E13). La otra posición es que "si la gente no es militante, se puede ir perdiendo la implicación con el barrio y su perspectiva de espacio de lucha" (E4). Esta tensión se está resolviendo "entendiendo que la gente que nunca ha militado puede empezar a participar desde el barrio" y asumiendo que la politización se da de manera bidireccional: "la gente que entre se puede politizar, pero esto también exige a la gente que ya está aprender y reconfigurar su forma de politización" (E13).

Respecto a ***la construcción del poder propio***, en Errekaleor se potencian las dinámicas de empoderamiento colectivo y personal. El poder y la capacidad de "organizarse como barrio y crear un poder colectivo para poder decidir qué hacer con el espacio, cómo organizarlo, como arreglarlo, como gestionarlo", pero también "el poder de la comunidad para generar otras formas de vivir, y no sólo en las casas sino en la comunidad barrial" (E8). La auto-organización forma un pilar básico del proyecto sabiendo que han podido hacer lo que han hecho y todavía existen, porque se organizan, por ello tienen claro que "aquí se potencia la conciencia de lo que la comunidad organizada puede hacer, la conciencia de las capacidades propias, la fuerza colectiva" pero también "la conciencia de lo que pasa fuera, y de lo que sin esa organización no se puede hacer" (E7). Así, en el desarrollo del poder popular hablan del *Auzobotere* (poder barrial), no sólo desde la perspectiva del control colectivo y organizado del territorio, sino también desde el aumento de las capacidades colectivas: técnicas, organizativas, operativas y teóricas. Allí se potencia "la conciencia de las capacidades propias, la fuerza colectiva" (E7). El barrio en sí es una escuela de formación en la que se desarrolla una trasvase de conocimiento tanto mediante la experiencia vivencial del día a día como de cursos o momentos de trabajo comunitario. También desde el punto de vista de la reconstrucción personal y colectiva, "existe una continua reeducación en las formas de convivencia, porque las trabajamos colectivamente. Son códigos que se dan aquí de manera colectiva" (E1). Tanto el poder-hacer como la capacidad de reproducirse, construir y aguantar es importante y se demuestra de diferentes maneras. En esa dinámica del poder popular "en algunos momentos hemos tenido capacidad de hablar al ayuntamiento de tu a tú, debido a ese poder colectivo y la posición que hemos ganado en la sociedad"[7] (E7). Así, la idea del Auzoboterea se manifiesta de diferentes maneras como observamos en las siguientes opiniones:

> El control colectivo que se ejerce sobre nuestras vidas y sobre nuestro territorio" (GD).
> La capacidad que tenemos de organizarnos y de responder a un ataque de fuera" (E2).
> La capacidad de autoorganización con la que luchas el poder externo y construyes el poder propio y también la capacidad de poner en el centro las necesidades de la comunidad y decidir sobre ello de manera directa" (E7).
> Somos capaces y podemos hacer, podemos construir otro mundo, ese es nuestro poder,, el de coger el poder sobre nuestras vidas, experimentar, probar" (E5).
> No sólo el poder de organizar nuestras vidas, sino también de hacerle frente a un sistema (E11).

Desde Errekaleor también se han generado redes con otros colectivos del País Vasco y sobre todo con el movimiento social de Vitoria-Gasteiz. Reconocen que debido a su dimensión "la posibilidad que ha tenido de generar redes y de ser referente" ha sido grande (E9). Además de las redes a nivel de su propia ciudad, Errekaleor también ha generado redes y relaciones con otros movimientos y personas a lo largo del País Vasco (E4; E9; E11). Se han dado charlas sobre el proyecto del barrio en muchos puntos del país, y muchos colectivos han visitado el barrio o participado en los diferentes días de trabajo comunitario. Errekaleor ha funcionado a veces "también como un generador de procesos y de reflexiones que han comenzado aquí y que han acabado influyendo en otras partes del país" (E7).

3.3. La experimentación continua como proceso de construcción

Respecto a ***la dimensión procesual de la construcción de "lo nuevo" frente a lo establecido***, uno de los aspectos que más se comentan entre las personas

---

[7] Subrayan que el Ayuntamiento aunque haya cortado dos veces la luz, ha tenido que paralizar sus planes de desalojar el barrio gracias al trabajo realizado desde Errekaleor.

entrevistadas es que Errekaleor es una especie de laboratorio de prueba y error, un espacio en continua construcción hacia la utopía de nuevas formas de vida no capitalistas, no patriarcales, no mercantiles y no racistas. Se concibe no exclusivamente como un espacio de resistencia, sino sobre todo como un espacio propositivo, de construcción "de lo nuevo", de experimentación de una nueva sociedad, intentando generar dinámicas que puedan volverse replicables en otras partes (E5). Es decir, Errekaleor quiere demostrar que se pueden hacer las cosas de otras maneras y que esa referencia se pueda ir extendiendo adaptándola a cada realidad concreta. Así, Errekaleor se ve como un proceso hacia los pilares que constituyen su proyecto, de tal manera que no se ven a sí mismos como un barrio totalmente feminista, si no que es feminista por que camina en esa dirección con todas sus contradicciones. En ese proceso no hay una guía terminada y acabada, si no que se debe inventar por el camino. Es la propia experiencia la que marca las posibilidad y las formas de ir avanzando en la construcción de lo nuevo, tanto en los aspectos materiales, como en los subjetivos y relacionales.

Respecto a ***las temporalidades***, cada proyecto basado en la forma de vida comunitaria está caracterizado por las especificidades concretas de esa comunidad y sus circunstancias. En Errekaleor con el tiempo han aprendido y asumen que "se deben respetar los procesos que se van dando en los proyectos y experiencias concretas, los que se dan en la base. Cada comunidad y persona debe pasar por procesos concretos, materiales, personales y colectivos que tienen sus tiempos propios. Querer acelerar eso desde arriba, no ayuda" (E7). Hay algunos procesos que se darían más rápido en algunos ámbitos de militancia de ciertas organizaciones, pero en espacios comunitarios donde la base es la forma de vida, atravesada además por una diversidad manifiesta, es necesario respetar los ritmos propios a la hora de tratar lo temas, debatirlos, tomar decisiones, etc.. Además, Errekaleor tiene dos aspectos que también marcan relativamente su temporalidad: por una parte, los cursos escolares, ya que muchas personas están allí estudiando en las facultades de Vitoria-Gasteiz, tanto el inicio del curso como el final afecta en la estancia de gente de manera más continuada; por otra parte el verano-invierno. Al estar en una zona donde hacer frío y se hace pronto de noche, el invierno no es tan vivo en lo relacionado con la vida de calle en el barrio, algo que se agranda y se aviva en verano. El proceso de construcción del proyecto y del sujeto del barrio ha sido dinámico desde sus inicios. El aumento cuantitativo de personas en el barrio ha sido progresivo desde sus inicios, pero también ha fluctuado dependiendo de las situaciones. Normalmente cada año escolar ha tenido nuevas incorporaciones de vecinas. Pasando de 10 personas en septiembre de 2013, a 40 en septiembre de 2014, a 80 en 2015, a 150 en 2016, bajando a 100 en 2017 (por el corte de luz) y llegando a las 120 aproximadamente en la actualidad. En la medida en que el colectivo de vecinas iba aumentando la capacidad y las formas organizativas han ido cambiando, "la asamblea y los grupos de trabajo existieron desde el inicio, pero a partir de 2015 se hizo necesario una coordinación y una formas de optimizar y operativizar el funcionamiento de la asamblea" (E4). También han generado herramientas de comunicación interna importantes como el *ErrekaTxoko,* un boletín informativo interno que se publica de manera física allí mismo y que se reparte puerta a puerta, donde se recogen tanto las actas o convocatorias de asambleas, así como debates interesantes y opiniones sobre asuntos del barrio o de fuera.

En general, se remarca que la construcción de la comunidad no es fácil, ya que todas las personas estamos condicionadas y contaminadas por los valores de la subjetividad individualista, racista, mercantil y patriarcal. Romper con las lógicas del sistema en lo material, deconstruir la subjetividad hegemónica y construir otro mundo necesita de un proceso dinámico y gradual de constantes avances y retrocesos. En todo caso, se remarca que este es un "proceso de experimentación ligado a la prueba constante, a la formación y el aprendizaje continuo" (E6), y en ese sentido remarcan que "no nos han enseñado a vivir y a desarrollarnos en comunidad, y por lo tanto, hay mucho que desaprender y que aprender, es un proceso potente, y la vida en comunidad te da la oportunidad de vivir muchas situaciones para el aprendizaje" (E8).

Hay que subrayar, que además de los conflictos con el sistema, también existen conflictos o dificultades internas que afloran en diferentes momentos, y que se deben gestionar bien en esa construcción propia. En los últimos años, además de la gestión de diferentes agresiones machistas, también se han dado diversos debates y conflictos ideológico-prácticos, por ejemplo, sobre el especismo y el gallinero, la utilización de las huertas, la forma y perfiles para entrar en el barrio. Pero subrayan que "en todas las comunidades hay conflictos internos, pero ello no quiere decir que no haya unidad como comunidad en otros momentos" (E9). Por ello, se remarca que es un espacio que más que feminista, camina hacia el feminismo, pero no sin problemas ni contradicciones (E2).

Además de la construcción de lo nuevo y del proceso interno en el desarrollo del proyecto, Errekaleor también es un espacio de ***antagonismo, autodefensa y conflicto con el sistema***, ya que no hay resistencia sin construcción, ni construcción sin resistencia. Errekaleor representa un modelo antagónico a lo hegemónico y por ello genera una doble resistencia: por una parte, es un espacio de resistencia cultural e ideológica que rechaza los valores hegemónicos del capitalismo y el patriarcado; por otra parte, se desarrolla una resistencia concreta, simbólica y material a las amenazas que acechan el presente y el futuro del barrio.

Desde que se okupara en 2013, Errekaleor ha estado sujeto a amenazas de desalojo y la tensión con el Ayuntamiento para ser expulsados ha tenido diferentes episodios. En 2014 cambiaron las cerraduras del frontón por auxiliares municipales y el Ayuntamiento hizo unas declaraciones en contra de Errekaleor. En 2015 técnicos municipales acompañados de la policía cortaron la luz al barrio. En 2016 vuelven a hacerse declaraciones del Ayuntamiento y en 2017 operarios de Iberdrola, junto con un gran despliegue policial, cortan definitivamente el suministro eléctrico. La capacidad que ha mostrado Errekaleor para autodefenderse de cada ataque ha sido amplia, generando desgaste en las posiciones del Ayuntamiento y pudiendo recabar un amplio reconocimiento social, llegando por ejemplo, a convocar tras el corte de luz en junio de 2017 a más de 10.000 personas en una de las manifestaciones más multitudinarias de Vitoria-Gasteiz en las últimas décadas. Son conscientes de la necesidad de defender el proyecto y el territorio, y para ello tienen diferentes mecanismos organizados. La defensa de lo propio conjuga tanto el poder-contra los ataques del sistema, como el poder-hacer del colectivo para la construcción de lo nuevo. Es así que normalmente tras cada ataque aflora la capacidad organizativa no sólo para defenderse, sino para avanzar en la construcción del proyecto. Tras el corte de luz del 2017 la activación barrial para solucionar problemas se multiplicó y en varios meses, ya en los inicios del 2018 inauguraban las placas solares del barrio convirtiéndose en una "isla social energéticamente autosuficiente". Como en otras experiencias populares, cuando hay agresión externa y necesidad de defenderse, se despliega de manera extraordinaria una energía colectiva y autoorganizada muy importante (Gutiérrez, 2019). El Ayuntamiento relajó la presión un par de años, pero en junio del 2021 tras el desalojo del barrio colindante de Olarizu, el Alcalde apuntó a Errekaleor: "le llegará su turno y seguiremos dando pasos porque Vitoria-Gasteiz no es una ciudad para la okupación"[8].

8 ""A Errekaleor le llegará su turno" para el derribo", Álvaro Díaz Verdasco *Gasteizhoy*, 21-06-2021. [https://www.gasteizhoy.com/errekaleor-turno-derribo, consultado el 08-08-2021]

En Errekaleor -como en otros proyectos alternativos sometidos a amenazas externas- sucede que cuando la amenaza externa es muy grande, debido a la urgencia y lo extraordinario del momento hay una tendencia a dejar a un lado las contradicciones internas y movilizar una gran capacidad colectiva para responder, defenderse e incluso avanzar mediante dinámicas amplias e intensas. Sin embargo, cuando se logra parar la amenaza externa y se dan condiciones para desplegar todas las capacidades creativas y constructivas del proyecto, es entonces cuando comienzan a aflorar las tensiones y los conflictos internos y se dificultan las posibilidades de avances cualitativos.

4. CONCLUSIONES: APRENDIZAJES Y RETOS.

En este artículo hemos analizado las características del proyecto *Errekaleor Bizirik!*, una experiencia concreta inserta en un contexto social, político y cultural más amplio que se ha ido construyendo y desarrollando en Gasteiz a lo largo del tiempo. Memoria, pasado y presente se conjugan para el desarrollo de prácticas comunitarias de cooperación, apoyo mutuo, convivencia y lucha política. Hemos analizado algunas de las particularidades de Errekaleor como proyecto, como sujeto colectivo y como proceso experimental en torno a la creación de nuevas formas de vida y de prácticas e imaginarios contra-hegemónicos, contestarios y de resistencia. De esta forma, podemos contrastar con otras experiencias y valorar sus aportaciones, aciertos y límites, en la construcción de una democracia comunal.

Errekaleor aparece como una experiencia colectiva bien particular en su contexto socio-cultural, debida principalmente a su tamaño y dimensión espacial: no es habitual en el País Vasco poder okupar tal dimensión de terreno y de viviendas en un contexto peri-urbano. Seguramente será difícil una réplica de las mismas dimensiones cuantitativas, pero los aspectos cualitativos del proyecto sí podrían ser replicables en escalas más pequeñas, y eso lo convierte en algo interesante. Como proyecto, repensar y revivir la idea de vecindad y comunidad en la ciudad mediante la experimentación de nuevas formas de vida no capitalistas, cuando la ciudad apunta en dirección contraria no sólo es un desafío, sino que también puede ser generadora de modelos para ser copiados, imitados u observados. Y Errekaleor, por la dimensión que tiene, puede ser un proyecto que genere referencias comunitarias que pudieran ser replicables en diferentes escalas y espacios, y más en los tiempos de crisis continuas en los que estamos, tanto en contextos urbanos como en contextos rurales. Este es uno de los primeros aspectos destacables.

Respecto al proyecto, tanto en las formas de gestión como en la producción de lo común, Errekaleor aporta experimentaciones de democracia directa que buscan hacer a las personas protagonistas directas de la gestión de su vida y del espacio. El proyecto funciona si la gente se implica, y eso conlleva el desafío de mantener una participación activa que aporte dinamismo al modelo organizativo en base a las necesidades de cada momento, así como en la búsqueda de mecanismos de rotación y participación que hagan frente a las jerarquías de poder: quizá tomar más conciencia de la idea de autogobierno y estructurar un poco más los marcos de participación podría ser un revulsivo.

Respecto a la producción de lo común Errekaleor además de facilitar la construcción de formas de vida comunitarias que en lo material ayudan a cortar con la dependencia monetarista en buena parte (vivienda, comida, energía,...), también facilita la generación de dinámicas relacionales, de empoderamiento y de deconstrucción/construcción colectiva en diferentes dimensiones de la vida como lo espacial, lo cultural, lo ético, lo social o lo político, algo que entronca con la idea holística de la democracia comunal.

Respecto a las dificultades que presenta el proyecto, por una parte está la gestión de la diversidad del sujeto. Aunque es un sujeto que ha sobrevivido más de siete años gestionando las diferencias, convertir la diversidad en un activo y un motor del proyecto parece todavía algo que requiere planteamientos más elaborados. Buscar un equilibrio entre que pueda entrar gente no tan politizada, pero que a la vez el barrio no pierda la conciencia comunitaria y comprimiso colectivo parace algo importante, así como buscar formas de incentivar la participación y que fórmulas para que los diferentes puntos de vista ideológicos busquen lugares comunes de encuentro y complementariedad.

Otro reto sería la necesidad de definir mejor el proyecto común del barrio con horizonte estratégico o de largo alcance. Otra dificultad para el proyecto es la constante amenaza de desalojo, lo cual podría intentar resolver apostando por solucionar el tema de la propiedad del espacio con una fórmula de propiedad comunal en zonas urbanas o comunes urbanos (Ergosfera, 2020; Andés, Hamou y Aparicio, 2021) que ya se han ensayado en algunas zonas de Europa, como L´Asilo de Napoli (Picospo y Buananno, 2020; Tullio, 2022), Can Batlló de Sants (Dalmau, 2014) o la experiencia de Galicia (Traviesas, 2022). Otra dificultad que atraviesa sujeto, proceso y proyecto, sería el continuo cambio de su población, algo que le da frescura pero que le quita estabilidad a largo plazo. Sería interesante conseguir una fórmula para que una parte amplia de su población opte por quedarse a vivir allí como una apuesta a largo plazo que de estabilidad tanto al proceso como al proyecto.

No obstante, la experiencia de Errekaleor muestra posibles formas que pueden tomar las comunidades autogestionadas en espacios urbanos. Capaces de dibujar no sólo otras formas de organización social donde la democracia directa sea la base del autogobierno político y económico y donde la comunidad juegue un papel central en la vida social, pueden experimentarse, sino también ensayar formas de vida basados en otros valores colectivos para la producción y la reproducción de la vida.

Bibliografía

Ajangiz, R. (2015). Concejo abierto en Vasconia: vigencia de un modelo histórico de democracia asamblearia en defensa de lo común. En M. Engelken-Jorge, M. Cortina Oriol y N. Bergantiños (ed.) Contextos y perspectivas de la democracia: ensayos en honor a Pedro Ibarra Güel. pp. 87-111. Iruñea: Pamiela.

Algarra Gascón, D. (2015). El comù català. La història dels que no surten a la història. Potlach.

Andés, A. M.; Hamou, D. y Aparicio, M. (2021). Códigos comunes urbanos. Barcelona: Icaria.

Castells, M. 1986. La ciudad y las masas. Madrid: Alianza Textos Universitarios.

Egin Ayllu (colectivo) (2015). Las vecindades vitorianas. Una experiencia histórica de comunidad popular preñada de futuro. Editorial Ned.

Ergosfera (2020). El mundo de los comunes. Contexto para una investigación de los comunes urbanos. Recuperado de http://www.ergosfera.org/archivo/comunes/#2.4

Dalmau, M. (2014). Can Batlló: de la degradación planificada a la construcción comunitaria, en Quaderns-e, 19 (1), pp. 143-159. Institut Catalá d´Antropologia.

García Espín, P (2021). Las articulaciones de la participación. Madrid: CIS.

Gasteizko Gaztetxea (2018). Gasteizko gaztetxea 30 urte, Vitoria-Gasteiz: Autoedición.

Jara, de la J. (2018). Errekaelor una isla iluminada por el movimiento popular, 14 de julio de 2018, https://www.elsaltodiario.com/autogestion/errekaleor-una-isla-iluminada-por-el-movimiento-popular

KTT, kutxikotxokotxikitxutik (2021). La autogestión colectiva de la comunidad vecinal del Casco Viejo de Gasteiz, ponencia presentada en el I. Congreso Internacional sobre Democracia Comunal, 14-10-2021.

Mitxeltorena, Jasone 2011. Auzolanaren kultura: Iraganaren ondarea, orainaren lanabesa, etorkizunaren giltza. Txalaparta.

Montesinos, L. (2013). IRALIKU'K La confrontación de los comunales. Etnografía e Historia de las relaciones de propiedad en Goizueta. Tesis doctoral inédita. Universidad de Barcelona.

Montesinos, L. y Campanera, M. (coord.) (2017). La Antropología y los comunes. Una aproximación crítica a las formas de apropiación. Revista de Antropología Social, Vol. 26 Núm. 2. (pp. 193-1216). Madrid: Ediciones Complutense.

Pascual, J. (2015). Movimiento de resistencia,, Tafalla: Txalaparta.

Picospo, C. y Buonanno, D. (2020). Proyectos colectivos de ciudad. En: P+C, proyecto y ciudad. Revista de temas de arquitectura, n. 11., (pp. 81-92). Cartagena: Universidad Politécnica de Cartagena.

Sastre, P. (2013). Batzarra, gure gobernua. Donostia: Elkar.

Sastre, P. (2018). Komun, assamblearisme i comunalisme populars a Euskal Herria. Col·lectiu Bauma.

Traviesas, C. (2022). Del monte en manu comú a los comunes urbanos, en Viento Sur, Num 176, (pp. 76-86), Madrid. Recuperado el 20 de septiembre de 2022, https://vientosur.info/del-monte-en-mano-comun-a-los-comunes-urbanos/

Tullio, M. F. (2022). Bienes comunes y participación política. El caso napolitano, en Crítica urbana, Num 24, (pp. 25-28), A Coruña.

Vera, Sales Santos y Madina, Itziar 2012. Comunidades sin estado en la montaña vasca. Hagin Argitaletxea.

VV.AA. (2001). Todo el poder para la asamblea, Bilbao: Likiniano elkartea.

VV.AA (2013). Hala bedi, 30 urte, Tolosa: Bonberenea ekoizpenak.

VV.AA. (2020). Derecho pirineaico / Zuzenbide pirienarra. Iruñea: Nabarralde.

Zulaika, Joseba 1990. Violencia vasca. Metáfora y sacramento. Nerea.

ANEXOS

Anexo 1. Tabla de personas entrevistadas

Referencia	Genero	Edad	Antigüedad	Procedencia	Participa en grupos o comisiones
E1	M	23	4	Beasain	Infraestructura, Relaciones, Ongi etorri
E2	M	27	4	Elosu	Mujeres
E3	H	25	4	Intxaurrondo	Infraestructura, RKenergy, Gimnasio
E4	H	47	7	Ondarru	Huerta, Economía
E5	H	56	6	Alemania	Cultura, Koordi, RKenergy, ongi etorri
E6	H	39	6	Argentina	Ludoteca
E7	H	28	6	Intxaurrondo	Infraestructura
E8	M	26	5	Kanpezu	
E9	H	34	5	Gasteiz	Huertas, Comunicación
E10	H	25	2	Bilbao	Economía, Antiespecista, Huerta
E11	M	26	4	Zuberoa	Ongi etorri
E12	M	33	5	Deustu	Infraestructura, Huerta, Ongi etorri
E13	M	26	2	Gasteiz	Comunicación, Infraestructura
E14	M	26	5	Iruñerria	Mujeres, Autodefentsa, Infraestructura
E15	H	36	2	Gasteiz	
E16	H	31	7	Gasteiz	
E17	M	21	1	Iruñerria	Economía, Mujeres, Ongi etorri, Koordi
E18	H	32	6	Gasteiz	Comunicación, Imprenta
E19	M	28	7	Donostia	Coordi, Comunicación, Imprenta
E20	H	30	7	Arrigorriaga	
E21	M	40	7	Bilbao	Mujeres
E22	M	43	5	Portugalete	Euskera, Antiespecista

Anexo 2. Tabla de personas del grupo de discusión

Referencia	Genero	Edad	Antigüedad	Procedencia	Participa en grupos o comisiones
E1	M	27	4	Zaldibi	Infraestructura
E2	M	26	3	Gasteiz	Mujeres
E3	M	26	4	Iruñerria	Cultura
E4	H	34	7	Gasteiz	
E5	H	50	6	Bilbao	Cultura, Koordi
E6	M	30	5	Gasteiz	RKenergy
E7	H	33	4	Ordizia	Infraestructura
E8	M	31	2	Baztan	Comunicación

Capitulo XV

Los Poderes Populares Locales en El Salvador: Una experiencia de organización comunitaria sin reconocimiento político

ROBERTO DERAS

1. INTRODUCCIÓN

La historia reciente de El Salvador está marcada por sucesos violentos acaecidos en los últimos años del siglo pasado.[1] Sus secuelas constituyen un impacto traumático en la vida del país. Uno de los episodios que más conmocionó fue la guerra civil ocurrida en la década de los ochenta entre la Fuerza Armada de El Salvador y la entonces guerrilla Frente Farabundo Martí para la Liberación Nacional (FMLN).[2] Se trata, en palabras del historiador Jorge Juárez, "del evento más importante de la historia salvadoreña" (2014, p.149). Tal importancia radica en los cambios y efectos que supuso

---

1 Siguiendo a Cristina Viano (2012), se entiende por "Historia Reciente" una modalidad de historización que estudia los procesos y problemas todavía en curso y cuyos protagonistas conviven con quienes analizan y escriben sobre esos hechos. En palabras de la autora, "la historia reciente representa el análisis de procesos en curso, inacabados pero inteligibles; la historia reciente se asienta en la convicción que sobre el pasado reciente y el propio presente es posible forjar una narrativa histórica que se vale de un conjunto de recursos específicos entre los cuales la memoria y la historia oral son de alta significación [...] las fronteras temporales son muy variadas e involucran procesos que hacen a un registro que abraza a buena parte del siglo XX, procesos que han sobrevivido y han sido transmitidos a través de la memoria social" (pp.120-121).

2 El FMLN se creó en 1980 y estuvo integrado por cinco facciones: Fuerzas Populares de Liberación Farabundo Martí (FPL), Ejército Revolucionario del Pueblo (ERP), Fuerzas Armadas de la Resistencia Nacional (FARN), Partido Revolucionario de los Trabajadores Centroamericanos (PRTC) y el Partido Comunista Salvadoreño (PCS). Si bien cada una de estas facciones contó con su propia estructura durante la guerra, el FMLN tenía una Comandancia General y una Comisión Político-Diplomática.

para las dinámicas políticas, culturales, sociales y económicas que han marcado a la realidad del país centroamericano.

Las cifras que resultaron de ese periodo hablan de lo despiadado que fue el conflicto. De acuerdo con Sprenkels y Melara (2017, p.80), se estima alrededor de 75 mil víctimas mortales. Otros autores, como López Bernal (2017), señalan que el costo de la guerra ascendió a más de 70.000 víctimas, dejó como legado la destrucción de buena parte de la infraestructura pública y el tejido productivo del país. A su vez, la guerra civil provocaría "la emigración de miles de salvadoreños al exterior, principalmente a los Estados Unidos, fenómeno que persiste hoy en día y que ha transformado a la sociedad salvadoreña, quizá mucho más que los procesos de reforma y la guerra civil" (López Bernal, 2017, p.252). En definitiva, el impacto de la guerra ha sido desmedido y sus secuelas aún perduran en las distintas dinámicas del Estado y de la sociedad.

Entre las causas fundamentales que configuraron el conflicto armado destacan la concentración económica en pocas manos y el cierre de espacios de participación política. Un acercamiento a ambos factores permite situar y comprender las características y los vaivenes políticos que llevaron a un conflicto social sin precedentes que, posteriormente, desembocó en una guerra civil. De igual manera, permite entender cómo la violencia estructural y la violencia política, ejercida por el régimen y el bloque económico dominante, propiciaron la configuración de un movimiento social que clamaba por la realización de los derechos humanos fundamentales. Y cómo esas mismas condiciones históricas de agravio llevaron a que una buena parte de ese movimiento pasara, ineludiblemente, a convertirse en un pujante ejército guerrillero.

El conflicto armado finalizó a través de un proceso de negociación, entre la guerrilla del FMLN y el gobierno salvadoreño, que se consolidó, el 16 de enero de 1992, con la firma de los Acuerdos de Paz en el Castillo de Chapultepec, México. Un proceso en el que desde el inicio las partes se comprometieron a que los Acuerdos tendrían como propósito: "terminar con el conflicto armado por la vía política al más corto plazo posible, impulsar la democratización del país, garantizar el irrestricto respeto a los derechos humanos y reunificar a la sociedad salvadoreña" (Naciones Unidas, 1992, p.46).

Efectivamente, los Acuerdos de Paz significaron el inicio de la transición democrática en el país centroamericano. Propiciaron una serie de reformas constitucionales. Pusieron fin a la hegemonía militar. El ejército y las estructuras estatales de seguridad pública fueron depuradas, a su vez, se concertó la creación de un nuevo cuerpo policíaco de naturaleza civil. Por su parte, las fuerzas rebeldes se reinsertaron a la vida social, política e institucional. Ahora bien, respecto al objetivo que apuntaba a la reunificación de la sociedad salvadoreña, si se examina desde la centralidad de las víctimas, es el más deficiente. Y dicho objetivo se torna cuestionable en tanto que la solución política del conflicto careció de un reconocimiento a los ofendidos que produjeron ambos bandos. Para lograr una auténtica reunificación es imprescindible reparar, reconstruir y reconocer los errores y crímenes cometidos en el pasado.

Ahora bien, el no reconocimiento, además de ser una afrenta a las víctimas de la violencia ejercida durante la guerra, ha implicado otras secuelas. Desde un punto de vista ético, una de esas derivaciones ha sido el desconocimiento, o negación, a la agencia política desarrollada en ciertas comunidades campesinas. Y es que, durante el conflicto armado, adicional a las agrupaciones guerrilleras y los frentes de masas, se desarrollaron experiencias de organización comunitaria. Una de esas expresiones de resistencia fueron los Poderes Populares Locales (PPL). Su surgimiento, en el norte del departamento de Chalatenango, radica en la articulación del tejido social campesino a raíz de las experiencias de victimación sufridas durante el conflicto. De ahí entonces que una de sus principales funciones fue la autogestión de mecanismos de protección para salvaguardar la vida ante los operativos militares ejecutados por el ejército salvadoreño. No obstante, las funciones de los PPL no se limitaron a la labor de protección, también constituyeron una práctica solidaria y revolucionaria, un ejercicio de poder y autonomía. En síntesis, establecieron una nueva forma organizativa que emergió en un contexto de violencia, exclusión y miseria; en una zona geográfica en disputa entre las partes, pero, al mismo tiempo, con un ideario propio y con la convicción de transformar la realidad.

El presente capítulo examina, a partir de una perspectiva centrada en las víctimas y desde un enfoque teórico basado en categorías éticas, por un lado, si los PPL pueden considerarse una experiencia alternativa de democracia. Por otro, persigue analizar cómo los Acuerdos de Paz impactaron en dicha experiencia que articularon las organizaciones campesinas que integraron los Poderes Populares Locales.

Pese a su importancia, poco se ha reflexionado poco se ha reflexionado sobre el entramado de poder que existía al interior de los PPL y, posterior al conflicto, sobre la orientación que tomó dicha experiencia organizativa. Ante ello, es necesario preguntarse: ¿Se podría situar a los PPL como una manifestación o un proceso de construcción colectivo próximo a la democracia comunal? Es decir, si esta experiencia se trata de un esfuerzo comunitario capaz de dialogar con las características asociadas a la propuesta de democracia comunal (en tanto que como proceso, proyecto y sujeto político requiere de la interacción de las capacidades propias de autonomía, autogestión, autodeterminación, autoorganización y autodefensa). En definitiva, se pretende ofrecer elementos que permitan analizar un proceso –basado en la construcción gradual de un proyecto colectivo– en el que la participación implicaba tomar decisiones y compartir responsabilidades (Rauber, 2016).

Para lograr tal propósito, el texto se estructura en tres apartados. En primer lugar, proporciona una síntesis del contexto político que vivió El Salvador en la década de los ochenta, haciendo énfasis en el norte del país y en las dificultades que enfrentó la población campesina. En segundo lugar, presenta a los Poderes Populares Locales como proyecto, así como las principales funciones que realizaron en el marco de la guerra. Finalmente, explora el rol que jugaron los PPL en la realidad de las víctimas del conflicto armado salvadoreño, así como los aportes y desafíos de los Acuerdos de Paz en el devenir de dicha experiencia comunitaria.

Ahora bien, antes de continuar, es pertinente aclarar que la categoría "víctima" se comprende a población civil (mayoritariamente campesina) que sufrió injustamente violencia y persecución política. De acuerdo con Mate (2011), "la víctima es en sí misma significativa. Su sentido no hay que buscarlo fuera de ellas (en el grupo del que pudieron formar parte; en las ideologías que defiende o en el futuro que preparan), sino en ellas mismas". (p.211). Se debe agregar que a esa acción injusta no se le puede despojar el trasfondo político que suele tener la agresión. De ahí entonces que la condición de víctima alcanza a sus allegados e incluso a su comunidad.

2. CONTEXTO SOCIOHISTÓRICO: GUERRA CIVIL Y ORGANIZACIÓN COMUNITARIA

La génesis de las principales causas del conflicto armado (concentración de la riqueza y poca apertura política) se ubica en las primeras décadas del siglo XX. A partir de 1931, El Salvador padeció un régimen autoritario militar (1931 -1979). Al finalizar la década de los setenta ese sistema de gobierno empieza a decaer. El fracaso de reformas estructurales, un golpe de Estado y la convulsión social, anunciaban una guerra interna que se desarrollaría hasta 1992.

Para algunos autores, además de esas causas estructurales, para entender el conflicto armado no se pueden "dejar de lado las causas inmediatas, entre las que podemos mencionar: los fraudes electorales de la década de los setenta (1972 y 1977) y la represión contra el movimiento social y la oposición política" (Argueta, 2011, p.91). En definitiva, ese decenio finalizó con una crisis de legitimidad de poder y un ambiente social cuyo principal rasgo fue el uso desmedido de la fuerza a toda oposición política.[3] Asimismo, la agitada década cerraba con un poder económico excluyente e incitado por la mentalidad anticomunista y, en respuesta, con la unidad de las Organizaciones Político-Militares. La unificación del FMLN, la izquierda revolucionaria, llevaría pronto a la realización de acciones políticas trascendentales. Por un lado, la movilización y acumulación de fuerza en la calle: grandes manifestaciones, presencia mediática, etc. Por otro, la pronta irrupción guerrillera.

El 10 de enero de 1981 el FMLN lanzó su "ofensiva final". El propósito de este ataque, influenciado por el ejemplo del Frente Sandinista en Nicaragua, era lograr una insurrección popular y una sublevación en las fuerzas armadas y así hacerse del poder. En términos estrictos, la operación fue un fracaso, la población civil no se levantó contra el gobierno. La revuelta solo contó con la participación de la militancia. Sin embargo, a pesar del desgaste que supuso para la guerrilla, el ejército no logró vencer militarmente a la insurgencia. El FMLN se replegó hacia el interior del país, principalmente al norte de los departamentos de Chalatenango y Morazán, donde establecerían su retaguardia y zona de control militar. Además, la derrota llevaría a la comandancia general a un cambio de estrategia, abandonar el enfoque de insurrección y adoptar la táctica de guerra popular prolongada. Tal y como afirman Martín y Sprenkels, el fracaso de la ofensiva "abrió la puerta a un conflicto armado de larga duración" (2014, p.214).

En cuanto al conflicto armado, y para entender su complejidad, este se puede dividir en tres fases. La primera se sitúa de 1981 a 1983, la segunda

---

3 Una sugerente caracterización del periodo se encuentra en lo que Roberto Turcios denomina «Crisis histórica». Según el autor, entre 1969 y 1977 se originó una crisis económica, política y social que estalló a finales de la década de los setenta: "El bloque político en el poder se había quedado sin cartas para gestar consensos, sólo tenía la represión ante el despliegue revolucionario, que mostraba su capacidad de protesta y su poder militar. Así vivía el país una crisis que no se comparaba con nada de lo conocido en los dos siglos de su existencia." (Turcios, 2015, pp.106-107).

va de 1984 a 1989. Finalmente, la fase de negociación y Acuerdos de Paz, de 1989 a 1992. La primera etapa se caracterizó por ser un enfrentamiento con alto predominio militar y en segundo plano el carácter político. Tras la "ofensiva final" el movimiento social perdió protagonismo. Muchos de sus militantes se incorporaron directamente a las filas de la guerrilla. Este hecho ayudó a condicionar la dinámica del conflicto en el área rural. La poca presencia de militantes revolucionarios en la ciudad, más el asentamiento de la retaguardia y control territorial insurgente en el norte del país (Almeida, 2011, p.314), llevaron al ejército a una estrategia contrainsurgente que dejó terribles consecuencias. La táctica, conocida como operativos de "tierra arrasada", consistía en invasiones y bombardeos en los territorios controlados por la guerrilla sin importar la existencia de población civil.

En la segunda etapa la guerra cambió de escenario. Por un lado, el gobierno inició una campaña millonaria de contrainsurgencia financiada en gran parte por Estados Unidos. Por otro lado, los bandos en contienda iniciaron una dinámica cercana al terreno político y diplomático. Sin embargo, a pesar de las primeras propuestas de diálogo y negociación, no disminuyeron las atrocidades violentas en contra de la población civil. Esto permitió reforzar a la Fuerza Armada. Aumentó considerablemente el número de efectivos y se intensificó la guerra área. Esta nueva fase exigió a la insurgencia adecuarse. Una de las fuentes entrevistadas, excomandante del FMLN, lo explica en las siguientes palabras:

> La dictadura nos había lanzado una ofensiva estratégica a partir de 1985-1986. Cambiaron sus métodos de combate, los norteamericanos capacitaron batallones para guerra irregular [...] Otro asunto que teníamos que ver nosotros es que el armamento también había cambiado. En la primera mitad de los 80 todavía se usaba... o en los primeros tres años de los 80 se usaba mucho el avión, el avión con bombas, que eran muy indiscriminados en su ataque. Mataban niños, mujeres y sobre todo los que eran blancos fáciles. En cambio, ya habían cambiado al helicóptero, que eso les permitía hacer una persecución más dirigida, digamos, contra las unidades guerrilleras [...] Entonces nosotros vimos que a toda esa ofensiva que habían lanzado, había que estructurar una táctica y una estrategia que fuera capaz de contrarrestarla (Entrevista: Firmante Acuerdos de Paz – 1).

Como indica el informante, las nuevas medidas, basadas en una profundización de la estrategia de guerra de baja intensidad (*Low Intensity Conflict)*, buscaba disminuir el apoyo popular a la guerrilla.[4] Esta etapa finaliza con

---

4 Seligson y McElhinny (1996), en una sugerente investigación dan cuenta que los grupos más afectados durante la represión fueron los profesionales y campe-

una segunda ofensiva general lanzada por el FMLN el 11 de noviembre de 1989. Ante la resistencia del nuevo gobierno para retomar la negociación y con el fin de demostrar su fuerza política y militar, la guerrilla emprendió una incursión para entrar a las principales ciudades del país. Evidentemente, la estrategia guerrillera no logró el primer objetivo, tras once días de combate el FMLN se replegó. Sin embargo, la ofensiva demostró a ambas partes que sería difícil lograr una victoria militar, una victoria definitiva.

Ciertamente, los Acuerdos de Paz se formalizaron en la última etapa del conflicto. Sin embargo, no se puede desconocer el diálogo que la guerrilla sostuvo con el gobierno de Napoleón Duarte (1984-1989). De igual manera, no se pueden omitir los intentos del FMLN-FDR por encontrar una solución política del conflicto desde el primer año de guerra. En resumen, todo el proceso de paz se puede resumir en dos etapas. La primera, de 1984 a 1989, representada por pocos resultados y por la ausencia de profundización. Por tal motivo se reconoce por haber sido la fase de inicio del diálogo. La segunda se ha caracterizado por la participación de las tres partes (FMLN/FDR, Gobierno y Fuerzas Armadas) y por los contenidos y resultados alcanzados. Así, en 1989, con la voluntad política de los bandos enfrentados y con la mediación de Naciones Unidas, se inició el proceso de negociación que tras varias rondas de alto nivel dieron como resultado el pacto firmado el 16 de enero de 1992.

3. VIOLENCIA, PERSECUCIÓN POLÍTICA Y RESISTENCIA: LOS PPL COMO PROYECTO

Las graves violaciones a los derechos humanos que recoge el informe de la Comisión de la Verdad[5] (asesinatos, desaparición forzada, torturas y masacres) ocurridas en el marco de la guerra civil fueron acompañadas de otros crímenes que produjeron impactos (inmediatos) y secuelas. Entre

---

sinos sin tierras: "*In contrast, the two most highly affected groups are professionals and landless peasants who rent or sharecrop land. In many ways, this finding reveals much about the war; it affected El Salvador's poorest citizens, as well as its best off*" (p. 235).

5 La Comisión de la Verdad fue uno de los principales acuerdos políticos de la ronda de negociación desarrollada en México, D.F., reconocidos como "Acuerdos de México", fechados entre el 4 y 27 de abril de 1991. La Comisión se creó con el fin de investigar graves hechos de violencia ocurridos desde 1980, "cuyo impacto en la sociedad reclama con mayor urgencia el conocimiento público de la verdad" (Naciones Unidas, 1992, p.17).

esos delitos y secuelas que han sido identificadas en el testimonio de las víctimas, además de las violaciones sexuales y niñez desaparecida, se pueden destacar las siguientes: desplazamiento forzado, hostilidad en campos de refugio y en la repatriación de las personas desplazadas; pérdida de las pertenencias materiales; privación de un proyecto familiar y trastornos psicosociales.

Evidentemente, la guerra alteró las dinámicas de las comunidades rurales, principalmente en las zonas donde ocurrieron los operativos militares de tierra arrasada. La represión militar produjo desplazamiento forzado, migración, así como un alto porcentaje de población campesina errante. En la narrativa de víctimas se identifica cómo el hecho de huir de la represión en condiciones deplorables significó estar expuestos o padecer enfermedades producidas por inanición, fallecer por la persecución política o por exponerse a situaciones para las que no estaban preparadas, esto es, esconderse en cuevas o tatús[6], nadar en ríos o contener el llanto de niños. De acuerdo con el siguiente testimonio, el éxodo en las comunidades de Chalatenango no fue suficiente para librar a la población de las calamidades ocasionadas por la guerra:

> Pues en la montaña puede haber algunas frutas comestibles, pero, por ejemplo, en esta zona es por tiempos que hay, no es que hay una cosecha de una fruta y de otra. No. Entonces te implica muchas cosas, tenés que aguantar hambre, andar descalzo [...] Muchos niños se murieron de hambre, ancianos de desnutrición, entonces había operativos que duraban hasta 25 días, un mes. Había veces que tenías que estar en una cueva, cuando salías de allí salías anémico, inflamado de los pies de tanto estar en la humedad. (Entrevista: Víctima-6).

Ese mismo relato se percibe en distintas zonas del país (Chalatenango, Morazán, San Vicente). Con ello se puede inferir que esa forma de victimación constituyó una práctica a nivel nacional, tanto la experiencia de persistir en la intemperie como ser objetivo militar de tropas salvadoreñas u hondureñas. Para ilustrar mejor tal situación, véase el siguiente testimonio. Lo relata una mujer sobreviviente de los operativos de tierra arrasada ejecutados en el departamento de Chalatenango:

> Después de eso nosotros salimos, yo solita para las Aradas, estuvimos como ocho días allí y vino un fuerte llover de tres días. Yo andaba solo con la niña

---

6 Tatús eran una especie de excavaciones, túneles o cuevas pequeñas, cubiertos de vegetación, que tanto la guerrilla como la población civil utilizaba para protegerse de los bombardeos aéreos.

> de un año. Un fuerte llover y llover y aquel llover, entonces el río creció mucho y de repente vino la fuerza armada y atacó a la gente que estaba ahí. Gente que era indefensa, pues, porque todas éramos personas que andábamos huyéndole a las matazones que estaban haciendo. Y entonces nos agarraron las balaceras por todos lados y habían cercado los soldados hondureños. Habían cerrado al otro lado y la Fuerza [Armada] de El Salvador estaba aquí. Habían agarrado [Sic] como la orilla del río al otro lado y a este lado y empiezan a matar a toda la gente. (Entrevista: Víctima-17).

Es a partir de este contexto, de los ataques sistemáticos del ejército salvadoreño, que la organización comunitaria campesina del nororiente de Chalatenango dio paso a la creación de los Poderes Populares Locales. Así lo explica una de las personas fundadoras:

Después de 1980 se agudizó la represión y fue el desplazamiento masivo por tanto asesinato [...] Era tanta la represión que ya no se podía vivir. Tuvimos que salir, huir al monte para defender a la familia. Pues ahí hacíamos la autodefensa. Era lo primero que teníamos que organizar, la seguridad en el día, en la noche, para la población que vivíamos ahí. Así da origen el nacimiento de los PPL. Yo estoy contando mi experiencia, pero similar que la mía era a nivel de Chalatenango, la zona nororiente, esta que es la zona donde fue más duro el conflicto, la guerra, aquí donde había más asesinatos y masacres (Entrevista: Víctima-15).

Efectivamente, tras la ofensiva de 1981, la población campesina se mantuvo por un periodo en el territorio; no obstante, la vulnerabilidad fue en aumento y muchas de estas personas se vieron obligadas a acudir a los refugios de San Salvador, Honduras u otros. Las que decidieron quedarse tuvieron que modificar la estrategia de tejido social comunitario. A ello se debe agregar que, a partir de ese año, la representación del Estado (ministerios y gobiernos locales) se trasladó a la capital del departamento. Con ello, la población que residía en los municipios con mayor organización comunitaria quedó desamparada.

De esta forma, a partir de 1981 se establecen los primeros Poderes Populares. Si bien es cierto, la represión en la zona inició mucho antes de estallar el conflicto, fue hasta ese año que las diferentes directivas comunales, hasta entonces dispersas, lograron aglutinarse. Ahora bien, previo a esa etapa, se debe subrayar que ese territorio ya contaba con una fuerte tradición organizativa. Una resistencia que inició con el trabajo pastoral de un sector de la Iglesia Católica que logró transmitir un mensaje revolucionario y democrático. Que en la práctica se transformó en reivindicaciones por la tierra, por mejores condiciones agrícolas y por salarios justos. Como apunta Carlos Lara Martínez (2019), “a principios de la década de 1970, llegaron a estas poblaciones determinados sacerdotes que practicaban una orientación religiosa distinta, la denominada *opción preferencial por los pobres*" (p.127).

Para 1982, los PPL gozaban de mayor legitimidad y de una estructura que promovía la participación a través de asambleas populares en las que elegían directamente a sus referentes. De acuerdo con Jenny Pearce (1986), conformaron un experimento único de participación política: "*The PPLs are an experiment in popular democracy and political participation unique in the history of El Salvador*" (p.242). Con relación a su estructura, cada localidad tenía su propia directiva. En cada una existía un consejo formado por un presidente, un vicepresidente y secretarios que atendían cada una de las funciones que realizaban. Además de las instancias locales, existía una representación geográfica de 4 subzonas (Salazar y Cruz, 2012, p.36). En 1983, con la representación de más de 30 comunidades, se crea una Junta de Gobierno subregional, que, a su vez, adquirió reconocimiento internacional como interlocutor directo frente a organismos internacionales, humanitarios y de la solidaridad (Salazar y Cruz, 2012, p.49).

En cuanto a la relación con la guerrilla, indudablemente los PPL sostenían un vínculo cercano y de coordinación con la comandancia de la zona:

> Con la guerrilla existía una coordinación [...] La dirección del Frente tenía la coordinación, daba algunos lineamientos y a través de nuestra representante la información bajaba a los Poderes. Los Poderes fue una línea política. Durante la guerra, ellos nos convocaban a reuniones para ver cómo estaba el trabajo organizativo. Se jugó un papel importante (Entrevista: Víctima-15).

Además de compartir una visión política-ideológica, mucha de la tropa combatiente eran familiares de la población campesina. Pese a ese vínculo, existía cierta autonomía en tanto que el Poder Popular constituía un órgano de control en las diversas esferas de la comunidad. En otras palabras, no eran un instrumento de la guerrilla, sino una instancia complementaria en aras de la lucha revolucionaria (Pearce, 1986, p.249).

4. AUTODEFENSA Y AUTOGESTIÓN: LOS PPL COMO PROCESO

En cuanto a sus funciones centrales, los PPL realizaron labores en cinco grandes áreas: organización, producción, salud, educación y autodefensa. La primera, consistía en buscar nuevos colaboradores fuera de las zonas controladas por la guerrilla. El fin era "obtener apoyos sociales, políticos y logísticos, como el abastecimiento alimenticio, de insumos, materiales para educación, salud u otro requerimiento" (Salazar y Cruz, 2012, p.40). En ese sentido, la población no combatiente, conocidos como "milicia", tenían la tarea de "expansión" que consistía en reclutar a nuevos colaboradores o a futuros combatientes, así como tender relaciones en otras regiones. De igual manera, realizaban otras actividades de apoyo a la tropa combatiente. Así lo expresa otro informante:

> El miliciano era el civil que hacía actividades para, en función digamos del proceso de la guerrilla, elegir quién iba a trabajar o para trasladar heridos. El miliciano iba con una hamaca para llevar heridos [...] Era logística, de organización de logística y todo eso (Entrevista: Víctima-16).

Con relación a la producción, aunque la población civil se encontraba en una zona controlada por la guerrilla, es decir, con posibilidades de trabajar la tierra que había sido abandonada por sus propietarios, siempre tuvieron problemas para desarrollar cultivos de subsistencia, ello debido al acoso que realizaba el ejército a través de la fuerza aérea. No obstante, los PPL lograron organizarse y distribuirse labores para desarrollar cultivos esenciales, como el de maíz y frijol. En ocasiones lograban obtener hortalizas, verduras y frutas. Además de la producción agrícola, los PPL, aunque en menor medida, también realizaron otros oficios. Si bien es verdad, el propósito esencial era sostener a la población civil, también debían abastecer al ejército guerrillero. De ahí entonces que el esquema de producción se conformaba en tres maneras: colectiva, familiar y centralizada (Salazar y Cruz, 2012, p.42).

La primera, colectiva, estaba orientada a beneficio de la comunidad, esto es, a los más vulnerables y a quienes colaboraban con los servicios primarios, por ejemplo, promotores de salud o maestros. La familiar estaba destinada al propio consumo y a obtener productos para vender y así suplir otras necesidades. La producción centralizada estaba destinada al soporte de las unidades guerrilleras. Lo interesante del enfoque de los PPL, como sugiere Pearce, radica en el espíritu cooperativo y solidario que expandió a la población. En palabras de la autora: "*The PPLs' approach at this stage was to encourage a more cooperative and collective spirit, which might in the future lay the foundations of more sweeping changes in the peasants' relation to the land.*" (Pearce, 1986, p.253).

Con relación al sistema de salud, cada comunidad contaba con sus delegados. Tenían la función de llevar el registro de las personas enfermas y, a la vez, atender padecimientos, dolencias u emergencias. Según Salazar y Cruz (2012), en 1984 había 10 clínicas que atendían a la población (2012, p.43). Otra labor realizada desde este ámbito era apoyar a la tropa guerrillera trasladando a combatientes heridos al hospital clandestino.

La cuarta función, educación, tuvo un peso tanto en la práctica del poder local, como en el devenir de las comunidades que integraron los PPL. Y es que además de ser un elemento sustancial para cualquier colectivo, y para la gestión de sus propias necesidades, la educación era considerada trascendental para desarrollar la consciencia política de la población. Debido a la histórica exclusión que había sufrido la población campesina, la mayoría no sabía leer ni escribir, por ello la alfabetización fue determinante, tanto para la población no armada, como para guerrilleros. Desde 1981 surgieron los maestros populares. Se trataba de un grupo capacitado por docentes del sistema público, afiliados en la Asociación Nacional de Educadores Salvadoreños (ANDES), que se habían integrado a la insurgencia. De acuerdo con testimonios, a partir de 1982 se crearon cartillas, manuales, planes y equipos de alfabetización. Asimismo, una vez las comunidades alcanzaron cierta estabilidad y protección, se dio el paso a la creación de escuelas populares. En resumen, pese a las limitantes propias del conflicto, como la falta de infraestructura, se logró gestar un proceso educativo no solo para niñez, sino también para toda la comunidad.

Finalmente, la función de autodefensa había sido implementada desde el surgimiento de los Poderes Populares Locales. Consistía, esencialmente, en articular acciones de prevención y monitoreo de las operaciones y movimientos de la Fuerza Armada de El Salvador. La idea era proteger a la población ante los ataques y agresiones del ejército. De acuerdo con un entrevistado, quien fungió como dirigente de los PPL, señala que:

> Todos los hombres y mujeres que tenían capacidad los convertíamos en milicianos (así se les llamaba) porque íbamos a hacer postas a los cerros para vigilar cuando el ejército venía y avisar e irnos con la gente a esconder. También el trabajo de esa época era la producción agrícola que a veces se lograba la cosecha, a veces nos la destruían [...] Desde que salimos de los caseríos ya teníamos organización, eso siempre la mantuvimos. Solo que aquí ya se extendió la forma del cuidado, la vigilancia de nosotros porque ya día y noche teníamos que garantizar la vida de la gente (Entrevista: Víctima-15).

En resumen, la instauración de los PPL surgió como una necesidad imperante, su práctica lo convirtió en un proceso político que apuntó y consolidó el ideario de la construcción de una nueva sociedad. Este proceso dotó de protagonismo a la población campesina. Tal como sugiere Pearce (1986, p.250), con los PPL la población no combatiente descubrió su propio rol en el proceso revolucionario. A su vez, sentó las bases para un futuro –más allá de los vaivenes de la guerra y los desafíos del proceso de paz y la etapa de transición democrática– en el que se consolidaría la autoorganización. De esta manera, la población campesina que se involucró en dicha experiencia reafirmó que el avance y la solución de sus problemas dependían principalmente del tejido social y el nivel o grado de organización. En otras palabras, acordes con las aspiraciones de la democracia comunal, se trató de un proceso orientado a construir nuevas lógicas comunitarias basadas en una praxis integral en lo político y productivo, así como en lo social y cultural.

La experiencia política en cuestión inició un periodo de transformación entre 1985 y 1986. En ese último año, la Fuerza Armada de El Salvador realizó la operación "Teniente Chávez Carreño". Se trató de un operativo de gran envergadura (con una duración alrededor de 45 días) y que afectó a toda la región donde funcionaban los PPL. Además de destruir cultivos, viviendas, dejó a muchos campesinos capturados, entre ellos líderes y lideresas de la organización. En síntesis, ese operativo militar fue básicamente el cierre del esquema de funcionamiento de las estructuras aglutinadas en los PPL (Salazar y Cruz, 2012, p.56). El nivel de inseguridad aumentó, la producción de subsistencia estaba destruida, la población llevaba años de manera errante. Todo ello llevó a las autoridades de los Poderes y a la dirección política del FMLN que operaba en la zona, a plantear otra estrategia. Ante esas agresiones, en junio de 1986 parte de la población que se mantenía huyendo decidió retornar al municipio de San José las Flores, Chalatenango, para asentarse, es decir, repoblar. Esto motivó a la población refugiada en Honduras a gestionar el retorno a las comunidades y municipios aledaños. Así, en 1986 iniciarían regresos masivos a toda la zona nororiental de Chalatenango. Para 1988, la experiencia de los PPL mutaba a la Coordinadora de Comunidades y Repoblaciones de Chalatenango (CCR).

5. EL IMPACTO DE LOS ACUERDOS DE PAZ EN LA ORGANIZACIÓN CAMPESINA

Como se ha argumentado, la población campesina que se agrupó en los Poderes Populares Locales adquirió una experiencia política y una capacidad (de diálogo y creatividad) orientada a su propia emancipación. Esa agencia política les permitió desempeñar un rol importante durante el conflicto armado. En esa línea, y acorde con Santos y Mendes (2018), puede afirmarse que se trató de un proceso democrático. Un proceso que tuvo su desarrollo en las condiciones más adversas, que emergió como un proyecto de resistencia basado en la participación popular. En definitiva, consistió en una propuesta alternativa que se gestó al interior de uno de los grupos más oprimidos en El Salvador.

Recuperando algunos de los elementos que fueron planteados en la introducción, corresponde analizar el impacto que tuvieron los Acuerdos de Paz en la organización campesina del norte de Chalatenango. En ese sentido, desde la perspectiva de las víctimas se puede realizar una crítica a los Acuerdos de Paz, tanto a la etapa de negociación, como a la implementación. Y es que uno de los principales vacíos de la solución política que puso fin al conflicto fue la no inclusión directa de este colectivo que padeció la represión y las distintas expresiones de violencia. En términos éticos, se trata de una ausencia de reconocimiento a su condición de víctimas.

Efectivamente, las víctimas no desempeñaron un rol protagónico durante el proceso de paz, ni su sufrimiento se posicionó como el principal tema de la negociación. Ello se debe a varios factores: las prioridades que tenían las comisiones negociadoras; el vínculo o la afinidad ideológica entre víctimas y las organizaciones político-militares de la izquierda. Por último, el vacío que generó el cambio de escenario, esto es, pasar de un contexto de guerra a la paz y las consecuentes carencias de herramientas jurídicas, políticas para ejercer presión y reclamar sus derechos. No obstante, uno de los factores más determinantes fue el primero, es decir, los intereses políticos que estaban en juego durante la negociación.

La posición adoptada por las partes no se caracterizó por asumir la demanda de las víctimas como una apuesta primordial. Para la representación estatal lo que importaba, en términos formales, era pactar una reforma del sistema político y garantizar mayor apertura democrática. En términos reales, la delegación gubernamental estaba obsesionada por impedir una victoria política o militar del bando insurgente. Por su parte, para el FMLN, la apuesta principal era acabar con la hegemonía militar a través de la depuración de la Fuerza Armada y la eliminación de los Cuerpos de Seguridad. Con relación a la situación de las víctimas, la delegación insurgente lo asumió en su ideario, pero no de forma prioritaria, sino como parte de la estrategia de debilitamiento del adversario en tanto que resaltar la situación de las víctimas contribuiría a profundizar el desgaste político provocado por la estrategia de represión militar. En esa línea, no se puede deducir que existió un desinterés rotundo, pero sí se desaprovechó la oportunidad de saldar reivindicaciones para las víctimas y, en consecuencia, para el reconocimiento político de la organización campesina no combatiente.

Ahora bien, la crítica que se hace a los Acuerdos de Paz no excluye la importancia y el significado que estos han tenido en la realidad salvadoreña. De hecho, las mismas víctimas reconocen la valía de sus aportes. Lo que se señala es que se trató de una solución incompleta. No se pueden soslayar los pactos logrados en las rondas de negociación previas al acuerdo final, la de San José, Costa Rica y México, en las que se atendieron las graves violaciones de derechos humanos y contemplaron la creación de la Comisión de la Verdad; respectivamente. Indudablemente, ambos concernían a la realidad de las víctimas, es decir, a su reparación. No obstante, no es posible afirmar que se trató de una reparación total o una voluntad de reconocimiento. La depuración del ejército era una condición *sine qua non* para el avance democrático del país.

De ahí entonces que sea pertinente la pregunta por las implicaciones éticas que representa tal injuria. En tanto que –acorde con Reyes Mate y Walter Benjamin– significa el triunfo de un único discurso, un único punto de vista: el de los vencedores. Reyes Mate lo explica en su interpretación de la séptima tesis de Benjamin:

> El vencido sabe mejor que nadie que lo que de hecho ocurre no es la única posibilidad de la historia. Hay otras, como aquella por la que él luchó, que quedan en lista de espera. El vencido puede por tanto convertir la experiencia frustrada en expectativa de la historia (Mate, 2006, p.137).

De esta forma, el no reconocimiento a las víctimas puede interpretarse como una instrumentalización al servicio de la lógica política que progresa, que para el caso salvadoreño está enmarcada en la anhelada democratización de la sociedad. Y esto recuerda que otras posibilidades de la historia (la de los perdedores, es decir, las comunidades campesinas que sufrieron los operativos militares) fueron frustradas. Los vencedores agotaron la realidad y tal injusticia se convierte en una interpelación ética.

Pero el agravio no solo perjudicó al imponer un criterio y perpetuar esa injusticia. También causó pérdidas en otros sentidos. Evidentemente, el sufrimiento injusto afectó a los distintos sectores de la sociedad; sin embargo, las secuelas fueron más profundas en el área rural. No solo sufrieron la violencia, la persecución y el despojo de su entorno por parte del ejército, paramilitares y cuerpos de seguridad; también fueron despojadas de su agencia política durante el proceso de pacificación en tanto que sus propias demandas fueron condicionadas. Los Acuerdos de Paz de El Salvador se proyectaron como un ejemplo exitoso de negociación; sin embargo, no incluyeron ni la agenda ni la lucha de los campesinos en la misma (Pearce, 2018). Además de no reconocer la trayectoria de la organización comunitaria, (su creatividad para resistir a la represión militar y la posibilidad de caminar hacia un estadio más avanzado de poder popular), en la implementación de los Acuerdos de Paz se les siguió negando el reconocimiento de su historia, su memoria y su resistencia por mantener vigente el recuerdo de las injusticias que padecieron en el pasado.

Sin embargo, pese a la persistencia de la injusticia, instaurada desde el proceso de paz, existe un discurso y una práctica política en las víctimas. Se asiste a una lucha por recuperar sus derechos negados, fundamentada en una acción comprometida por hacer y mantener la memoria. Tal voluntad colectiva remite a la XVI tesis de Walter Benjamin en la que plantea que la experiencia del pasado, para el materialismo histórico, es única y no la imagen eterna que postula el historicismo. En esa línea, la explicitación de Reyes Mate a propósito de esta tesis sostiene que la construcción del presente "supone una decidida implicación del sujeto que hace la historia, consciente de que el conocimiento del pasado es inseparable de la voluntad de transformar el presente" (Mate, 2006, p.250). Ahí es donde adquiere peso el trabajo de rememorar el pasado que realizan las comunidades campesinas de Chalatenango, es ahí donde converge la voluntad de liberación que ellas promulgan.

Con esa nueva posición las víctimas han asumido su lugar político. A su vez, han logrado establecerse como el sujeto que hace la historia, que conoce y mantiene vigente el pasado para emprender la lucha por la justicia en el presente. Ese es el equilibrio al que, de acuerdo con Mate (2006), se refiere Benjamin: "el equilibrio entre la memoria de los vencidos y la necesidad de liberación actual, entre las exigencias del pasado y las necesidades del presente" (p.252). Esa necesidad que, en palabras de las víctimas, no es otra cosa que la demanda por responder al pasado ignorado:

> Nosotros sabemos los vacíos de los Acuerdos de Paz. Los compromisos históricos, o sea, con la gente, con las víctimas. Nosotros miramos que, con ningún gobierno, ni con el Frente, no vamos a tener la posibilidad de tener programas de salud psicosociales o programas más integrales para tanta víctima de tanta masacre [Sic]. Aquí casi toda la gente somos víctimas. No se mira esperanza de verdad y justicia. Es un problema que siempre hemos venido luchando. Como parte de la Asociación tenemos ese compromiso moral con la gente de acompañar para que haya verdad y justicia [...] Aquí, en las Flores, nosotros vamos a trabajar por lo que hemos luchado y para mantener este esfuerzo de la comunidad (Entrevista: Víctima-15).

La interpelación de las víctimas del conflicto armado salvadoreño, y la confrontación a las instituciones políticas y a la sociedad salvadoreña, es la certeza del compromiso que emana de una praxis política e histórica. Una labor que demanda el reconocimiento de lo ocurrido (el daño personal y público al que fueron expuestos) y el reconocimiento de su condición política, lo que incluye asentir el testimonio de sufrimiento y la experiencia de tejido social comunitario labrado antes, durante y tras el conflicto armado.

6. CONCLUSIONES

A lo largo de este capítulo se ha analizado cómo en la década de 1980 se configuró un movimiento campesino con la voluntad real de transformar las condiciones de vida y, a la vez, con posibilidades de solventar sus propias necesidades. Asimismo, se ha reflexionado en torno a cómo el proceso de paz obstaculizó a dicha organización campesina.

En ese sentido, se puede sostener que los Acuerdos de Paz no han significado un instrumento directo de reconocimiento y reparación a las víctimas de violaciones a los derechos humanos durante el conflicto armado. Como se señaló antes, la exclusión de las víctimas, iniciada durante la fase de negociación, ha sido la constante durante todo este tiempo. Posteriormente, la etapa de implementación se emprendió en coexistencia con la práctica de impunidad e indiferencia, una realidad que todavía persiste. Estas acciones no solo han afectado a la búsqueda de justicia que han realizado las distintas asociaciones de víctimas en todo el país, sino también han ignorado la voz y la labor de memoria desarrolladas por las organizaciones. Para el caso específico que se ha tratado en este texto, además de alejar a la justicia, los Acuerdos de Paz también negaron el reconocimiento político lo que, a su vez, ha permitido ocultar experiencias y prácticas con el potencial de construir o reproducir nuevas relaciones sociales, tanto en el norte de Chalatenango, como en otras zonas del país. Sin embargo, eso no ha sido razón suficiente para impedir el desarrollo de la organización que, naturalmente, ha representado una mejora para la comunidad.

Por otra parte, en este capítulo se planteó una aproximación a la organización campesina del nororiente de Chalatenango, específicamente, al rol que desempeñaron los Poderes Populares Locales. En esa línea, se puede concluir que dicha organización comunitaria es una experiencia que merece la pena profundizar, estudiar su historia, sus proezas y sus conflictos. Como ya se ha expuesto, dicha organización apostó por la construcción de una nueva sociedad. En 1981 instauraron una experiencia de "poder real" (Pearce, 2019, p.82). Adicionalmente, este proceso estableció los cimientos para un orden sociopolítico diferente, un orden fundamentado en "un sistema de valores basado en la solidaridad, potenciadas por la cruel necesidad y la experiencia de un sufrimiento compartido" (Pearce, 2019, p.84). De ese pasado las comunidades campesinas asociadas en los PPL aprendieron herramientas para reconstruirse (física y socialmente) después de la guerra y la firma de la paz, una etapa crucial para el devenir. La mutación a CCR, y posteriormente a una entidad legalmente establecida, ha logrado erigir estructuras locales sólidas y así atender aspectos elementales para la reproducción de la vida, como la compra de terrenos y viviendas para los habitantes de la comunidad, pero también para establecer una identidad y apostar por un deber de memoria que, indiscutiblemente, es el principal factor que ha mantenido la tradición organizativa de la región. No está demás situar la siguiente reflexión:

> Lo que hemos vivido nos ha enseñado que la organización para nosotros es fundamental. Estamos convencidos de que una comunidad organizada, por difícil que sean los problemas, sale adelante. Si es una comunidad individualista, cada uno, por un lado, está perdido. Entonces ese es un valor para nosotros: la organización comunal, a pesar de que hoy son otros tiempos, pero siempre se conserva un nivel organizativo importantísimo en todo el territorio. Toda esta zona conservamos el trabajo de unidad, de solidaridad, pues cualquier problema que hay aquí, si no el 100% pero una gran cantidad de gente siempre estamos prestos [Sic] para ayudar a cualquier necesidad que hay. Lo que más nos da la certeza y la fortaleza de que vamos por buen camino es la vida que se vive aquí. Somos una comunidad que no tenemos problemas, usted sale por cualquier lado y se encuentra con gente amiga, no le van a hacer mala cara, no le van a hacer nada. Ese ambiente de comunidad nos gusta y trabajamos para mantener eso (Entrevista: Víctima-15).

Indudablemente, el tejido comunitario antes descrito, además de no pasar desapercibido en una sociedad violenta y egoísta como la salvadoreña, constituye una práctica real de autogestión revolucionaria. Si bien es cierto, el caso expuesto aborda una experiencia ocurrida en el pasado; no obstante, podría constituir un referente desde la óptica de la democracia comunal en dos sentidos. El primero, en tanto que surgió en un contexto de guerra y sufrimiento. Se originó desde una base subalterna. Se erigió como expresión de resistencia y cuyo horizonte siempre fue la emancipación. En segundo lugar, los Poderes Populares Locales forjaron una identidad, un sentido de comunidad y una tradición política que ha permitido a la población que reside en ese territorio continuar con prácticas solidarias capaces de enfrentar las políticas neoliberales, y los costos socioeconómicos, que ha imperado en El Salvador desde finales de la década de los ochenta.

Bibliografía

Almeida, P. (2011). Olas de movilización popular: Movimientos Sociales en El Salvador, 1925-2010. San Salvador, El Salvador: UCA Editores.

Argueta, R. (2011). "La guerra civil en El Salvador (1981-1992)", en AAVV, El Salvador: historia mínima (pp.89-96). San Salvador, El Salvador: Secretaría de Cultura de la Presidencia.

Juárez Ávila, J. (2014). Historia y debates sobre el conflicto armado salvadoreño y sus secuelas. San Salvador, El Salvador: Unidad de Investigaciones sobre la Guerra Civil Salvadoreña del Instituto de Estudios Históricos, Antropológicos y Arqueológicos. Universidad de El Salvador/Fundación Friedrich Ebert.

Lara Martínez, C.B. (2019). “Memoria histórica y cambio sociocultural: la investigación sobre las comunidades emergentes”. En Revista Realidad. Núm. 153. (pp. 123-134).

López Bernal, C.G. (2017). “El Salvador 1960-1992: reformas, utopía revolucionaria y guerra civil”. En Quinteros, M.C., L. F. Viel Moreira (organizadores), As revoluções na américa latina contemporânea. entre o ciclo revolucionário e as democracias restringidas (pp. 237-279). Maringá y Medellin, Colombia: UEM-OGH-Historia y Pulso y Letra, Universidad de Antioquia.

Martín, A. y Sprenkels, R. (2014). “La izquierda revolucionaria salvadoreña. Balance historiográfico y perspectivas de investigación”. En Oikión Solano, V., E. Rey Tristán y M. López Ávalos (eds.). El estudio de las luchas revolucionarias en América Latina (1959-1996). Estado de la cuestión (pp. 211-439). Zamora, México, Santiago de Compostela, España: Colegio de Michoacán, Universidad de Santiago de Compostela.

Mate, R., (2006). Medianoche en la historia: comentarios a las tesis de Walter Benjamin “Sobre el concepto de la historia”. Madrid, España: Trotta.

Mate, R. (2011). Tratado de la injusticia. Barcelona, España: Anthropos.

Naciones Unidas. (1992). Acuerdos de El Salvador: En el camino de la paz. S.L: Departamento de Información pública de las Naciones Unidas.

Pearce, J. (1986). Promised land: peasant rebellion in Chalatenango, El Salvador. Londres, Reino Unido: Latin America Bureau.

Pearce, J., (2018). “Emotional Histories: A Historiography of Resistances in Chalatenango, El Salvador”. En Macleod M., De Marinis N. (eds) Resisting Violence. Emotional Communities in Latin America. Palgrave Macmillan, Cham. Doi: doi.org/10.1007/978-3-319-66317-3_4

Pearce, J. (2019). “Historias emocionales: una historiografía de las resistencias en Chalatenango, El Salvador”. En Revista Realidad. Núm. 153. (pp. 65-91).

Rauber, I. (2016). Hegemonía poder popular y sentido común. El Ágora U.S.B. 16 (1). (pp. 29-62).

Salazar, A. y Cruz, M.C. (2012). CCR: Organización y Lucha Popular en Chalatenango. San Salvador, El Salvador: Asociación de Comunidades para el Desarrollo de Chalatenango.

Santos, B.D. y Mendes, J.M. (2018): Demodiversidad: imaginar nuevas posibilidades democráticas. México D.F., México: Akal.

Seligson, Mitchell A. y Vincent McElhinny. (1996). “Low-Intensity Warfare, High-Intensity Death: The Demographic Impact of the wars in El Salvador and Nicaragua”. En Canadian journal of Latin American and Caribbean Studies /Revue canadienne des études latino-américaines et caraïbes. Núm. 235. (pp.211-241). Doi: 10.1080/08263663.1996.10816742

Sprenkels, R. y Melara Minero, L.M. (2017). Auge y declive de la persecución violenta en El Salvador: patrones, variaciones y actores (1970 -1991). En: Menjívar, M. y R.

Sprenkels, (eds). La revolución revisitada: nuevas perspectivas sobre la insurrección y la guerra en El Salvador. (pp. 79- 148). San Salvador, El Salvador: UCA Editores.

Turcios, R. (2015). "La vida política". En López Bernal, C. G., El Salvador. Historia contemporánea, 1808 – 2010. (pp. 53-128). Madrid, España/San Salvador, El Salvador: Fundación MAPFRE y Editorial Universitaria.

Viano, C. (2012). "Desarrollos, tramas y desafíos de la Historia Reciente". En Viano, C., Miradas sobre la Historia. Fragmentos de un recorrido (pp. 117-138). Rosario, Argentina: Prohistoria ediciones.

Capitulo XVI

El cooperativismo como agente articulador de desarrollo multiescalar. El caso de L'Olivera, Lleida

MERCÈ CORTINA ORIOL
MARIO HERNÁNDEZ TREJO
MARIONA LLADONOSA LATORRE
MANEL LÓPEZ ESTEVE

1. INTRODUCCIÓN

Las experiencias de democracia social y económica han sido una constante estructural en la formación de la Cataluña contemporánea. Desde el cooperativismo de base obrera y campesina, pasando por las formulaciones colectivistas en la esfera de la propiedad y la producción, hasta llegar a las experiencias de autogestión de los propios trabajadores del siglo XX, históricamente, se ha ido asentando toda una serie de prácticas democratizadoras distintivas de la estructura social y económica que han apostado por la superación de las formas de propiedad privada, la agroecología y la comunalización. En este sentido, este conjunto de prácticas y formulaciones propias de la democracia social y económica han tenido como común denominador la voluntad de rebasar los límites de la democracia formal representativa de matriz liberal y convertirse en un modelo propio de desarrollo no focalizado en la lógica del crecimiento y la acumulación capitalista (Kaplan, 2015). A través del análisis del caso de la cooperativa de trabajo de L'Olivera (Vallbona de les Monges) este artículo analiza la articulación en el ámbito rural de la práctica cooperativista, el desarrollo territorial y la democracia social y económica como factores de comunalización y de acuerdo con la idea que entronca con algunas experiencias cooperativistas de autogestión y colectivistas que tuvieron su punto culminante en la Catalunya de los años treinta. El artículo plantea como pregunta de investigación si desde una experiencia específica de cooperativismo de estas características en el contexto actual se pueden desarrollar transformaciones a nivel relacional, cultural y productivo en su entorno que faciliten procesos de desarrollo local basados en la idea del valor comunal.

Definimos valor comunal como un modelo abierto de transformación de las relaciones sociales en términos comunales, capaz de modificar las relaciones de fuerza para avanzar en la consolidación de un campo contrahegemónico (Mazzeo y Stratta, 2007). Por lo tanto, el cooperativismo de valor comunal se basa en elementos como la capacidad de democratización de sus propias formas organizativas y de la organización social de otros espacios escalares donde se desarrolla; la incorporación de la ética de la emancipación como eje y la consolidación de formas organizativas comunitarias alternativas. En base a esta definición, la democracia comunal implica una "territorialidad social" (Mazzeo y Stratta, 2007, p.13), que consiste en la movilización de valores comunales (por ejemplo el trabajo inclusivo o la defensa del territorio) a diferentes escalas. Como mostramos en la sección 4, dicha dimensión escalar se basa en una dinámica de tensiones políticas que está en constante cambio y que, en el caso de L'Olivera, pasa por transformación y reconstrucción del territorio.

Para situar en términos básicos el análisis propuesto es necesario tener en cuenta que L'Olivera es una cooperativa de trabajo asociado y de iniciativa social que tiene como objetivo el trabajo agrícola y la integración sociolaboral de personas con discapacidad y vulnerabilidad social a través del trabajo de cultivo de la tierra en el mundo rural y periurbano. La actividad agrícola que desarrolla es el cultivo de viña y olivos para la elaboración de productos de calidad: vino y aceite virgen extra. El proyecto destaca por cuatro factores expuestos por sus miembros durante las entrevistas, como los ejes en los que se basa el funcionamiento de la cooperativa: el modelo cooperativo, el modelo social y de integración, el modelo económico y el modelo de relación con el entorno. Nace en 1974, a través de un grupo de personas que con el escolapio Josep Maria Segura al frente, se instalan en el municipio de Vallbona de les Monges, una población rural de la comarca de El Urgell en Cataluña. La idea fundacional era la de crear una comunidad de vida y trabajo compartida que, por un lado, integrase personas con discapacidad intelectual y, por otro, plantease una salida económica productiva a partir de los propios activos de la zona. L'Olivera se desarrolla como un proyecto de trabajo y de vida compartida en forma de cooperativa con una clara vocación de acción comunitaria.

Metodológicamente, el artículo se basa, por un lado, en el análisis documental y de fuentes secundarias, donde se analizaron textos, materiales e informes sobre el territorio y sobre el proyecto, elaborados por la propia cooperativa y por otras entidades de la Vall del Corb, algunos de ellos inéditos y facilitados por las mismas entidades. Por otro lado, se basa en un grupo de entrevistas semi-estructuradas. En Vallbona de les Monges, una de las sedes de L'Olivera, se realizaron tres entrevistas a miembros de la cooperativa, y una entrevista a una habitante del pueblo y miembro de una institución educativa. Fuera de Vallbona se hicieron cuatro entrevistas individuales: en el Consell Comarcal de Urgell, en la Associació Vall del Corb, en el Ateneo Cooperativo Ponent Coopera y, finalmente, en la organización Compromís per Vallbona. Para construir esta pequeña muestra nos basamos en el método de bola de nieve (Noy, 2008), debido a que este método en sí mismo expone relaciones espaciales en la medida en la que se basa en, y activa, redes sociales. En este sentido, durante la investigación comenzamos realizando entrevistas en Vallbona de les Monges para entender, a través del efecto multiplicador de las entrevistas, cómo lo local se yuxtapone a otras dimensiones. Por ejemplo la comarca, y cómo los miembros de L'Olivera construyen espacialmente sus alianzas y, por lo tanto, contribuyen en la construcción de territorio. El resultado de entender espacialmente dichas redes, que surgieron del diseño de la muestra y toman como epicentro a L'Olivera, fue observar la relación de esa cooperativa con la comarca, la cuenca, y las redes de cooperativas como espacios donde L'Olivera ha difundido de sus valores cooperativistas comunitarios. Dicha difusión se da a nivel simbólico para, por ejemplo, reconstruir la identidad de la comarca, la región (el Valle del río Corb), o a nivel organizativo, para consolidar redes de cooperativas como el Ateneo Cooperativo Ponent Coopera.

El artículo se desarrolla a través de una introducción de valor situacional y metodológica, seguido de un capítulo donde se presenta la trayectoria del cooperativismo en Catalunya y se presenta el contexto de desarrollo político y social del proyecto de L'Olivera. A continuación, se desarrollan dos capítulos analíticos. En el primero, se presentan algunas consideraciones teóricas para analizar los procesos de transformación en los cuales la acción comunitaria de L'Olivera está inmersa y se presenta el trabajo y la tierra como las fuerzas transformadoras del proyecto. En el segundo, se esbozan algunas de las tensiones en las cuales L'Olivera está inmersa como actor político para, posteriormente, profundizar en el análisis de tres de ellas: la fórmula cooperativista, las relaciones laborales inclusivas y el modelo productivo agroecológico. Finalmente, en las conclusiones se plantean las oportunidades y los límites del impacto transformador del proyecto de L'Olivera.

2. PROCESO HISTÓRICO DE CONSOLIDACIÓN Y DIVERSIFICACIÓN DEL COOPERATIVISMO EN CATALUÑA

2.1. El cooperativismo agrario como elemento de democratización

Las prácticas de cooperación y trabajo en común han sido una constante estructural que puede ser detectada históricamente en buena parte de las sociedades. Las formas de cooperación, la organización colectiva de las condiciones de existencia, los hábitos de ayuda mutua y las opciones solidarias para organizar el trabajo, el comercio y la vida asociativa han existido en las sociedades contemporáneas, y con anterioridad, en un amplio abanico de experiencias orientadas a activar dinámicas de democratización ante los diferentes tipos de desigualdades y el poder político y económico.

Si bien bajo el epíteto del cooperativismo se han englobado experiencias con sentidos y orientaciones muy diversas, se puede hallar entre las prácticas y formulaciones cooperativas, desde sus primeros pasos, una concepción fundamentada en la democracia social y económica para transformar las relaciones sociales a través del control de los procesos económicos, el acceso a la instrucción y el protagonismo social de obreros, campesinos y clases subalternas (Wolff, 2012). En las últimas décadas el cooperativismo como instrumento de transformación y superación de las relaciones sociales de explotación propias del capitalismo ha ocupado un papel nada desdeñable tanto en aquellas sociedades con procesos revolucionarios en desarrollo, como en Kurdistán o Venezuela (Ayoga, Flach, Knapp, 2018; Melcher, 2008), como entre aquellos movimientos sociales y políticos que impugnan la dominación del capitalismo global realmente existente y que plantean alternativas a la misma (Wolff, 2012; Wiksell, 2020).

La anterior constatación no permite, aún así, caracterizar el cooperativismo propiamente como una alternativa de liberación a la explotación capitalista y de superación de la democracia liberal representativa. Existen, y han existido, proyectos cooperativos que no pretenden erigirse en una alternativa económica, social y política al capitalismo. Al mismo tiempo, un sinfín de experiencias y prácticas cooperativas se han formulado y desarrollado históricamente desde una clara voluntad de cuestionar las relaciones de explotación y convertirse en una alternativa socialmente transformadora sobre las bases de la democracia social y económica.

Las cooperativas de trabajadores, agrarias o de consumo que plantean una vía de transformación social de la realidad están inseridas, también, en la economía capitalista de mercado y, en consecuencia, se ven obligadas a afrontar, permanentemente, la tensión entre, por un lado, su apuesta por la autodeterminación de la democracia social y económica y, por el otro, las imposiciones de los mecanismos de mercado del capitalismo global (Vieta, 2014). Partiendo de este marco, algunos estudios como los realizados por Marcelo Vieta han apuntado que las experiencias cooperativas fundamentadas en la autogestión popular, obrera y campesina y en la resistencia constructiva, esto es, en el desarrollo de alternativas concretas, constructivas, que prefiguran posibles escenarios antagónicos a los de la propia explotación del capitalismo global, contienen todo un potencial necesario para la construcción de una alternativa política antagónica a la del capitalismo global y la democracia de base liberal representativa (Vieta, 2010; Curl, 2010). Experiencias como las del MST del Brasil con su apuesta por las cooperativas agroecológicas de campesinos apuntan todo este potencial y enlazan con una larga tradición de economía colectiva, cooperativa y solidaria de los oprimidos durante los dos últimos siglos (Pahnke, 2015).

En este contexto, las experiencias de democracia social y económica y de cooperación en el ámbito del consumo y la producción han sido una constante en la formación de la sociedad catalana contemporánea desde la segunda mitad del siglo XIX, inicialmente bajo la impronta del modelo de Rochdale en Inglaterra (Holyoake, 1982). Desde el cooperativismo de base obrera de consumo y producción, la aparición del cooperativismo agrario a finales del siglo XIX, las formulaciones colectivistas de propiedad y producción durante la movilización revolucionaria del verano de 1936 hasta llegar a las experiencias de autogestión obrera de la década de los setenta del siglo pasado y el nuevo movimiento de economía social y solidaria en las últimas décadas, se ha ido asentando toda una serie de prácticas democratizadoras distintivas de la estructura social y económica catalana (Pérez Baró, 1989; Mayayo, 1995; Dalmau, 2018). Todo este conjunto de prácticas y formulaciones propias de la democracia social y económica han tenido como común denominador, en mayor o menor medida, la voluntad de rebasar los límites de la democracia formal representativa y convertirse en un modelo propio territorializado de desarrollo no focalizado única y exclusivamente en la lógica del crecimiento y la acumulación (Kaplan, 2015).

El cooperativismo agrario surgió en Catalunya a finales del siglo XIX como respuesta al impacto de las profundas transformaciones agrarias de carácter internacional provocadas por el desarrollo del capitalismo. La necesidad del Estado liberal de reglamentar la vida asociativa con la Ley de Asociaciones de 1887 posibilitará, a pesar de su carácter restrictivo, la institucionalización y desarrollo de las primeras cooperativas y asociaciones agrarias. Especialmente en la Catalunya interior, en las comarcas de Lleida y Tarragona, se constituirán las primeras sociedades agrarias, la primera de todas ellas la Sociedad Agrícola de Valls en 1888, que tuvieron, en muchos casos, un carácter obrerista y de clase, con vínculos claros con el republicanismo federal y el socialismo, y que se regían bajo la máxima de un hombre un voto (Gavaldà, 1989; Mayayo, 1995). En este sentido, las sociedades y las cooperativas campesinas resultaron una palanca de democratización fundamental para unas comunidades locales en las que la vida municipal estaba en manos de una oligarquía caciquil que limitaba la participación expresa de la comunidad en la toma de decisiones.

Para una parte de los campesinos la cooperación será la respuesta ante las imposiciones del desarrollo del capitalismo agrario, a la internacionalización del mercado, a la revolución tecnológica, a la lucha contra las plagas del campo, la usura de comerciantes y propietarios y el fraude en la elaboración de productos. Pequeños propietarios, arrendatarios, aparceros y jornaleros encontrarán en el cooperativismo un dique ante el ascenso de la dinámica competitiva de la expansión del mercado capitalista y una opción de organizar la vida, el trabajo, la producción y el comercio sobre la base de una cultura de protagonismo democrático de los tradicionalmente excluidos (Mayayo, 1989).

Dado que las comunidades rurales estaban profundamente divididas económica, social y culturalmente y que la crisis finisecular, especialmente intensa en el sector vitivinícola, ahondó las fracturas y divisiones existentes, el impulso del cooperativismo estuvo del todo condicionado por las mismas y adquirió un marcado carácter dual a principios del siglo XX. El movimiento cooperativo será en Catalunya un movimiento dual: con una vía revolucionaria al cooperativismo, impulsada por las sociedades de pequeños campesinos, y una denominada vía reformista impulsada por un sector de propietarios agrarios orientada a racionalizar y adaptarse a las necesidades del mercado.

En cierta medida, esta dicotomía observable en el movimiento cooperativista de primeros del siglo XX entre una propuesta socialmente transformadora y otra destinada única y exclusivamente a la adaptación a las exigencias del mercado capitalista se puede reseguir hasta día de hoy en las variadas experiencias del cooperativismo agrario catalán. De este modo, proyectos cooperativos como el de L'Olivera, fundamentados en la superación de las formas de propiedad privada, la agroecología, la comunalización de los recursos, la horizontalidad de la gestión y la agricultura social, entroncan con las experiencias cooperativistas, de autogestión y colectivistas que tuvieron su punto culminante en la Catalunya de los años treinta y que fueron liquidadas con la victoria militar y fascista de 1939.

Las experiencias del sindicalismo de la Unió de Rabassaires, la organización campesina que acabaría siendo hegemónica en el campo catalán de los años treinta, con especial arraigo en las áreas vitivinícolas, que recogía una parte importante de la tradición y experiencias del sindicalismo campesino organizado por el republicanismo desde las últimas décadas del siglo XIX, y que combinaba en el ámbito local el cooperativismo agrícola y de consumo con el mutualismo (Pomés, 2000; Planas, 2020), las funciones recreativas y las propiamente sindicales y políticas, la creación de la Federació de Sindicats Agrícoles de Catalunya (FSAC), en agosto de 1936 en plenas transformaciones revolucionarias, que unificaba el movimiento cooperativo y que, en palabras de un importante dirigente campesino catalán, debía servir *per anul·lar cada dia més l'intermediari i el traficant i establir relacions directes entre productors i consumidors* (Torrents, 1937, p.14) o la idea de autogestión propia de las experiencias de las colectividades agrarias (Gavaldà, 2016), se injertaron en las nuevas experiencias cooperativas y societarias del mundo agrario catalán que, desde una óptica renovada propia de los movimientos de oposición a la dictadura, emergieron a finales de la década de los sesenta y primeros de los setenta del siglo XX (Mayayo, 1995; Aldomà, 2016).

2.2. El proyecto de L'Olivera

El contexto sociopolítico de los años setenta es especialmente relevante para entender la idiosincrasia del nacimiento del proyecto de L'Olivera. En primer lugar, porque nace en un contexto de dictadura franquista aún vigente pero ya fuertemente tensionada por la oposición del antifranquismo y una primavera de movimientos, iniciativas y alternativas políticas y culturales en todo el país. En segundo lugar, porque es un proyecto que se da en medio de los cambios culturales de los setenta. Cambios que marcan los planteamientos iniciales de una experiencia alternativa, socializadora, o como los propios miembros lo llaman, «cargada de utopía» que buscaba nuevas fórmulas integrales de vida y trabajo más humanizadoras y alternativas al desarrollo urbano e industrial. Un proyecto colectivo en el ámbito rural influenciado por otras experiencias europeas similares del momento como las Comunidades del Arca, bajo iniciativa del católico Jean Vanier en Francia en 1964 y extendidas por Europa a lo largo de los setenta donde se integraba vida comunitaria, laboral y espiritual de personas con capacidades diversas.

En lo que se refiere al cambio cultural, la fecha de 1968 se ha convertido en el año frontera en los relatos culturales de Europa. El cambio cultural de los setenta se produce en Cataluña en plena expansión e influencia de las nuevas corrientes internacionales en lo que refiere a las formas de revuelta generacional: voluntad emancipadora, transformación cultural de las costumbres, comportamientos y estilos de vida, liberalización en sentido amplio, politización y práctica de nuevas formas de relación social, territorial y contracultural. El lenguaje y las formas simbólicas de representación de esta ruptura se producen connotadas de fuerte carga ideológica y de retórica revolucionaria, pero fundamentalmente visualizadas como protesta sobre las formas de vida, y que suponen el inicio de un nuevo ciclo de movilizaciones y mentalidades que en Cataluña que se da en forma de oposición al régimen franquista pero también en la liberación ética y estética. Un ejemplo de estas nuevas corrientes es la constitución de las primeras comunas o las experiencias comunitarias de vivienda de ruptura con las formas familiares tradicionales.

L'Olivera nace plenamente inserta en este contexto cultural de cambio a través de la experiencia urbana de un grupo de personas que manifiestan la vocación de recuperación de unos ritmos más armónicos con la naturaleza y una nueva conciencia ecológica de revalorización territorial de valor casi espiritual. Por añadidura, lo hacen desde unos planteamientos ideológicos críticos con el capitalismo y la voluntad de dar un espacio de reconocimiento a los sectores sociales más invisibilizados. Lo plantean como «la lucha por el derecho a la diferencia»: "Desde la racionalidad económica y técnica, intentar visibilizar lo que es marginal es visto como ilusorio, bienintencionado y basta. En cambio, para los que se esfuerzan en nadar a contracorriente, para los que conectan con los valores de esta ⊠sociedad al revés⊠, L'Olivera tiene un especial valor de símbolo y de garantía moral" (Botey, 2014, p.238). Es relevante el hecho de que la propuesta comunitaria se da bajo la iniciativa del escolapio Josep Maria Segura como hemos dicho. La influencia del Concilio Vaticano II (1962-1965) y la "doctrina social" de la Iglesia hasta los años del posconcilio marcará la generación de algunos curas como Segura. A partir de los años sesenta, las influencias culturales y políticas de Europa también favorecen la repolitización de los rasgos ideológicos del discurso católico de izquierda, por lo que el catolicismo catalanista experimenta una cierta ruptura dialéctica con las formas culturales establecidas. Sobre todo, se ve en la aparición de nuevas formas comunitarias y una renovada conciencia sobre la justicia y el compromiso en la experiencia de los curas-obreros, los vínculos con el trabajo social o en el pensamiento teológico comunitarista y las ideas de interclasismo comunitarista antiburgués. En el caso de L'Olivera, Segura, se imagina la conformación de una "comunidad cristiana" mixta, de personas con capacidades diversas, en la que todas tengan los mismos derechos y deberes y vivan del trabajo de todas según las posibilidades de cada uno. De alguna manera el proyecto tiene por misión la construcción de un espacio social alternativo que dé solución a las contradicciones sociales del sistema, y permita el reconocimiento integral de las personas diversas de acuerdo con la premisa de que "el discapacitado es una persona plenamente humana y poseedora de los derechos: derecho a la vida, a los cuidados, a la educación, al trabajo, etc." (Botey, 2014. p.24).

En tercer lugar, hay que tener en cuenta que el proyecto se plantea como modelo alternativo a la estigmatización social de las personas con fragilidad cognitiva, y que en aquel momento era especialmente rompedor por tratarse de un sector prácticamente desatendido en términos públicos y privados, con una comprensión estrictamente asistencialista de las formas de atención, y que conducía a que muchas familias vivieran fuertemente condicionadas por la falta de recursos personales y colectivos para hacer frente a la situación. En cierta medida el proyecto bebía de las corrientes de la antipsiquiatría en lo que refiere fundamentalmente a la denuncia de las formas sociales y políticas que estigmatizan la diferencia y deshumanizan la vida de las personas con capacidades diversas a través de la idea de las enfermedades mentales y las formas de autoridad, poder, opresión y marginación social sobre estos colectivos vulnerables.

En cuarto lugar, la ubicación del proyecto era parte de esta alternativa: situarse en una zona agrícola con cultivos de secano de bajo rendimiento, con una carencia importante de infraestructuras y un fuerte aislamiento territorial que se agravaba por la tendencia demográfica a la baja, tal y come se muestra en la FIGURA 1, y el despoblamiento continuado. En los años setenta llegaron a quedar poco más de 200 habitantes dejando el municipio en una situación de economía cerrada o prácticamente de subsistencia. Pero esta situación ofrecía la existencia de casas deshabitadas y tierras sin cultivar que permitían un primer acceso a la vivienda y el trabajo y que, además, sintonizaba plenamente con la dimensión simbólica de una comunidad cristiana que se identifica con la vulnerabilidad social y territorial.

Figura 1. Evolución poblacional de Vallbona de les Monges

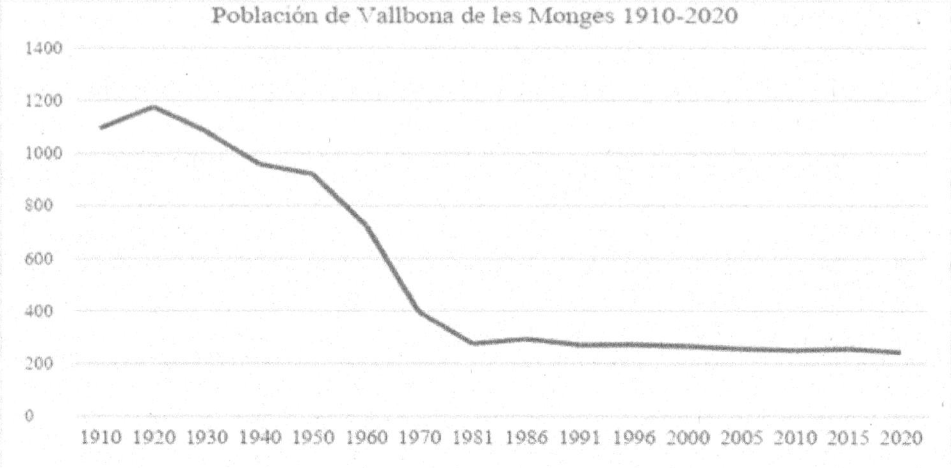

Fuente: Instituto Nacional de Estadística e Idescat

El modelo económico del grupo desde el principio fue agrario y con vocación de autogestión, pretendía autofinanciarse y sostenerse con el propio trabajo. El proyecto, en términos de trabajo y acceso a la tierra, se reconocía a sí mismo en el hilo de la cultura de la autogestión y "un cierto retorno al mutualismo o la cultura del anarcosindicalismo del siglo XIX" (Botey, 2014, p.236). En 1976 deciden constituirse en empresa cooperativa de acuerdo con la necesidad de legalizarse y tener personalidad jurídica propia como empresa. Asimismo, a finales de 1976 se acuerda pedir al Servicio Social de Recuperación y Rehabilitación de Minusválidos (seremos) el reconocimiento de L'Olivera como centro ocupacional para la necesidad de apoyo económico público para la subsistencia del proyecto sobre todo en lo que refiere a la incorporación de personas con diversas capacidades.

A partir de los ochenta, L'Olivera como cooperativa, se especializa en la producción de vino y aceite de oliva de calidad con el objetivo de revalorizar la agricultura, los cultivos tradicionales de la zona y la importancia de la calidad de las materias primas. Nace y se mantiene a lo largo del tiempo como una experiencia de autoaprendizaje especialmente inmerso en la construcción de un proyecto de cooperativa de trabajo y de reformulación de las formas de propiedad privada hacia la idea de una "propiedad compartida" y la prevalencia del valor de uso por encima del valor de cambio, en la línea de las formas de propiedad comunal. En este sentido, el proyecto plantea la importancia de la comunalización de recursos escasos como la tierra, para mejorar su eficiencia y la capacidad de mantener autónomamente y a largo plazo los niveles de producción. Asimismo, se parte de la agroecología como modelo, de acuerdo con el movimiento Slow Food y el modelo de agricultura social, respetando los ciclos de la tierra, y la defensa en términos prácticos e ideológicos de un sistema alimentario y agrícola más sostenibles medioambiental, económica y socialmente. También en términos de revalorización del paisaje y de valor cultural tanto del proceso como del producto.

En cuanto a las formas comunitarias de vida, si bien con el paso de los años se abandonará el modelo estricto de vida conjunto, es decir en las formas de residencia en un mismo espacio por parte de todos los miembros del proyecto, la residencia se profesionaliza para el cuidado de las personas con fragilidad y para ofrecer igualmente un espacio de vida y trabajo integrador y humanizador de acuerdo con el principio fundacional de poner «las personas en el centro» y reconocer las diversas capacidades individuales al servicio del proyecto colectivo. Asimismo, dado que el factor social se mantiene como fundamental en el proyecto productivo, se mantiene el trabajo manual sobre la viña y los olivos y el proceso productivo. Desde 2010 la cooperativa crece con el proyecto social de Can Calopa, una masía en el Parque Natural de Collserola de Barcelona donde se recupera el cultivo de viña y se elabora el único vino de la ciudad de Barcelona con los mismos principios de agricultura social, pero en este caso, para la inclusión de jóvenes con necesidades especiales en el entorno periurbano. Este segundo proyecto no forma parte del análisis que aquí tratamos, el que se concentra exclusivamente en la experiencia rural de Vallbona de les Monges. Aun así, ambas experiencias parten de la voluntad de consolidación de espacios de vida y trabajo comunales con capacidad de reproducir las formas de vida alternativa en forma de valores políticos de transformación. Y en este sentido, L'Olivera se plantea a sí misma como proyecto de transformación económica, laboral, social y territorial de su entorno bajo la idea del valor comunal.

3. EL ESPACIO-PARA-SÍ DE L'OLIVERA: EL TRABAJO Y LA TIERRA

«El derecho a vivir en comunidad» y el «respeto a la tierra y el territorio» fueron elementos que los miembros de L'Olivera destacaron durante las entrevistas como principios conducentes y praxis cotidiana de su cooperativa, y ambos requieren de procesos de transformación del entorno que, en el caso de L'Olivera, tiene una configuración territorial importante. A continuación, presentamos algunas consideraciones teóricas para analizar los procesos de transformación en los cuales la acción comunitaria de L'Olivera está inmersa. Comenzamos por definir la idea de espacio-en-sí y espacio-para-sí, posteriormente, introducimos los conceptos de organización política del territorio, y espacios de dependencia y de acción. Finalmente, se presenta el trabajo y la tierra como las fuerzas transformadoras del proyecto.

En apartados anteriores hemos situado el proyecto de L'Olivera en su entorno, un entorno definido por un sector agrícola en crisis y una constante tendencia al despoblamiento. Esto es lo que podríamos llamar el espacio-en-sí, el definido por las condiciones objetivas determinadas por el modo de producción. Es la base objetiva del espacio en el que las prácticas sociales tienen lugar y están incrustadas. Sin embargo, L'Olivera, requiere de lo que Lipietz (1994) denomina un espacio-para-sí, un espacio en el que desarrollar su proyecto. El espacio-para-sí, implica una región consciente de sí misma en términos territoriales y objetivos estratégicos. Pero más allá, ello requiere de una clase política-económica que la defina, la limite y se movilice a su alrededor, por tanto, adquiera hegemonía sobre su territorio. Por ello, la acción comunitaria local de L'Olivera está estrechamente vinculada a procesos de reconstrucción del territorio.

Decimos «reconstrucción» porque la actividad agrícola y de provisión de servicios de la cooperativa tiene como parte de sus objetivos, por un lado, conservar y recuperar la actividad agrícola en una zona rural severamente afectada por el despoblamiento. Esto, por medio de estrategias productivas que van desde la recuperación de variedades vitícolas autóctonas, hasta estrategias organizativas como la participación de redes de cooperativas para promover iniciativas de economía social y solidaria, en Cataluña y en otros países. Por otro lado, la provisión de servicios a personas con discapacidad y vulnerabilidad social, busca reintegrar a dicho sector de la sociedad por medio del trabajo y la vida comunitaria; reconstruir las relaciones entre las personas con capacidades diversas y el resto de la población. Por tanto, la reconstrucción del territorio mediante la cual L'Olivera moviliza la escala comunitaria en el contexto político pasa por las múltiples relaciones entre la tierra y el trabajo.

La tierra y el trabajo son factores clave en lo que podríamos llamar la organización política del territorio de la que L'Olivera forma parte. Autores como Soja (1971) y Elden (2010) definen una organización política del territorio como el medio por el cual una sociedad crea y mantiene relaciones de solidaridad interviniendo en procesos de competencia, conflicto y cooperación que operan espacialmente. Más adelante ilustraremos algunos elementos de la organización territorial en la que interviene L'Olivera. Por ahora, basta con decir que tensiones, por ejemplo entre competencia y cooperación o diferenciación y homogeneización, son elementos clave en el proceso de definición del espacio-para-sí. Concretamente, el modelo de agricultura ecológica en que están basados los procesos productivos de la cooperativa, depende de un paisaje diverso, labrado por generaciones de *payeses* y conservado y transformado por voluntarios y miembros de la cooperativa. Ese mosaico de comunidades florísticas, dependientes y no (directamente) dependientes de los cuidados humanos, son la síntesis del trabajo y la tierra. El paisaje se convierte en un componente del cual *depende* no sólo la producción del vino y aceite de oliva sino la reconstitución de la escala de la comunidad, que L'Olivera contrapone al modelo agroindustrial y de monocultivo que ha contribuido en gran medida a la crisis de *la payesía* y el despoblamiento rural de Urgell y comarcas vecinas. Así, observamos cómo el proceso de construcción del espacio-para-sí, es un proceso complejo en el que no sólo operan procesos limitados y fijados en el propio espacio, sino procesos más complejos a diferente escalas, como es, por ejemplo el modelo agroindustrial, que se define y opera a una escala global.

Cox (1998) propuso los términos 'espacios de dependencia' y 'espacios de acción (*engagement*)' para estudiar las dinámicas escalares y su organización política. El primero se refiere a relaciones sociales relativamente localizadas, o fijadas, en las que se basa la realización de intereses específicos, y de las cuales no hay sustitución. El segundo alude a conjuntos de relaciones más amplias, como instituciones gubernamentales, medios de comunicación o instituciones internacionales, que directa o indirectamente impactan en los espacios de dependencia. El autor buscaba complejizar y matizar la relación entre lo local y lo global y superar nociones rígidas que parten de entender las escalas como contenedores ordenados jerárquicamente cuyo trecho característico es, sobre todo, el tamaño: local, regional, estatal y global. Más allá de estas discusiones teóricas, dichos términos son útiles para discernir geográficamente los diversos procesos de la configuración escalar en la que está inmersa la cooperativa L'Olivera. La «defensa del territorio» y la reivindicación del «derecho a vivir en comunidad» por parte de los miembros de L'Olivera, están fijados y localizados en Vallbona de les Monges en la medida en que la agricultura fija el trabajo humano en la tierra, pero dicha política escalar no se limita a la esfera local.

En palabras de sus miembros, la acción comunitaria localizada de la cooperativa, además de contribuir en espacios de acción como redes catalanas e internacionales de cooperativas, ha desarrollado un «valor simbólico de referencia». Se refieren a que, "L'Olivera ha puesto negro sobre blanco a aquello que hoy llamamos 'la lógica de lo pequeño', la valoración de lo 'micro', la escala reducida, como contrapunto de la globalización que ahoga. En este caso se trata de trabajo local con perspectiva global, trabajo social con perspectiva política, desde la marginación con perspectiva de la transformación del sistema, desde la atención a la persona con perspectiva de cambio de estructuras" (Botey, 2014, p.238). Esta concepción de síntesis entre lo local y lo global muestra que la distinción entre espacios de dependencia y espacios de acción no es nítida. La pregunta "¿dónde terminan los espacios de dependencia y donde comienzan los espacios de acción?" (Lindseth, 2006, p.742) toma especial relevancia para identificar actores y espacios en las configuraciones escalares. En el caso de L'Olivera, los límites entre ambos espacios, de dependencia y de acción, se difuminan incluso en esa valoración de 'lo micro'. Los miembros vulnerables de la cooperativa trabajan para desarrollar su autonomía personal, y en dicho proceso participan en un proyecto cooperativo de transformación y defensa del territorio que, después de cuarenta años, se ha consolidado y ha sido capaz de movilizar ese valor simbólico en diversos espacios de acción como instancias gubernamentales de varios niveles y redes de cooperativas. Paradójicamente, la movilización de ese valor simbólico, depende de la acción localizada y fijada de miembros de la cooperativa en los espacios de dependencia, el más evidente la tierra.

Los dos espacios de dependencia claves para L'Olivera, el trabajo y la tierra, han sido históricamente marginados, las personas vulnerables y tierras de secano y bajos rendimientos gradualmente abandonadas por los payeses. La política escalar de L'Olivera consiste en movilizar la escala de la comunidad para valorar ese tipo de trabajo y ese territorio. En palabras de sus miembros: "Queremos un modelo de grupo, de empresa, que no expulse, sino que integre [...] aquellas personas, territorios, variedades agrícolas, prácticas de trabajo o conocimientos que las sociedad va dejando de lado y excluye, nosotros los recuperamos, los ponemos a trabajar juntos y lo regresamos a la sociedad con un valor especial" (citado en Botey, 2014. p.232). La producción de ese valor, para su movilización escalar, como mencionamos anteriormente, depende de una organización política del territorio, de un espacio-para-sí, o yendo más allá, de una escala-para-sí (Howitt, 1998). En este sentido, el territorio en sí mismo, y las relaciones laborales que en él se configuran, se convierten en una fuerza productiva transformadora.

4. EJES DEFINITIORIOS Y TENSIONES POLÍTICO-ESCALARES

A continuación esbozaremos algunas de las tensiones, a las que hemos llamado tensiones político-escalares, en las cuales L'Olivera está inmersa como actor político a partir de los cuatro ejes en los que se basa el funcionamiento de la cooperativa: el modelo cooperativo, el modelo social y de integración, el modelo económico y el modelo de relación con el entorno. El objetivo será entender las relaciones políticas que a nivel territorial dan sentido a su proyecto. Las tensiones presentadas en la TABLA 1 son un mapa para entender la organización política del espacio en la cual están inmersos los procesos de transformación en los que actúa L'Olivera como actor político. En conjunto, estas tensiones representan lo que podríamos llamar coordenadas político-escalares, relaciones a diversos niveles que se yuxtaponen según la escala que esté en disputa, por ejemplo la escala local. Son las referencias que a los actores de un lugar les darían lo que D. Massey (1993) llamó el sentido global de lo local. Son las relaciones que dan a los actores identidad espacial. Representan pautas que proporcionan a los miembros de L'Olivera definir su comunidad, construir su discurso, trabajar la tierra, organizar el trabajo, etc.

Cabe enfatizar que las tensiones identificadas se desprenden, como categorías analíticas, de las entrevistas con miembros de L'Olivera, quienes definen los cuatro ejes como componentes principales para el funcionamiento e identidad de la cooperativa. Las categorías analíticas que proponemos buscan profundizar en el carácter procesual y político de los ejes. No obstante, a pesar de su carácter general, no pretenden abarcar la totalidad de las tensiones en las que la acción comunitaria de la cooperativa está inmersa, son aquellas en las que identificamos que el componente territorial y laboral es una arena política, espacios que van desde la mercancía –como en el caso de la tensión entre la producción de vino o aceite de calidad y la producción convencional– hasta la compleja relación entre el campo y la ciudad.

TABLA 1. Ejes de la acción comunitaria de L'Olivera y sus tensiones político-escalares

Eje	Tensiones Político-Escalares
Cooperativismo	Estabilidad laboral y conservación del trabajo agrícola ↔ precarización y abandono del trabajo agrícola
	Cooperativismo de valor comunal ↔ cooperativismo agroindustrial
Modelo social de integración	Autonomía personal e inclusión ↔ exclusión y dependencia de la población vulnerable
Economía social	Trabajo inclusivo ↔ trabajo extractivo
	Producto de calidad ↔ producto agroindustrial
	Cooperación con productores vecinos ↔ competencia con productores vecinos
Respeto a la tierra y el territorio	Trabajo y poblamiento rural sostenible ↔ despoblamiento rural
	Modelo agroecológico de producción ↔ modelo agroindustrial
	Diversidad paisajística (mosaico) ↔ monocultivo
	Campo ↔ Ciudad

Fuente: Elaboración propia en base a entrevistas y análisis documental.

Con el objetivo de acotar el estudio, el análisis se enfoca en tres de las tensiones identificadas, las que el análisis ha señalado como más centrales en la acción de L'Olivera y que, a la vez, engloban en mayor o menor medida algunas de las otras tensiones: la fórmula cooperativista, las relaciones laborales inclusivas y el modelo productivo agroecológico.

4.1 Cooperativismo de valor comunal vs. cooperativismo agroindustrial

El sector agrario en Lleida experimenta una importante reconversión de estructuras agrarias. Los productores agrícolas minifundistas (*la payesía*) conviven, y eventualmente son sustituidos, por un modelo empresarial orientado a la exportación de fruta dulce. La payesía se basa en la combinación del trabajo familiar con el trabajo cooperativo entre productores pequeños y medianos del pueblo (Aldomà, 2021; Soronellas y Casal, 2017). El modelo empresarial, impulsado en gran medida por la Política Agraria Común (PAC) de la Unión Europea (Gómez, 2004), está basado en un modelo productivo intensivo cuyo funcionamiento requiere de un alto nivel de insumos, principalmente mano de obra de migrantes y agroquímicos (Aldomà, 2009). La expansión del modelo empresarial de exportación implica la concentración parcelaria por parte de empresarios agrícolas competitivos, y el aumento del arrendamiento de tierras cultivables aledañas por parte de los mismos (Aldomà, 2021). Desde los años ochenta las unidades agrícolas que no logran intensificar sus procesos productivos son inviables, lo que conlleva a un problema de reemplazamiento generacional entre muchas familias payesas de Lleida (Aldomà y Mòdol, 2021). En 2005, L'Urgell, la comarca donde se ubica Vallbona de les Monges, los nuevos empresarios agrícolas explotaban entre 300 y 500 hectáreas de regadío. En este contexto, un geógrafo que ha estudiado a profundidad el campo en Lleida, Ignasi Aldomà (2005, p.113), pronosticaba un "horizonte de futuro sin payeses". Según el mismo autor, los productores agrícolas de pueblos como Vallbona de les Monges, que no se han beneficiado de canales de riego o se quedaron fuera del mercado debido a la competencia con las grandes explotaciones, tienen pocas opciones. Una de ellas es "remitirse a una agricultura centrada en las particularidades de su entorno inmediato, que puede establecer una complicidad con un cliente o ciudadano interesado por la dimensión cultural y social de los alimentos consumidos" (Aldomà, 2021, p.151). En esta coyuntura se encuentra la acción comunitaria de L'Olivera.

Como explicamos en la sección 2.2, la cooperativa L'Olivera se distingue de las cooperativas agrarias que se convirtieron en medios de acceso a la dinámica agrícola competitiva e intensiva orientada a la exportación. Los espacios de dependencia como los sitios de trabajo de L'Olivera buscan albergar relaciones de trabajo «poco jerarquizadas», por ejemplo, a través de la formación y una escasa distancia salarial. Este modelo contrasta con las relaciones laborales altamente jerarquizadas de las cooperativas frutícolas, las cuales se racializan gradualmente con la intensificación de los flujos migratorios (Achón, 2010). Aun cuando una gran parte de los trabajadores agrícolas migrantes llegan a la región bajo el modelo de la contratación de origen, la temporalidad y circunscripción de su trabajo está supeditada a las fluctuaciones del mercado. Por el contrario, el trabajo como espacio de dependencia en L'Olivera tiende a la estabilidad y a la convivencia cotidiana entre trabajadores de las diferentes áreas de la cooperativa. En referencia a la estabilidad, entre 1990 y 2005 el número de trabajadores permanentes aumentó de 6 a 16. En 2014 había 66 personas con un sueldo fijo trabajando en, y para, la cooperativa. Más de la mitad son mujeres y 45% son trabajadores con discapacidad (Botey, 2014). Actualmente, la cooperativa sigue contando con un total de 66 personas asalariadas, 18 de las cuáles son personas con discapacidad, pero solamente un tercio son mujeres. Cabe recordar que los trabajadores con discapacidad, además de recibir un salario, reciben cuidados especializados y viven permanentemente en la Llar-residencia. En este sentido, la tensión entre el cooperativismo de valor comunal y el agroindustrial se traslapa con el de la estabilidad o precarización laboral. No obstante, son pertinentes algunos matices.

La comparación entre una cooperativa enfocada en productos no básicos bajo un modelo de economía social, y las cooperativas frutícolas de Lleida puede parecer forzada bajo la concepción rígida de escalas que mencionamos anteriormente. La relación entre una cooperativa con cientos de miembros interesados inmersos en una dinámica de acumulación, mecanización agrícola y tendiente al monocultivo, y otra cooperativa con poco más de 60 socios con una ética del trabajo basada en el respeto al ritmo de los ecosistemas y de las personas vulnerables, tiene sentido si la pensamos como parte de una organización política del territorio. No obstante sus ámbitos productivos pertenecen a subsectores distintos, ambos modelos de cooperativa producen valor y transforman el territorio. La movilización como escala de esa ética del trabajo a nivel comunitario por parte de L'Olivera no pasa por la confrontación directa con las cooperativas agrícolas. Al contrario, su modelo muestra que «lo micro», la comunidad, de la cual dependían los pueblos de payeses, está vigente y puede reinventarse en un contexto globalizado. La estrategia escalar de L'Olivera, por lo tanto, consiste en crear ese valor simbólico para mostrar una alternativa al modelo que provocó la crisis de la payesía en Catalunya. L'Olivera es también una empresa cuya viabilidad depende de obtener un margen de ganancia. Sin embargo, ese no es el fin de su acción comunitaria. En palabras de sus socios, el proceso de producción tiene valor en sí mismo, no sólo como un medio para la ganancia. Tiene valor en sí mismo porque promueve la autonomía e integración de trabajadores con discapacidades y porque cuida el medio ambiente, es decir, tiene valor comunal. La idea se vincula estrechamente con el siguiente punto.

4.2 Trabajo inclusivo vs. trabajo extractivo

Las entrevistas con miembros de L'Olivera destacan las relaciones laborales basadas en el respeto y la igualdad como claves para la consolidación de su proyecto. La yuxtaposición de dos espacios de dependencia en esta escala-para-sí es importante para entender la posición de L'Olivera. Por un lado el espacio y ritmo de trabajo en el *celler* y los campos de cultivo, y por el otro los ritmos del ecosistema del cual dependen los viñedos y olivares. El trabajo inclusivo busca acotar las distancias en las jerarquías generalizadas en las formas laborales actuales.

Según Sennett (2012), el trabajo moderno se caracteriza por su creciente precarización en términos de la corta duración de empleos, las consecuentes relaciones sociales superficiales y su énfasis en las estructuras gerenciales para jerarquizar, especializar y segmentar espacios de trabajo. El autor refiere que, en promedio, una persona joven que comenzó su vida laboral en el año 2000 tendrá entre 12 y 15 trabajos a lo largo de su vida. Esta temporalidad y fragmentación laboral, de acuerdo con el autor, inhibe la cooperación. Una manera para revertir dicho proceso, según él, reside en una disposición ética a fomentar "habilidades dialógicas", que "van de una gama de escuchar con atención, comportarse con tacto, encontrar puntos de acuerdo y manejar el desacuerdo, o evitar la frustración en una discusión difícil" (Sennett, 2012, p.6). En consonancia, define cooperación como "un intercambio en el que los participantes se benefician del encuentro" (Sennet, 2012, p.5). Podríamos decir que los espacios de dependencia en L'Olivera fomentan el encuentro para desarrollar esas habilidades dialógicas.

Uno de los puntos que todos los miembros de cooperativa entrevistados destacaron como uno de los momentos importantes de la vida comunitaria fue el momento de comer juntos. Según ellos, compartir el espacio del comedor no solo facilita un momento de esparcimiento luego del trabajo, sino que reafirma la igualdad entre las diferentes áreas laborales de la cooperativa. Esta reciprocidad en un momento cotidiano, tiene una dimensión espacial y es especialmente valorada por la comunidad de L´Olivera, en palabras de una de las entrevistadas: «El tamaño, la dimensión, del proyecto es clave. Cuando se pierde cierta dimensión y cierta horizontalidad en el trabajo se pierden cosas, sobre todo a nivel de valores. De conexión interna y comprensión humana. Cuando hablamos de comunidad nos referimos con ello, a este sentido de familia». Otros espacios, por ejemplo de toma de decisiones, también se han consolidado con el desarrollo de las habilidades dialógicas. Los miembros entrevistados refieren las reuniones semanales de los equipos de trabajo (equipo de vivienda, equipo de campo y equipo de bodega) como espacios clave para encontrar puntos de acuerdo y manejar desacuerdos.

Si la cooperación supone reciprocidad, el trabajo inclusivo implica, como dijo uno de los entrevistados, «respetar los tiempos del otro». La estabilidad y dialógica de los espacios de trabajo en L'Olivera contrastan con la inestabilidad y aislamiento del trabajo extractivo. La reciprocidad, como dijimos anteriormente, se extiende al respeto a los tiempos del ecosistema. En la medida en que dicho espacio se desarrolle plenamente, la estabilidad de los miembros de la cooperativa será sostenible también. En este sentido, los cuidados a la tierra y a los cooperativistas con discapacidades juegan un rol importante en la reproducción de las formas de reciprocidad. Y añadía: «El trabajo en forma comunitaria o colectiva no solo se trata del formato cooperativo sino que la forma que tenemos nosotros de entender el trabajo no distingue quién tiene más capacidades y quién tiene menos, nos obliga a distinguir sobre todo lo que es el marco normativo y acceso al financiamiento público. Pero en nuestra esencia, de entender el trabajo, de querer la tierra, de la relación interpersonal, sobrepasamos aquella diferencia y desarrollamos un cooperativismo de trabajo colectivo, entre iguales, de cuidados».

4.3 Modelo agroecológico vs modelo agroindustrial

La producción de vino y aceite de oliva en L'Olivera es ecológica, es decir prescinde de insumos agroquímicos y se basa en el trabajo manual para el cuidado de los cultivos. Además, en la producción de vino, se han recuperado variedades vitícolas autóctonas. No obstante, el modelo agroecológico de la cooperativa va más allá de la aplicación de técnicas agrícolas específicas *in situ*. Como lo explican los propios miembros de la cooperativa, en su proceso productivo, buscan «darle economía al territorio». Una de las prácticas concretas de dicho objetivo pasa por el vínculo con los payeses del entorno, principalmente a través de la compra de uva ecológica. Miembros del equipo de producción de L'Olivera explican que estos acuerdos económicos se dan en condiciones donde prevalece el respeto por el trabajo del productor, pagando un precio justo, que en gran medida no resulta rentable en términos de costo-beneficio. Desde su perspectiva, estas formas justas de comercio entre productores contribuyen a «arraigar a la payesía a la tierra y darle valor» en un territorio que ha sufrido el despoblamiento rural desde hace décadas. Las formas justas de comercio entre viticultores del Valle del Corb también representan una adaptación a una tensión que, como empresa, impone retos a L'Olivera. Se trata de la tensión entre los tiempos biológicos y los tiempos del mercado. «Plantar vid nueva y los costos que eso genera es un modelo complicado de sostener, con los tiempos del modelo capitalista porque la lógica temporal es muy diferente. El retorno [monetario] no es inmediato y la tierra necesita sus tiempos». La adaptación a estos desfases consiste en comprar uva a precios altos pero sin dejar de producirla en la cooperativa, según una cooperativista del área de producción de L'Olivera, este es «un modelo tan costoso que nos genera la contradicción máxima durante un tiempo para aguantar el proyecto».

La contradicción consiste, en términos generales, en promover un modelo de factibilidad que no está completamente basado en cálculos de costo beneficio para acumular ganancia. «Aguantar el proyecto» de L'Olivera como empresa implica, por lo tanto, lograr un margen de ganancia necesario para dar estabilidad a los miembros de la cooperativa, y mientras se protege y reconstruye el territorio a niveles que van más allá de lo local. En otras palabras, el «valor añadido» que la cooperativa produce rompe con la lógica extractivista del trabajo humano y el medio ambiente; consiste, entre otras cosas, en el desarrollo de la autonomía de las personas con discapacidad, y en la conservación y reconstrucción de un territorio históricamente marginado.

Además de una dimensión económica social, esta «contradicción máxima» se traduce en una expresión paisajística que se moviliza como una escala, como un espacio en disputa, por L'Olivera y por otros actores políticos de zonas payesas sin regadío. Al pagar precios justos a pequeños productores se reproduce el mosaico paisajístico en el Valle del Corb, basado en la combinación de pequeñas propiedades familiares dispersas y la vegetación autóctona, ambos acogidos por una topografía labrada por los procesos biofísicos y el trabajo de la payesía de la zona. En subsecciones anteriores dijimos que la acción de L'Olivera en las tensiones político-escalares presentadas en la TABLA 1 pasan, en gran medida, por la reconstrucción del territorio. Debido a ello, las prácticas descritas buscan conservar el paisaje, arraigar la payesía y reconstruir la identidad de la zona a nivel comarcal y regional. Esto último se observa claramente en las iniciativas, realizadas por medio de alianzas con organizaciones como la Associació Vall del Corb, que han promovido proyectos de turismo rural y restauración con un modelo de economía social y sostenibilidad ambiental en el Valle del Corb o pequeñas iniciativas que se están promoviendo en otros sectores, como el porcino, o la industria láctica basadas en la idea del producto ecológico y de calidad y animados por el ejemplo de L'Olivera. Como argumentaba un representante del Consejo Comarcal en una de las entrevistas: «Gracias al ejemplo de L'Olivera, de repente hay otros productores que se dan cuenta de que esto funciona y que genera un valor para el Valle».

En contraparte, como dijimos anteriormente, el modelo agroindustrial en la provincia de Lleida tiende, por un lado, a la transformación de la agricultura familiar payesa en una agricultura industrial orientada a mercados internacionales. A nivel de paisaje, tiende al monocultivo y la transformación de la topografía por medio de obras hidráulicas que favorecen la agroindustria (Aldomà, 2005) y promueven el abandono de la dispersión de parcelas como organización territorial para la agricultura para sustituirlo por la concentración parcelaria, que consolidaría la tendencia a la expansión agrícola de grandes agroindustriales competitivos. En esta coyuntura, L'Olivera formó parte de iniciativas para debatir el proyecto hidráulico del canal Segarra-Garrigues, una infraestructura que busca abastecer a 70,000 ha. en las comarcas de secano en Lleida (Aldomà, 2009). El producto de alianzas a nivel regional y comarcal, en las cuales L'Olivera fue un actor político importante, dieron lugar al 'Manifiesto de Vallbona de les Monges: por un canal Segarra-Garrigues para el siglo XXI'. Este documento fue el producto de un conjunto de organizaciones, asociaciones, instituciones y actores que alertaban del riesgo de que dicha obra hidráulica profundizara las diferencias entre los agronegocios y la payesía de pequeña escala, consolidando la crisis de la última (Aldomà, 2005). La construcción de estas alianzas, a pesar de su bajo impacto en influenciar el diseño de la obra hidráulica para un uso más justo y sustentable del regadío (Aldomà, 2009), expresa la yuxtaposición de escalas que mencionamos anteriormente; en este caso, el sentido regional de lo local. El manifiesto lleva el nombre de una pequeña localidad que alberga un patrimonio histórico importante y cuyo territorio y paisaje se ha convertido, en gran medida gracias a L'Olivera, en un modelo de desarrollo rural. Dicho modelo, según las entrevistas con miembros y no miembros de la cooperativa, ha tenido eco fuera de Vallbona de les Monges.

5. CONCLUSIONES

En este artículo hemos analizado en qué medida L'Olivera ha detonado procesos de cambio a nivel relacional, productivo y cultural por medio de la movilización de valores comunales. Hemos descrito cómo L'Olivera es parte de un proceso histórico en el que el cooperativismo se consolida en Cataluña. Paralelamente, el cooperativismo en zonas rurales catalanas también se diversificó con la influencia, por ejemplo, de la PAC y la consecuente presión para incrementar la productividad agrícola. En consecuencia, las cooperativas agrícolas adoptaron un modelo de agronegocio orientado al mercado exterior, dependiente de grandes infraestructuras hidráulicas, insumos agroquímicos y trabajo de población inmigrante. En esta coyuntura, y siguiendo un modelo de trabajo social basado en gran medida por el pensamiento teológico comunitarista, L'Olivera desarrolla y consolida un proyecto que moviliza valores comunitarios en las relaciones laborales y con el medio ambiente. Concretamente, a lo largo de 40 años, la cooperativa crea espacios de trabajo para gente con discapacidades y la provee con estabilidad laboral y de vivienda. También, aplicando un modelo agroecológico, recupera espacios productivos abandonados por la coyuntura agraria antes descrita. Estas dos acciones comunitarias, entre otras, se dan en un contexto político espacial que en este artículo, intentamos caracterizar como tensiones político-escalares.

Las tensiones político-escalares representan arenas políticas donde los actores políticos movilizan valores que se confrontan, divergen o se traslapan en varios niveles. Para abordar esta complejidad nos enfocamos en tres tensiones derivadas de los ejes que los miembros de la cooperativa identifican como las bases de las cuales depende su proyecto (ver FIGURA 1). En conclusión, los valores comunitarios que L'Olivera moviliza en contraposición a las cooperativas agroindustriales se basan, en el respeto a los tiempos de trabajo de un sector marginado de la población, en la provisión de estabilidad en contraposición con la temporalidad y precariedad del trabajo en las cooperativas agroindustriales. También, en el fomento de espacios de encuentro cotidiano que reproducen un sentido de horizontalidad en las relaciones laborales de la cooperativa. Los valores comunitarios se expresan en la reconstrucción de un espacio de dependencia como lo es la tierra. Este espacio, igualmente marginado en las transformaciones agrarias mencionadas anteriormente, se valoriza a través del trabajo comunitario de la cooperativa, no solo como medio de producción, sino como paisaje y como parte de la identidad de una región afectada por el despoblamiento rural. En suma, el trabajo y la tierra, a través de las acciones de L'Olivera se revalorizan más allá de dinámicas extractivas. En el caso del trabajo, a través del desarrollo de la autonomía personal de las personas con discapacidades. En el caso de la tierra, a través de la revitalización la agricultura (basada en técnicas agroecológicas) en tierras de bajo rendimiento, por medio de estrategias como intercambios comerciales de pequeña escala con productores locales. L'Olivera, por lo tanto, ha movilizado exitosamente los valores comunitarios para proyectarlos en otras escalas.

Los miembros de la cooperativa plantean dichos valores desde una perspectiva anti-capitalista, pero lo hacen de manera coherente a la necesidad de mantener la viabilidad de una empresa cuyo sostenimiento depende de la comercialización de mercancías. No obstante, el proceso mediante el cual se producen dichas mercancías da valor al territorio y al trabajo en sí mismos. Es este modelo el que L'Olivera ha proyectado a otras escalas, como la escala comarcal, o la escala regional. Lo ha hecho a través, por ejemplo, de la participación en asociaciones y redes de cooperativas. Y en la creciente colaboración en redes internacionales. En este sentido, el discurso y acción comunitarios de la L'Olivera, buscan mostrar que el cooperativismo comunal puede funcionar en un contexto globalizado. El desarrollo multiescalar, por tanto, consiste en la trasposición de esa movilización de valores anti-sistémicos, pero arraigados en espacios de dependencia locales, como la tierra.

No obstante, la incidencia de esta forma de desarrollo multisecular en otras escalas es variada. Como se menciona en el artículo, L'Olivera ha movilizado el cooperativismo de valor comunal a escalas que van desde la relación con los payeses del entorno, hasta redes internacionales de cooperativas. Sin embargo, uno de los límites de ese tipo de cooperativismo está vinculado a la payesía misma. Por ejemplo, aun cuando organizaciones y actores relacionados del sector agrícola en Lleida confluyeron para promover un proyecto de irrigación más justo en el marco del desarrollo del canal Segarra-Garrigues. Los esfuerzos parecen no haberse materializado, según los datos obtenidos en las entrevistas. Sin embargo, algunos de los valores que L'Olivera y organizaciones aliadas promueven, como la defensa del territorio como patrimonio cultural, quedaron plasmados en el Manifiesto de Vallbona de les Monges. Queda abierta la pregunta de si dichos valores serán retomados por movimientos futuros que busquen revertir la influencia de los monopolios agroalimentarios en la región. Parte de la respuesta reside en la capacidad de actores como L'Olivera en incidir en la transición agraria que vive la payesía en Lleida. Proveniente de una familia de payeses, la escritora Mercè Ibarz dice que los cambios de los trabajadores agrícolas pueden palparse incluso a nivel del lenguaje y en la escala de la casa: "El abuelo era un labrador, el padre un payés y después un agricultor, y mi hermano un empresario agrícola". Este artículo ha sugerido que en la encrucijada entre la payesía y el agronegocio se juegan también las relaciones que mantienen un sentido de comunidad.

Bibliografía

Achón, O. (2010). Contratación en origen e institución total. Estudio sobre el sistema de alojamiento de trabajadores agrícolas extranjeros en el Segrià (Lleida), Tesis Doctoral, Universidad de Barcelona

Aldomà, I. (2005). Per un canal Segarra-Garrigues per al segle XXI. A propòsit d'unes jornades i de les noves polítiques de l'aigu", Revista de Geografía, 4, pp.105-121

Aldomà, I. (2009). Les dificultats de manteniment de l'agricultura periurbana. L'exemple de L'Horta de Lleida, Scripta Nova, 13 (284)

Aldomà, I. (2009). Manifest de Vallbona: una proposta d'ús de l'aigua per al segle xxi. Convertir un projecte hidràulic (canal Segarra-Garrigues) en un projecte territorial, Nota d'economia. Revista d'economia catalana i de sector públic, 93-94, pp. 67-90

Aldomà, I. (2021). Una nova mirada envers la ruralitat i les activitats agràries, en Burgueño, J (coord.), La Nova geografia de la Catalunya postcovid, Barcelona, Societat Catalana de Geografía, pp. 145-158

Aldomà, I. (2016). Perspectives de l'associacionisme agrari, Lleida, UdL.

Aldomà, I. y J.R. Modol (2021). Nous índex de Relleu Generacional al Món Rural, Barcelona, BCN Smart Rural – Universitat de Lleida

Ayboga, E., Flach, A., Knapp, M (2018). Revolución en Rojava. Liberación de la mujer y comunalismo entre la guerra y el embargo, Barcelona, Deskontrol.

Botey, J. (2014). L'Olivera: Terra i Gent, Lleida, L'Olivera Cooperativa

Cox, K.R. (1998). Spaces of dependence, spaces of engagement and the politics of scale, or: looking for local politics, Political Geography, 17, pp. 1-23

Curl, J. (2010). The cooperative movement in century 21, Affinities: a journal of radical theory, culture and action, 4 (1), pp. 12-29.

Dalmau, M. (2018). Gráfica cooperativa en Barcelona: iconografía del cooperativismo obrero (1875- 1939), Barcelona, Marge.

Elden, S. (2010). Land, terrain, territory, Progress in Human Geography, 34 (6) 799-817

Gavaldà, A. (1989). Associacionisme agrari a Catalunya. El model de la Societat Agrícola de Valls, Valls, IEV.

Gavaldà, A. (2016). Fam de pa i de terra: la col·lectivització agrària a Catalunya, Tarragona, URV.

Gómez, J.D. (2004). La reforma de la PAC y la importancia de las cooperativas agrarias en la vertebración socioeconómica y territorial del medio rural, Ería, 63, pp. 73-90

Holyoake, G. (1982). Història dels "Equitables pioneers de Rochdale", Barcelona, Fundació Roca i Galès.

Howitt, R. (1998). Scale as Relation: Musical Metaphors of Geographical Scale. Area, 30, 1, pp: 49-58.

Jones, K. (1998). Scale as epistemology, Political Geography, 17, pp, 25-28.

Kaplan, T. (2015). Democracy: a world history, Oxford, OUP.

Lindseth, G. (2006). Scalar strategies in climate change politics: debating the environmental consequences of a natural gas project, Environment and Planning C: Government and Policy, 24, pp. 739-754.

Lipietz, A. (1994). The National and The Regional: Their Autonomy vis-à-vis The Capitalist World Crisis, en Palan, R. y Gills, B. (eds.) Trascending The State Global Divide, Colorado, Lynne Reinner Publishers.

Massey, D. (1993). Power-geometry and a progressive sense of place, en Bird, J., Curtis, B., Putnam, T y Tickner, L., Mapping the Futures: Local Cultures, Global Change, London, Routledge, pp. 60-70.

Mayayo, A. (1989). El cooperativisme agrari: un moviment dual, en Mir, C (1989) Actituds polítiques i control social a la Catalunya de la restauració (1875-1923), Lleida, Estudi General.

Mayayo, A. (1995). De pagesos a ciutadans. Cent anys de sindicalisme i cooperativisme agraris a Catalunya (1893-1994), Barcelona-Catarroja, Afers.

Mazzeo, M. y Stratta, F. (2007). Introducción, en Acha, O., Campione, D., Casas, A., Caviasca, G., Dri, R., Mazzeo, M., Ouviña, H., Pacheco, M., Polleri, F., Rodriguez, E. y Strata, F., Reflexiones sobre el poder popular, Buenos Aires, Editorial El Colectivo, pp. 7-16.

Melcher, D. (2008). Cooperativismo en Venezuela: teoría y praxis, Revista Venezolana de Economía y Ciencias Sociales, vol. 14 (1) 95-106.

Noy, C. (2008). Sampling Knowledge: The Hermeneutics of Snowball Sampling in Qualitative Research, International Journal of Social Research Methodology, 11 (4), pp. 327-344.

Pahnke, A. (2015). Institutionalizing economies of opposition: explaining and evaluating the success of MST's cooperatives and agroecological repeasantization, Journal of Peasant Studies, 42 6, pp. 1087-1107.

Pérez Baró, A. (1989). Història de les cooperatives a Catalunya, Barcelona, Crítica.

Sennett, R. (2012). Together. The Rituals, Pleasures and Politics of Cooperation, London, Penguin Books.

Soja, E.W. (1971). The political organization of space, Washington DC, Association of American Geographers.

Torrents, J. (1937). La revolució democràtica i els camperols de Catalunya, PSUC-Comissió Central Agrària.

Vieta, M. (2014). The stream of self-determination and autogestión: prefiguring alternative economic realities Ephemera: Theory y Politics in Organization, 14, pp. 781–809.

Vieta, M. (2010). The New cooperativism, Affinities: a journal of radical theory, culture and action, 4 (1), pp. 1-11.

Wiksell, K. (2020). Worker cooperatives for social change: knowledge-making through constructive resistance within the capitalist market economy, Journal of Political Power, 13 (2) pp. 201-216.

Wolff, R.D. (2012). Democracy at work. A cure for capitalism, Chicago, Haymarket Books.

Conclusiones

El recorrido que hemos realizado en esta obra nos sirve para sacar unas primeras conclusiones en relación al sentido y la validez de la noción de democracia comunal para el contraste con las diferentes realidades sociales. Así, por una parte, podemos hacer una primera valoración a la pregunta inicial de si las ideas planteadas en la parte teórica sobre la noción de la democracia comunal desgranada en su vertiente de proyecto, sujeto y proceso y sobre las aportaciones de la democracia consejista respecto al estado-nación y para una democracia comunal, pueden ser constitutivas de un marco teórico renovado o en nueva construcción para el encuadre, el estudio y el análisis de realidades sociales que puedan albergar elementos emergentes que aporten a la transformación democrática y que se encaminen hacia modelos de democracia comunal. Por otra parte, este volumen constituye en sí mismo un ejercicio real y práctico en el camino de intentar aglutinar diferentes realidades sociales, que se sitúan en diferentes partes del mundo y las cuales responden a diversas realidades, bajo el prisma de un paradigma de democracia comunal.

Se ha planteado en el inicio del libro la noción de democracia comunal como el marco teórico para un proyecto democrático antagónico y diferenciado del proyecto liberal, construida bajo otras lógicas comunales que apelan en lo general a la construcción de una modernidad democrática diferente a la modernidad capitalista. Tanto desde las corrientes históricas de pensamiento emancipador que se han desarrollado en los dos últimos siglos (comunismo y el anarquismo) como desde diferentes aportaciones emancipadoras renovadas que apelan de alguna manera a lo común y que se vienen realizando en las últimas décadas como pueden ser los comunes, la ecología social, el municipalismo libertario, el confederalismo democrático, la visión feminista, etc. se han hecho aportaciones más generales o parciales que aportan tanto a la crítica del capitalismo como a la reivindicación o potenciación de otras lógicas comunitarias o comunales para repensar la forma democrática liberal. En realidad, como ha remarcado Azzellini en este volumen, las formas comunales nunca desaparecieron, ya que antes de la Comuna de París se manifestaron de diversas maneras tanto en las formas comunitarias de los pueblos originarios como en el apoyo mutuo y solidaridad de las clases marginales, campesina y proletarias; y también después de la Comuna de París existen múltiples experiencias donde las lógicas comunales aparecen una y otra vez (capítulo IV). Por lo tanto, hablar democracia comunal es hablar de algo viejo y nuevo a la vez. Viejo, en el sentido de que no se está descubriendo nada nuevo de manera absoluta y las lógicas comunales a las que se hacen referencia recorren un hilo en la historia de la humanidad, pero nuevo en sentido relativo, ya que se hace referencia a la conjunción de dos conceptos antiguos que normalmente se ha utilizado de manera independiente, pero esta conjunción se realiza en un contexto histórico actual e inédito, y por lo tanto nuevo, donde se plantea que pueden jugar un papel renovador, aglutinador y catalaizador. Pensamos que la idea-matriz de la democracia comunal se puede desplegar como un abanico donde situar muchas prácticas de transformación democrática que se pueden estar desarrollando desde lo que desde las Epistemologías del Sur denominan el Sur Global. La democracia comunal aglutinaría una parte importante e interesante de esa demodiversidad que se experimenta en procesos sociales en diferentes partes del mundo, podría servir como una referencia para que otras prácticas emancipadoras se relacionen directamente con ella o incluso que otras prácticas comunitarias no rupturistas con las lógicas del capital, puedan llegar a decantarse por otra visión más superadora del capitalismo, el patriarcado y el colonialismo.

Nos parece que el paradigma o la propuesta de la democracia comunal puede ser válida como herramienta teórica, metodológica y práctica para muchos procesos actuales y futuros que puedan emerger. Herramienta teórica para estudiar, profundizar y desarrollar las aportaciones que se vienen haciendo desde las prácticas concretas y ponerlas en relación con las aportaciones teóricas desarrolladas en los mismos procesos, con el fin de ir complementado y extrayendo más elementos con los cuales ir enriqueciendo y construyendo el *corpus* teórico que emerge desde las realidades en desarrollo. Una herramienta teórica que ayude a poner en relación diferentes prácticas emancipadoras, a veces, aparentemente diferentes pero relacionadas en el fondo por lógicas de transformación críticas y emancipadoras comunitarias y comunales. Una herramienta metodológica asentada sobre la Sociología de la emergencias y que vaya desarrollando métodos y formas de estudiar y analizar experiencias y prácticas emergentes, muchas veces olvidadas o no tomadas en cuenta por la perspectiva de investigación hegemónica, pero que pueden aportar elementos importantes en el desarrollo y experimentación de modelos de democracia comunal emergentes. Una herramienta práctica en el sentido de ir ofreciendo un espacio de visibilización y altavoz a experiencias concretas que pueda valer para generar nuevas condiciones de conocimiento mutuo, aprendizaje colectivo y generación de redes. La posibilidad de que múltiples prácticas se puedan conocer y reconocer como parte de una visión u horizonte emancipador más general con una visión estratégica, códigos y lógicas políticas compartidas, puede ayudar no sólo a la generación de nuevas identidades, nodos relacionales (orgánicos o informales) y complicidades compartidas, sino también a que las prácticas emergentes de la democracia comunal se puedan tornar más visibles, más presentes y más atractivas a los ojos de otras capas de la sociedad. Algo que puede tener un eminente efecto práctico desde el punto de vista de la generación de nuevas experiencias o de la coordinación de las mismas. Por lo tanto, pensamos que el planteamiento que se defiende desde el paradigma de la democracia comunal no sólo es pertinente y lógico en la realidad social mundial en la que estamos, sino que además puede hacer aportaciones interesantes en la articulación de voluntades colectivas para que la bifurcación histórica a la que nos enfrentamos en las próximas décadas, pueda intentar empujarse por el camino de la emancipación de la vida.

Las investigaciones desarrolladas en tres continentes que se compilan en este volumen son una muestra de que realidades y procesos sociales bien diferentes a primera vista, pueden formar parte de una misma visión emancipadora de transformación democrática común y amplia. Estas experiencias aglutinan proyectos, sujetos y procesos diferentes de una diversidad emancipadora muy rica y estimulante. Pero que desde sus diferentes perspectivas y experiencias concretas tienen nexos en común que aportan a una dirección compartida para la construcción de mundos nuevos.

Desde la perspectiva del elemento del **sujeto**, nos encontramos agentes y agencias sociales bien diferentes: un sujeto de mujeres organizadas con visión feminista alrededor de un espacio de lucha en Argentina; una cooperativa transformadora que impulsa la participación de gente discapacitada en Catalunya; la creación de espacios de poder popular en el contexto de la resolución de un conflicto político armado en Salvador; las prácticas autogestionarias de los y las refugiadas palestinas en un campo de refugiadas en el Líbano; las comundiades de la minga indígena y sus autodefensas en Colombia; el barrio okupado de Errekaleor donde una comunidad autogestionada desarrolla nuevas formas de vida en el País Vasco; una comuna venezolana que desde el territorio urbano materializa el autogobierno y la autogestión; una comunidad de familias autoorganizadas alrededor de una cooperativa del MST en Brasil; la prácticas del confederalismo democrático en las autonomías kurdas; un centro obrero de organización de trabajadoras migrantes en Masachusets y en Mississippi; las comunidades que se juntan para el mutualismo en los casas del pueblo como la experiencia en Napoles. La elección de los estudios de caso tenía el cometido de proyectar una multiplicidad de sujetos diferentes desde los cuales se vienen practicando procesos de transformación que pueden aportar a la democracia comunal. A primera vista existen elementos que constituyen nexos insoslayables, como que en todos los procesos la comunidad, la colectividad y lo común toma un peso estructural en todos los casos. No se pueden entender esos procesos sin la autoorganización comunitaria que se da en todos ellos. Otro aspecto importantes sería la diversidad que se da en cada sujeto de cada proyecto. Si es verdad que existen casos que están mucho más condicionados para la creación del sujeto como por ejemplo el caso de los campos de refugiados en el Líbano, todos en general asumen en su interior una diversidad manifiesta en sus sujetos sociales. Unido a ello, el impulso de la articulación de dicha diversidad que se da en sujetos que emergen desde los márgenes y de los procesos de lucha es un aspecto también importante. La autoorganización de mujeres, migrantes, refugiadas, discapacitadas, estudiantes, trabajadoras, jóvenes, etc, nos habla de un arco iris interesante en la idea de articular espacios de poder popular. En la mayoría de los sujetos existe una intención real de organizar sujetos subalternos que se doten de poder material, simbólico para hacer frente a sus realidades e impulsar dinámicas de transformación, apuntando a la idea del poder popular, la comunidad autogestionada o la cooperación. Desde la parcialidad y la linealidad a la que nos tiene acostumbrado el pensamiento positivista y hegemónico esta multiplicidad de sujetos estarían inconexos, aislados, sin relación aparente y respondiendo a realidades diferentes; pero desde un pensamiento dinámico y dialéctico, holístico e integral se pueden entender estos sujetos como formas diferentes que las lógicas comunales y colectivas toman en diferentes partes del mundo y mediante las cuales las luchas comunitarias de transformación y mejora de la realidad se manifiestan. Aunque los contextos, las formas y los objetivos concretos de cada sujeto en cada experiencia son diferentes porque están ligados a las necesidades concretas de las realidades concretas, existen nexos de unión y vasos comunicantes en las perspectivas emancipadoras colectivas y comunitarias. La centralidad del sujeto colectivo, de la comunidad; la auto organización del propio sujeto; la búsqueda del empoderamiento colectivo y el aumento de las capacidades propias; la intención de mejorar las condiciones de vida; la ética de las oprimidas y de liberación y la consiguiente lucha contra las injusticias; la solidaridad y el apoyo mutuo; la construcción de alternativas para intentar organizar la vida de otra manera; etc… son algunos de los elementos generales que podemos encontrar bajo diferentes apariencias y formas en todos estos sujetos y experiencias.

Respecto a la idea del **proyecto**, encontramos también que las realidades, formas, objetivos y prácticas concretas alrededor de las cuales se han organizado estas comunidades son bien diferentes. No obstante volvemos a encontrar nexos comunes, en cuanto a que todos los proyectos estudiados son proyectos que se construyen desde prácticas de lucha, reivindicación y construcción de otras lógicas políticas a las que se impulsan desde el capitalismo patriarcal. De esa manera, todas las experiencias son atravesadas de una u otra manera por la ética de la liberación ya que plantean espacios y prácticas emancipadoras para la mejora de condiciones y superación de los diferentes vectores de opresión del sistema de dominación. Cada cual desde su la particularidad de su proyecto, aporta elementos interesantes para la organización social de la vida desde otras lógicas comunales y comunitarias basada en otros valores éticos como la solidaridad, el apoyo mutuo, la coimplicación, la interdependencia, la corresponsabilidad, el respeto, la igualdad, etc. frente a la ética de la dominación de unos pocos sobre las mayorías. Entre los casos estudiados, existen proyectos que por su dimensión social y organizativa tienen una visión más integral ya que desarrollan sus planteamientos afectando o queriendo afectar a la totalidad de los ámbitos de la vida social en sus territorios, como son el caso de las comunas venezolanas o las autonomías democráticas de los territorios kurdos. Y seguramente, el resto de los casos estudiados muestran unos proyectos quizás menos holísticos y más concretos o parciales, que plantean prácticas desde esas necesidades concretas. Pero si en lo general y la perspectiva integral no es comparable el impacto social de las comunas venezolanas o las autonomías democráticas kurdas con el trabajo de una cooperativa, de una casa de mujeres, de un campo de refugiados o de un centro de autoorganización sociolaboral de migrantes; buceando en lo concreto de los proyectos también se encuentran nexos de unión entre las lógicas comunales y comunitarias constituyentes de los proyectos. Incluso, entre los casos que no tienen esa visión tan integral, nos encontramos también que por sus características y contenidos concretos que algunos casos tienen una perspectiva más alternativa o antagonista con el sistema capitalista actual, y otras pueden llegar a tener una perspectiva que no choca frontalmente con el sistema, e incluso puede ser asumida por el mismo, llegando a ser prácticas de reforma social y no de transformación estructural como se buscaría en el horizonte de la democracia comunal. Pero aún siendo así, desde todos estos casos que nos hablan de "luchas más parciales o concretas" guardan a su vez una potencia de transformación comunal en su interior. Algunos por que ya están prefigurando o ensayando realidades o elementos importantes para esa construcción de la democracia comunal, y otros porque tienen elementos que con una orientación colectiva consciente o con la ayuda de un contexto de transformación más amplio pueden decantar su potencia hacia un verdadero antagonismo al sistema y prácticas de construcción alternativas para la superación del mismo. Debemos remarcar en esa línea, que todos los casos estudiados tienen elementos comunitarios y comunales importantes como la autoorganización colectiva, las formas horizontales y democrática de toma de decisiones, la participación directa, la gestión colectiva de los procesos, la organización del trabajo colectivo, y otras prácticas comunitarias que son constitutivas para las noción más general y central en la democracia comunal del autogobierno político y económico, o dicho de otra manera si se quiere, del autogobierno y la autogestión. Aún así, hay gente que se puede preguntar qué relación o paralelismos guardan los proyectos de una cooperativa en Brasil o en Catalunya, los centros obreros o cooperativas en Mississippi y Massachusetts, una casa feminista en Córdoba, un barrio okupado en el País Vasco o un campamento de refugiadxs en Líbano... con las comunas de venezolanas con las comunas de Rojava o el municipalismo comunalista en Bakur. Además de las relaciones existentes que hemos apuntado más arriba, también existe una relación en el horizonte comunal emancipador que se puede desarrollar desde las experiencias más parciales hacia un trabajo más integral como metabolismo social. No sólo desde la influencia que pueden desarrollar estos proyectos más parciales en su entorno social como polos generadores de otras experiencias, de redes o de coordinación con otras experiencias. Sino también, desde la perspectiva de conducir y direccionar realmente su potencia comunitaria y comunal no hacia posiciones que puedan ser asumidas por el capitalismo, sino hacia posiciones de erosión, ruptura y superación de las lógicas del capitalismo mediante la construcción de lógicas comunales. En ese camino, las herramientas de medición y orientación como la brújula o matriz comunal (Iglesias, 2021), son interesantes para ayudar a que los proyectos que aspiran a construir una realidad no capitalista mantengan unos criterios orientadores en ese camino.

Respecto a la idea del **proceso**, nos encontramos otra vez con la idea de diversidad de formas y contextos de los procesos estudiados, pero la primera identificación compartida es que todos los casos son procesos que se dan en contexto de lucha y construcción de otras lógicas comunales y comunitarias. Eso ya marca una base compartida que recorre todos los procesos. Algunos procesos son más antagónicos a la realidad donde se desarrollan como las autonomías democráticas kurdas que desarrollan la organización de administraciones propias no estatales en territorios ocupados por otros estados y liberados por sus luchas. O por ejemplo el barrio libre de Errekaleor que ha ocupado las tierras e inmuebles del barrio y se autoorganiza desde los márgenes del sistema. Otras experiencias como la cooperativa del MST o Casa comunidad utilizan una especie de modelo híbrido que combina tanto prácticas autónomas y antagonistas fuera del sistema como la ocupación de tierras o la autodefensa feminista radical, como espacios de colaboración con recursos de las instituciones. Otros procesos quizás encuadren sus prácticas en esquemas aparentemente no tanto de ruptura directa y antagónica como pueden ser la cooperativa estudiada en Cataluyna o el Centro de trabajadores migrantes de Massachutses. Y decimos aparentemente, porque somos conscientes de que en esos procesos, tal y como hemos visto en los estudios de caso, existen elementos interesantes para potenciar prácticas que ayuden a la emergencia de modelos de democracia comunal. En todos los casos existe una relación de tensión con las instituciones establecidas, sea relación de cooperación o de conflicto, o de ambas a la vez. Esta tensión se manifiesta de diferentes formas en los diferentes procesos, pero esa tensión con la institucionalidad establecida también caracteriza todos los procesos estudiados. A la vez, que la prefiguración de elementos (contenidos, prácticas, experiencias, etc.) que apuntan a estimular las bases para nuevas institucionalidades también es un aspecto que se puede ver en muchas de las experiencias. Muchas de los procesos estudiados, para el desarrollo de sus luchas, mantienen estrategias dinámicas que no se pueden solamente anclar en una perspectiva antagonista o de simple negación del sistema, sino que son estrategias que combinan diferentes formas de lucha, perspectivas de transformación y tácticas diversas en el desarrollo del proceso. No podemos hablar de una unificación ni de una estrategia común a todos los procesos estudiados, ya que cada cual desde sus particularidades de contexto socio-político y cultura y características de la experiencia desarrolla una estrategia particular y adecuada a los objetivos concretos y tácticos en cada momento. Pero sí podemos hablar de un horizonte estratégico común con una multiplicidad de tácticas y trabajo de perspectiva estratégica que se complementan o por lo menos se reconocen como parte de una totalidad social en movimiento hacia ese horizonte estratégico compartido. Algo que sí encontramos en todos los procesos, aunque de diferente manera, es la intención y la práctica concreta para potenciar la construcción del poder propio, como forma de dotarse colectivamente de capacidades, espacios materiales y herramienta discursivas y simbólicas para aumentar su capacidad de transformación de la realidad. La construcción de ese poder propio se visualiza de maneras diversas pero todos mantienen prácticas concretas que refuerzan los procesos y las dimensiones de autoconstrucción del poder propio como son la autonomía, autoorganización, autogestión, autodeterminación y autodefensa. Si bien no todos los casos estudiados desarrollan estos procesos de la misma manera e incluso tampoco en todas sus dimensiones, todos trabajan alguna o varias de sus dimensiones de manera directa o indirecta y en diferentes intensidades o formas.

Concluimos apuntando que el paradigma de la democracia comunal puede constituir una propuesta incipiente a desarrollar en las próximas décadas de la mano de la emergencia de prácticas transformadoras en los diferentes continentes. Wallerstein apuntaba ya a finales del siglo XX las décadas venideras del siglo XXI serían importantes para el rumbo que tomaría la humanidad, y que si en los momentos de normalidad es más difícil que pequeños cambios generen transformaciones estructurales, en momentos de verdaderas crisis las pequeñas incidencias pueden ser gran impacto. Por ello, "cuando los sistemas se alejan mucho del equilibrio, cuando se bifurcan, las pequeñas fluctuaciones pueden tener efectos serios. Ésta es una de las razones principales por las que el resultado es tan impredecible. No podemos siquiera imaginar la multitud de pequeños detalles que tendrán un impacto crucial" (Wallerstein, 1998, p.63). En este contexto de crisis sistémica y multiescalar que también apunta a una crisis política profunda, las prácticas de transformación democrática que se puedan desarrollar, comunicar y coordinar pueden tener impactos imprevisibles para decantar la bifurcación histórica hacia la emancipación o la continuidad de la dominación.

Pensamos que el paradigma de la democracia comunal, como parte aglutinadora de la demodiversidad contrahegemónica existente, puede aportar algo de luz en el devenir de los procesos sociales presentes y futuros. Sólo el tiempo y el desarrollo de los diversos y diferentes sujetos, proyectos y procesos emancipadores nos dirán si esta herramienta conceptual, metodológica y práctica que se propone en este volumen colectivo puede ser útil tanto para el estudio de la realidad como para su transformación. Esperamos que la pequeña piedra que se pone con este trabajo sirva para estimular otros esfuerzos colectivos que aporten a continuar la construcción de una línea de trabajo compartido hacia ese horizonte de transformación común.